传世名著典藏丛书

精华

说文解字

[汉] 许慎 著
秦向前 编译

江苏凤凰美术出版社
全国百佳图书出版单位

图书在版编目（CIP）数据

说文解字精华/（汉）许慎著；秦向前编译. -- 南京：江苏凤凰美术出版社，2018.7
（传世名著典藏丛书）
ISBN 978-7-5580-3720-7

Ⅰ.①说… Ⅱ.①许…②秦… Ⅲ.①汉字—古文字学②《说文》—译文 Ⅳ.① H161

中国版本图书馆 CIP 数据核字（2017）第 329579 号

责任编辑　曹昌虹
封面设计　格林文化
责任监印　唐　虎

书　　名	说文解字精华
著　　者	许　慎
编　　译	秦向前
出版发行	江苏凤凰美术出版社（南京市中央路 165 号　邮编：210009）
	北京凤凰千高原文化传播有限公司
出版社网址	http://www.jsmscbs.com.cn
印　　刷	天津兴湘印务有限公司
开　　本	710mm×1000mm　1/16
印　　张	22.25
版　　次	2018 年 7 月第 1 版　2018 年 7 月第 1 次印刷
标准书号	ISBN 978-7-5580-3720-7
定　　价	55.00 元

营销部电话　010-64215835-801
江苏凤凰美术出版社图书凡印装错误可向承印厂调换　电话：010-64215835-801

序　言

　　上下五千年悠久而漫长的历史，积淀了中华民族独具魅力且博大精深的文化。中华文化是中华民族无数古圣先贤、风流人物、仁人志士对自然、人生、社会的思索、探求与总结，而且一路下来，薪火相传，因时损益。它不仅是中华民族智慧的凝结，更是我们道德规范、价值取向、行为准则的集中再现。千百年来，中华文化已经融入每一位中华儿女的血液，铸成了我们民族的品格，书写了辉煌灿烂的历史。中华文化与西方世界的文明并峙鼎立，成为人类文明的一个不可或缺的组成部分。凡此，我们称之曰"国学"，其目的在于与非中华文化相区分。中华民族之所以历经磨难而不衰，其重要一点是它有着源于由国学而产生的民族向心力和人文精神的根骨。可以说，中华民族之所以是中华民族，主要原因之一乃是其有异于其他民族的传统文化！

　　概而言之，国学包括经史子集、十家九流。它以先秦经典及诸子之学为根基，涵盖两汉经学、魏晋玄学、隋唐佛学、宋明理学和同时期的汉赋、六朝骈文、唐宋诗词、元曲与明清小说并历代史学等一套特有而完整的文化、学术体系。观其构成，足见国学之广博与深厚。可以这么说，国学是华夏文明之根，中华儿女之魂。

　　从大的方面来讲，一个没有自己文化的国家，可能会成为一个大国甚至富国，但绝对不会成为一个强国；也许它会强盛一时，但绝不能永远屹立于世界强国之林！而一个国家若想健康持续地发展，则必然有其凝聚民众的国民精神，且这种国民精神也必然是在自身漫长的历史发展中由本国人民创造形成的。中华民族的伟大复兴，中华巨龙的跃起腾飞，离不开国学的滋养。从小处而言，继承与发扬国学对每一个中华儿女来说同样举足轻重，迫在眉睫。国学之用，在于"无用"之"大用"。一个人的成功很大程度上取决于他的思维方式，而一个人思维能力的成熟程度亦绝非先天注定，它是在一定的文化氛围中形成的。国学作为涵盖经、史、子、集的庞大知识思想体系，恰好能为我们提供一种氛围、一个平台。潜心于国学的学习，人们就会发现其中蕴含的无法穷尽的智慧，并从中领略到恒久的治世之道与管理之智，也可以体悟到超脱的人生哲学与立身之术。在现今社会，崇尚国学，学习国学，更是提高个人道德水准和建构正确价值观念的重要途径。

近年来，国学热正在我们身边悄然兴起，令人欣慰。更可喜的是，很多家长开始对孩子进行国学启蒙教育，希望孩子奠定扎实的国学根基，以此帮助他们树立正确的道德观和价值观。欣喜之余，我们同时也对中国现今的文化断层现象充满了担忧。从"国学热"这个词汇本身也能看出，正是因为一定时期国学教育的缺失，才会有国学热潮的再现。我们注意到，现今的青少年对好莱坞大片趋之若鹜时却不知道屈原、司马迁为何许人；新世纪的大学生能考出令人咋舌的托福高分，但却看不懂简单的文言文。这些现象一再折射出一个信号：当今社会人群的国学知识十分匮乏。在西方大搞强势文化和学术壁垒的同时，国人偏离自己的民族文化越来越远。弘扬经典国学教育，重拾中华传统文化，这样的需求已迫在眉睫。

本套"传世名著典藏"丛书的问世，也正是为弘扬国学传统文化而添砖加瓦并略尽绵薄之力。本人作为一名大学教师，从事中国文化史籍的教学与研究工作多年，对国学文化及国学教育亦可谓体悟深刻。为了完成此丛书，我们从搜集整理到评点注译，历时数载，花费了很多的心血。这套丛书集传统文化于一体，涵盖了读者应知必知的国学经典。更重要的是，丛书尽量把晦涩的传统文化知识予以通俗化、现实化的演绎，并以大量精彩案例解析深刻的文化内核，力图使国学的现实意义更易彰显，使读者阅读起来能轻松愉悦、饶有趣味。虽然整套书尚存瑕疵，但仍可以负责任地说，我们是怀着对祖国传统文化的深厚感情和治学者应有的严谨态度来完成该丛书的。希望读者能感受到我们的良苦用心。

王琪

2017年7月

前　言

在世界文明的长河中，没有那一种文字能够像汉字这样具有持续的生命力。5000年前古埃及的圣字书是人类最早的文字之一，遗憾的是它后来消亡了，文字中记载的古埃及文明也埋藏了历史的记忆中；公元前3000年左右，两河流域的苏美尔人创造的楔形文字，也是人类古老的文字之一，然而，在公元330年前后也消亡了。此外，还有玛雅文字、波罗米文字还等，无不湮没于历史的风烟之中。唯独汉字薪火相传，长盛不衰。

时至今日，汉字已经是公认的世界上最古老的文字之一，也是世界上使用人口最多的文字。随着我国经济的飞速发展，汉字的影响越来越大，现在汉字已经成为世界上第二大语言，已经被各国朋友学习、使用。因此，研究汉字的起源、字型、字音、字义（通称"训诂"），就尤其显得有意义。

我国文字训诂的源头，可以追溯到东汉著名经学家、文字学家许慎编辑的《说文解字》一书。《说文解字》也简称《说文》，是一部系统地分析汉字字形和考究字源的字书，也是我国第一部按照偏旁部首编排的字典。

许慎（约58—约147），字叔重，东汉著名经学家、文字学家，有"字圣"之称。他性情淳笃，博通经籍，有"五经无双许叔重"之誉。又精于文字训诂，历经21年著成《说文解字》十五卷，收录当时的金文九千多字，按540个部首排列，为我国第一部说解文字原始形体结构及考究字源的文字学专著。

《说文解字》作为我国古代第一部系统分析字形、字义以及考证字源的字典，收录了秦汉时期通行的篆文、古文、籀文等不同的字体，收字范围之广为我国古代首创。同时，《说文解字》在按部首编排文字的方式、分析文字结构的基本理论和方法等方面也首开先河，为后世文字工具书的编撰提供了先例。

《说文解字》因其广博的收录而记载了大量的古代词汇，并保存了许多字词的古义和丰富的古代文化资料。因此，这部书既是研究上古时期的文字发展和典籍文献必不可少的工具书，也是注释古籍、探讨古代文化不可缺少的参考资料，对我们今天研究中国汉字的起源、发展，特别是对会意字、形声字以及用字的假借等内容的认识和了解，都有着最为直接的作用。

此外，《说文解字》还蕴涵着丰富的古代社会政治、经济、军事、法律、科技、方言、俗语方面的资料，具有很高的研究价值，因而为后世学者所注重，奉为文字训诂之学的巨著。它的出现，不仅使文字学正式成为一门科学，而且对音韵学、训诂学、词汇学的萌芽或发展，也产生了重大影响，经历两千年悠悠岁月，至今仍被千千万万的读者人翻检、捧读、背诵、临摹和研究。

《说文解字》全书总共收录了九千多个汉字，并系统地阐述了汉字的造字规律，即"象形"、"指事"、"会意"、"形声"、"转注"、"假借"的"六书"学说。作者许慎还在《说文解字·叙》里对"六书"作了全面、权威性的解释，从此"六书"成了专门的学问。班固在《汉书·艺文志》中曾记载：上古（儿童）八岁入学，"教之六书"。值得注意的是，"六书"不能单纯地认为就是造字法，准确地说，前四种"象形"、"指事"、"会意"、"形声"是造字法，而后两种"转注"和"假借"这是用字法。

据统计，汉字约有十万个，真可谓浩如烟海，要想对其每个字进行全面的解析，既不可能，也没有必要。所以本书精选了200个具有代表性的常用汉字，进行了深入详细的剖析，旨在使读者用最少的精力，领略这部宏伟篇章的文字巨著的精华所在。

本书将日常生活中经常使用的汉字按照其义项特征做了系统的归类，参考《说文解字》原典，对其进行了系统的剖析、分解。文字学对于大多数人来说枯燥难懂，为了解决这个问题，本书力求做到将知识性、科学性、趣味性融为一炉，在权威论证的前提下，探掘了很多富有趣味的汉字知识、历史典故，将原本枯燥难懂的文字学研究变得有趣易懂，从而辅助识字儿童、文字学专业学生、文字学爱好者，轻松深入了解汉字的起源以及具体演变过程，更准确地了解博大精深的中华文化。

本书内容包括"说文解字原典"、"字形演变"、"本字溯源"、"词意演变"四部分。其中每个汉字都标注标准汉语拼音和"大徐本"反切注音（大徐即徐铉，五代宋初人，训诂学家，曾受命校订《说文解字》）；说文解字原典部分附有浅显易懂的译文；字形演变部分有清晰直观的甲骨文、金文、小篆、楷体的图文；本字溯源、词意演变部分阐述汉字的造字法、本义、引申义、基本义等，并用经典古诗文加以引证，其中引用的古诗文，尽可能地给出了白话译文，还附有新颖有趣、寓意深刻的历史典故。

需要注意的是，在上世纪初甲骨文出土之前，人们探究汉字的音、形、义，主要依据的是东汉时期许慎的《说文解字》等古籍，这就使许多前人对汉字的解释有了定式思维，脱离了生活的实质和本相，从而难免产生一些谬误，如"壬"的本义就是绕线的工具。而许慎却说"壬，位北方也。"，对于这种情况，本书进行了严谨的纠正。

本书在对汉字的解析过程中，常常需要用到一些有关汉字的基本概念与术语，有必要对读者朋友介绍一下，以便顺利阅读本书。

第一，汉字的造字原理。汉字有四种造字方法，即象形、指事、会意、形声。

1，象形，属于"独体造字法"，是用描摹客观实体的外形来表达词义的造字方法，是一种最原始的造字方法，来自于图画文字，但是图画性质减弱，象征性质增强。其所表现的对象是实物，所以基本上都是有形可象的指物名词。例如"月"字像一弯明月的形状。

2，指事，属于"独体造字法"，是用象征性的符号或在图形上加些指事性符号，来表达无法描画的事物或抽象概念的造字法。与象形的主要分别，是指事字含有绘画中较抽象的东西。例如"刃"字是在"刀"的锋利处加上一点，以作标示。

3，会意，属于"合体造字法"。会意字由两个或多个独体字组成，以所组成的字形或字义，合并起来，表达此字的意思。例如"鸣"指鸟的叫声，于是用"口"和"鸟"组成而成。

4，形声，属于"合体造字法"。形声字由两部份组成：形旁（又称"义符"）和声旁（又称"音符"）。形旁是指示字的意思或类属，声旁则表示字的相同或相近发音。例如"樱"字，形旁是"木"，表示它是一种树木，声旁是"婴"，表示它的发音与"婴"字一样。

第二，汉字字形演变。

1，甲骨文，又称契文、龟甲文或龟甲兽骨文，是我国的一种古代文字，流行于商代，被认为是现代汉字的早期形式，也是我国现存最古老的一种文字。甲骨文为一种很重要的古汉字资料，绝大部分甲骨文发现于殷墟。

2，金文，是指铸刻在殷周青铜器上的铭文，也叫钟鼎文。商周两代是青铜器的黄金时代，青铜器的礼器以鼎为代表，乐器以钟为代表，因此"钟鼎"就成了青铜器的代名词。因为周以前把铜也叫金，所以铜器上的铭文就叫作"金文"。金文应用的年代，上自商代的早期，下至秦灭六国。

3，小篆，秦代实行书同文政策时颁行的统一字体，由李斯等人整理文字后改定，对汉字的发展有规范作用，为秦文字的代表之一，因为它是正式颁行的统一字体，经过整理、简化，所以异体字大量减少，且字形呈长方，奠定了汉字"方块形"的基础；小篆笔画更加匀称整齐，线条粗细一致，更加圆转，符号性增强了，而图画意味大大减弱了。

第三，用字方面。

1，异体字，又称"异型字"、"又体字"、"或体字"或"重文字"，是指读音、意义完全相同，但写法不同的汉字。

2，假借字，指仅仅因为读音相同或读音相近而借用，但在字形、字义上并无渊源关系的汉字。

第四，字义方面。

1，本义，指一个汉字由最初书写的字形上所反映出来的意义，是字形构造的依据。一般指词的原始意义或较早的意义，从字面上讲，也就是本来的意思。

2，引申义，指由本义引申发展出来的意义，与本义有着一定的关联。

3，假借义，其中"假"，就是"借"的意思，假借义就是指仅仅因为读音相同或读音相近而借用已有的文字所表达的意义，与本义无关联。

第五，说文解字的"切"，指的所标注的字的读音，如"义"字，《说文解字》注"宜寄切"，就是指"义"字的读音是把"宜寄"两字连起来读，即用第一个字的声母，用第二个字的韵母。但是随着汉字的发展，有些字的"切"，发生了变化，如"人"字，《说文解字》注"如邻切"。

在编写此书的过程中，我们参考了许多权威版本，做了较多的考辨工作，力求精确、简明，在这里，向这些著作的作者和编著者表示衷心的感谢。由于学识水平有限，可能存在这样或那样的缺点和不足，敬请广大读者批评指正。

目　　录

最具华夏文化特色的汉字篇

五常篇

仁/2　义/4　礼/6　智/8　信/10

阴阳五行篇

阴/13　阳/15　金/18　木/20　水/22　火/24　土/25

八卦篇

乾/28　坤/30　震/31　巽/33　坎/35　离/37　艮/39　兑/40

天干篇

甲/42　乙/44　丙/45　丁/46　戊/48　己/50　庚/51　辛/53　壬/55
癸/56

地支篇

子/58　丑/60　寅/62　卯/64　辰/65　巳/67　午/68　未/70　申/71
酉/73　戌/75　亥/76

十二生肖篇

鼠/78　牛/80　虎/82　兔/84　龙/86　蛇/88　马/90　羊/92　猴/94
鸡/96　狗/97　猪/99　六十干支、五行、属相对照表/101

与生活息息相关的汉字篇

方位篇

东 / 104　西 / 106　南 / 108　北 / 109　前 / 111　后 / 112　左 / 113　右 / 114
上 / 116　中 / 117　下 / 119　内 / 121　外 / 123

数字篇

一 / 125　二 / 126　三 / 128　四 / 130　五 / 131　六 / 132　七 / 134　八 / 135
九 / 137　十 / 139　百 / 140　千 / 141　万 / 144　亿 / 145

人体篇

人 / 147　页 / 149　面 / 150　耳 / 151　眉 / 153　目 / 154　自 / 156　口 / 157
齿 / 159　牙 / 160　舌 / 161　而 / 163　毛 / 165　血 / 166　骨 / 168　肉 / 170
身 / 171　心 / 172　手 / 174　足 / 175　止 / 177　冉 / 178

称谓篇

男 / 180　女 / 181　夫 / 183　妇 / 184　妻 / 185　妾 / 187　婢 / 188　父 / 189
母 / 190　儿 / 192　妹 / 193　孙 / 194　我 / 196　尸 / 197　鬼 / 198　姑 / 200

自然篇

天 / 202　气 / 204　日 / 205　月 / 207　星 / 209　云 / 211　风 / 213　雨 / 215
雷 / 216　电 / 218　光 / 219　雪 / 221　冰 / 222　寒 / 224　春 / 226　夏 / 227
秋 / 229　冬 / 231　山 / 232　石 / 234　穴 / 236　州 / 237　谷 / 238　泉 / 240
川 / 241　江 / 243

与政治文化有关的汉字篇

政治篇

王/246　官/248　侯/249　国/251　宫/253　封/255　相/256　士/258
战/260　武/262　邦/263　戍/264　狱/266　刑/267　牢/269　戈/271
侵/272　伐/274　军/275　兵/277　宗/279　鄙/281　公/283　法/284
将/286　君/287　司/288　命/290　令/292　皇/294　帝/296　臣/298
民/299　宦/300　卒/302　役/303　败/305　囚/307　宰/308　奴/309

文艺篇

文/312　学/314　经/316　史/318　典/320　册/322　诗/323　歌/325
戏/327　曲/329　书/331　画/334　德/335　美/338　乐/340　舞/343

最具华夏文化特色的汉字篇

五常篇
仁 义 礼 智 信

阴阳五行篇
阴阳 金木水火土

八卦篇
乾坤震巽坎离艮兑

天干篇
甲乙丙丁戊己庚辛壬癸

地支篇
子丑寅卯辰巳午未申酉戌亥

十二生肖篇
鼠牛虎兔龙蛇马羊猴鸡狗猪

五常篇

所谓"常",即"与天地长久的经常法则"。五常,即"仁、义、礼、智、信"五大要素,它是贯穿中华伦理的整个发展过程的法则,也是中华民族价值体系中最核心的部分。在这五个字的演变过程中,它的内容实在也有所变化。

仁(rén)

【说文原文】

仁(如邻切),亲也。从人,从二。忎,古文仁从千心。𡰥,古文仁或从尸。

【说文译文】

仁,亲爱。字形采用"人、二"会意。忎,这是古文写法的"仁",字形采用"千、心"会意。𡰥,这是"仁"的古文异体字,字形采用"尸"作边旁。

【字形演变】

𡰥 → 𡰥 → 仁 → 仁
金文　　大篆　　小篆　　楷体

【本字溯源】

"仁"字诞生的比较晚,甲骨文和西周金文中至今都未发现它的踪影。《说文》中收录了两款"仁"字的古文字形(金文和大篆),据此判断它大约诞生于春秋战国时期。

这两款的"仁"字的构型截然不同,第一款为会意字,上为"千",寓意"多",下面是一个心脏的象形,引申为发自内心的一种情感,所以"仁"字从"心"。二者相结合,取意"千万颗心",也就是"博爱"。

第二款为后世沿用的"仁"字的母本,为从"人"、从"二"的会意兼形声字，上面是个人的象形，既表意也表音，下面是个"二"，为重文的记号，也就是说，它其实也代表着两个人。两个人靠在一起，寓意人们"互存、互助、互爱"。由此，"仁"的本意就被凝练地表达出来。

"仁"字的小篆字形，变成了左右结构，左边的人由坐姿变成了站姿，但弯着腰，手臂下垂，右边是"二"。在此基础上，历经汉代的隶书和楷书，"仁"字逐渐笔画化，成为一个四画的方块字。

【词意演变】

"仁"是我国古代的一种含义极其广泛的道德范畴，是一个具有深刻内涵，包括个体及群体生活在内的思想和行为各方面的理想人格修养体系。孔子把"仁"定意为"爱人"，并解释说："夫仁者，己欲立而立人，己欲达而达人"，"己所不欲，勿施于人"。并且他将"仁"定位为最高的道德原则、标准和境界。所以"仁"是以孔子为代表的儒家思想体系的理论核心。儒家经典语录《论语》，五十八章中共有一百零五个"仁"字！后来儒家把仁的学说施之于政治，形成"仁政说"，对中国政治思想、文化和社会的发展产生了重大影响。

"仁"的本义是"博爱、人与人相互亲爱。"如现代陈毅《梅岭三章》："取义成仁今日事，人间遍种自由花。"其中的"仁"字，使用的就是本义"博爱、人与人相互亲爱。"

"仁"由本义"博爱"可引申为"怜悯、同情"之义。如韩愈《后十九日复上书》："将大其声，疾呼而望其仁之也。"大意是，将大声疾呼，希望朝廷能怜悯、体恤他们。

"仁"当名词使用，为"仁德、有仁德的人、恩惠、仁政"等义。如《孟子》："以德行仁者王。"意思是，依靠品德实行仁政的人当帝王。

"仁"也当形容词使用，以为为"品德高尚的、有仁德的"。如宋代范仲淹《岳阳楼记》："予尝求古仁人之心。"意思是，我曾经探求品德高尚的人的思想感情。又如"仁人网"，传说商汤曾让猎人网开三面，指给予一条生路；"仁里"，仁者住地；"仁士"，有德行的人。

由此进一步引申，事物中凡是有恩于万物生育者，都可称为"仁"。如《礼记》："养之，长之，假之，仁也。"孔子也提出了："仁者，人也。"这说明博爱的主题，终归是人。

在孔子的思想中，有仁德的人，尤其是那些有仁德的"治人"的"劳心者"，就是"上人"。他们通常都是治国、治人的士大夫，所以被看成是人中龙凤，为人类之精华。由此进行引申，果实、种子等的精华部分，也可叫作"仁"了。如"瓜子仁"、"核桃仁"、"杏仁"、"果仁"等。

在古文中，"仁"还通"仞"，等于8尺（或说7尺，或说5·6尺，或说4尺）。如《马王堆汉墓帛书·老子甲本》："九成之台，作于蠃土，百仁（仞）之高，台（始）于足下。"

义（yì）

【说文原文】

义（宜寄切），己之威仪也。从我羊。羛，《墨翟书》义从弗。魏郡有羛阳乡，读若锜。今属邺，本内黄北二十里。

【说文译文】

义，我军威武的出征的仪式。字形从用"我、羊"的会意。羛（yì），《墨翟书》上"义"字采用"弗"作边旁。魏郡有个地方叫"羛阳乡"，其"羛"字读作"锜"。该地现属邺县，本来在河南内黄县北边二十里的地方。

【字形演变】

甲骨文 → 金文 → 小篆 → 楷体

【本字溯源】

"义"的繁体字写作"義"，是个形声兼会意字，"我"形、"羊"声，"羊"同时也表意。早在三千多年前的甲骨文阶段，它就已经是这种构形了：上面是一个"羊角"部分突出的"羊"字，意在表明此字中的"羊"是那种头上长着盘曲大角的公羊；下面是"我"的甲骨字形，即一把斧口朝左的大斧的象形。"我"的本义是一种用来杀人和肢解牲口的"大斧"，在此用的是它的引申意"杀伐"。

在古时候，人们发现强健的公羊常常会为了捍卫自己在族群中的领导权和优先交配权，或为保护族群的利益而与挑战者殊死搏斗，所以就以"羊"、"我"两字组合，创造了"义"字。由于这种搏斗是正当的，所以"义"又被引申为"正义而师出有名的征伐"。

与"羊"、"我"两字的演变流程相对应，"义"字逐渐演变为金文、小篆、隶书等阶段中的样子。由于"义"字的字形复杂，难认难写，所以后来简化成了"义"。

古时候，由于羊角曾经作为珍贵的装饰品，常常戴在美女等人的头上，而斧子也被作为军队的标志，相当于今天的仪仗，所以被赋予了另一种意思——威仪、仪容。它最早是指公羊在搏斗开始前摆出的威仪，后来泛指"仪容"、"状貌"、"法度"等，也就是说，"义"也是"仪"的古字。如《原文》："义，己之威仪也。"又如："义台"，古行礼义之台。值得注意的是，此时的"义"，读yí音。后来为了避免用法上的混淆，人们又造出了形声字"仪"，来专门表达这些意思。

【词意演变】

在我国古代，"义"是一种含义极广的道德范畴。历史上，最早提出"义"的是儒家大师孔子，而且，孔子认为"义"是君子必须遵守的道德准则。如《论语·里仁》："君子之于天下也，无适也，无莫也，义之与比。"意思说，君子对于天下的事情，可以灵活处理，不必拘泥，但是必须要符合正义。孟子则对其进行了进一步的阐释，认为"义"是重于"信"和"果"的。又如《孟子·离娄上》："大人者，言不必信，行不必果，唯义所在。"意思说，通达的人说话不一定句句守信，做事不一定非有结果不可，只要合乎道义就行。

"义"字的基本义是"正义"、"公正合宜的行为或道理"。如《孟子·告子上》："生，亦我所欲也，义，亦我所欲也，二者不可兼得，舍生而取义者也。"意思是，生命是我要珍惜的，义也是我要拥有的。如果两者不能兼得，我可以牺牲生命而选取义。宋代苏洵《六国论》："燕赵之君，始有远略，能守其土，义不赂秦。"意思是，燕国和赵国的国君，起初有长远的谋略，能够守住他的国土，坚持正义，不拿国土贿赂秦国。又如"义不容辞"，指道义上不容推辞。

"义"由其基本义，可引申为"情谊"。如《玉台新咏·古诗为焦仲卿妻作》："兰芝初还时，府吏见丁宁，结誓不别离。今日违情义，恐此事非奇。"意思是，我兰芝才回来的时候，焦仲卿再三嘱咐我立下誓言，永不分离。今天违背情谊，恐怕这件事这样做不合适。又如词语"义气"、"结义兄弟"、"无情无义"、"忘恩负义"，也用的是此义项。

"义"由其基本义又可引申为"意义、意思"。如《史记·屈原贾生列传》："见义远。"又如"词义"。

"义"由其基本义，又可引申为理。如"义以成命"，指国家的法令，必以义理为依据，方能施行。又如"义薄云天"，义理高厚，直达云天。形容道义极为隆盛。

"义"又可表示"善、美"。《诗·大雅·文王》："宣昭义问。"又如"义问"，指善声、美好的声誉；"义荣"，由于修身立德而自然具有的荣誉；"义心",常存节义的心境。

"义"又可表示假借的。如"义杖"、"义肢"。如《洛阳伽蓝记》:"隐士赵逸,来至京师,汝南王拜为义父。"又如"义子",非亲生之子,而认作父子或母子关系;"义父",经拜认为父,非亲生之父,即干爹。

"义"又可表示"与志愿者有关的、由志愿者组成的"。如"义军"。

"义"用于施舍、救济的;为公益而不取报酬的。如"义庄",旧指某些豪绅地主拨出部分田地,作为族产,以供祭祀办学、救济本族孤寡等费用;"义田",为救助穷困者而购置的田地。

礼（lǐ）

【说文原文】

礼(灵启切),履也。所以事神致福也。从示从豊,豊亦声。𠃊,古文礼。

【说文译文】

礼,履行敬拜活动。用来敬神致福的仪式。字形采用"示、豊"会意,"豊"也是声旁。𠃊,这是古文写法的"礼"。

【字形演变】

甲骨文 → 金文 → 大篆 → 小篆 → 楷体

【本字溯源】

"礼"字繁体字写作"禮",为"示"形"豊"(lǐ)声的形声字。"礼"字在诞生之初,实际上是一个动词,本义是"敬神",也就是"举行仪礼,祭神求福"。敬神是一件十分复杂的事情,还能简约地形诸笔端,所以我们的祖先在造字的时候,采取了以点带面的办法。

举行祭祀仪式的时候,必须要有用作祭品的贵重物品,也必须得奏乐,而在先民们看来,物莫贵于玉,乐莫重于鼓,击鼓奏乐,捧玉奉献,无疑是最高、最神圣的仪式,例如:祭神、祭天等。由此,便有了"豊"字的构形思路。甲骨文中的

"豊"字，即位一面鼓和两串玉的象形白描。下面是鼓，鼓面、支撑鼓体的架子，以及鼓体上方的标杆和装饰物，一应俱全，上面的标杆两侧，各有一串玉石。

需要注意的是"豊"字的字形，与"丰"字的繁体字"豐"十分相像，阅读时要仔细辨认。金文中的"豊"字，沿袭着甲骨文字形，只是鼓面上多了一横，经过千百年的传写，发展到秦代的小篆阶段，"豊"字的写法发生了很大的变化："鼓"被割裂为上、下两部分，下面变为一个"豆"字，上面的标杆被省去了，只剩下表示"饰物"的"U"字形结构和"两串美玉"。以此为基础，经过汉代隶书阶段的隶变，以及楷书阶段的楷化，"豊"字完全笔画化，成为真正意义上的方块字。

由于"豊"字无法表音，同时为了使其字义更加直观，所以大约在秦代的篆书阶段，人们又在"豊"字前面加了个本意为"灵石"、可引申为"神"之义的"示（shì）"字，创造了形声字"礼"。与"示"和"豊"的演变流程相对应，"礼"字逐渐笔画化，成为方块字。随着"礼"字的广泛使用，"豊"字就渐渐被废弃不用了。在后世的汉字简化运动中，"礼"又被简化为"礼"。

"礼"与"仁"互为表里，在我国古代社会的典章制度和道德规范。作为典章制度，它是社会政治制度的体现，是维护上层建筑以及与之相适应的人与人交往中的礼节仪式；作为道德规范，它是国家领导者和贵族等一切行为的标准和要求。尤其是在封建时代，礼是维持社会、政治秩序，巩固等级制度，调整人与人之间的各种社会关系和权利义务的规范和准则。儒家鼓吹的理想封建社会秩序是贵贱、尊卑、长幼、亲疏有别，要求人们的生活方式和行为符合他们在家族内的身份和社会、政治地位，不同的身份有不同的行为规范，这就是礼。

"礼"的基本义是指等级制度，以及与之相适应的道德范畴和社会规范，即"上下有别"、"尊卑有序"等。如《诗经·国风·相鼠》："人面无礼，胡不遄死？"意思是，做人要是不懂礼，何不趁早去死？

【词意演变】

"礼"由本义可引申"表示敬意、尊敬"。明代宋濂《送东阳马生序》："色愈恭，礼愈至，不敢出一言以复。"意思是，有时遇到他的斥责，（我的）态度更加恭顺，更加尊敬（他），一句话也不敢辩说。又如"礼待"，以礼相待；"礼新"，礼待新来者。

"礼"由本义又可引申为"礼拜，顶礼膜拜"。如李白《秋浦歌》："暗与山僧别，低头礼白云。"又如"礼揖"，行礼作揖。

"礼"由本义又可引申为"礼遇，厚待"。宋代苏洵《六国论》："礼天下之奇才。"意思是厚待全国的奇才。《资治通鉴》："敬贤礼士。"意思是，尊敬礼遇有才能的人。又如"礼任",礼遇信任;"礼异",特殊礼遇。

"礼"当名词使用,为"礼节"。《史记》:"礼节甚倨。"意思是,礼节极其傲慢。又如:"军礼",军人的礼节;"回礼",回答别人的敬礼;"礼检"指合乎礼仪的品行。

"礼"又表示"礼法,等级社会的典章制度,规定社会行为的规范、传统习惯"。如《论语·为政》:"导之以德,齐之以礼。"又如"礼典",礼法;"礼则",礼法,礼制。

"礼"又表示"礼仪"。《史记》:"卒廷见相如,毕礼而归之。"意思是,终于在朝廷(正式)接见了蔺相如,完成礼仪,放回蔺相如。又如"婚礼",结婚的仪式,通常包括伴随的庆祝活动;"礼记",书名。西汉戴圣编,内容为先秦各家有关礼仪的论着。

"礼"又表示"礼物"。《晋书·陆纳传》:"及受礼,唯酒一斗、鹿肉一样。"意思是,等到得到礼物时,只有一斗(盛酒器)酒、一盘鹿肉。又如"财礼",即彩礼,定婚时男家送给女家的财物;"礼券",用以代礼物之券。

"礼"又表示"礼貌"。《世说新语·方正》:"则是无礼。"意思是,就是没有礼貌。《左传·僖公三十三年》:"轻而无礼。"意思是,轻视而且没有礼貌。

智(zhì)

【说文原文】

智(知义切),识词也。从白,从亏,从知。

【说文译文】

智,器物上可辨识的标志性文字。字形采用"白、亏、知"会意。

【字形演变】

甲骨文 → 金文 → 小篆 → 楷体

【本字朔源】

"智"的本字是"知"。古代"知"、"智"通用。"知"是会意字，从口从矢。"口"就是嘴巴，"矢"就是箭，而这一组合寓意为"认识、知道的事物，可以像离弦的箭一样脱口而出"。清代文字训诂学家段玉裁言："识敏，故出于口者疾如矢也。"

在古文中，"智"与"知"在用法上界限并不很明确，二者常常相通。如《管子·法法》："得此六者而君父不智也。"王念孙云："智与知同。"其中"智"，实际是"知"，意为"知道"。由于一字多义，在使用的过程中容易混淆，所以，人们就创造了"智"字，代替"知"的一些义项。

"智"是一个形声兼会意字，从日，从知，同时知也表声。这个字也诞生于金文阶段，上面是由"人"、"口"、"于"三字合成的"知"字，下面是个"日"字，取意知识像太阳一样耀眼，像阳光一样广博，从而形象地表达了"聪明、智力强"之义。

春秋时期，孟子等儒家学者又赋予"智"以"明辨是非善恶"、"自知"、"知人"等内涵，并将其与"仁、义、礼"并举，从而构成了"四德"或"四端"，"智"由此成为儒家道德范畴内一项新的准则。而发展至今天，"智"又从道德智慧的范畴延伸到科学智慧的范畴，将科学精神与人文精神结合并统一起来，是我们今天所要发扬的。

【词意演变】

"智"当名词使用，为"知识"，"智能、智谋"之义。如"才智"，指智慧和才能。由此进步引申为"智士、有智慧的人"、"计谋、策略"之义。如《战国策》："语曰：'仁不轻绝，智不轻怨。'"意思是，心怀仁义的人不会轻易把事情做绝，而又智慧的人不会轻易地仇恨、结怨。

成语"智者千虑，必有一失"，意思是不管多聪明的人，在很多次的考虑中，也一定会出现个别错误，语出《史记·淮阴侯列传》："臣闻智者千虑，必有一失；愚者千虑，必有一得。"其典故说的是，楚汉战争时期，汉王刘邦派韩信带领一部分人马向东进攻赵国。赵王听说后，与成安君陈余把军队聚在井陉山口，准备迎敌。赵王的参谋李左车献计道："井陉这地方不能容两车并行，也容不下列队的骑兵。汉军的后勤部队一定跟在后面。如果让我带兵抄小路截断他们的辎重，不出十天，他们必然败走。"这本是很好的计策，但是赵王和陈余没有采纳。

韩信探听到这个消息，心中大喜，同时暗暗佩服李左车的才华。于是他悬赏千金，要求活捉李左车。不久，韩信大败赵军。赵王被俘，陈余阵亡，李左车被汉军生擒。他被押至韩信帐内,韩信连忙为他松绑,十分客气地向他请教:"我打算向北攻打燕国,向东讨伐齐国,用什么办法才能成功呢?"李左车起先不愿意多谈,说:"我只是一个吃了败仗的俘虏,哪有资格论及这样的事情。"韩信急忙说:"赵军失败,是因为赵王没有听取你的计谋。如果他按照你的话做,恐怕我就要成为你们的俘虏了。今天我是诚心诚意地想听听你的高见,请你不要推辞了。"

李左车这才直言道:"你从关中出兵,渡过黄河向东,先灭魏,再灭赵。名闻海内、威震天下,这是你目前的优势。然而你现在的兵士已相当疲乏,如果急于攻燕,万一不能很快取胜,时间拖久了,齐国必定做好了充分准备,那时,你的弱点就不免要暴露出来。善于用兵的将军,总是发挥自己的优势而利用对方的弱点,你不如先在这里休整军队,一面大造攻燕的声势,一面派一个极有口才的人,带着你的信去见燕王,故意显示汉军的强大,逼燕王投降,这样,齐王也就容易对付了。"

韩信一听,连声称妙,李左车谦虚的说:"我听人说过:智者千虑,必有一失;愚者千虑,必有一得。我的建议未必全部可取,供您参考吧。"韩信按李左车的建议行事,果然获得成功。

信(xìn)

【说文原文】

信(息晋切),诚也。从人从言。会意。伈,古文从言省。

【说文译文】

信,诚实不欺。字形采用"人、言"会意,是会意字。伈,这是古文写法的"信",采用有所省略的"言"作边旁。

【字形演变】

金文 → 大篆 → 小篆 → 楷体

【本字溯源】

"信"是个会意字,从"亻(人)",从"言"。若追根溯源就会发现,在其诞生之初的金文阶段,它实际上是由"人"和"口"两个字组成的,左边是个面朝左站立的人,右部分是个"口"。两部分合起来,既可表示通过语言传达信息的人,也可表示人类通过语言所传递的各种信息。也就是说,"信"字的本意有两个:第一为"信使",如《字汇补》:"信,古谓使者曰信。"第二为"信息",如李清照《渔家傲》:"雪里已知春信至,寒梅点缀琼枝腻。"发展至秦代的小篆阶段,"信"字右边的"口"字被变换成了"言"字,从而使得字义更为明确。以此为基础,"信"字经过隶变和楷化,逐渐笔画化,成为一个真正意义上的方块字。

"信"字是一个用法极其多样化的汉字,先看看它的基本义的由来。因为古时候交通和通讯十分落后,所以信使能准确传达真实、有效的信息,就显得格外重要。除了人与人之间的信使外,还有一种特殊的信使,即人间与鬼神之间的信使。他们通常在祭祀的时候,负责祷祝,面对上天和先祖,他们必然诚实不欺、不敢妄言。故"信"由本义"信使"引申为"确实的"、"真心诚意的"。这成了"信"的基本义。如《说文》:"信,诚也。"《墨子经》:"信,言合于意也。"《三国演义》:"反贼无信!吾不幸误中汝奸计也!"《左传·庄公十年》:"牺牲玉帛,弗敢加也,必以信。"它作动词时,即指"守信用、讲信义";"说到做到、言而有信"。如贾谊《过秦论》:"此四君者,皆明智而忠信。"意思说,这四位封君,都见事而明理,有智谋,心地诚恳而讲信义。

信是儒家道德修养的内容之一,也是实现"仁"这个道德原则的重要条件之一。孔子及其弟子提出"信",是要求人们按照礼的规定互守信用,借以调整统治阶级之间、对立阶级之间的矛盾,汉代大儒董仲舒又将其列入"五常"之中。之后,"信"逐渐成为中国人做人的根本,也是中华民族共认的价值标准和基本美德,为兴业、治世之道和立国、治国的根本。

【词意演变】

"信"由基本义又可引申为"相信"、"可信"、"信仰"、"信奉"。如诸葛亮《出师表》:"亲之信之。"意思是,亲近他相信他。宋代苏轼《石钟山记》:"余固笑而不信。"意思是,我本来就觉得可笑,并不相信。又如词语"不信邪"、"信得过"、"信不信由你"、"听其言而信其行"等,其中"信"为"相信"之义。

"信"由本义"信息"可引申为"信件"、"书简"、"信约"、"盟约"、

"凭证"等，如"挂号信"、"平信"、"信箱"。

"信"还经常被用作副词，为"放任，随便"之义。如清代小说《醒世姻缘传》："要不拿出纲纪来，信着他胡行乱做，就不成个人家。"白居易《琵琶行》："低眉信手续续弹，说尽心中无限事。"意思是，低头不说话，随手不停地弹奏着，奏出了心中非常多的伤心事。又如"信手拈来"、"信口开河"，随意乱说。

"信"用作副词，还有"果真，的确"之义。如李白《梦游天姥吟留别》："海阔谈瀛洲，烟涛微茫信难求。"意思是，航海人谈论起神仙居住的瀛洲，在烟波渺茫的大海上的确难以寻求。陆游《过小孤山大孤山》："信造化之尤物。"意思是，果真是自然界的珍奇之物。

成语"信口雌黄"，指古人用黄纸写字写错了，用雌黄涂抹后改写，意为随口更正不恰当的话，后指不顾事实，随口乱说或妄作评论。雌黄，即鸡冠石，黄色矿物，用作颜料。语出《晋书·王衍传》：东晋王衍，是有名的清谈家。他喜欢老庄学说，每天谈的多半是老庄玄理。但是往往前后矛盾，漏洞百出，别人指出他的错误或提出质疑，他也满不在乎，甚至不假思索，随口更改。于是当时人说他是"口中雌黄"。这就是这则成语的来源。

阴阳五行篇

阴阳五行是"阴阳"和"五行"的合称。"阴阳"是古代哲学概念。古代朴素的唯物主义思想家把矛盾运动中的万事万物概括为"阴"、"阳"两个对立的范畴，并以双方变化的原理来说明物质世界的运动，变化。"五行"是指金、木、水、火、土五种形态，"五行"学说同今天的数学、物理、化学一样，一直是中国古代先贤从事各种研究的工具与方法，无论道家、医家、兵家、儒家、史家、杂家、历算家都必须精通"五行"。

阴（yīn）

【说文原文】

阴（于今切），暗也。水之南，山之北也。从阜侌声。

【说文译文】

阴，昏暗无光。阴坡，在河川南面、山岭北面。字形采用"左耳旁（阜）"，"侌"是声旁。

【字形演变】

金文 → 大篆 → 小篆 → 楷体

【本字溯源】

"阴"字的繁体字为"陰"，为会意字，从"阜"，从"侌"（yīn），侌亦声。阜，土山，从阜多与地形有关，表示月夜笼罩，山冈很阴暗。"阴"的本义就是山的北面、水的南面。

由于我国山脉的走向大多是东西方向，我国又处在北半球，阳光只照射在水之北山之南，而水之南山之北就全年得不到阳光照射，与水之北山之南形成鲜明的对照。古时候的人们称有阳光照射的地方为阳，称没有阳光照射的水之南山之北为阴。

如《列子·汤问》："达于汉阴。"（汉水南岸）意思是，到汉水南岸。唐代李朝威《柳毅传》："洞庭之阴。"意思是，洞庭湖的南岸。清代姚鼐《登泰山记》："其阴，济水东流。"（阴，泰山的北面）意思是，泰山的北面，济水向东流淌着。又如"阴木"，山北的树木。一说秋冬生长的树木；"阴竹"，生长于山北的竹子；"阴滨"，江河的南岸；"阴坡"，北坡。

"阴"，中国古代哲学认为宇宙中贯通物质和人事的两大对立面之一，跟"阳"相对。阴阳是"对立统一或矛盾关系"的一种划分或细分，两者是种属关系。古人观察到自然界中各种对立又相联的大自然现象，如天地、日月、昼夜、寒暑、男女、上下等，以哲学的思想方式，归纳出"阴阳"的概念。

早至春秋时代的《易传》以及老子的《道德经》都有提到"阴阳"。如《易·系辞上》："一阴一阳之谓道。"《礼记·郊特性》："阴阳和而万物得。"《荀子·天论》："夫星之队，木之鸣，是天地之变，阴阳之化，物之罕至者也。"意思是，所以说，流星坠落，树木作响，这是自然界发生的变化，事物较少出现的现象。

阴阳理论已经渗透到中国传统文化的方方面面，包括宗教，哲学，历法，中医，书法，建筑堪舆等领域。

【词意演变】

由愿意引申，背阳为阴，故"阴"表示背阳，如《西游记》："阴崖积雪犹含冻，远树浮烟已带春。"其中"阴崖"，指背阳的山崖。又如"阴干"，放在背阳处吹干；"阴地"，背阳地；"阴阳瓦陇"，瓦房顶的瓦是按一行凸面朝下一行凹面朝上交错铺排的。凸面为阳，凹面为阴。凸凹相间的行列叫瓦陇。

没有阳光照射的地方称阴，故"阴"表示日影、阴影。《吕氏春秋·察今》："堂下之阴。"意思是，厅堂阶下的日影。白居易《钱塘湖春行》："最爱湖东行不足，绿杨阴里白沙堤。"大意是，我最喜爱西湖东边的美景，游览不够，尤其是绿色杨柳荫下的白沙堤。欧阳修《醉翁亭记》："树林阴翳（yì），鸣声上下，游人去而禽鸟乐也。"意思是，树林枝叶茂密成荫，鸟儿到处鸣叫，这时游人离去而禽鸟却在欢乐。

"阴间"与"人间"、"阳间"相对。人类生存的空间，称其为阳间，人类死亡后，其灵魂所在的空间，称为阴间。阴间，又称阴司、阴府，或又称幽都、冥界等，是中华信仰文化中的概念。至少在周朝以前，人们就认为人分魂魄，作为阳气的魂和作为阴形的魄结合形成人，人死以后，神魂灵气归于天，精魄形骸归于地，以魂气形魄来解释人前世、现世和来世的演化，并将精灵世界分为三界：地上的人间，天上神灵的天堂，地下精魄的地府。

多云不见日头也叫作"阴"。杜甫《兵车行》："天阴雨湿。"范仲淹《岳阳楼记》："朝晖夕阴。"关汉卿《窦娥冤》："浮云为我阴，悲风为我旋。"又如"阴雨"，天阴下雨。

"阴"当形容词讲，意为凹进去的东西，茹志鹃《高高的白杨树》："院门门额上还留有一块阴纹石匾。"又如"阴识"，古器物上凹入的文字，即阴文。凸出的文字称为阳文；"阴纹"，凹下的纹理。"阴"也可表示幽暗、昏暗之义，唐代姚合《游昊天玄都观》："阴径红桃落，秋坛白石生。"

"阴"也可表示冷、寒冷之义，宋代范仲淹《岳阳楼记》："阴风怒号，浊浪排空。"又如："阴气"，寒气，肃杀之气；"阴碛"，塞外的沙漠，塞外很冷，故称；"阴宫"，深宫、阴凉的宫室。

"阴"也可表示阴险之义，《旧唐书·崔器传》："器性阴刻乐祸，残忍寡恩。"又如："阴狙"，阴险诡诈；"阴刻"，阴险刻毒；"阴狡"，阴险狡猾；"阴笑"，冷笑、奸笑；"阴恶"，阴险恶毒。

"阴"也可当副词使用，意为暗中、暗地里，《史记·李将军列传》："大将军青亦阴受上诫。"《汉书·李广苏建传》："阴相与谋。"《后汉书·张衡传》："阴知奸党姓名，一时收禽。"明代高启《书博鸡者事》："阴纵之。"

阴也是一种古老姓氏。历史上阴名人有东汉开国功臣阴兴、有光武帝的皇后阴丽华、汉明帝时鲷阳侯阴庆等。

"仕宦当作执金吾，娶妻当得阴丽华"说的是：刘秀还未发达时，十分仰慕同郡阴丽华的美貌，常常感叹曰："娶妻当得阴丽华"。昆阳之战后，刘秀于宛城迎娶阴氏为妻。一年之后，刘秀又在河北迎娶了出身于西汉王室的郭圣通。东汉王朝建立，郭氏成为皇后，阴丽华则为贵人。建武十七年，皇后郭氏被废，贵人阴丽华受封为皇后。阴丽华在位二十四年，死后与刘秀合葬于原陵，谥号"光烈"。

阳（yáng）

【说文原文】

阳（与章切），高、明也。从阜，昜声。

【说文译文】

阳，高而亮。字形采用"左耳旁"（阜），"昜"是声旁。

【字形演变】

阴　　昜　　陽　　阳

甲骨文　→　金文　→　小篆　→　楷体

【本字溯源】

"阳"的繁体字为"陽"，为形声字，从阜，昜（yáng）声。其甲骨文左边是"阜"表示升高之义，右边是一盏明灯，明灯升高，光明至极。金文与甲骨文字形基本相似，灯下增加了三撇，表示灯光四射。

"阳"的本义就是山南、水北，即向阳面。《谷梁传·僖公二十八年》："山南为阳，水北为阳。"《尔雅》："山东曰朝阳，山西曰夕阳。"《列子·汤问》："河阳之北。"王安石《游褒禅山记》："华山之阳。"清代姚鼐《登泰山记》："泰山之阳，汶水西流。"意思是，泰山的向阳面，汶水向西流淌着。又如"衡阳"，在衡山之南；"洛阳"，在洛河之北；"阳崖"，向南的山崖；"阳坡"，向阳的山坡。

中国古代哲学家认为，"阳"是贯彻于一切事物的两个对立面之一，跟"阴"相对。如"阴阳二气"、"阳九"。古代阴阳家、方士以四千六百一十七岁为一元，初入一元为一百零六岁，有旱灾九年，称为阳九。其余尚有阴九、阴七、阳七、阴五、阳五、阴三、阳三等。阳为旱灾，阴为水灾。

【词意演变】

"阳"由光明之义引申为"太阳"。《诗·小雅·湛露》："湛湛露斯，匪阳不晞。"大意是，沉重的露水，不遇太阳不干。《乐府诗集·长歌行》："阳春布德泽。"宋代辛弃疾《永遇乐·京口北固亭怀古》："斜阳草树，寻常巷陌，人道寄奴曾住。"大意是，傍晚西斜的太阳照着那草木杂乱、偏僻荒凉的普通街巷，人们说这就是当年寄奴曾住过的地方。清代梁启超《谭嗣同传》："少年如朝阳。"意思是，少年像早晨刚刚升起的太阳。

我国古代在哲学把阴阳看成对立的两极，受此影响，物理学中把带电的两极称为"阳极"和"阴极"。医学中把某种检查物的有无称为"阳性"或"阴性"。

人活着才能外出活动，才能接受太阳的照射，所以古代迷信的人把活人的世界叫作阳间或阳世。《西游记》："唐王游地府，回生阳世，开设水陆大会，超度阴魂。"又如"阳寿",指人在世间的寿命;"阳报",指在人世间得到的报应;"阳功",人间功德。

"阳"当形容词使用,意为凸出。如"阳文",镂刻在器物上凸起的文字,也称"阳识"。又如"阳刻",指浮雕。

"阳"当动词使用,意为外露、显露。《庄子·达生》:"仲尼曰:'无入而藏,无出而阳,柴立其中央。'"

"阳"当副词使用,意为表面上。如《三国演义》:"吴主孙休,恐其内变,阳示恩宠,内实防之。"又如"阳施阴夺",指表面给予,暗中夺回;"阳奉阴违",指玩弄两面派手法,表面上遵从,暗地里违背。

"阳"为农历十月的别称。如"阳月",指农历十月的别名,也称小阳春;"阳朔",指农历十月初一。

成语"放马华阳",指不再用兵,语出《尚书·武成》:"乃偃武修文,归马于华阳之阳,放牛于桃林之野,示天下弗服。"商朝末年,商纣王荒淫无度,百姓怨声载道。周武王率领大军把商都包围起来,商纣王登上鹿台放火自杀。周武王建立周朝,定都镐京,让士兵回家从事农业生产,把征用的牛马全部退还,让全国老百姓过上安居乐业的日子。

成语"渔阳鼙(pí)鼓",指公元755年安禄山于渔阳举兵叛唐事。后亦用为外族侵略之典。语出白居易《长恨歌》:"渔阳鞞鼓动地来,惊破《霓裳羽衣曲》。"渔阳,地名,现天津市蓟县,因蓟县西北有一山,名曰渔山,县城在山南,故古时名渔阳,唐时安禄山驻军在此;鼙鼓,骑兵用的小鼓。渔阳郡响起了战鼓,指有战事发生。

成语"三阳开泰",意思是,冬去春来,阴消阳长,有吉亨之象,常用以称颂岁首或寓意吉祥。《易经》中,阳爻称九,位在第一称初九,第二称九二,第三称九三,合三者为三阳。又"十月为坤卦,纯阴之象;十一月为复卦,一阳生于下;十二月为临卦,二阳生于下;正月为泰卦,三阳生于下。"

农历十一月冬至日,昼最短,此后,昼渐长,阴气渐去而阳气始生,称冬至一阳生,十二月二阳生,正月三阳开泰。正月正是三阳生泰卦,此时既是立春,又逢新年。冬去春来,阴阳消长,万物复苏,故"三阳开泰"或"三阳交泰"便成为岁首人们用来互相祝福的吉利之辞。

金（jīn）

【说文原文】

金（居音切），五色金也。黄为之长。久薶不生衣，百炼不轻，从革不违。西方之行。生于土，从土；左右注，象金在土中形；今声。凡金之属皆从金。

【说文译文】

金，五色（赤、青、黑、白、黄）金属的总称。黄金为五金之首。久埋地下也不会产生锈斑蚀痕，千锤百炼也不会损耗变轻，能顺从变形而不背本性。在五行之中，金代表西方的属性。金生于土，字形采用"土"作边旁；"土"的左右两点，像金沙隐藏在土层中的样子；字形用"今"作声旁。所有与金相关的字，都采用"金"作边旁。

【字形演变】

金文　→　金文　→　小篆　→　楷体

【本字溯源】

"金"是会意字，其金文字形，从人，从土，从二。从"人"，表示覆盖；从"土"，表示藏在地下；从"二"，表示藏在地下的矿物。"金"的本义就是金属。最早的金指青铜合金。《周易·系词上》："二人同心，其利断金。"意思是，两个人心想一处，锋利的可断金属。

【词意演变】

"金"由本义金属引申为金属的通称或金属总名。《尔雅·释地》："西南之美者，有华山之金石焉。"《尚书·禹贡》："惟金三品。"唐代李朝威《柳毅传》："项掣金锁。"又如"五金"，指金、银、铜、铁、锡，泛指金属；"白金"，古代指银子，今为铂的俗称。

"金"又由本义引申为钱财，货币。《战国策·齐策四》："金五百斤。"《墨子·公输》："请献十金。"汉代刘向《列女传》："所赐金帛。"《后汉书·列女传》："得遗金。"意思是，捡到别人丢失的金子。《后汉书·列女传》："指金于野。"晋代干宝《搜神记》："购子头千金。"明代刘基《郁离子·千里马篇》："易之以写金。"明代刘基《卖柑者言》："玉质而金色。"清代张廷玉《明史》："橐金数千。"清代邵长蘅《青门剩稿》："输不必金。"

"金"当形容词使用，意为金黄色。范仲淹《岳阳楼记》："浮光跃金。"《聊斋志异·促织》："青项金翅。"又如词语"金缕"、"金蚕"、"金蛇"、"金凤"等，用得也是此义项。

"金"也比喻尊重、贵重。如"金榜留名"；"金诺"，对他人守信不渝的美称；"金言"，珍贵、宝重的言辞，佛陀的教言为金言；"金交"，比喻友谊深厚。"金"还比喻坚固，攻不破的或无懈可击的。如"金城"、"金汤"、"金阵"，坚固的兵阵；"金堤"，形容堤防的巩固。

"金"也是星名，金星的简称。《隋书·天文志》："金、水二星，行速而不经天。"

"金"也是朝代名。由女真族完颜部领袖阿骨打所建（1115—1234），共历九帝，都会宁（今黑龙江省阿城南），先后迁都中都（今北京）、开封等地，后在蒙古和宋的联合进攻下灭亡。

"金"，也是百家姓之一，姓源较多，发源地主要有山东和陕西及浙江、江苏间地。历史上金姓名人有西汉大臣金日磾、明末清初著名文学批评家金圣叹、清代"扬州八怪之一"的金农等人。其中金日磾是金姓历代名人中地位最显赫者。

"金"字也是汉字部首之一，由"金"字组成的字，基本上都与其本义金属有关，如："铜、铁、铂、银"等。"金"化学元素名。金子一种延性展性非常好的黄色三价和一价金属元素，产状主要为独立存在的自然金，但也存在于如针碲金银矿或叶碲矿等少数矿物中；大多数化学品对它不起作用，但遇到氯气和王水会受浸蚀；为增加硬度或改变颜色供商业上应用（如金币、首饰、金牙）而加入铜、银、锌、镉及其它金属熔成合金。

成语"浪子回头金不换"，常用来比拟社会上一些失足青年洗心革面、幡然悔悟。据今江苏无锡老年人说，这句成语是从吴歌《金不换》的主人公来的。长篇吴歌《金不换》说的是，锡东羊尖乡靠近鹅湖边上有个金员外，五十得子取名不换，视为掌上明珠，百依百顺。不换听见碗碎声发笑，金员外便命家人用碗摔地让儿取乐，结果碎片堆积如山。

不换长大后十分浪荡，为了寻欢取乐，花万金在宛（碗）山上造了个"石幢"，歌词唱道："宛（碗）山石幢勿多高，下粥黄豆吃忒十三廒。长年（长工）吃豆有规矩，只许拣勒勿许抄。"金不换终于败光家业，沦为乞丐，后来在妻子的帮助感化下，终于醒悟，改邪归正，耕读传家而终。从此，"浪子回头金不换"这句话便传遍各地。解放前，《金不换》有山歌、有宝卷、有拜香诰，版本不同，长短不一，而内容大同小异，劝人走正道，颇有影响。

木（mù）

【说文原文】

木（莫卜切），冒也。冒地而生。东方之行，从草，从屮，下象其根。凡木之属皆从木。

【说文译文】

木，冒突。冒地而生。五行之中，东方属木。从草，字形采用"屮"作边旁，下部象它的根。所有与木相关的字，都采用"木"作边旁。

【字形演变】

甲骨文 → 金文 → 小篆 → 楷体

【本字溯源】

"木"是象形字，其甲骨文字形，像树木的形状，当中的一竖是高大粗壮的树干，向上的两个桠为向上生长枝叶，向下的那两个桠为扎入土壤中的树根。"木"的本义就是树木。

《庄子·山木》："庄子行于山中，见大木枝叶盛茂，伐木者止其旁而不取也。问其故，曰：'无所可用。'庄子曰：'此木以不材得终其天年。'"意思是，庄子行走于山中，看见一棵大树枝叶十分茂盛，伐木的人停留在树旁却不去动手砍伐。问他们是什么原因，说："没有什么用处。"庄子说："这棵树就是因为不成材而能够终享天年啊！"《孟子·尽心上》："舜之居深山之中，与木石居，与鹿豕游。"宋代周敦颐《爱莲说》："草木之花。"明代魏学洢《核舟记》："鸟兽木石。"《墨子·公输》："宋无长木。"又如"花木"，供观赏的花和树木；"木石"，树木与岩石；"木芽"，草木的嫩芽。

【词意演变】

生长数年的树木，其躯干就可以用来制作衣柜、桌、椅、床等木器的材料，故"木"由本义引申为木料，木材。《论语·公冶长》："朽木不可雕也，粪土之墙不可圬也！于予与何诛？"意思是，腐烂的木头不堪雕刻，粪土的墙面不堪涂抹！对于宰予这样的人，还有什么好责备的呢？"《庄子·马蹄》："我善治木，曲者中钩,直者应绳。"宋代沈括《梦溪笔谈·活板》:"木格贮之。"又如"木猫",木制捕鼠器;"木驴",一种装有轮轴的木制刑具,可载犯人游街示众,用于剐刑;"木弓",木制的弓;"木老鸦",战船上使用的一种轻便兵器。明代魏学洢《核舟记》:"径寸之木。"

树木都有树叶,故"木"由本义引申为树叶。杜甫《登高》:"无边落木萧萧下,不尽长江滚滚来。"意思是,无边无际的树叶纷纷飘坠,奔腾不息的长江滚滚而来。

"木"当形容词使用,意为呆笨。如"木楂",木桩,比喻痴呆的人;"木人",痴呆不慧的人;"木木",痴呆的样子;"木鸡",呆笨态。

"木"也是汉字部首之一,与"木"相关的字,基本上表示树木或木器的名称,如"桃、杏、梨、李、柜、椅"等。

成语"呆若木鸡",意思是呆得像木头鸡一样,形容因恐惧或惊异而发愣的样子。出自《庄子·达生》:纪渻替周宣王驯养斗鸡,十天后周宣王问:"鸡训练好了吗?"他说:"没有,正在凭一股血气而骄傲。"又十天后周宣王问:"鸡训练好了吗?"他说:"没有,仍然对其他鸡啼叫和接近有反应。"又十天后周宣王问:"鸡训练好了吗?"他说:"没有,仍然气势汹汹地看着对方。"又十天后周宣王问:"鸡训练好了吗?"他说:"差不多了,现在即使其他鸡啼叫,它已不会有什么变化,看上去像木鸡一样,它的德行真可说是完备了,别的鸡没有敢于应战的,掉头就逃跑了。"庄子认为,呆若木鸡不是真呆,只是看着呆,其实霸气不凡,足可以吓退群鸡。

成语"朽木不可雕",亦作"朽木难雕",意思是腐烂的木头无法雕刻,比喻人已经败坏到不可救药的地步,或比喻人不可造就或事物和局势败坏而不可救药。出自《论语·公冶长》:孔子的弟子宰予,言辞美好,说起话来娓娓动听。起初,孔子很喜欢这个弟子,以为他一定很有出息。可是不久,宰予暴露出懒惰的毛病。一天,孔子给弟子讲课,发现宰予没有来听课,就派弟子去找。一会儿,去找的弟子回来报告说,宰予在房里睡大觉。孔子听了伤感地说:"腐烂的木头不能雕刻,粪土一样的墙壁不能粉刷。最初我听到别人的话,就相信他的行为一定与他说的一样;现在我听别人的话后,要考察一下他的行为。就从宰予起,我改变了态度。"

水（shuǐ）

【说文原文】

水（式轨切），準也。北方之行。象众水并流，中有微阳之气也。凡水之属皆从水。

【说文译文】

水，平度的标准。在五行中，水代表北方的属性。字形像众水同流，中间的一竖"|"表示藏在水中的微阳气息。所有与水相关的字，都采用"水"作边旁。

【字形演变】

甲骨文 → 金文 → 小篆 → 楷体

【本字溯源】

"水"是象形字。其甲骨文字形中间像弯弯水脉，两旁的小点像流水溅起的水花。金文字形与甲骨文字相似。"水"的本义就是以雨的形式从云端降下的液体，无色无味且透明，形成河流、湖泊和海洋，分子式为H_2O，是一切生物体的主要成分。

《释名》："水，准也。准，平也。天下莫平于水。"《左传·桓公元年》："凡平原出水为大水。"《荀子·劝学》："冰，水为之，而寒于水。"宋代司马光《资治通鉴》："刘豫州王室之胄，英才盖世，众士慕仰，若水之归海。"又如"水馆"、"水涡"、"水廊"、"水气"、"水陆杂陈"、"水喷桃花"、"水落归槽"。

【词意演变】

"水"由本义引申为汁、液的通称。如又《孟子·尽心上》："民非水火不生活。"意思是，百姓没有水和火便不能生存。如"汽水"、"墨水"、"泪水"、"口水"、"药水"等词语中的"水"，都是汁、液的通称。

水的连续不断流淌形成河流，故"水"特指河流。《诗·秦风·蒹葭》："在水之湄。"白居易《琵琶行》："去来江口守空船，绕船月明江水寒。"又如"水谷"，山间河沟；"水尾"，江河的末端；"水汊"，河的支流；"水志"，记载河道水系的书籍；"水牒"，指记述河道水系的文献。

江、河、湖、海、洋等水域，都是由水组成，故"水"泛指一切水域。宋代司马光《资治通鉴》："刘备、周瑜水陆并进，追操至南郡。"意思是，刘备、周瑜水陆一齐前进，追击曹操到了南郡。又如"水伯"、"水脉"、"水上人家"、"千山万水"等词语中，"水"也是泛指水域。

"水"也可引申为大水、水灾。汉代晁错《论贵粟疏》："故尧、禹有九年之水，汤有七年之旱，而国亡捐瘠者，以畜积多而备先具也。"意思是，所以尧、禹的时候有过九年水灾，汤的时候有过七年旱灾，可是国家没有被遗弃和因为饥饿而瘦得不成样子的人，这是因为积蓄的粮食多，事先早有准备。又如"水备"，防止水患的设施；"水墉"，防洪墙。

"水"指水军。宋代司马光《资治通鉴》："诸人徒见操书言水步八十万而各恐慑，不复料其虚实，便开此议，甚无谓也。"意思是，众人只见曹操信上说水军、步兵八十万而个个害怕，不再考虑它的真假，便发出投降的议论，是很没道理的。

"水"用作动词，意为泅水、游泳。《荀子·劝学》："假舟楫者，非能水也，而绝江河。"意思是，借助舟船的人，并不是能游泳，却可以横渡江河。又如"水式"，指游水的技能；"水行"，谓游水；"水事"，指驾船、泅水之类的事情。

"水"表示货币中银的含量。银子的成色，转为货币兑换贴补金及汇费之称。如"贴水"、"扣水"、"汇水"、"水丝（成色低劣的银子）"。

"水"也是汉字部首之一，从水的字，或表示江河或水利名称，或表示水的流动，或水的性质状态。如："江、河、海、洋、潺、溅、流、淌、汽、溪"等。

成语"水陆毕陈"，意思是各种山珍海味全都陈列出来，形容菜肴丰富。水陆，指水陆所产的珍贵食物。语出自白居易《轻肥》诗："尊罍溢九酝，水陆罗八珍。"关于"水陆毕陈"，还有一格故事：西晋时期，荆州刺史石崇靠抢劫外地商人而积累了万贯家财，他在京城做卫尉，大肆挥霍。晋武帝的舅舅王恺想办法与石崇比富。王恺得到一株珊瑚十分得意，拿到石崇家。石崇拿出水陆毕陈的宝物送给王恺，王恺自叹不如。

成语"水落石出"，意思是水落下去，水底的石头就露出来。原指一种自然景象，后多比喻事情终于真相大白。语出自欧阳修《醉翁亭记》："野芳发而幽香，佳木秀而繁阴，风霜高洁，水落而石出者，山间之四时也。"苏轼《后赤壁赋》："山高月小，水落石出。"

火（huǒ）

【说文原文】

火（呼果切），毁也。南方之行，炎而上。象形。凡火之属皆从火。

【说文译文】

火，可以烧毁一切的东西。五行之中，火代表南方属性，火光熊熊气势向上。字形像火的形象。所有与火相关的字，都采用"火"作边旁。

【字形演变】

甲骨文　→　金文　→　小篆　→　楷体

【本字溯源】

"火"是象形字。甲骨文字形像一团燃烧的火焰。"火"的本义就是物体燃烧所发的光、焰和热。"火"的运用使人类开始食用熟食，使人类的大脑发育更加完善。有了火，才有了色香味俱全的饮食文化。没有火的原始时代，人类群居在洞穴中，他们每天主要靠采集野果、捕捉小动物为生，常常挨饿，所谓"食草木之食，鸟兽之肉，饮其血，茹其毛。"

《韩非子·五蠹》中记载："民食果蓏蚌蛤，腥臊恶臭而伤害腹胃，民多疾病。有圣人作，钻燧取火，以化腥臊，而民说（悦）之，使王天下，号之曰燧人氏。"意思是，当时人民吃的是野生的瓜果和蚌蛤，腥臊腐臭，伤害肠胃，非常容易生病。这时候，出现了一位圣人，他发明钻木取火的方法烧烤食物，除掉腥臊臭味；人们因而很爱戴他，推举他治理天下，称他为"燧人氏"。可见火的发现是人类饮食营养养生保健的一次进步，具有深远的意义。

【词意演变】

灯火、火把都是发光、发热的物体，故"火"可引申为灯火，指灯烛或火把。杜甫《春夜喜雨》："野径云俱黑，江船火独明。"意思是，田野里的小路也跟云一样黑沉沉的，只有江里的船上灯火是明的。王安石《游褒禅山记》："方是时，余之力尚足以入，火尚足以明也。"意思是，当决定从洞内退出时，我的体力还足够前进，火把还能够继续照明。又如"渔火"、"灯火"、"萤火虫"、"燃放烟火"。

"火"也是中国古代兵制单位,十人为"火"。柳宗元《段太尉逸事状》:"皆解甲,散还火伍中。""火"古时通"伙"。如"火家",伙计帮工;"同火";"合火";"一火贼";"火计",伙计。

"火"比喻战争。如"交火"、"开火"、"停火"。"火"当动词使用,意为生气。如"他火了"、"火冒三丈"、"火刺刺"。

"火"当形容词使用,形容像火那样的颜色,一般指红色的。如"火云",红云;"火采",红光;"火旆",红色的旌旗;"火树",形容开满红花的树。

火灾,是紧急的事情,故"火"被引申为紧急。如"火匝匝",火杂杂。形容紧张、急迫;"火崩崩",形容十分紧急;"火签",差役办理紧急公务的凭证;"火牌兵符",最紧急的命令;通知。

"火"是五行中国古代哲学的五个基本要素之一。如"火欲殂",指汉朝将亡。因古代用五行生克来讲朝代兴亡替代的道理;"火位",五行中火行的方位。

古今中外,曾发生过不少名人与火的趣事,如燧人氏钻木取火、普罗米修斯盗火、孔子三问火灾等。

一次,鲁国的养马场发生火灾,孔子闻讯赶到现场时火已扑灭,满身泥水的救火人员正在外撤,孔子就站在马场门口向这些人一一鞠躬致谢。先问人员伤未伤。又一次,鲁国一马棚失火,孔子到火场后,没有问马的损伤情况,而是先问烧着喂马人没有。此事使百姓很受感动。

又一次,鲁国国都附近山林失火,迅速向国都方面蔓延。鲁哀公急忙率领孔子等部属前往扑救,但是到现场后却发现有人不救火,却去追逐火场中的野兽。鲁哀公问其故,孔子说,主要原因是赏罚不明。鲁哀公便下令:凡见火不救者以放火罪论处,救火有功者奖,结果大火很快被扑灭。

土(tǔ)

【说文原文】

土(它鲁切),地之吐生物者也。二象地之下、地之中,丨,物出形也。凡土之属皆从土。

【说文译文】

土，大地用以吐生万物的介质。上下两横的"二"，象地之下、地之中，中间的一竖"丨"，像植物从地面长出的样子。所有与土相关的字，都采用"土"作边旁。

【字形演变】

甲骨文 → 金文 → 小篆 → 楷体

【本字溯源】

"土"是象形字，其甲骨文字形，上面的椭圆形像土块，下面的一横像地面，合起来表示地上的一堆土。其金文字形与甲骨文基本相似，只是上面中空的土块的轮廓变成了实心的土块。后来的字形略有变化，小篆已经变为线条，与楷书相似。

"土"的本义就是泥土、土壤。《孟子·离娄》："君之视臣为土芥，则臣视君如寇仇。"意思是，国君把臣民当成土壤草芥，那么臣民就会把国君当成是盗贼仇敌。《列子·汤问》："以君之力，曾不能损魁父之丘。如太行、王屋何？且焉置土石？"意思是凭你（愚公）的力气，连像魁父那样的小山都不能削减，又能把太行、王屋两座大山怎么样呢？况且把挖下来的泥土石头放到哪里去呢？"宋代沈括《梦溪笔谈·活板》："不若燔土。"又如"土力"，土壤肥沃的程度；"土化"，施肥使土壤肥沃；"土山"，泥土堆积成的山；"土城"，土筑之城；"土堰"，土筑成的拦水坝。这是"土"的基本义项，一直沿用到今天。

【词意演变】

"土"由本义引申为领土、国土。《三国志·诸葛亮传》："益州险塞，沃野千里，天府之土，高祖因之以成帝业。"意思是，益州地势险要，有广阔肥沃的土地，是个领土肥沃、物产丰富的地区，高祖凭借它建立了帝业。宋代苏洵《六国论》："燕赵之君，始有远略，能守其土，义不赂秦。"意思是，燕国和赵国的国君，起初有长远的谋略，能够守住他的国土，坚持正义，不拿国土贿赂秦国。

在古代，我国是农业经济，重视农业，人们都在土地上耕种、居住，故"土"引申为"乡土、居处、家乡"，即某人的出生地、出身地、居住地或国籍地。《论语·里仁》："君子怀德，小人怀土。"意思是，君子终日所思者，是如何进德修业，而小人终日所思者，是家乡如何好。《后汉书·班超传》："超自以久在绝域，年老思土。"意思是，班超自任职以来久在极远的边境，现在老了思念家乡。又如"故土"、"土棍"、"土豪"、"土风"等词语，也用得是此义项。

人们常常说"土著"、"土著人",其中"土著"的概念,是相对于外来人者而言。简言之,"土著人"指一个地方的原始居民。1993年6月18日,在维也纳召开的世界人权大会举行"世界土著人国际年"大会,呼吁国际社会重视世界各国土著居民的存在,尊重其历史、文化和传统,并保障他们平等生存的权利。

　　"土"当形容词使用,意为本地的、本国的、地方的。如"土货",本地出产的货品;"土音",本地语音;"土兵",地方兵;民兵;"土帮",当地人结成的团伙。

　　"土"表示土地神,后作"社"。《公羊传·僖公三十一年》:"天子祭天,诸侯祭土。"意思是,天子祭祀天神,诸侯祭祀土地神。

　　"土"与"洋"相对,这又给"土字"增加了俗气的、不合潮流的之义。如"土头土脑"、"土里土气的"。

八卦篇

八卦，是阴阳五行的延续。八卦通常运用在方位、测卦、风水等学科上。八卦的8个字是：乾、坤、震、巽、坎、离、艮、兑。

乾（qián）

【说文原文】

乾（渠焉切），上出也。从乙，乙，物之达也；倝声。

【说文译文】

乾，阳气向上升腾。字形采用"乙"作边旁；乙，表示无所不往；"倝"是声旁。

【字形演变】

大篆 → 大篆 → 小篆 → 楷体

【本字溯源】

"乾"是形声字，其甲骨文字形和金文字形至今尚未发现，最早可见的是小篆字形是形声字，从乙，倝（gàn，太阳升起时金光灿灿的样子）声。乙，象植物屈曲生长的样子，在此作形部，从而说明了"乾"的本义为"向上长出"。《说文》："乾，上出也。"清经学家段玉裁注："此乾字之本义也。……上出为乾，下注则为湿，故乾与湿相对，俗别其音，古无是也。"意思是，向上长出，是"乾（干）"的，向下注的，则是湿的，因此"乾"与"湿"是相对的。故"乾"被引申为"干燥"之义，即"没有水分或水分很少"，与"湿"相对。当此意讲的"乾"字，后来简化为"干"，如"干燥"、"牛肉干"、"豆腐干"等。

"乾"由"干燥"之义可引申为"枯竭、尽净"；"白白地，徒然"等义。

如我们现在还使用的词语"干杯"。又如唐代韩愈《感春》："干愁漫解坐自累，与众异趣谁相亲。"其中"干愁"，指没有来由的忧愁。然而，我们常常讲的"干笑"中的"干"，应该解释为虚假的、表面的。值得注意的是，"乾"字本来读音为"gān"。这些义项后来被"干"表示了。

【词意演变】

后来，"乾"借用为八卦之一，读音为"qián"，为八卦的首卦，代表天。代表刚健、阳刚、自强不息，寓意"阳性的"。清代朱骏声《说文通训定声》："达于上者谓之乾。凡上达者莫若气，天为积气，故乾为天。"大意是，"乾"就是升至上方，而凡是能升至上方的，都像大气一样，而"天"是大气的聚集物，所以"乾"就是"天"。《易·说卦》："乾为天、为圜、为君、为父、为玉、为金、为寒、为冰、为大赤、为良马、为老马、为瘠马、为驳马、为木果。"又如"乾方"，天方；"乾元"，即天；"乾施"，上天的施予；"乾首"，天的高处；"乾刚"，天道刚健；"乾象"，天象；"乾启"，上天的启示；"乾道"，天道。

乾卦的卜辞用了"元、亨、利、贞"四个字，意思是，"元始、亨通、和谐、贞正。""元"，代表宇宙的本能、万物的开始；"亨"，代表到处通达，没有阻碍；"利"，代表无往不利；"贞"，即正，代表完整。关于乾卦的解释，有一句名言："天行健，君子以自强不息。"意思是，天道运行周而复始，永无止息，谁也不能阻挡，君子应该效法天道，自立自强，不停地奋斗下去。"乾"代表西北方。如"乾冈"，西北方位的山冈；"乾风"，西北风；"乾雷"，西北方的响雷。

"乾"由"天"可引申为以下义项："乾"指君主。如"乾化"，帝王的教化；"乾心"，帝心；"乾居"，帝王；"乾符"，帝王受命于天的吉祥征兆。"乾"指太阳。如"乾晖"，阳光；"乾曜"，太阳。"乾"代表男性。如：旧时婚姻中称男方为"乾造"，男家为"乾宅"。

清朝第六位皇帝高宗爱新觉罗·弘历年号为"乾隆"，寓意为"天道昌隆"。他25岁登基，在位60年，是我国历史上执政时间最长、年寿最高的皇帝。乾隆帝在位期间平定大小和卓叛乱、巩固多民族国家的发展，六次下江南，文治武功兼修，并且当时文化、经济、手工业作出了重要贡献。

坤（kūn）

【说文原文】

坤（苦昆切），地也。《易》之卦也。从土从申。土位在申。

【说文译文】

坤，大地。《易经》的基本卦之一。字形采用"土、申"会义，因为坤的位置在西南的申位。

【字形演变】

大篆 → 小篆 → 小篆 → 楷体

【本字溯源】

"坤"的甲骨文字和金文至今尚未发现。最早可见的是小篆字形与今天的楷体相差无几，为形声字，从土，申声，左边是"土"字，表形，右边是"申"，表声。"坤"的本义就是地、大地。《易·说卦》："坤也者，地也。"《左传·庄公二十二年》："坤，土也。"《宋书·乐志》："山岳河渎，皆坤之灵。"又如"坤元"，坤的元始之德，指大地资生万物之德；"坤后"，大地；"坤仪"，大地。"坤珍"，象征大地的符瑞；"坤轴"，想像中的地轴；"坤维"，地维，指大地的四方。

【词意演变】

"坤"借为八卦之一，在八卦中象征"地"。《易·说卦》："坤为地、为母、为布、为釜、为吝啬。"坤卦的卦形是三个阴爻，是纯阴之卦，其数为八，五行属土。坤卦明柔，后在万物，运行不息，前进无疆，又顺畅之象。坤六爻皆虚，断有破裂之象。凡是消极的、阴柔的，方形的（古人认为天圆地方），软弱无力的，众多的，厚德的，载物的，裂开的等事物都属于坤卦。坤受乾德（即天场）的影响，以柔顺为德。它顺从大自然的规律，而产生万物。因其质柔，有吸收一切能量的特性。

"坤卦"所代表的人物有皇妃、臣子、国民大众、祖母、妻子、忠厚之人、大腹之人、农夫俗子、小人等。"坤卦"所代表的天象有云、阴天、雾气、露、潮湿气候、低气压。"坤卦"所代表的人体部位有腹部、胃、消化器官、右肩等。"坤卦"所代表的动物有牛、母马、百禽、雌性百兽、地下虫类、猫类等夜行动物。古以八卦定方位，西南方为"坤"。如"坤垠"，西南边陲；"坤隅"，西南方；"坤维"，指西南方。

"坤"常常与"乾"对应使用，如"乾"代表父，"坤"代表母；"乾"代表日，"坤"代表月；"乾"代表阳，"坤"代表阴。由于"坤"代表阴，故"坤"后用为女性或女方的代称。如"坤表"，女表；"坤鞋"，女鞋；"坤旦"，评剧中女伶串演旦角叫坤旦，男子串演旦角叫乾旦；"坤宅"，旧时联姻，称女家为坤宅，男家为乾宅。"地势坤，君子厚德载物。"意思是，坤象征大地，君子应该效法大地，胸怀宽广，包容万物。

震（zhèn）

【说文原文】

震（章刃切），劈历，振物者。从雨，辰声。《春秋传》曰："震夷伯之庙。"

【说文译文】

震，天穹的霹雳，振动室内什物。字形采用"雨字头"，"辰"是声旁。《春秋传》上说："响雷震撼夷伯的庙堂。"

【字形演变】

金文 → 大篆 → 小篆 → 楷体

【本字溯源】

"震"是形声字，其甲骨文字形和金文字形至今尚未发现。最早可见的小篆字形，从雨，辰声。用"辰"字表声，因雷、雨常常并作，所以用"雨"字表形。"震"的本义就是雷，疾雷。《春秋》："三月癸酉，大雨震电。"孔颖达疏："何休云:震，雷也。电，霆也。"又如"震震"，雷、鼓、车、马等所发出的巨响；"震厉"，雷声；"震霆"，轰雷，响雷；"震雷"，响雷；"震响"，震雷似的响声。

【词意演变】

"震"后来被借用为八卦之一,象征"雷",被称为"雷之象":"上震下震八纯卦。八纯卦,吉顺而又波折。其数为四,五行属木,居东方。"代表长男、将帅。

"震卦"的外形,初爻为阳爻,二、三爻为阴爻,即所谓的"震仰盂",表现出了一种向上、向外发展的趋势,故其正象为雷。秋冬之间潜在两阴之下的阳气,等春天到来,便开始向上、向外发展,震动其上之阴气,如春天万物开始发生一样,跃跃欲试,驱阴邪震万物而萌发,如春天的蛰雷。

此外,一阳在下,二阴在上,所以有大道之象;阴在上,有动荡不已的样子,为龙;阳刚在下,不愿被阴邪所压制,定要奋起,锐意进取,建立功业,声名大震,所以决断躁动。由此,诸如上升、进步、新生、勇敢、意气风发、好动、愤怒等意象,都属于震卦。

"震"代表东方。如《易·说卦》:"万物出乎震。震,东方也。"又如"震宫",东方;"震方",震位、震维,东方;"震区",东方。

由于疾雷能使地动山摇,所以"震"由本义可引申为"震动",即物体自身动荡或加以外力使物体动荡。汉代贾谊《过秦论》:"余威震于殊俗。"《后汉书·张衡传》:"后数日驿至,果地震陇西。"《水经注·河水》:"雷奔电泄,震天动地。"清代邵长蘅《青门剩稿》:"内地为之震。"又如"震掉",颤动;"震域",地震波及的范围"震裂",物体因受震动而裂开;"震主之威",指人威势极为盛大,使君王畏忌不安。

"震"也表示"震惊,惊惧,使惊惧"、"心动,激动"等义。如《韩非子·八奸》:"甚者举兵以聚边境而制敛于内,薄者数内大使以震其君,使之恐惧。"意思是,严重的,臣子招引大国军队压境来挟制国内;轻些的,屡屡引进大国使者来震慑君主,使君主害怕。《资治通鉴》:"权以示群下,莫不响震失色。"意思是,孙权将其给群臣看,没有人不被震惊的改变脸色。又如"震怖",惊恐;"震悸",惊怖恐惧;"震慑",震惧,形容极害怕;"震怜",动情怜恤。

"震"也表示"振兴,振奋"之义。如《诗·周颂·时迈》:"薄言震之,莫不震叠。"意思是,周王威风震天响,天下没有人不振奋。又如"震奋",振作奋发;"震发",奋发,奋起;"震激",振作激发。

在古文中,"震"可作定语,指"与天子有关的"。如:"震位",指东宫,即"太子之宫";"震宫",太子所住的宫殿;"震业",帝王的事业;"震储",皇储,太子。也可表示"威势,威严"之义。《左传·成公二年》:"畏君之震。"意思是，惧怕君主的威严。又如"震灼"，威势极盛；"震肃"，因慑于威势而肃然。

"震"也代指地震。如《左传·昭公二十三年》："八月丁酉，南宫极震。"《后汉书·张衡传》："震之所在（地震所在的方位）。"又如"震中"、"震波"、"震级"。

巽（xùn）

【说文原文】

巽（苏困切），具也。

【说文译文】

巽，就是辅助主人陈设或准备食物。

【字形演变】

大篆 → 大篆 → 小篆 → 楷体

【本字溯源】

"巽"是会意字，其甲骨文字形和金文字形至今尚未发现，最早可见的是小篆字形，上面是两把并列摆放的勺子，下面是一个"几"，表示饭桌、茶几之类的家具。上下两部分组合起来，就说明"巽"字的本义为"陈设或准备食物。"《说文》："巽，具也。"注：馔为巽的本体。也就是说，"巽"是"馔"的初文。"馔"是形声字。字从食，从巽，巽亦声。"巽"意为"辅助"、"翼辅"。"食"与"巽"联合起来表示"辅助主人陈设食物"。"馔"的本义就是陈设或准备食物。

"巽"的楷体字形发生了一些变化，勺子的柄和茶几结合成了"共"字，两个勺子的头则被写成了两个"巳"，就是我们今天看到的"巽"字。后来，"巽"字被借用为"八卦"的卦象之一，它的本义就由"馔"来表示了。

【词意演变】

"巽"在八卦中，代表"风"，被称为"风卦象"。《易·说卦》："巽为木，为风。"意思是，巽五行属木，代表风。"巽"卦的卦形，初爻为阴爻，二阳爻在上。巽卦代表一阴爻潜入二阳爻之下，表示一阴深入二阳刚之下，有一种深入地向下、向内发展的趋势。故巽卦正象为风。又如"巽地"，吉利的地方；"巽二郎"，传说中的风神；《易·说卦》有"巽为木，为风"，故名。

"巽"代表东南方。如"巽方"，东南方；"巽地"，东南方位；"巽风"，东南风。又称"清明风"、"景风"，古有八卦主八风之说；"巽隅"，指东南角。

因为"风"表示一种飘动而有渗透性的事物，是无孔不入的，"针大的眼，斗大的风"，不管多小的间隙，它都能在其中间存在，在其中远行，并能载运各种能量。故"巽卦"寓意"伏入"。所谓"阴阳之气，以雷动，以风行。"因此诸如基础不稳、直爽、清洁干净、附和、整齐、传达、号令、奔波、薄情、悭吝、幻觉、忙碌、忧疑、轻浮、扫荡、烦躁、空虚、胆略、魄力、多欲、权谋、数术、头发稀少等意象，都属于"巽卦"。

因为巽卦代表能量传递，故有灵气之意，所以可代表一些僧尼、仙道之人。巽为长女，可代表在一定范围内最大岁数的妇女。巽有流动性，可表示流动不定的职业人物，也能表示仔细认真的、精巧的职业人物等。故巽卦代表：长女、处女、僧尼、仙道之人、优柔寡断的人、额头宽的人、头发细长而直的人、造谣者。

"巽卦"所代表的人体部位：头发细、直、稀少、神经、气管、胆、筋、呼吸器官、肠道、食道、肱、股、左肩、左手肩、淋巴系统、血管、练功者之元气。

"巽卦"所代表的动物：鸡、鹅、鸭、鹧、蝶、蜻蜓、蛇、地虫（蚯蚓等）等山林禽虫、带鱼、鳗鱼、鳝鱼等细长鱼类。虎、猫、斑马等有条纹之兽及勇猛带风声之兽。

"巽卦"所代表的天象：刮风、云、高空、飓风、台风、旋风（包括龙卷风）。后来，"巽"又由"风"而被引申为"消散"之义。《释名·释天》："巽，散也，物皆生布散也。"

此外，"巽"还可以通"逊"，意为"卑顺，怯懦"。《易·蒙卦》："童蒙之吉，顺以巽也。"意思是，就如同蒙骗幼童一样蒙骗敌人，使敌人成为受我方操纵的卑顺之辈。唐孔颖达疏引褚氏曰："顺者心不违也，巽者外迹相卑下也。"又如"巽顺"，卑顺、顺从；"巽词"，委婉的言词；"巽与"，顺从，附和。

坎（kǎn）

【说文原文】

坎（苦感切），陷也。从土，欠声。

【说文译文】

坎，凹陷的土坑。字形采用"土"作边旁，"欠"是声旁。

【字形演变】

甲骨文 → 大篆 → 大篆 → 小篆 → 楷体

【本字溯源】

"坎"是形声字，从土，欠声。其甲骨文是象形字，用非常简单的线条勾勒出了一个坑坎的纵截面图，简明地表达了"坎"字的本义：坑坎、坑穴。《易·序卦》："坎者，陷也。"东汉班固《汉书·李广苏建传》："凿地为坎。"又如"坎阱"，陷阱；"坎深"，深渊；"坎傺"，住在土窟里。

【词意演变】

"坎"被借用为八卦之一，代表水。被称为水卦象：重坎八纯卦。其数为六，五行属水，居北方。如"坎离"，八卦中的水和火；"坎德"，谦虚之德，《周易》以坎属水，水就下处卑下之地，故有此称谓。

坎卦的卦形，一阳爻居中，上下各位阴爻，表示一种有四面像中心发展的趋势。外柔顺、内刚健。内动外静，内部交换，旋转向心集聚，为水柔而流动，钢刀也难折断。而滴水又能穿石，表面柔弱而内含刚性，谋事可成，但会有波折。"坎"字又由"欠土"之意，土缺必成洼穴，洼穴易得水。所以，坎卦正象为水。

坎卦卦的为险陷：一阳爻陷于二阴爻之中，有坑穴之象，又如水中旋涡，所以容易陷落沉溺。坎为水，无处不流不渗入，称为沟渎、隐伏、险陷、心痛的现象。由此，诸如聪明、智慧、善谋、以柔胜刚、曲折坎坷、漂泊多变、哭泣、淫欲、狠毒、险、流血等意象，都属于坎卦。

坎卦所的代表的人物有：江湖之人、酒鬼、多情轻浮者。坎卦所的代表的性格有：外柔内刚、善谋多智、喜算计、多心计、阴险卑鄙、城府深、多欲、好时尚。

"坎"由"坑穴"引申为"墓穴，墓坑"。《礼记·檀弓下》："观其葬焉，其坎深不至于泉。"大意是，参加他的葬礼，发现他的墓穴还没有水泉深。"坎"由本义也可引申为通过自然的过程或用人工办法形成或堆成的土堤或土埂。如"土坎儿"，"田坎儿"。

由于"坑穴"不全是自然形成的，有些"坑穴"是人工挖掘的，所"坎"也可以当动词使用，意为"掘坑，挖洞"。《新唐书·吴少诚传》："坎垣入之，戍者不知也。"意思是，在城墙上挖了个洞进去，驻守的人并没有发觉。又如"坎坛"，古代挖地为坎，垒木为坛。

由于有坑洞的地方往往就是低陷不平的，所以"坎"又可引申为"坏运气"或"窘迫的处境"的代名词。韩愈《八月十五夜赠张功曹》："州家申名使家抑，坎坷只得移荆蛮。"意思是，州衙提名赦免，观察使却压制，遭遇坎坷，只能迁调荒漠。此外，"坎"也可用来指"最要紧的地方或时机，当口儿"。如："这事可到坎儿上了。"

成语"坎井之蛙"指废井里的青蛙，比喻见识不多的人。语出《荀子·正论》：在一口浅井里有一只青蛙，它对从东海中来的大鳖说："我多么快乐啊！出去玩玩，就在井口的栏杆上蹦蹦跳跳，回来休息就蹲在残破的井壁的砖窟窿里休息休息；跳进水里，水刚好托着我的胳肢窝和面颊；踩泥巴时，泥深只能淹没我的两脚，漫到我的脚背上。回头看一看那些赤虫、螃蟹与蝌蚪一类的小虫吧，哪个能同我相比哪！并且，我独占一坑水，在井上想跳就跳，想停就停，真是快乐极了！您为什么不常来我这里参观参观呢？"

海鳖左脚还没踏进井里，右腿已被井壁卡住了。于是，它在井边犹豫地徘徊了一阵就退回来了，把大海的景像告诉青蛙，说道："千里的确很远，可是它不能够形容海的辽阔；千仞的确很高，可是它不能够说明海的深度。夏禹的时候，10年有9年水灾，可是海水并不显得增多；商汤时，8年有7年天旱，可是海水也不显得减少。永恒的大海啊，不随时间的长短而改变，也不因为雨量的多少而涨落。这才是往在东海里最大快乐啊！"浅井的青蛙听了这一番话，惶恐不安，两眼圆睁睁地好像失了神。深深感到自己的渺小。

这则寓言告诫人们，千万不要因一孔之见，便洋洋自得，不要因一得之功，便沾沾自喜。

离（lí）

【说文原文】

离（吕支切），黄仓庚也。鸣则蚕生。从隹离声。

【说文译文】

离，就是离黄，仓庚鸟。仓庚鸟鸣噪的季节，蚕虫就繁生了。字形采用"隹"作边旁，"离"是声旁。

【字形演变】

甲骨文 → 金文 → 大篆 → 小篆 → 楷体

【本字溯源】

"离"的繁体字为"離"，是形声字，从隹（zhuī），离声。从隹，表示与鸟类有关。离声，"离"是"鹂"的本字，因而声符亦兼表字义。《说文》："离，离黄、仓庚也。"意思是，离就是离黄、仓庚鸟。"离黄"、"仓庚"都是古人对"黄鹂"的称呼。也就是说，许慎认为"离"就是"鹂"的本字，本义是黄鹂。后世学者认为，这个说法有待商榷。

"离"字的甲骨文是个象形字：其上部是一只逼真的小鸟的形状，下面是一个捕鸟的网兜，整个画面就是有一个绑着长长的手柄的捕鸟的网兜，网兜口边，是一只振翅欲飞的小鸟。由此可见，"离"的本义就是"以网捕鸟"。

"离"由本义可引申为"擒获"，"靠近"之义。如《诗·小雅·渐渐之石》："月离于毕，俾滂沱矣。"意思是，月亮接近毕星宿，大雨滂沱降人间。

【词意演变】

"离"字借用为八卦之一，代表火。"离"在八卦中象征火，被称为火卦象：重离八纯卦。其数为三，五行属火，居南方。

"离卦"的卦象，一阴爻居中，二阳爻居外，展现了一种由中心向外发展的趋势，有离散之意。它还寓意"外刚键内柔弱"；外动内静，内部与外部进行交换，如火一样，向外部施放能量。火苗火烛外部可烧毁其他东西，但是或的核心是冷的，没有毁灭性质。而或附着在燃烧物上，容易使其燃烧起来。所以离卦正象为火。诸如明丽、磊落、发现、礼仪、自满、焦躁、煽动、撒谎、花言巧语、枯燥、空虚等意象，都属于离卦。

离卦所代表的的人物有文人、目疾者、大腹人等。离卦所代表的的疾病有目疾、高血压、肺虚症、心脏疾病。

"离"字的本义，在其诞生后没有多久便不再使用。后世所使用的，基本上都是它的假借义，其中最常使用的是"离"假借为"剺"，为"割、划开"之义。如"离肺"，指割取肺脏。

此意又可引申为"离开，离别"。如《诗·小雅·雨无止》："正大夫离居。"大意是，正大夫离开了居所。又如唐代贺知章《回乡偶书》："少小离家老大回，乡音无改鬓毛衰。"意思是，少年时离乡，到老了才回家来。口音没改变，双鬓却已经斑白。

此意还可引申为"分散，离散"。跟"合"相对。汉代贾谊《过秦论》："约从离衡。"意思是，以合纵之约离散秦的连横之策。清代林觉民《与妻书》："不愿离而离。"又如"离合"，分合，聚散；"离聚"，分和合；"离鹤"，失群的鹤。"离"又表示"缺少"之义。如"离不得"，少不了、不免；"发展科技，离不了人才"；"差不离"，差不多。

此意还可引申为"违背，背离"。如《商君书·画策》："失法离令，若死我死。"意思是，不遵守法律，违背了命令，你死，我也得死。《左传》："众叛亲离。"意思是，众人反对，亲人背离。又如"离上"，背叛君上；"离次"，离弃职守；"离志"，异心，背离的心志。

此意还可引申为"距离，相距"。如《水浒传》："只是小人家离得远了。"又如：离这里还有多少路。

在古文中，我们还常常能看到词语"离离"，意为"罗列，陈列"，表示"茂盛而整齐的样子"。如《诗·王风·黍离》："彼黍离离，彼稷之苗。"意思是，那里的黍子整齐而繁茂，那里的高粱刚发芽。又如唐代白居易《赋得古原草送别》："离离原上草，一岁一枯荣。"意思是，古原上繁密茂盛的野草，每年都会繁盛一次，枯萎一次。

"离"也表示"经历"之义。如《诗·小雅·小明》："载离寒暑。"意思是，迄今历经酷暑与严寒。《汉书·西域传上》："离一二旬，则人畜弃捐旷野而不反（返）。"意思是，经历一、二十天就要人和牲畜都死于旷野而不得返回长安。

"离"字还可通"缡"，指古代女子出嫁时系的佩巾；或通"罹"，为遭受之义。如《诗·王风·兔爰》："有兔爰爰，雉离于罗。"意思是，有一只兔子很自在，但是野鸡却遭受了被捕入网的命运。又如"离骚"，遭遇到忧患；"离恨天"，遭逢恨事之天；"离尤"，遭受罪愆；"离殃"，遭受，罹祸。

艮（gèn）

【说文原文】

艮（古恨切），很也。从匕目。匕目，犹目相匕，不相下也。《易》曰："艮其限。"匕目为艮，匕目为真也。

【说文译文】

艮，很，回望怒视。字形采用"匕、目"会义。匕目，犹如说目光如剑，相逼视而不相让。《易经》上说："目光紧盯腰部的界限。"匕、目会义成为"艮"字，匕、目会义，也可以成为"眞"字。

【字形演变】

甲骨文 → 金文 → 小篆 → 楷体

【本字溯源】

"艮"是象形字，其甲骨文字形由上下两部分组成，上面是一只大眼睛，眼珠靠左，所以是一只向左看的眼睛，下面是一个面朝右站立的人的形状。上下两部分组合起来，表明了"艮"的本义就是回头看，即回顾。如《易经》："艮其背。"意思是，回头看他的背部。

发展到小篆阶段，"艮"上面的大眼睛，被改写成了"目"字，下面的依旧是一个人，只是这个人的腰更弯了。经过不断的演变，今天的字形就是"艮"的样子。注意，"既"、"食"等字中的"艮"部，实际上并不是"艮"，而是由"装满食物的豆"的象形演化而来的。

【词意演变】

后来"艮"被借用为八卦之一，"艮"在八卦中，象征山，被称为山卦象，上艮下艮八纯卦，其数为七，五行属土，居东北方。如"艮岳"，山名，在今河南开封城内东北隅,宋徽宗政和年间在汴京东北隅堆土为山,广集天下奇花异石、珍禽怪兽、佳果文竹于此处。如"艮方",东北方;"艮岑",位于东北方的高山;"艮背",东北隅,背,通"北",北方;"艮域",东北地区。

艮卦的卦形,一阳爻在上,二阴爻在下,阳少阴多,所以阳小阴大、上小下大有山象,所以艮卦的正象为山。艮卦代表一种向下发展的趋势,同时也表示一个事物发展到顶点了,必须谨慎,否则就向相反的方向发展了。

此外,因为上山是一件很艰苦、很费力气的事情,所以艮卦还寓意"有困难、有阻碍、停滞不前"。而表面充实、内部空虚,上实下虚的事物,也归属于艮卦。

艮卦所代表的人物有:小儿子、领头的。艮卦所代表的疾病有:肿瘤、结石症、青春痘、痧子、疮块、脾胃病、肾病。艮卦所代表的性格有:憨厚、保守、固执、诚实、笃实、守信用、安静、迟滞、审慎。

山是很稳定的,也相对静止的,故"艮"可引申为"止,静止"。如清代恽敬《艮泉图咏记》:"泉可艮,九天之上,九天之下,何所不艮?"意思是,既然连水流都可以静止,那么天地间还有什么不可以静止的呢?此义进一步可引申为"坚固,坚硬";"艰难"。如《广雅》:"艮,坚也。"

今天,人们广泛使用的"艮"字,读音gěn,主要运用在方言中,表示食物不易咬动或嚼烂,如"花生米艮了";也可以表示坦率直言,如"这个人真艮";也可以表示言语率直无曲折,如"他说的话太艮";也可以表示衣服朴素,如"他穿的衣特艮";也可以表示不松脆,如"艮萝卜"。

兑(duì)

【说文原文】

兑(大外切),说也。从儿㕣声。

【说文译文】

兑,说服。字形采用"儿"作边旁,"㕣"作声旁。

【字形演变】

甲骨文 → 金文 → 小篆 → 楷体

【本字溯源】

"兑"是会意字，从丷（八），从兄。其甲骨文字形，由上下两部分组成，下面是"兄"字形，像一个人面朝左站立仰头呼气的样子，上面是"八"字形的结构，像舒散出来的气流。上下两部分组合，渲染了一种心旷神怡的意境，从而表明了"兑"的本义就是喜悦，愉快。《说文》："兑，说（悦）也。"意思是，兑，就是喜悦。《易·序卦》："兑者说也。"又如"兑悦"，喜悦。

因为喜悦是一种心情，所以后来人们就在"兑"的左边加了"忄（心）"部，创造了"悦"字，来表达"愉悦、高兴"之义。此后，"兑"字被借用为"兑换"的兑，意为"交换、更换"。经进一步引申为"掺合"，如"这酒是兑了水的"。

【词意演变】

后来，"兑"借用为八卦之一，代表沼泽，也指西方。如"兑隅"，西边；"兑域"，西方。兑卦的卦形，一阴爻在上，二阳爻在下。一阴升于二阳之上，上虚下实、上小下大，表示一种向上发展的趋势。二阳爻如湖泽坚硬之底，阴爻为坎半水之象。因为阴少，所以他表示的是浅水。阳爻如湖泽底岸，江水为起来，使浅水集成沼泽。所以兑卦正象为泽，代表外柔而内刚、外虚而内实的事物。

兑卦卦德为悦。位于二阳爻之上的阴爻，为升天开口之状，有仰天大笑之象。兑寓意喜悦，所以此卦义兑为名。占得此卦，办事顺利。

兑卦代表的人物有可爱的女孩，与用口或说唱有关的职业，如巫师等。兑卦代表的性格特征有欢悦、奉承、善言、活跃、重义气、感召力强等。

"兑"又引申为"兑换、兑付、兑现"。人与人之间的和颜悦色、友好亲睦是顺利兑换、兑现的前提。因此称"兑"。

在古文中，"兑"通"锐（ruì）"，为锋利之义。如《墨子·备城门》："两铤交之置如平，不如平不利，兑其两末。"意思是，两矛尖交叉安上，放得很平，不平不方便，两头要锋利。《荀子·议兵》："兑则若莫邪之利锋。"意思是，它锋利起来，就像莫邪宝剑一样。

兑，也是百家姓之一，比较罕见，南北皆有。据称祖源是商微子的后代，是制造戈的巧匠，所谓的"兑之戈，和之弓。"

天干篇

天干地支，简称"干支"。在我国古代的历法中，甲、乙、丙、丁、戊、己、庚、辛、壬、癸被称为"十天干"；子、丑、寅、卯、辰、巳、午、未、申、酉、戌、亥叫作"十二地支"。十干和十二支依次相配，组成六十个基本单位，两者按固定的顺序互相配合，组成了干支纪法。从殷墟出土的甲骨文来看，天干地支在我国古代主要用于纪日，此外还曾用来纪月、纪年、纪时等。

甲（jiá）

【说文原文】

甲（古狎切），东方之孟，阳气萌动，从木戴孚甲之象。一曰人头宜为甲，甲象人头。凡甲之属皆从甲。命，古文甲，始于十，见于千，成于木之象。

【说文译文】

甲，在天干之中，甲代表最东边的方位，阳气萌发，运行于万物之间，字形像草木初生时头戴甲壳的样子。另一种说法人头适合叫做甲，甲像人头的形状。所有与甲相关的字，都采用"甲"作边旁。命，这是古文写法的"甲"，像始于十，见于千，成于木的样子。

【字形演变】

甲骨文 → 金文 → 小篆 → 楷体

【本字溯源】

"甲"是会意字。其甲骨文字形，像穿在一起呈"十"字形的甲片，代指"铠甲"。"铠甲"起源于原始社会，最早用藤条、木片、皮革等材料制造的简陋的护体装具。商朝、周朝时候，人们已经学会将整片皮革改制成可以部分活动的皮甲，即按照护体部位的不同，将皮革裁制成大小不同、形状各异的皮革片，并把多层的皮革片合在一起，表面涂漆，制成牢固、美观、耐用的甲片，然后再甲片上穿孔，用绳编联成甲。这些穿在一起的甲片，纵横呈现出一个个的"十"字形状。因此，"甲"的本意即为"铠甲"。清代方苞《左忠毅公逸事》："每寒夜起立，振衣裳，甲上冰霜迸落，铿然有声。"意思是，每到寒冷的夜晚站立起来，抖动自己的衣裳，铠甲上的冰霜散落下来，像金属响亮的声音。

【词意演变】

后来"甲"被借用为天干，为天干的第一位，用以纪年、月、日。通常与地支中的子、寅、辰、午、申、戌相配。如苏轼《喜雨亭记》："乙卯乃雨，甲子又雨。"意思是，乙卯日才下过一场雨，等到甲子日，又下了一场雨。又如"六甲甲胆"，中医认为人的脏腑分五行，同属的再以甲乙分。胆与肝同属木，胆称甲木，亦称甲胆。十天干与十二地支相配合，共配成六十组，称为"六十甲子"。故"甲"为六十甲子的省称。如"年过花甲"。

因为"甲"是天干的第一位，故引申为居第一、冠于。《史记·魏其武安侯列传》："治宅甲诸第。"又如"桂林山水甲天下"。由"居第一"之义又被引申为第一的、上等的。如"甲第"，上等的府第，指豪富之家。

古时候，身披"铠甲"的人，通常都是将军、士兵，故"甲"被引申为"兵士、军队"之义。如王维《老将行》："愿得燕弓射大将，耻令越甲鸣吾君。"意思是，愿得燕地的好弓射杀敌将，绝不让敌人军队惊动国君。

"铠甲"属于武器装备，故"甲"被引申为"武器、军火"之义。如《资治通鉴》："得甲库，取器械。"意思是，攻下了军火库，缴获了武器军械。

古代的将士穿着铠甲，相当于给身体裹了以硬壳，故"甲"被引申为动、植物的坚硬的外壳，如"龟甲、鳞甲"。

"甲"也被引申手指或脚趾上的角质硬壳。如元代散曲家查德卿《拟美人八咏·春绣》："绿窗时有唾茸粘，银甲频将彩线捋。"意思是，绿窗上常常有粘上刺绣时吐出的红线头，芊芊玉手频频地将彩线来回穿。又如"指甲"、"趾甲"。

另外，"甲"指旧时户口编制单位。如"甲首"，元代每二十户为一甲，明代十户为一甲，一甲之长为甲长。

"甲"代词。用来指称佚名的人或文学作品中虚构的人名。如"某甲与某乙"。

乙（yǐ）

【说文原文】

乙（于笔切），象春艹木冤曲而出，阴气尚强，其出乙乙也。与丨同意。乙承甲，象人颈。凡乙之属皆从乙。

【说文译文】

乙，象初春草木弯弯曲曲长出地面，这时大地的阴气还很强大，草木只能艰难地破土冒出。古人用"乙"表示草木长出地面，这构思与用"丨"表示引而向上相同。在天干顺序中，"乙"承续着"甲"；就字形看，"乙"像人的胫脖。所有与乙相关的字，都采用"乙"作边旁。

【字形演变】

甲骨文 → 金文 → 小篆 → 楷体

【本字溯源】

"乙"是象形字。其甲骨文字形，就是一条弯曲的线段，但它究竟描绘的是什么事物呢？一种说法认为，"乙"字的字形源自一根绳索，所以它的本义应该是"绳索"。因而，后世从"乙"的汉字，多与绳索有关，如"乱、扎"等。

许慎则认为"乙"本是形容词，意思是，像植物屈曲生长的样子。而所谓"乙乙"，就是形容"艰难地生长"。如西晋陆机《文赋》："思乙乙其若抽。"意思是，文思就像被抽的丝一样，难以出来。

由于"乙"的甲骨文字形看起来又像一只鸟：左上部弯曲的部分像一只鸟头；中间及中下部分表示鸟身；右下部分的弯曲像鸟的尾巴，所以有的人就认为"乙"的本义是"鸟"。如古人就曾将燕子称为"乙"。如南朝齐张融《答周颙书》："非鸟（野鸡）即乙"。意思是，如果不是野鸡，就必定是燕子。

"乙"字的字形，从甲骨文到小篆，变化很微小，到了汉代的隶书阶段，才完全笔画化，称为真正的方块字。它的部首写作"乙"或"乚"。如"九、乜、乞、孔、乳、胤"。

【词意演变】

"乙"后来被借用为天干，为天干第二位，这是"乙"的基本义。"乙"与丑、卯、巳、未、酉、亥相配，用来纪年、纪月、纪日等。"乙"用来纪年，如"1645年是乙酉年"。"乙"用来纪时，如"乙酉"、"乙戌"、"乙亥"。

因为"乙"表示天干第二位，故"乙"引申为"第二、次一等"。如"乙部"，古代群书四部分类法的第二部。

成语"越凫楚乙"，指同一只飞鸿，有人以为野鸭，有人以为燕子。比喻由于主观片面，对于事物认识不清而判断错误。语出南朝齐张融《门论》："昔有鸿飞天道，积远难亮。越人以为凫，楚人以为乙。人自楚越耳，鸿常一鸿乎？"谓同一飞鸿，越人以为野鸭，楚人以为燕子。后遂以"越凫楚乙"比喻认识不清，判断错误而各执一词。乙，燕子。

丙（bǐng）

【说文原文】

丙（兵永切），位南方，万物成，炳然。阴气初起，阳气将亏。从一入冂。一者，阳也。丙承乙，象人肩。凡丙之属皆从丙。

【说文译文】

丙，在天干诸位中，丙代表南方，南方代表四季中的夏天，这时万物长成，一派光明的样子。阴气初起，阳气将亏。字形采用"一、入、冂"三形会意。这里的"一"，表示阳气。丙承乙，象人肩。所有与丙相关的字，都采用"丙"作边旁。

【字形演变】

甲骨文 → 金文 → 石鼓 → 小篆 → 楷体

【本字溯源】

"丙"为象形字，其甲骨文字形像地穴的形状，取源于一处地穴的纵切面，两边像三角旗的形状，最上面一横是土层，三角旗下面的很大空间，就是挖好的地穴。所以人们认为"丙"的本义是"地穴"。"丙"的金文字形与甲骨文字形基本相似，只是三角旗变成圆弧形状的旗了。关于"丙"的本义，学界一直存在争议，有人认为"丙"的本义是"鱼尾"。无论"丙"的本义是什么，现在都不使用了，现在使用的是它被借用为天干之一后所引申出来的义项。

【词意演变】

后来"丙"被借用为天干，为天干的第三位，用以纪年、月、日，通常与地支中的子、寅、辰、午、申、戌相配。如宋代姜夔叙述其词《其天乐》的创作背景时说："丙辰岁，与张功甫会饮张达可之堂"。在此，"丙"与地支中的"辰"相配，用以纪年，指宋宁宗庆元二年（1196）。这句的意思是，宋宁宗庆元二年，我跟张功甫在张达可家的厅堂内饮酒。

"丙"用来纪年，如"丙子、丙戌、丙寅来纪年"。"丙"用来纪日，如《礼记·月令》："其日丙丁。""丙"用来纪时，如"丙夜"，即三更，半夜、夜中子时。

古代以十干配五方，丙为南方之位，所以"丙"指南方。《说文》："丙位南方，万物成炳。"又如"丙向"，南向，即朝南。五行中丙丁属火，所以"丙"为火的代称。丙为阳火，丁为阴火。如"丙丁神"，火神。

由于"丙"表示天干的第三位，故"丙"引申为在可数序列中的第三个。如"丙科"，汉代考试的第三等科目。

成语"丙吉问牛"，意思是看到牛的异常想起天气变化，赞扬官员关心百姓疾苦。出自明代程登吉《幼学琼林》：西汉宣帝时期，丞相丙吉十分关心百姓的疾苦，他经常外出考察民情。一次外出，他见一群人在斗殴，他没有去制止，而看到一头牛在吃力地拉车。他却停下叫人去询问，下属说他只重畜不重人，他解释说牛影响农事，直接影响国计民生。

丁（dīng）

【说文原文】

丁（当经切），夏时万物皆丁实。象形。丁承丙，象人心。凡丁之属皆从丁。

【说文译文】

丁，夏日万物都壮实。是象形字。在天干顺序中，丁承续丙，字形像人心。所有与丁相关的字，都采用"丁"作边旁。

【字形演变】

甲骨文 → 金文 → 小篆 → 楷体

【本字溯源】

"丁"是象形字。其甲骨文字形为空心的长方形，这样的符号，古人像要表达什么意思呢？经过考察，这种构形来源于对上古的粗铜铜钉的白描。这种铜钉的钉帽一般呈方形，其的甲骨文字形，就是俯视时看到的钉帽的形状。也就是说，"丁"就是"钉"的本字，"丁"的本义就是钉子。其金文象俯视所见的钉头之形，小篆象侧视的钉形。《说文》："丁，钻也。象形。今俗以钉为之，其质用金或竹，若木。"又如"丁屐"，底有钉齿的木鞋；"丁子"，蝌蚪，初生头大有尾，如丁字。

后来"丁"被借用为天干之一，为了避免用法上的混淆，人们就在"丁"字的左边加了一个表示钉子材料为金属的"钅"金部，创造了形声字"钉"，专门表示"钉子"之义。

【词意演变】

"丁"后来被借用为天干，为天干第四位，与丑、卯、巳、未、酉、亥相配，用来纪年、纪月、纪日等。"丁"用来纪年。如宋代姜夔的名作《点绛唇》就创作于"丁未冬，过吴松"时。这里的"丁未"指宋淳熙十四年（1187）。"丁"用来纪日。如《吕氏春秋·孟夏》："其日丙丁。"《春秋》："夏，四月，丁未，公及郑伯盟于越。"

由于"丁"为天干第四位，所以又被引申为序数第四。如"丁等"，第四等；"丁级"，第四级；"丁方"，四方；"丁夜"，指四更夜（凌晨1—3时）。

由于钉子是坚硬的东西，所以"丁"被引申为强壮、壮盛。汉代王充《论衡·无形》："齿落复生，身气丁强。"又如"丁丁"，壮健的样子；"丁人"，壮健的男子；"丁夫"，壮健的男子。

"丁"由"强壮、状盛"之义引申为能担任赋役的成年男子，不同于男孩。如唐代白居易《新丰折臂翁》："无何天宝大征兵，户有三丁点一丁。"意思是，不久遇上了天宝年间的大征兵，每户人家，三个成年男子中征选一名壮丁。清代邵长蘅《青门剩稿》："余丁传餐。"又如"丁粮"，对男丁征收的粮食；"丁力"，一男之力，引申为劳力；"丁奴"，二十岁以上的成年奴仆。

后来,"丁"表示家庭人口。如"添丁";"丁税",按人丁所课的税;"丁赋",按人丁所课的赋税。"丁"还指从事某种劳动的人。如"园丁"、"家丁"、"庖丁"。

由于古代钉子的钉帽一般是方形,故"丁"引申为小的立方体,如肉、瓜果、蔬菜等割成的小方块。如"黄瓜丁"、"炒鸡丁"、"羊肉丁"。

钉子在使用的过程中,有时互相碰撞,故"丁"被引申为"当、遭逢"之义。如《后汉书·岑彭传》:"我喜我生,独丁斯时。"大意是,我很庆幸自己能生逢其时。汉代刘向《九叹·惜贤》:"丁时逢殃,孰可夸何兮。"大意是,当时遇到祸害,谁能怎么办。如:"丁辰",适逢其时;"丁仔",遇上、碰巧;"丁夫忧",遇父丧;"丁了母忧",遭了母丧。

此外,"丁"还可以读"zhèng",通常两个"丁"字连用,左拟声词,形容弹琴、伐木、下棋等声音,相当于"叮叮"。如《诗经·小雅·伐木》:"伐木丁丁,鸟鸣嘤嘤。出自幽谷,迁于乔木。"意思是,砍树丁丁地响,鸟儿嘤嘤地叫。它们从那深谷中飞出来,迁到高高的大树上面。

"丁公凿井",出自汉代王充《论衡·书虚》:"俗传言曰,丁公凿井,得一人于井中。夫人生于人,非生于土也。"故事是说,春秋时期,宋国人丁某在自家院子里挖一口水井,需要一个人帮忙,便说:"吾穿井得一人。"别人没有明白他的意思,传来传去,以为他从井中挖出一人。君王召见他,"欲见其人",丁公答曰:"得一人之使,非得一人于井中也。"

戊(wù)

【说文原文】

戊(莫(1矣)切),中宫也。象六甲五龙相拘绞也。戊承丁,象人胁。凡戊之属皆从戊。

【说文译文】

戊,在天干中位于中央。字形像六甲五龙相绞缠。戊承丁,像人胁。所有与戊相关的字,都采用"戊"作边旁。

【字形演变】

甲骨文 → 金文 → 小篆 → 楷体

【本字溯源】

"戊"是象形字，其甲骨文字形像一把大斧的形状，朝左的月牙表示宽阔的斧刃，那一竖，表示长长的斧柄；斧柄最上端向右弯的线条，表示顶钩；斧柄底端的三角桩，表示脚叉。据考证，这是上古时期的一种斧形武器，石头制成的，在形状上与青铜斧头很相似。其金文字形，"斧刃"被突出，斧刃更宽，斧刃的边更长了，让人感觉到它散发出的阴森森的寒气，而且斧柄变弯了，"顶钩"和"脚叉"都移到了斧柄身上了。"戊"的本义就是大斧。"戊"字被借用为天干之一后，它的本义就被后起的"斧"、"钺"等字取代。

【词意演变】

"戊"是天干的第五位，用以纪年、月、日，通常与地支中的子、寅、辰、午、申、戌相配。"戊"用来纪年。如清代袁枚《祭妹文》："所怜者，吾自戊寅年读汝哭侄诗后，至今无男，两女牙牙。"意思是，所可叹的，我从乾隆二十三年读了你哭侄子的诗以后，到如今还没有男孩，只有两个牙牙学语的女孩。在此，"戊"与地支中的"寅"相配，指乾隆二十三年（1758年）。又如周共和九年为戊辰年（前833年）。

古代以十干配五方，戊居十干中，因以"戊"指中央。又依照古代的五行观念，中央属土，故"戊"又成为"土"的代称。

由于"戊"在天干中排第五位，所以也被用为可数序列中"第五"的代称。如《南史·梁武帝纪》："常至戊夜"。这里的"戊夜"绝不是"午夜"，而是"五更（凌晨三时至五时）"。

另外，需要注意的是，"戊"、"戌"、"戉（yuè，同钺，指大斧）"这三个字，不仅字形相似，而且本义也相似，在使用的过程中，一定要引起注意，以免混淆。

己（jǐ）

【说文原文】

己（居拟切），中宫也。象万物辟藏诎形也。己承戊，象人腹。凡己之属皆从己。㠱，古文己。

【说文译文】

己，定位在中央。像万物因回避而收藏在土中弯弯曲曲的形状。己继承戊，字形像人腹。所有与己相关的字，都采用"己"作边旁。㠱，这是古文写法的己字。

【字形演变】

甲骨文 → 金文 → 小篆 → 楷体

【本字溯源】

"己"是象形字。其金文字形，就是一根弯曲的绳索的形状。其小篆字形，只是绳索更加弯曲，并且在金文字形的基础上又延长了一截，所以就多了向下拉的那一段。因此，"己"的本义就是"绳索"。由于绳索是用来捆绑东西的，故"己"字由本义引申为"束缚、约束、法度"之义。但是这些义项在"己"被借用为天干之一后，都被后起之字"纪"代替。也可以说"己"是古"纪"字。

【词意演变】

"己"后来被借用为天干，为天干第六位，与丑、卯、巳、未、酉、亥相配，用来纪年、纪月、纪日等。"己"用来纪年，如辛弃疾在其词作《摸鱼儿》的开头，叙述它的创作背景："淳熙己亥，自湖北漕移湖南，同官王正之置酒小山亭，为赋。"全句的意思是，宋孝宗淳熙六年，我从湖北转运使转为湖南转运使，临行之前，同僚王正之在小山亭设酒宴为我送行，因此做此词。这里的"己亥"，指宋孝宗淳熙六年（1179年）。

由于"己"为天干第六位，所以也常用为可数序列中"第六"的代称。

此外，通常被捆绑起来的东西，往往都是有归属的，故"己"由本义又引申为"自己、本人"，此义项后来成了"己"的基本义。《孙子兵法》："知己知彼，百战不殆。"大意是，在军事纷争中，既了解敌人，又了解自己，百战都不会有危险。宋代范仲淹《岳阳楼记》："不以物喜，不以己悲。"意思是，古代品德高尚的人他们不因为外物的好坏和自己的得失而或喜或悲。宋代王安石《游褒禅山记》："然力足以至焉，于人为可讥，而在己为有悔。"意思是，可是，力量足以达到目的（而未能达到），在别人（看来）是可以讥笑的，在自己来说也是有所悔恨。又如词语"知己"、"己身"、"异己"、"克己"、"舍己为公"等，使用的就是此义项。

在古文中，"己"还常常被借用为"给"。如《醒世姻缘传》："一二千两银子东西己人！叫他唱二万出戏我看了，己他一个！"

成语"己所不欲，勿施于人"，意思是自己不希望他人对待自己的言行，自己也不要以那种言行对待他人。出自《论语》，也是亦是儒家的行为准则之一。这句话所揭晓的是处理人际关系的重要原则：尊重他人，平等待人，人安则己安。

庚（gēng）

【说文原文】

庚（古行切），位西方，象秋时万物庚庚有实也。庚承己，象人齎。凡庚之属皆从庚。

【说文译文】

庚，在天干中，庚代表西方，西方是代表秋天的方位，像秋天万物坚硬有果实的样子。在天干中，"庚"序承"己"，齎字形像人的肚脐。所有与庚相关的字，都采用"庚"作边旁。

【字形演变】

甲骨文 → 金文 → 小篆 → 楷体

【本字朔源】

"庚"是象形字，其甲骨文字形像古代农民用于将谷和糠分开的一种装置，贯穿其上下的"丫"状结构，表示支架；中间的长方形与长方形左右两端下延的两竖，表示簸箕或筛子。其金文字形，比甲骨文字形更加形象，表示簸箕和筛子的部分更加形象：一个圆形的筛子和一只敞口的簸箕组合在了一起。"庚"的本义就是古代农民用于将谷和糠分开的一种装置，即在一个支架的下面挂上诸如簸箕或筛子之类的农具。使用的时候，只需要在簸箕或筛子里放上碾好的粮食，再进行扇动或摇动，就能把谷和糠分开。"庚"被借用为天干之一后，它的本义就渐渐被废弃了。

【词意演变】

"庚"被借用为天干，为第七位，用以纪年、月、日，通常与地支中的子、寅、辰、午、申、戌相配。如《诗经·小雅·吉日》："吉日庚午，既差（选择）我马。"在此，"庚"与地支中的"午"相配，用以纪日。这句的意思是，庚午那日吉祥又绝妙，猎马都已选择好。

由于"庚"为天干的第七位，所以它也常常用为可数序列中"第七"的代称。此外，大约是因为"自古人生七十稀"，在古时候生产水平极低以及医疗水平较落后的条件下，人们能活到七十岁是很稀奇的事情，也是一个人莫大的福气，因此，宋朝、元朝以后，人们就逐渐就用"庚"表示年龄。如"贵庚"，多少岁；"年庚"，指年龄。

旧历中有三伏，以夏至后第三庚日为始，名初伏；第四庚日为中伏，故有庚伏之称。"庚伏"也简称"庚"。"庚"便成了"伏天"的代称。如"庚暑"，指三伏暑天。

古时候人们将天干与方位相对应，"庚"对应西方，因此，"庚"又成为"西方"的代称。如《说文》："庚，位西方。"而在古时候的五行观念中，它又属金。《淮南子·天文》："庚辛申酉，金也。"

在古文中，"庚"通"更"，意为变更、更换。宋代邹登龙《送表兄赵秦院赴南外知宗》："丙枕或思前夜席，庚邮宁肯后锋东。"又如"庚邮"，更换递送的驿邮。

"庚"还表示愈加之义。如《列子·黄帝篇》："五年之后，心庚念是非，口庚言利害，夫子始一解颜而笑。"意思是，之前已经学道三年，又在两年之内，心中比学道前更多地计较是与非，嘴上更多地谈论利与害，然后老师才开始放松脸面对我笑了笑。

《列子·黄帝篇》："七年之后，从心之所念，庚无是非；从口之所言，庚无利害，夫子始一引吾并席而坐。"意思是，（之前已经学道五年）又在两年之内，我顺从心灵去计较，反而觉得愈加没有什么是与非；顺从口舌去谈论，反而觉得愈加没有什么利与害，老师这才叫我和他坐在一块席子上。

典故"庚癸频呼"，原是军中乞粮的隐语。后指向人借钱。庚、癸：军粮的隐语。出自《左传·哀公十三年》：春秋时期，吴王夫差与晋、鲁等国会盟，吴国大夫申叔仪向鲁国大夫公孙有山氏借军粮，大家不好直说，只好用隐语代替。鲁国大夫公孙有回答说："高粱已经没有了，粗粮还有一些，到时登上山高声呼喊：'庚癸乎！'我们就知道了。"

辛（xīn）

【说文原文】

辛（息邻切），秋时万物成而孰；金，刚，味辛，辛痛即泣出。从一，从䇂。䇂，辠也。辛承庚，象人股。凡辛之属皆从辛。

【说文译文】

辛，在四时中代表秋，入秋万物长成而熟落。辛在五行中代表金，金的特性刚硬；辛也代表辛味，辛辣痛苦就会流泪。字形采用"一䇂、会意。䇂，表示罪行。在天干次序中，"辛"承续"庚"，字形像人的屁股。所有与辛相关的字，都采用"辛"作边旁。

【字形演变】

甲骨文 → 金文 → 小篆 → 楷体

【本字溯源】

"辛"是象形字。其甲骨文字形，像一把平头道具的形状。这种刀具有什么用途？刚开始人们，不能确定。随着近代考古工作的逐渐发展，考古专家在山西、陕西等地区，挖掘出了许多这样的短刀，长度不超过30厘米，三面都有刀锋，有刀柄，也有节把。经过认真研究，专家们发现，这是三千多年前，奴隶主用来对罪犯、奴隶以及战俘等施行肉刑的刑具。"辛"的本义就是"刑刀"。

在奴隶社会，受到刑刀宰割的人，在奴隶主眼里都是犯了大罪的人，所以

"辛"由本义引申为"大罪"。如《说文》:"辛,大罪也。"段注:"辛痛泣出,罪人之象。凡辠(罪)、宰、辜、辞皆从辛者由此。"《清史稿》:"凡四十一款,当斩,妻子入辛者库,财产入官。"其中"辛者库",就是大罪之人所居之地。清代,犯了大罪的妃子、宫女等,常常被罚入"辛者库"服苦役。

【词意演变】

接受刑法是痛苦的事情,因此"辛"又被引申为"劳苦、艰苦"。《玉台新咏·古诗为焦仲卿妻作》:"昼夜勤作息,伶俜萦苦辛。"意思是,白天黑夜勤恳地操作,我孤孤单单地受尽劳苦。苏轼《浪淘沙·昨日出东城》:"东君用意不辞辛,料想春光先到处,吹绽梅英。"

"辛"还被引申为痛苦、悲伤。如曹植《赠白马王彪》:"仓卒骨肉情,能不怀苦辛?"又如"辛楚",辛酸苦楚;"辛伤",悲伤;"辛切",悲切。

"辛"还可以引申为为"五味"之一"辣",这里运用了一种通感的手法,即把"痛苦"等心理上的感受运用到味觉这一心理感受上。如"辛凉",辛辣清凉。它作名词时,指葱蒜等带刺激性的蔬菜。如东晋张湛《养生要》:"大蒜勿食,荤辛害目。"李善注《五辛菜》:"五辛菜,乃元旦立春,以葱、蒜、韭、蓼、蒿、芥辛嫩之菜,杂和食之,取迎新之义。"

"辛"后来被借用为天干,为天干第八位,这是"辛"的基本义。"辛"与丑、卯、巳、未、酉、亥相配,用来纪年、纪月、纪日等。如孙中山《黄花岗七十二烈士事略序》:"死事之惨,以辛亥三月二十九日围攻两广督署之役为最。"其中"辛"与地支"亥"相配,用来纪年,指1911年。

"辛"用来纪日。如《礼记·月令》:"其日庚辛。"注:"辛之言新也,因以为日名焉。"《诗·小邪·十月之交》:"十月之交,朔月辛卯。"意思是,九月底来十月初,十月初一辛卯日。

"辛"也是汉字部首之一,与"辛"相关的字,基本上与其本义刀刑有关,如:"辜、妾、童"等。

成语"千辛万苦",指各种各样的艰难困苦。故事是这样的,春秋时期,秦晋两国交战,晋军军师先轸俘虏了秦军统帅孟明。晋襄公准备杀他祭祖庙,然后他的母夫人嬴氏求情放人。他考虑两国的交情就把孟明放了。先轸气得火冒三丈说:"我们这些士兵历尽千辛万苦才把他捉住,你却放虎归山。"

壬（rén）

【说文原文】

壬（如林切），位北方也。阴极阳生，故《易》曰："龙战于野。"战者，接也。象人裹妊之形。承亥壬以子，生之叙也。与巫同意。壬承辛，象人胫。胫，任体也。凡壬之属皆从壬。

【说文译文】

壬，在天干中"壬"表示北方方位。"壬"也代表冬天，表示阴气到达极点而阳气萌生，所以《周易》上说，"龙战于野。"战，是交接的意思。"壬"，字形像人怀孕的形象。用"子"承接地支的"亥"和天干的"壬"，这是符合孳生顺序的。"壬"字是在"工"字中加一横，这与"巫"字在"工"字中加两个"人"的造字思路相同。"壬"继承"辛"，像人的小腿。小腿，是担任身体承重的器官。所有与壬相关的字，都采用"壬"作边旁。

【字形演变】

甲骨文 → 金文 → 小篆 → 楷体

【本字溯源】

"壬"是象形字，其甲骨文字形，像一种用木材或金属制成的呈"工"字形的工具。那一竖，表示一根圆柱形或菱形木（金属）杆，其两端各有一支与之垂直的短木（金属）杆。中间的杆，用来缠绕线，两端的杆，起隔挡作用，防止缠满的线滑脱。

其金文字形，与甲骨文字形基本类似，只是两端的起隔挡作用的杆加长了；中间的"竖杆"上多了一黑点，有人认为，这可能是为了说明杆上已经缠绕上了线团，但是古文字学家李学勤认为"古文字直笔常加点"，所以这个点没有实际意义。"壬"的本义就是绕线的工具。

【词意演变】

后来"壬"被借用为天干，意为天干的第九位，这是"壬"的基本义。"壬"用以纪年、月、日，通常与地支中的子、寅、辰、午、申、戌相配。如《春秋》：

"夏四月壬戌,公及晋侯盟于长樗(chū)。"其中,"壬"与地支中的"戌"相配来纪日。全句的意思是,夏季四月的壬戌日,宋襄公与晋侯在长樗会盟。

在绕线的过程中,线团会越来越大,因此"壬"由本意引申为盛大、庄严。如《诗·小雅·宾之初筵》:"百礼既至,有壬有林。"大意是,各种礼节已经到位了,礼仪盛大又隆重。

在古文中,"壬"被假借为"佞",为巧辩之义。如《书·皋谟》:"何畏乎巧言令色孔壬。"大意是,还怕什么巧言令色、惑乱政纲的奸佞小人呢?"又如"壬人",壬佞,奸人。

癸(guǐ)

【说文原文】

癸(居诔切),冬时,水土平,可揆度也。象水从四方流入地中之形。癸承壬,象人足。凡癸之属皆从癸。癸,籀文从癶从矢。

【说文译文】

癸,代表冬令,这时水土平整,可以度量。"癸"的篆文字形,像水从四面流入耕地中央的样子。在天干顺序中,"癸"跟在"壬"后面,像人的脚。所有与癸相关的字,都采用"癸"作边旁。癸,这是籀文写法的"癸"字,采用"癶、矢"会意。

【字形演变】

甲骨文 → 金文 → 小篆 → 楷体

【本字溯源】

"癸"是象形字。其甲骨文字形,像飞镖的形状。中间的"✖",表示两根交叉的木条,其四端的短杆,是人们为了表示它能旋转的功能而加上去的,给人一种锐不可当、飞速的感觉。其金文字形与甲骨文字形基本类似,只是飞镖旋转了45度角,还有其四端的短杆,移到了镖身上了。因此,"癸"的本义是指一种古老的武器,即飞镖。

上古时期，中原地区水草丰沛，于是成了各种鸟类栖息的天堂。为了成功捕捉这些鸟，生活在这里的人们可谓费尽心机，他们先后使用过小石块、标枪、弓箭等武器来对付这些善于飞行的鸟儿，但是效果都不怎样。经过长期的探索，后来他们中发明了一种超级武器，即飞镖，古人把它命名为"癸"。最早的飞镖由两根两端削尖的长形木片制成，使用的时候，只需要将其对准猎物用力投出去，它就会旋转地迅速地飞出去，如果飞入鸟群，就能成功杀死、杀伤多只鸟。随着社会的发展，"癸"这种飞镖被不断改进，最终，成了上古时期的一种兵器，即三峰矛，属于"戟"类兵器。

【词意演变】

当"癸"被借用为天干之义后，人们在"癸"的右侧加了一个表示兵器之义的"戈"字，长早除了形声字"戣（kuí）"，来代替当兵器讲的"癸"。如《尚书·顺命》："一人冕，执戣，立于东垂。"意思是，有一个人戴着礼帽，拿着三峰矛，站在东堂的阶上。"东垂"，指东堂的阶上。

"癸"后来被借用为天干，为第十位，与丑、卯、巳、未、酉、亥相配，用来纪年、纪月、纪日等。如唐代元结《贼退示官吏并序》："癸卯岁，西原贼入道州，焚烧杀掠，几尽而去。"此举大意是，唐代宗广德元年，西苑的敌军侵入道州，到处烧杀抢掠，几乎抢光了才离开。其中，"癸"与地支中的"卯"相配，用来纪年，指唐代宗广德元年（763年）。

"癸"也是汉字部首之一，与"癸"相关的字，基本上与"癸"这种武器或"旋转"有关，例如，"葵"，花叶转向太阳的植物；"揆"，手拿癸而揣度何时抛出去或抛向哪个角度，后来引申为估量。"睽"，目转之貌。

地支篇

天干地支，简称"干支"。在中国古代的历法中，子、丑、寅、卯、辰、巳、午、未、申、酉、戌、亥叫作"十二地支"；甲、乙、丙、丁、戊、己、庚、辛、壬、癸被称为"十天干"。十二支与十干依次相配，组成六十个基本单位，两者按固定的顺序互相配合，组成了干支纪法。从殷墟出土的甲骨文来看，天干地支在我国古代主要用于纪日，此外还曾用来纪月、纪年、纪时等。

子（zǐ）

【说文原文】

子（即里切），十一月，阳气动，万物滋，人以为称。象形。凡子之属皆从子。𩇨，古文子，从巛，象发也。𩇮，籀文子，囟有发，臂胫在几上也。

【说文译文】

子，在十二地支之中，"子"代表十一月，这时阳气发动，万物滋生，人假借"子"作称呼。字形像幼儿的形象。所有与子相关的字，都采用"子"作边旁。𩇨，这是古文写法的"子"字，字形采用"巛"作边旁，巛，像幼儿的头发。𩇮，这是籀文写法的"子"字，头顶有头发，手臂与小腿都放在几案上。

【字形演变】

甲骨文 → 金文 → 小篆 → 楷体

【本字溯源】

"子"是象形字。其甲骨文像大头娃娃的形状，头上还长着三个头发，一横表示双臂，两腿并拢裹在小被子里。金文、小篆的字形发生了变化，但是仍然突出婴儿的头大、手常摆动的特征。因此，"子"的本义即是指婴儿。《诗·大雅·生民》："居然生子。"《汉书·杜钦传》："子者，父之阴也。"又如"子衣"，小儿的胎衣。

【词意演变】

"子"引申为儿女。古人称子兼男女，如《列子·汤问》："孀妻弱子。"又如"有子存焉"、"孙又生子"、"子辈（儿女）"。现在"子"则专指儿子，即某人直系血统的下一代男性，如唐代陈玄佑《离魂记》："无子，有女二人。"意思是，没有儿子，育有两个女儿。

"子"对父母来说是后代，所以有时候用"子"表示后代的意思。《荀子·正论》："圣王之子也，有天下之后也，执籍之所在也，天下之宗室也。"石崇《王昭君辞》："我本汉家子，将适单于庭。"

"子"表示人的通称，如我们常常所说的"樵子、舟子、才子、女子、小子、内子、夫子、孝子、游子"等词语。

"子"表示我国古代对男子的通称，晋代干宝《搜神记》："子年少。"清代袁枚《黄生借书说》："子不闻藏书者乎？"

"子"属于父母亲所有的，由此引申出从属的意思。如"子目录、子公司、子系统"等。

"子"又引申指草木的果实，如"果子、莲子、杏子、桃子、李子、瓜子、柿子"，也指植物的种子，如"谷子、麦子、稻子、糜子、麻子"，也指动物卵，如"鱼子、蟹子"。

"子"是十二地支的第一位，常与天干中的甲、丙、戊、庚或壬像组合用来纪年、月、日，也可单独用于纪月纪时等。"子"用以纪月，即农历十一月，如朱骏声《说文通训定声·颐部》："子，又以纪月。"也用以纪日，如《仪礼·士丧礼》："不辟子卯。"还用以纪时，即夜半十一时至一时，如《西游记》："子时得阳气，而丑则鸡鸣。"又如"子夜"。有学者认为，"子"之所以位居地支第一位，与它的本意密切相关。

"子"是封建制度五等爵位的第四等。爵即爵位、爵号，是古代皇帝对贵戚功臣的封赐。旧说周代有公、侯、伯、子、男五种爵位。

"子"也是汉字部首之一，与"子"相关的字，基本上与其本义婴儿有关，如：孩、孙、孟、季、孕、孤、孝、孔等。

成语"画荻教子"，意思是用荻在地上书画教育儿子读书，用以称赞母亲教子有方。荻，多年生草本植物。形状像芦苇，地下茎蔓延，叶子长形，紫色花穗，生长在水边。茎可以编席子。语出《宋史·欧阳修传》：北宋时期，有个杰出的文学家和史学家，叫欧阳修。文章写得很出色，在文学上有很高的成就。他四岁那年，父亲去世了，家里生活非常困难。他的母亲一心想让儿子读书，可是，哪里有钱供他上学呢？她左思右想，决定自己教儿子。她买不起纸笔，就拿荻草秆在地上写字，代替纸笔，教儿子认字。这就是历史上有名的"画荻教子"的故事。

丑（chǒu）

【说文原文】

丑（敕九切），纽也。十二月，万物动，用事。象手之形。时加丑，亦举手时也。凡丑之属皆从丑。

【说文译文】

丑，用手指拧衣纽。在十二地支中，"丑"代表农历十二月，此时万物萌动，可以预备用事。字形像手有所用事的形状。一天之中的丑时，也是举手用事的时候。所有与丑相关的字，都采用"丑"作边旁。

【字形演变】

甲骨文 → 金文 → 小篆 → 楷体

【本字溯源】

现代汉语中，"丑"的基本义是"相貌丑陋"、"不好看"，与"美"相对。但实际上，这与"丑"字本身无关，而是属于另外一个字"醜（chǒu）"。汉字简化运动中，"醜"字被简化为"丑"字。

"丑"是象形字。其甲骨文字形象爪形，就是一只手（或左或右）的象形。朝左的分支表示手指，最下面的斜杠表示手臂，就连弯曲的指尖也勾画出来了。其金文字形与甲骨文字形很相似，只是指尖更加弯曲。因此，"丑"的本义就是"爪子"。

【词意演变】

在"干支纪法"诞生后，"丑"字被借用为地支的第二位。此后，它的的本义渐渐弃之不用了。《说文》:"丑,纽也。十二月万物动用事。"

"丑"与天干相配,用以纪年。如"一九八五年为农历乙丑年"。"丑"用以纪月,即农历十二月。"丑"用以纪日。"丑"用以纪时,即早晨一时至三时。

"丑"对应十二生肖牛。所以"丑肉",就指牛肉;"丑宝",指牛黄的别称。

"丑(丑)"戏剧中的角色名。传统戏曲中的一种角色,扮演滑稽人物,鼻梁上抹白粉,也叫"小花脸"或"三花脸",有文丑与武丑的区分。如"丑三",丑角戴的三绺短须;"丑旦",戏剧中饰演女性的丑角。另外"丑"当名词使用,指"坏人、恶人","怪异之事"。如"丑逆",叛逆的人;"丑徒",叛逆之徒。

由于"丑"就是与美相比而得出的结论,所以它又可引申为"比较",并进一步引申为"类、相同"等义。如《礼记·学记》:"比物丑(丑)类。"意思是,将同类事物进行比较。

我们常常说一词语"丑八怪",用以形容外貌丑陋的人。原来该语义来源于"扬州八怪"的轶事。

扬州八怪是清代中期活动于扬州地区一批风格相近的书画家总称,或称扬州画派。在当时的人看来,他们的画风古怪,所以称"扬州八怪"。他们是:李鱓、汪士慎、高翔、金农、郑燮、黄慎、李方膺、罗聘、高凤翰、华岩、闵贞、边寿民、陈撰、杨法、李勉等人(在中文里"八"往往用作虚数词,表示数量多,并不意味"扬州八怪"只有八个人)。其中尤以郑燮、金农、汪士慎最为著名。这些人在当时所谓的正统画派眼里一是做人不合时宜、我行我素之人,所以被蔑成为"丑八怪"。然而,他们的怪异又入情入理,很被广大百姓喜爱,因此,一方面被主流画家和上层社会所攻击、不容,一方面又深受大众喜爱。

"跳梁小丑",比喻猖狂捣乱而成不了大气候的坏人。出自《庄子·逍遥游》,庄周回答惠施说:"你难道没看见过野猫吗?它们隐伏起来,伺机猎取出来活动的小动物,东窜西跳,不避高低;往往触到机关,死于网罗之中。还有牦牛,庞大的躯体像天边的云。它能使自己很大,却不能抓老鼠。现在你有大树,担心它无用,为什么不把它种植在虚无的乡土上,广阔无垠的旷野里,它可以生长得更加枝叶繁茂,来往行人可以逍遥自在地在它下面乘凉歇荫。因此,它并不因为所谓无所可用而感到有什么困苦。"庄子在这里要说的是,"无为虚谈,可以逍遥适性,荫庇苍生",以此驳斥惠施的"大而无用"的讥讽。

后人从这段故事引申出成语"跳梁小丑",比喻那些品格低下或并无什么真才实学者,为了达到个人私利或不可告人的目的而极尽捣乱、破坏之能事,但终究没有什么了不得,只不过是真正地暴露了他自己的丑恶嘴脸罢了。

寅（yín）

【说文原文】

寅（弋真切），髌也。正月，阳气动，去黄泉，欲上出，阴尚强，象宀不达，髌寅于下也。凡寅之属皆从寅。𡆟，古文寅。

【说文译文】

寅，摈弃排斥。寅代表正月，此时阳气发动，离开地底黄泉，想要向地上冒出，但地面的阴气还很强，就像屋盖一样遮盖，使阳气不能通达地面，排斥在地下。所有与寅相关的字，都采用"寅"作边旁。𡆟，这是古文写法的"寅"字。

【字形演变】

甲骨文 → 金文 → 小篆 → 楷体

【本字溯源】

"寅"是象形字。其甲骨文字形上部的一竖表示脐带，其顶端的箭头表示正有一股力量牵引着胎盘，使其出降；中间的"口"形，表示母体的产门；"口"形之下的那部分，表示在母体内的胎盘。三部分组合，形象地描绘了一幅胎儿产出后，尚未产出的胎盘仍然依赖脐带牵引着的情景。"寅"的本义就是"引导胎盘出降"。

【词意演变】

引导胎盘必须要小心翼翼，也常常心怀对生命的虔敬。而且，由于新生命的降临是一件为家人期盼已久、欣喜、值得欢庆的大事，所以"寅"被引申为"虔敬"、"恭敬迎接"等义。《说文》："寅，居敬也。"《尔雅》："寅，敬也。"《书·舜典》："夙夜惟寅。"《书·无逸》："严恭寅畏。"《周书·祭公》："寅哉寅哉。"《书·尧典》："寅宾出日。"大意是，上古先民恭敬地迎接太阳的升起。又如"寅亮"，恭敬信奉；"寅畏"，恭敬畏惧；"寅清"，言行恭谨，持心清正。

"寅"地支的第三位。又是星次序数之一。古代天文学十二星次中的"析木"为寅。"寅"五行属木。《论衡》："寅，木也。""寅"与十二生肖中的"虎"对应，所以"寅"也是"虎"的代名词。

"寅"在历法中用以纪年，太岁（反木星）运行到析木为寅年，太岁的名摄提格。如"寅皮"，老虎皮，亦指属虎的人。"寅"用以纪月，指夏历正月。如"寅月"；"寅正"，农历正月。"寅"用以纪时，指凌晨三至五时。如《西游记》："寅不通光，而卯则日出。"大意是，凌晨三时至五时没有亮光，而凌晨五时至七时太阳都出来了。又如"寅正一刻"，指四点一刻。

"寅"同僚。如："寅翁"，对在同一衙门做事者的敬称；"寅家"，同僚；"寅丈"，对同僚的尊称；"寅兄"，旧时同僚之间的的敬称；"寅生"，同寅，同官。

唐寅是历史上著名的"吴门四家"之一，字伯虎，与沈周、文征明、仇英并称"吴门四家"。他玩世不恭而又才气横溢，诗文擅名，与祝允明、文征明、徐祯卿并称"江南四才子"。

唐寅出身商人家庭，父亲唐广德，母亲邱氏。自幼聪明伶俐，20余岁时家中连遭不幸，父母、妻子、妹妹相继去世，家境衰败，在好友祝枝山的规劝下潜心读书。29岁参加应天府公试，得中第一名"解元"。30岁赴京会试，却受考场舞弊案牵连被斥为吏。此后遂绝意进取，以卖画为生。晚年生活困顿，54岁即病逝。

唐伯虎擅山水、人物、花鸟，其山水早年随周臣学画，后师法李唐、刘松年，加以变化，画中山重岭复，以小斧劈皴为之，雄伟险峻，而笔墨细秀，布局疏朗，风格秀逸清俊。人物画多为仕女及历史故事，师承唐代传统，线条清细，色彩艳丽清雅，体态优美，造型准确；亦工写意人物，笔简意赅，饶有意趣。其花鸟画，长于水墨写意，洒脱随意，格调秀逸。除绘画外，唐寅亦工书法，取法赵孟俯，书风奇峭俊秀。有《骑驴思归图》、《山路松声图》、《事茗图》、《王蜀宫妓图》、《李端端落籍图》、《秋风纨扇图》、《百美图》、《枯槎鹳鸲图》、《两岸峰青图》等绘画作品传世。

唐寅书画的贡献，还表现在其他方面，比如深化了文人画的题材内容，促进了山水、人物、仕女、花鸟各科的全面发展，加强文人画自我表现意识等，都给后世造成深远影响。

唐寅文学上亦富有成就。工诗文，其诗多纪游、题画、感怀之作，以表达狂放和孤傲的心境，以及对世态炎凉的感慨，以俚语、俗语入诗，通俗易懂，语浅意隽。着有《六如居士集》，清人辑有《六如居士全集》。

成语"寅吃卯粮"，意思是这一年吃了下一年的粮，寅年吃了卯年的粮食，比喻经济困难，入不敷出，预先挪用眼下只能亏空着的财物或还没到手的收入，不顾将来。明·无名氏《龙图公案·借衣》："先后是伊妻子，何故寅年要吃卯年粮；终久是伊家室，不合今日先讨明日饭。"清·李宝嘉《官场现形记》第十五回：

"就是我们总爷也是寅吃卯粮,先缺后空。"

现代社会,信用卡被推广,几乎人人有信用卡,有些人甚至有十多张信用卡,合理使用信用卡不仅方便、而且效率高、安全,但是使用不当就会陷入还债的漩涡。尽管信用卡已经成为金融业越来越"受宠"的支付方式,但许多人依旧心存疑虑,把它看成是"寅吃卯粮"生活方式的主要表现。

卯(mǎo)

【说文原文】

卯(莫饱切),冒也。二月,万物冒地而出。象开门之形。故二月为天门。凡卯之属皆从卯。非,古文卯。

【说文译文】

卯,阳气从地下冒出。地支中"卯"代表农历二月,这时万物冒出地面长出新芽。"卯"的字形,像开门的形状。所以二月又叫"天门"。所有与卯相关的字,都采用"卯"作边旁。非,这是古文写法的"卯"字。

【字形演变】

甲骨文 → 金文 → 小篆 → 楷体

【本字溯源】

"卯"是象形字,其甲骨文像一物从中间割断,中间是空白,其构形源于婴儿出生以后,由人将她的脐带割断,使其与胎衣分开的情景:中间两竖,表示分开;左右个半圆,表示被分开的胎儿和胎衣。因此,"卯"字的本义就是"分离胎儿和胎盘"。同时,这一情景也是"卯"字的物象之源。如果不能正确理解"卯"字,就不能正确了解"卯"字的构形。

【词意演变】

胎儿和胎盘的分离,含有"断开"之义,所以"卯"又有"断裂"、"分"等义。而连接胎儿与胎盘的脐带,实际上是人为地隔断的,故"卯"又被引申为"割开"、"杀"等义。如甲骨文卜辞中常常会有"卯几羊"、"卯几牢"的说法,这里的"卯",意为"杀"。

由于分离胎儿与胎盘是整个生产过程的最后一个程序,故"卯"又有"止"之义。虽然此意后来没有得到广泛运用,但在以"卯"为部首的一些汉字中留下了印记,如"留"字中的"卯"部应当"止"讲。

"卯"地支的第四位,这是"卯"的基本义项。"卯"与天干相配用以纪年,如"卯君",生在卯年的人。"卯"用以纪月,即农历二月;"卯"用于记时,指早晨五时至七时,也泛指早晨。如《西游记》:"寅不通光,而卯则日出。"意思是,凌晨三时至五时没有亮光,而凌晨五时至七时太阳都出来了。又如"卯睡",早晨睡觉;"卯酉",早晚;"卯困",谓因吃卯酒而困倦昏睡。

旧时官署例定在卯时进行点名报到,称点"卯故",其点名册叫"卯簿"、"卯册"。俗称"到一下"叫"点个卯"或"打个卯"。如"卯册",即卯簿;"卯簿",旧时官署中的名册,点卯时用之,故称。

"应名点卯",谓形式上查点人役,形容照例行事。《红楼梦》第五十八回:"尤氏虽天天过来,也不过应名点卯,不肯乱作威福。""书画卯酉",犹言上下班。卯时签到,酉时签退。出自《水浒传》第五一回:"依旧每日县中书画卯酉,听候差使。"

地支"卯"与十二生肖中"兔"对应,故"卯"也是"兔"的代名词。

我们形容一个人做事认真,就会说"丁是丁,卯是卯",丁是天干第四位,卯是地支第四位,虽同是第四位,却不容混淆。形容做事认真,丝毫不含糊。出自清代曹雪芹《红楼梦》第43回:"我看你利害,明儿有了事,我也'丁是丁,卯是卯'的,你也别抱怨。"

现代汉语中,"卯"指木器上安榫头的孔眼。如"卯榫"、"卯眼"。

辰(chén)

【说文原文】

辰(植邻切),震也。三月,阳气动,雷电振,民农时也。物皆生,从乙、匕,象芒达;厂,声也。辰,房星,天时也。从二,二,古文上字。凡辰之属皆从辰。𠨷,古文辰。

【说文译文】

辰，震动。在十二地支中，"辰"代表农历三月，三月阳气已经发动，雷电振天，是百姓忙于农务的时令。此时万物已经生长，所以字形采用"乙、匕"会意，像草芒伸展；"厂"是声旁。辰，也代表房星，房星是天时的指针，表示春耕开展的时候。因此字形采用"二"作边旁，"二"是古文写法的"上"字。所有与辰相关的字，都采用"辰"作边旁。厎，这是古文的"辰"字。

【字形演变】

甲骨文 → 金文 → 小篆 → 楷体

【本字溯源】

"辰"是象形字，其甲骨文字形，很简洁，像一直身体舒展，在水中游动的大蚌的象形：左上角的三角部分，表示坚硬的外壳；其后拖着的是柔软的身子。其金文字形，增加了与外壳平行的一横，在此作指示符号，表示蚌是游动的，同时蚌身不再在蚌壳的正后方，而是与蚌壳的边线相接。"辰"的本义就是"诸如蛤蚌之类的软体动物"，也可理解为"贝壳"。

"辰"后来被借用为地支之一后，为了避免使用上的混乱，人们就在"辰"字下面加了一个"虫"字，创造了新的形声字"蜃"，专门表达"辰"的本义。由此"辰"的本义"贝壳"就消失了。但这一点在以"辰"为部首的汉字中得到了沿用。上古时候，坚硬的贝壳往往是人们切割、挖掘等活动的理想工具，因而常常被用来制作工具，如"农"及"耨（除草的农具）"等字。

【词意演变】

"辰"为十二地支的第五位。常与天干中的甲、乙、丙、戊、庚或壬相配，用来纪年、月、日。也可单独使用，用来纪月、时。

"辰"在太岁纪年法中与天干相配用以纪年。如"1976年为农历丙辰年"。"辰"用以纪月，即农历三月。"辰"用以纪时，即午前七时至九时。如"辰巳时"，指上午七时至十一时；"辰牌"，古代的一种报时工具，又指上午七时至十一时。

"辰"日、月、星的统称。如"三辰"。

斗转星移，时间的运行往往与星辰联系在一起的，故"辰"可引申为时光、日子。如宋代柳永《雨霖铃》："此去经年，应是良辰好景虚设。"意思是，这一去怕是要终年不归，离开你任什么良辰美景都是虚设。又如"诞辰"、"辰光"。

"辰"与十二生肖中的"龙"对应，所以"辰"也是"龙"的代名词。

成语"牝咮（pìn zhòu）鸣辰"，意思是母鸡报晓，出自《新唐书·长孙无忌褚遂良等传赞》，意同"牝鸡司晨"，旧时比喻妇女窃权乱政。

"牝鸡司晨"，语出《尚书·牧誓》："牝鸡无晨。牝鸡之晨，惟家之索。"故事说的是：商纣王进攻苏国得到美女妲己，从此听信妲己之言言，残杀大臣，荒淫无度。周武王姬发灭掉了商朝后感慨地说：就好比一户人家，老母鸡一般是不打鸣的。如果老母鸡一旦打鸣，这个家庭就注定要败落了。

巳（sì）

【说文原文】

巳（详里切），巳也。四月，阳气巳出，阴气巳藏，万物见，成文章，故巳为蛇，象形。凡巳之属皆从巳。

【说文译文】

巳，已经。在十二地支中，"巳"代表四月，这时天地间阳气已出，阴气已藏，万物纷呈，形成众多色彩与花纹，所以"巳"代表的是蛇，字形像蛇的形状。所有的与巳相关的字，都采用"巳"作边旁。

【字形演变】

甲骨文 → 金文 → 小篆 → 楷体

【本字溯源】

"巳"是象形字。"巳"的甲骨文字形，与"子"的金文字形很像，只是中间少了一横，也就是胳膊。因此，"巳"的甲骨文字形表示的就是一个还没有长出胳膊的婴儿的形状。没有长出胳膊，寓意还在生长，也就是还没有出生。由此可知，"巳"的本义就是"在胎包中成长的小儿"。《淮南子·天文》："巳则生已定也。"清朱骏声《说文通训定声》："巳，似也。象子在包中形，包字从之。"

"巳"的金文字形，与甲骨文字形类似，只是下面的弯钩改在了右边。"巳"的小篆字形更加线条化，就像一条蠕动着身子的蛇，看起来更加优美，但是因此致使许慎等人对"巳"的本义产生了误解。许慎在其《说文》中说："巳为它（蛇），象形。"也就是说，他认为"巳"字的字形，看起来像一条蛇，所以"巳"的本意为蛇。这种误解，就是因为许慎没有考究"巳"的更古老的字形，只简单地根据小篆字形得出的结论。

【词意演变】

后来"巳"为地支借用，为地支的第六位，常与乙、丁、巳、辛或癸相配用来纪年、月、日。也可单独使用，用来纪月、时等。"巳"与天干相配，用以纪年。如"一九四一年为农历辛巳年"。"巳"用以纪月，即农历四月。"巳"用以纪时，即上午九时至十一时。如"巳牌"，指九时到十一时。"巳"还与十二生肖中的蛇对应，五行属火，所以"巳"也是"蛇"、"火"的代名词。《论衡》："巳，火也，其禽蛇也。"

此外，"巳"也是汉字部首之一，是一个部首字，由"巳"字组成的字，基本上都其本义有关，如："导、巷、包"等。

此外，需要注意："巳"与天干中的"己"字字形很相似，在使用的过程中，要避免混淆。二者的区别在于："巳"字上部封口，是对婴儿脑袋的形状的描写；"己"字的上部不封口，表示的是绳索盘曲的形状。

午（wǔ）

【说文原文】

午（疑古切），啎也。五月，阴气午逆阳。冒地而出。此予矢同意。凡午之属皆从午。

【说文译文】

午，逆反。在地支中，"午"代表五月，这时地里的阴气逆反阳气，从地面冒出。"午"字的造字方法与"矢"字的造字方法相同。所有与午相关的字，都采用"午"作边旁。

【字形演变】

甲骨文 → 金文 → 小篆 → 楷体

【本字溯源】

"午"是象形字。其甲骨文字形,看上去像一根两头大、中间小的棒槌——杵的样子。据考证,古时候的人就是用这种形状的杵来舂米。也就是说,"午"即"杵"的本字,本意就是舂米的棒槌——杵。

【词意演变】

由于舂米的过程中,棒槌(午)与臼难免碰撞,故"午"被引申为抵触。"午"当此义讲,通"迕"。《汉书·刘向传》:"朝臣舛午。"意思是,朝中大臣都抵触他。

"午"由"抵触"之义可引申为"违反"。"午"当此义讲,通"忤"。《礼记·哀公问》:"今之君子,好实无厌,淫德不倦,荒怠傲慢,固民是尽,午其众以伐有道,求得当欲,不以其所。"意思是,现在的君子,好财富而无厌,行为放荡而不倦,心荒体懒而又傲慢,务求把民财搜刮尽,违反众意而讨伐好人,只求满足自己的私欲,不择手段。"

办事情的时候遇到"抵触、违反"等行为,说明办事情不顺利,故"午"被引申为纵横相交。《仪礼》:"度尺而午。"郑玄注:"一纵一横曰午。"又如"午道",纵横交贯的要道。

当"午"被借用为地支之一后,古人又造出了形声字"杵"、"忤(抵触)"、"仵(违反)"等来代替"午"字原有的意思。

"午"的基本义是"地支的第七位",常与天干中的甲、乙、丙、戊、庚或壬相配,用来纪年、月、日。也可单独使用,用来纪月、时。"午"与天干相配,用以纪年。《尔雅》:"太岁在午曰敦牂。""午"用以纪月。即农历五月。《说文》:"午,五月阴气午逆阳,冒地而出。""午"用以纪日。《左传》:"庚午之日,日始有谪。""午"用以纪时,即十一时至十三时。"正午",指白天十二时。如《徐霞客游记·游黄山记》:"时已过午。"意思是,时间已经过了中午。明代归有光《项脊轩志》:"又北向,不能得日,日过午已昏。"意思是,又加上屋门朝北开,不能得到阳光照射,太阳一过中午,屋里就暗了下来。又如"午斋",中午的斋食;"午暑",中午的暑气。

"午"还与十二肖中的马对应,所以也是为马的代称。如"午日三公",为马的异名。干支逢五日午，故"午"亦特指五月初五。如"端午"、"重午"、"午月（五月）"、"午节（端五节）"。古人以十二支配方位，午为正南，因以为南方的代称。如"午上"，指南方的上空。

未（wèi）

【说文原文】

未（无沸切），味也。六月，滋味也。五行，木老于未。象木重枝叶也。凡未之属皆从未。

【说文译文】

未，即"味"。六月，是最富于滋味的时候。五行之中，木大于未。字形像树上枝叶重叠的样子。所有与未相关的字，都采用"未"作边旁。

【字形演变】

甲骨文 → 金文 → 小篆 → 楷体

【本字溯源】

"未"是象形字，其甲骨文字形下面是"木"，代表禾木，上面两条勾画的很大的"枝条"，代表"穗子"。上下组合起来就是"禾木的穗子"。"未"的本义就是"禾木的穗子"。随着社会的发展，尤其"未"被借用为地支之后，它的本义就渐渐消失。

【词意演变】

但是处于抽穗的阶段，能不能结出饱满的颗粒或让人们获得丰收，都是个未知数，所以"未"字又被引申为"没有"、"尚未"、"不确定"等义，成为了表示否定的副词，跟"已"相对。《小尔雅·广诂》："未，无也。"晋陶渊明《桃花源记》："未果。"杜甫《石壕吏》："有孙母未去。"杜甫《赠卫八处士》："问答未及已，儿女罗酒浆。"意思是，问答交谈的话语还没有说完，你已经盼咐儿女吧酒菜摆上。

"未"还可当助词使用,用在句末,表示疑问,相当于"否"。如王维《杂诗》:"来日绮窗前,寒梅着花未?"意思是,你来的时候经过花窗前,看见寒梅花开没开?

"未"字否定过去,"不"字否定将来,但有时候未也当"不"讲。如《仪礼·乡射礼》:"众宾未拾取矢"。注:"未,犹不也。"唐代柳宗元《捕蛇者说》:"则吾斯役之不幸,未若复吾赋不幸之甚也。"意为我捕蛇所遭受的不幸,不比恢复我的赋税更不幸更甚。清代彭端淑《为学一首示子侄》:"犹未能也。"又如"未敢苟同"、"未知可否"、"未为不可"等词语。在现代汉语中,"未"还表示"将来"之义,如"未来"。

"未"的基本义是"地支的第八位",常与乙、丁、巳、辛或癸相配用来纪年、月、日。也可单独使用,用来纪月、时等。

"未"与天干相配,用以纪年。如:"1967年为农历丁未年"。"未"用以纪月,即农历六月。"未"用以纪时,叫"未刻"。即午后十三时至十五时。如《英烈传》:"两马相交,斗了一百余合,自从辰牌直杀到未刻。""未"还与十二生肖羊对应,未五行属土,故,"未"也是"羊"、"土"的代称。

成语"宝刀未老",形容人到老年还依然威猛,不减当年。出自《三国演义》:魏将夏侯渊攻打蜀国的汉中地区(今陕西汉中),守将告急。老将黄忠请缨出战,并且让老将严颜当副将。到了关上,两军对峙,夏侯渊笑黄忠,这么老了还出来打。黄忠怒道:"竖子欺吾年老,吾手中宝刀不老。"意思是"你小子以为我老了,我手中的宝刀可没老。"

申(shēn)

【说文原文】

申(失人切),神也。七月,阴气成,体自申束。从臼,自持也。吏臣餔时听事,申旦政也。凡申之属皆从申。𢎗,古文申。𠷎,籀文申。

【说文译文】

申,天神。在十二地干中,"申"代表七月,这时天上阴气形成,它的体态任自伸展、收束。字形采用"臼"作字根,表示一切自持。所有与申相关的字,都采用"申"作边旁。𣎵，这是古文写法的"申"字。𦥔，这是籀文写法的"申"字。

【字形演变】

𠃈　𠃊　申　申
甲骨文　→　金文　→　小篆　→　楷体

【本字溯源】

"申"是象形字，其甲骨文字形，两边像云纹的两笔，象征天空；中间那一条曲线像从天而降的电光。其金文字形，线条更加弯曲，无论两边的"天空"还是中间的"电鞭"，看起来更逼真了。故"申"的本义就是"闪电"。

【词意演变】

闪电那样快的速度的电鞭一般是曲折延伸、耀眼刺目的，因此，"申"字被引申为"伸展、伸张"，通"伸"，如班超《北征赋》："行止屈申，与时息兮。"意思是，行为举止谨慎收敛还是大胆伸张，与当时的情形息息相关。又如"申张"，伸张、扩大。

"申"还有"表明、表达"之义。如唐代杜甫《兵车行》："长者虽有问，役夫敢申恨？"意思是，尽管长辈有疑问，役使的人哪里敢表明怨恨。又如"申敬"，表明敬意；"申意"，表明、表达意思；"申白"，申明表白；禀明。

"申"还有"申诫、告诫"之义。如《史记·孙武列传》："即三令五申之。"又如"申戒"，告诫；"申诏"，申令告诫。

"申"还有"申雪、昭雪"之义。如"申恨"，诉说怨恨；"申救"，替人申冤并予以救助；"申涤"，申雪。

"申"还有"重复地说、重申"之义。《孟子·梁惠王上》："申之以孝悌之义，颁白者不负戴于道路矣。"意思是，反复地用孝顺父母、尊敬兄长的大道理教导老百姓。又如"申志"，一再表明心志；"申复"，重申诉而使之恢复。

"申"还可表示"到、至"。如"申旦"，通宵达旦；"申旦达夕"，自夜至晨，自晨到夜。

"申"指"地支的第九位"，常与天干中的甲、乙、丙、戊、庚或壬相配，用来纪年、月、日。也可单独使用，用来纪月、时。"申"与天干相配用以纪年。如："1944年为甲申年"。"申"用以纪月，即农历七月。"申"用以纪日。"申"用以纪时，即十五时至十七时为申时。《三元里抗英》："申末酉初，虹亘中天，日气蒸云，竟天作黄金色。"又如"申牌"，十二时辰之一，指十五时至十七时。"申"还与十二生肖猴对应,故"申"也是"猴"的代称。

"申"周时国名。姜姓,传为伯夷之后。故城在今河南省南阳市。《诗·王风》:"彼其之子,不与我戍申。"

成语"小屈大申",犹言先稍受委屈而后大有作为。出自《三国志·蜀志·郤正传》:三国后期,蜀国后主刘禅昏庸无能,宦官黄皓专权,和陈祗表里为奸。秘书令史郤正忠心耿耿,同时很会周旋。他认为小的地方要忍耐后才能大有作为。刘禅在蜀亡后被押往洛阳,只有郤正舍妻抛子只身去随侍。

成语"熊经鸟申",意思是状如熊攀枝,鸟伸脚。"熊经鸟申"是流传于春秋战国时期的一种保健体操。出自《庄子·刻意》:"吹呴呼吸,吐故纳新,熊经鸟申,为寿而已矣。"

"熊经鸟申"究竟是一项什么样的活动内容,历来注释《庄子》一书的人都有各自看法。如晋代的司马彪在注释中说:"熊经若熊之攀树而引气也。鸟申若鸟之顰伸也。"唐代的成元英解释说:"如熊攀树而可以自悬,类鸟飞空而伸其脚也。"

清代的王夫之则认为是:"如熊之攀树,如鸟之伸颈。"以上各家的解释不尽相同,各有侧重,但都共同认定熊经鸟申是模仿熊、鸟的活动形态,伸展肢体,调和气血,从而达到健康长寿的目的。古人认识到像熊、鸟那样活动身躯,可以使肢体灵活,筋骨健壮,从而祛病延年,健康长寿。在他们看来,熊虽然是一种体肥、头大、外形笨拙的动物,但它有推山拔树之力,有抗豹斗虎之勇,如若攀枝上树,则在沉稳之中,又显得体态轻盈。鸟为飞行动物,飞翔空中,怡然自得。特别是鹤,飞空时,颈与脚伸出,显得十分舒展,且鹤寿千年令人神往。于是,模仿熊、鸟活动特点的"熊经鸟申"就成为人们谋求健康长寿的一种手段了。从"熊经鸟申"的动作形态及其实用价值看,可以说它是中国最早的仿生体操。

酉(yǒu)

【说文原文】

酉(与久切),就也。八月黍成,可为酎酒。象古文酉之形。凡酉之属皆从酉。丣,古文酉。从卯,卯为春门,万物已出。酉为秋门,万物已入。一,闭门象也。

【说文译文】

酉,酿成酒。酉代表八月,这时节黍子已成熟,可以酿制醇酒。像古文"酉"的样子。所有与酉相关的字，都采用"酉"作边旁。丣，这是古文写法的"酉"字。字形采用"卯"作边旁，"卯"表示春门已开，万物已从地下冒出。"酉"表示秋门已闭，万物已入门内，"酉"字内的一横"一"，是闭门的形象。

【字形演变】

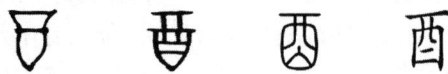

甲骨文 → 金文 → 小篆 → 楷体

【本字溯源】

"酉"是象形字，其甲骨文字形像一个封着盖的酒坛的样子，上面是就谈的盖子中间一横是封酒坛的绳子，下面是酒坛身。整个画面用了简洁的几笔，却很逼真，只是酒坛身的线条不像实物那样圆滑。这是因为当时，是在坚硬的甲骨硬壳上刻画圆弧，比较困难，所以我们的祖先就用直线条代替了。"酉"的本义就是酒坛子。由于酒坛子是用来装酒的容器，就像池塘蓄水一样，所以，在古文中，"酉"被引申为蓄水的池塘。如"酉枯"，池塘干枯。

【词意演变】

"酉"是地支的第十位，常与乙、丁、巳、辛或癸相配用来纪年、月、日。也可单独使用，用来纪月、时等。

"酉"与天干相配，或在太岁纪年法中用以纪年。如："1945年为农历乙酉年"。"酉"用以纪月，即农历八月。"酉"用以纪日一共有五个：癸酉、乙酉、丁酉、己酉、辛酉。

"酉"用以纪时，即每日十七时至十九时。如"酉牌时分"，即酉时；"酉字牌"，古代官府到酉时不再办公而挂出上写"酉"字的牌子。"酉"还与十二生肖鸡对应，所以"酉"也是"鸡"的代称。

此外，"酉"也是一个部首字，与"酉"相关的字，基本上与其本义有关，如："酿、酵、醉"等。

戌（xū）

【说文原文】

戌（辛聿切），灭也。九月，阳气微，万物毕成，阳下入地也。五行，土生于戊，盛于戌。从戊含一。凡戌之属皆从戌。

【说文译文】

戌，消灭。在地支中"戌"代表九月，经过一个夏天此时天地间的阳气已经变得很微弱，各种作物已经成熟，而阳气也下行转入地层。在五行之中，土生于位于中央的戊方位，而土气最旺盛的则在戌月。字形采用"戊"作字根，像"戊"含"一"。所有与戌相关的字，都采用"戌"作边旁。

【字形演变】

甲骨文 → 金文 → 小篆 → 楷体

【本字溯源】

"戌"是象形字，其甲骨文字形像一把战斧的形状，中间一竖表示斧柄，它的上面镶着三角形的斧身，斧刃朝左；斧柄上端的勾，表示顶钩；而斧柄下端的一横，表示脚叉。"戌"的本义就是战斧。其金文字形，与甲骨文字形类似，但是"斧刃"更宽，"斧柄"变得更弯曲，"顶钩"和"脚叉"都由"斧柄"的两端移到了"斧柄"上了。

【词意演变】

战斧，顾名思义，就是战争中使用的斧子，战争往往难免杀戮，所以"战斧"与"杀戮"相关。因此，后来的"威"、"滅（灭的繁体字）"等字，都采用"戌"作义符。大约是因为这种笨重的原始武器，很快就被后来的更为省力、简便的新式武器挤出了历史舞台，所以"戌"就被借用为地支之一。

"戌"是"地支的第十一位"，常与天干中的甲、乙、丙、戊、庚或壬相配，用来纪年、月、日。也可单独使用，用来纪月、时。"戌"又与天干相配用以纪年或纪日。如"1946年为农历丙戌年"；"戌日"，即腊日。

"戌"用以纪月，即农历九月。夏正建寅，九月为戌。《晋书》："九月之辰谓为戌，戌者灭也，谓时物皆衰灭也。""戌"用以纪时，即每日十九时至二十一时。《三国演义》："明日大利，宜用戌亥时。"又如"戌亥时"，戌时与亥时。

"戌"还与十二生肖狗对应，所以"戌"也是"狗"的代称。如"戌生命"，谓狗，戌年属狗，故云；"戌腿"，浙江金华一带在腌制火腿时常杂以狗腿增香，故称。

"戊戌变法"，也叫戊戌维新、百日维新，指1898年（农历戊戌年）以康有为为首的改良主义者通过光绪皇帝所进行的资产阶级政治改革。主要内容是，学习西方，提倡科学文化，改革政治、教育制度，发展农、工、商业等。这次运动遭到以慈禧太后为首的守旧派的强烈反对。这年九月慈禧太后等发动政变，光绪被囚，维新派遭到捕杀或逃亡国外。历时仅一百零三天的变法终于失败。

亥（hài）

【说文原文】

亥（胡改切），荄也。十月，微阳起，接盛阴。从二，二，古文上字。一人男，一人女也。从乙，象裹子咳咳之形。《春秋传》曰："亥有二首六身。"凡亥之属皆从亥。丆，古文亥为豕，与豕同。

【说文译文】

亥，草根。在古代纪时方法中，十二地支中的"亥"代表十月，这时大地尚有微弱的阳气产生，续接着越来越旺盛的阴气。字形采用"二"作边旁，"二"，这是古文写法的"上"字。亥字下部的两个"人"，表示一个是男人，一个是女人。字形也采用"乙"作边旁，像怀着胎儿腹部拳曲的样子。《春秋左传》上说："'亥'字上部有二画为首，下部有六画为身。"所有与亥相关的字，都采用"亥"作边旁。，古文写法的"亥"就是"豕"，与"豕"相同。

【字形演变】

甲骨文 → 金文 → 小篆 → 楷体

【本字溯源】

"亥"是象形字。其甲骨文字形，与"豕"的写法相似，像一只朝左站立的猪的形状。上面一横，表示猪头；接下来一短横，表示猪前蹄；再下一撇，表示猪后蹄；前蹄与后蹄中间的空白，表示猪的大肚子；最下面一弯曲的线条，表示猪尾巴。"亥"的本义就是猪。

【词意演变】

古时候，"亥"与"豕"很容易被人们写混，这有一定的缘由，因为"亥"与"豕"的本义相同，都指动物"猪"。成语"鲁鱼亥豕"讲的就是这种误写现象。《论衡·物势》："亥，豕也。"《吕氏春秋·慎行论》："豕与亥相似。"《左传·襄公三十年》："亥即豕，故曰首曰身也。"

"亥"后来被借用为地支，指地支的末一位，常与乙、丁、巳、辛或癸相配用来纪年、月、日。也可单独使用，用来纪月、时等。

"亥"与天干相配，用以纪年。如"1947年为农历丁亥年"。"亥"用以纪月，指农历十月。"亥"用以纪时，即夜里九点至十一点。"亥"还与十二生肖猪对应，所以"亥"也是"猪"的代称。

成语"鲁鱼亥豕"，意思是把"鲁"字错成"鱼"字，把"亥"字错成"豕"字。指书籍在撰写或刻印过程中的文字错误。现多指书写错误，或不经意间犯的错误。

十二生肖篇

　　十二生肖，是我国传统文化的重要部分，由12种源于自然界的动物即鼠、牛、虎、兔、龙、蛇、马、羊、猴、鸡、狗、猪组成，用于记年，顺序排列为子鼠、丑牛、寅虎、卯兔、辰龙、巳蛇、午马、未羊、申猴、酉鸡、戌狗、亥猪。在中华文化圈内被广泛使用。有诸多描写十二生肖的文学作品。同时，十二生肖还被用于中药药材和动画片名称。

鼠（shǔ）

【说文原文】

鼠（书吕切），穴虫之总名也。象形。凡鼠之属皆从鼠。

【说文译文】

鼠，穴居虫蛇的总称。象形。所有与鼠相关的字，都采用"鼠"作边旁。

【字形演变】

甲骨文　→　金文　→　小篆　→　楷体

【本字溯源】

　　"鼠"是象形字。头部象锐利的鼠牙，下象足、脊背、尾巴形。"鼠"的本义就是老鼠。《诗·召南·行露》："谁谓鼠无牙？"《汉书·五行志》："鼠小虫，性盗窃。"汉贾谊《陈政事疏》："里谚曰：'欲投鼠而忌器'。"又如"鼠市"，一种戏鼠的器具；"鼠裘"，用鼠皮制的裘袍；"鼠窜而狼忙"，形容逃窜得匆忙狼狈；"鼠牙雀角"，比喻强暴侵凌，引起争讼；"鼠盗蜂起"，封建统治阶级对小股农民起义的污蔑；"鼠腹蜗肠"，形容器量狭小。

【词意演变】

"鼠"是十二生肖之一。《周书·宇文护传》:"昔在武川镇生汝兄弟,大者属鼠,次者属兔,汝身属蛇。"意思是,母亲在武川镇生养了好几个孩子,大儿子生于鼠年,二儿子生于兔年,而你宇文护则生于蛇年。

"鼠"喻指小人、奸臣。如"鼠目",比喻见识狭小;"鼠窃",比喻小贼;"鼠雀之辈",卑微之徒。

"鼠"比喻胆小怕事。如"鼠步",指趑趄却步如鼠。形容恭谨畏惧;"鼠胆",比喻胆小。

"鼠"通"癙",忧,病。《诗·小雅·雨无止》:"谓尔迁于王都。曰予未有室家。鼠思泣血,无言不疾。"意思是,我劝你们迁到王都,你们却说没有家住。只有悲伤泪中带血,没有话不遭到恨妒。《淮南子》:"狸头愈鼠,鸡头已瘘。"意思是,狸头用来治疗老鼠咬伤的病,鸡头可以治疗瘰疬。

关于鼠位居十二生肖之首,还有一个传说。有一天玉皇大帝要排十二生肖,定下了牛、虎、兔、龙、蛇、马、羊、猴、鸡、狗、猪、猫。玉皇大帝让他们第二天来排名次。那时猫和老鼠是好朋友,猫对老鼠说:"明天你要早点喊醒我,我是十二生肖之一,明天我要上天排名次。"老鼠满口答应了。第二天,老鼠早就醒了,他没有喊醒猫,而是自己上天了。那时刚好到排名次的时候,玉皇大帝按牛、虎、兔、龙、蛇、马、羊、猴、鸡、狗、猪、猫的顺序排了十二生肖。

玉皇大帝问动物们有没有意见,惟有老鼠提出了异议:"我认为不应该选猫,他一点也不尊重您。您瞧,他现在还在睡觉呢,根本不把您要排十二生肖的事放在眼里。"玉皇大帝一查,猫果真在睡觉!他勃然大怒,一气之下,他决定永远不允许猫再上天。同时,他让老鼠顶替猫的位置。老鼠又说话了:"我一定要排在第一位!""为什么?难道你的贡献比牛还大吗!""人们都认为我比牛大多了。"玉皇大帝没有办法,只好让人们来评判。人间到云端的人都说:"呵!好大的牛啊!"接着,他们看到了站在牛头上的老鼠,都说:"好大的老鼠!竟然比牛还大!"玉皇大帝只好让老鼠排在第一位。

成语"鼠窃狗盗",意思是像老鼠少量窃取,像狗钻油偷盗,指小偷小摸。比喻小偷小盗或小规模的抢掠骚扰。出自西汉司马迁的《史记·刘敬叔孙通列传》:"此特群盗鼠窃狗盗耳,何足置之齿牙间。"秦朝末年,各地农民纷纷起义造反。丞相赵高却指鹿为马说传信人在造谣生事,并把他们投入大牢。秦二世胡亥问有关农民起义的事情,叔孙通则说是鼠窃狗盗罢了,不必惊慌。二世升了他的官。然而不久秦朝就被农民起义所推翻。

历史上曾有过老鼠嫁女节。一般在正月二十五晚上,当晚家家户户都不点灯,全家人坐在堂屋炕头，一声不响，摸黑吃着用面做"老鼠爪爪"等食品，不出声音是为了给老鼠嫁女提供方便，以免得罪老鼠，给来年带来隐患。台湾居民认为初三为小年，传说初三晚上是老鼠结婚日，民间剪纸中的"老鼠娶亲"就是这种信仰的反映，所以深夜不点灯，在地上撒米、盐，人要早晨上床，不影响老鼠的喜事。

牛（niú）

【说文原文】

牛（语求切），大牲也。牛，件也；件，事理也。象角头三、封尾之形。凡牛之属皆从牛。

【说文译文】

牛，大型牲口。牛，也有"件"的意思；件，表示事理分析。像角头三、封尾的形状。所有与牛相关的字，都采用"牛"作边旁。

【字形演变】

甲骨文 → 金文 → 小篆 → 楷体

【本字溯源】

"牛"是个象形字，其甲骨文字形像牛头的形状，上面两边向上竖起的弯曲的线条像两只牛角，下面两较短的向上的线条像牛的大耳朵，中间较粗的那一竖像牛的大鼻梁。"牛"字正是依据牛的特征弯角、大耳朵、长鼻梁，并用简洁的线条勾勒出而造字的，这也反应出了先民们形象思维能力。"牛"的本意为家畜之一的牛。《诗经·国风·王风》："日之久矣，羊牛下来。"意思是，太阳已经下山了，羊和牛也从山上下来。《乐府诗集·敕勒歌》："风吹草低见牛羊。"唐代白居易《卖炭翁》："系向牛头充炭直"。

牛是哺乳动物，体型粗壮，角中空，由头骨向两侧呈大弧度伸出。力大，能耕田、拉车。我国产的以黄牛、水牛为主。《大戴礼记·曾子天圆》："牛曰太牢。"《聊斋志异·促织》："不数岁，田百顷，楼阁万椽，牛羊蹄躈各千计。"《孟子·梁惠王上》："王坐于堂上，有牵牛而过与堂下者。"意思是，君主坐在宫殿上，有人牵着牛从宫殿下走过。

据说，在我国古代传说中，地上的万物都是神牛下凡后造就的，所以用"牛"指代"物"，用"物"指代一切。由于牛体庞力大，帮助农耕，且天性仁慈，古人对牛特别厚爱。公牛为"牡"；母牛为"牝"；专门用于祭祀牺牲的小公牛为"特"。杀牛为"物"，解牛为"半"。

【词意演变】

"牛"当形容词使用，比喻性格执拗或倔犟。如"牛脾气"、"倔牛"、"犟牛"、"牛劲"。也喻其温顺、迟钝、笨拙、力气大。如"笨牛"、"大牛"、"牛气"。

北京话中所说的"牛"，意思是本领高强，大概从牛的力量大比喻而来的。"牛气、真牛"等词语，使用的就是此义项。但是，实际本领没有他自己说得那么高，就变成"吹牛"。

牛是一种姓氏，是百家姓之一，牛姓起源于宋微子之后牛父。牛姓出自子姓，是商朝开国皇帝商汤的后裔。周武王灭纣后，封商朝皇族微子于宋地（今河南商丘），建立宋国。微子之后有牛父，官任宋国司寇（掌管刑狱）。宋武公时，游牧民族西戎狄人屡次犯宋，牛父曾率军败敌于长丘。后在一次作战中，不幸壮烈殉国。因其为国而死，后世子孙即以其字为氏，称牛姓。他们尊牛父为牛姓的得姓始祖。与其姓氏一样，牛姓多勤苦劳作，踏实肯干之人。历史上名人有任人唯贤的隋吏部尚书牛弘、以方正敢言进身的唐代宰相牛僧孺、最早写咏物词的五代词人以及"花间派"重要词人之一的牛峤等。

"牛"也是汉字部首之一，由"牛"字组成的字，基本上都与牛或牲畜有关，如："牲、牦、犊、犀、牡、牢"等。

民间流传着"牛郎织女"的传说：相传天上有个织女星，还有一个牵牛星。织女和牵牛情投意合，因天条不准男女自由恋爱，于是王母将牵牛星贬下凡间。

牵牛被贬之后，落生在一个农民家中，取名叫牛郎。父母去世得早，他便跟着哥嫂度日。哥嫂待牛郎非常刻薄，要与他分家，只给了他一条老牛和一辆破车。从此，牛郎和老牛相依为命，勤劳地耕田种地，盖造房屋，勉强可以糊口度日。有一天，老牛突然开口说话了，对牛郎说："牛郎，今天你去碧莲池一趟，那儿有些仙女在洗澡，你把那件红色的衣裙藏起来，穿红仙衣的仙女就会成为你的妻子。"原来那头老牛原天上的金牛星。

牛郎见老牛口吐人言，非常惊喜，便按照老牛的话来到碧莲池旁的芦苇里，等候仙女们的来临。不一会儿，仙女们果然翩翩飘至，脱下仙衣，纵身跃入清流。牛郎便从芦苇里跑出来，拿走了红色的仙衣。仙女们见有人来了，各自穿上自己的衣裳飞走了，只剩下那个没有衣服的仙女，她正是织女。织女正在着急，这时，牛郎走上前来，对她说，要她答应做他妻子。织女吃惊地看着牛郎，认出了牛郎便是自己日思夜想的牵牛，便含羞答应了做牛郎的妻子。婚后，男耕女织，相亲相爱，不久有了一双可爱的儿女，日子过得非常美满幸福。

可是，王母知道这件事后，就派遣天神捉拿织女回天庭，牛郎带着儿女批着牛皮追织女，快追上时，王母拿下簪子划了条天河，他们被隔开了。他们互相挣扎着，以泪洗面，王母被感动了，就让他们每年七月七日相会一次。

虎（hǔ）

【说文原文】

虎（呼古切），山兽之君。从虍，虎足象人足。象形。凡虎之属皆从虎。𧆞，古文虎。𩇠，亦古文虎。

【说文译文】

虎，山林的兽中之王。字形采用"虍"作边旁，虎足象人足。象形。所有与虎相关的字，都采用"虎"作边旁。𧆞，是古文写法的"虎"。𩇠，这也是古文写法的"虎"。

【字形演变】

甲骨文 → 金文 → 小篆 → 楷体

【本字溯源】

"虎"是象形字，其甲骨文字形像一只头朝左、尾巴朝下、腿朝左的站立的老虎的样子，身上的横纹，表示虎身上的斑纹。金文字形象以虎牙、虎纹为特征的虎形。"虎"的本义就是指老虎。《史记·项羽本纪》："夫秦王有虎狼之心，杀人如不能举，刑人如恐不胜，天下皆叛之。"秦王有老虎和狼一样的心肠，杀人惟恐不能杀尽，惩罚人惟恐不能用尽酷刑，所以天下人都背叛他。这是"虎"的基本义项，一直沿用到今天。

【词意演变】

"虎"又称老虎，是体型最大的猫科动物，是亚洲陆地上产的一种大型食肉类哺乳动物，在黄褐色的毛皮上有黑色横纹，尾长而无籁毛，有黑圈，下体大部白色，无鬣，体形比狮子略小。虎的适应能力也很强，在亚洲分布很广，从北方寒冷的西伯利亚地区，到南亚的热带丛林，及高山峡谷等地，都能见到其优雅威武的身影。

唐代柳宗元《捕蛇者说》："苛政猛于虎。"《礼记·檀弓下》："小子识之，苛政猛于虎也。"意思是，学生们记住，残暴的政令比老虎还要凶猛可怕啊！《资治通鉴》："曹公，豺虎也。"意思是，曹操像豺虎一样凶狠残暴。辛弃疾《永遇乐·京口北固亭怀古》："想当年，金戈铁马，气吞万里如虎。"回想当时啊，刘裕率兵北伐，武器竖利，配备精良，气势好象猛虎一样，把盘踞中原的敌人一下子都赶回北方去了。又如"虎啸"，虎吼叫；"虎跃"，猛虎腾跃；"虎螭"，虎与龙；"虎残"，虎口余生。

凡伤害物类之虫，也以虎名之。如"蝇虎"、"蝎虎"。《本草纲目》："守宫善捕蝎蝇，故得虎名。"意思是，壁虎擅长捕捉蝎子蝇子，所以得到虎的名字。

由于老虎生性凶猛、体型威武、力气大，故"虎"可比喻威武勇猛。如"虎豹"，比喻勇猛的战士；"虎旅"，指勇猛的军队；"虎虎势势"，形容勇猛的样子。

由于老虎是肉食动物，捕获猎物的时候，很凶残，故"虎"可比喻残酷凶暴。《法言》："或问酷吏。曰：'虎哉!虎哉!角而翼者也'。"

"虎"当动词使用，在方言中意为脸色陡变而露出严厉或凶恶的表情。如"虎视鹰瞵"，形容凶狠地注视着，将欲有所攫取。"虎"也有吓唬之义。也作"唬"。如"虎吓"，犹吓唬；"虎彪"，吓唬；恐吓；"虎唬"，威吓。

"虎"字也是汉字部首之一，由"虎"字组成的字，基本上其本义老虎有关，如："彪、虢、琥"等。

在我国民间有着有趣的"虎"习俗。陕西有送布老虎的育儿风俗。小孩满月时，舅家要送去黄布做的老虎一只，进大门时，将虎尾折断一节扔到门外。送布老虎是祝愿孩子长大后像老虎那样有力；折断虎尾，则是希望孩子在成长过程中免灾免难。山西各地则流行送老虎枕头的育儿风俗。每逢小孩过生日，当舅舅的要送外甥一只或一对老虎枕头，既可当枕头，又可当玩具，还表示祝福。

陕西华县一带流行"挂老虎馍"的婚姻风俗。迎新前，男方的舅家要蒸一对老虎馍，用红绳拴在一起，新娘一到，便将老虎馍挂在她脖子上，进门后取下，由新郎新娘分食，表示两人永结同心。值得一提的是，此馍还有公母之分，公老虎馍的头上有一个"王"字，表示男子要当家为王；母老虎馍的额中有一对飞鸟，表示妻随夫飞。每个老虎脖子前还有一只小老虎,表示祝愿新人早生贵子。

我们常常使用的成语"调虎离山",指引诱老虎离开盘踞的山头,借机进入此山。此成语见于《西游记》五十三回:唐三藏一行人西行取经,唐三藏因误饮子母河照胎泉的水,腹痛成胎,于是孙悟空来到一处寺庙,想要求得一碗落胎泉水治师父的病。但寺庙内的道人因与唐僧一行人有冤仇,不愿意让他取水。孙悟空于是叫沙和尚当他的助手,再一次来到寺庙。因有过之前一次失败的经验,孙悟空就想出一个方法,先把那个道人引出寺庙争战,沙和尚再趁着二人交战的机会,探井取水。

这个方法果然奏效,沙和尚已取了水,此时孙悟空正想赶尽杀绝,但沙和尚却喊道:"饶了他吧!"孙悟空一听,就告诉如意真仙,这次用"调虎离山"的计策,已经顺利取了水,且念在他之前不曾犯法,于是就放了他一马,并且警告他以后再有人来取水,不可以再有要挟、勒索的行为。后来"调虎离山"就用来比喻用计诱使对方离开他的据点,以便趁机行事,达成目的。

成语"苛政猛于虎",指统治者的苛刻统治比吃人的老虎还要凶恶暴虐。出自《礼记·檀弓下》:孔子路过泰山的边上,看见有一个妇人在坟墓前哭得十分悲伤。孔子立起身来靠在横木上,让子路前去问那个妇人。子路问道:"你哭得那么伤心,的确有很多伤心的事吧?"那个妇人说:"没错,之前我的公公被老虎咬死了,后来我的丈夫又被老虎咬死了,现在我的儿子也被老虎咬死了!"孔子问:"那为什么不离开这里呢?"妇人回答说:"这里没有残暴的政令。"孔子说:"学生们记住,残暴的政令比老虎还要凶猛可怕啊!"

兔(tù)

【说文原文】

兔(汤故切),兽名。象踞,后其尾形。兔头与㲋头同。凡兔之属皆从兔。

【说文译文】

兔,兽名。像蹲着,后部像兔子的尾巴。兔头与㲋头相同。所有与兔相关的字,都采用"兔"作边旁。

【字形演变】

甲骨文 → 石鼓 → 文小篆 → 楷体

【本字溯源】

"兔"是象形字。其甲骨文像一只朝左坐立仰头的兔子的样子，长长的耳朵耷拉着，短短的尾巴微微上翘。"兔"的本义就是哺乳类动物兔子。兔子，头部略像鼠，耳大，上唇中间分裂，尾短而向上翘，前肢比后肢短。善于跳跃，跑得很快。如"兔走乌飞"，玉兔走，金乌飞。指日月的消长；"兔缺"，称上嘴唇中裂的人；"兔纤"，兔肉制成的食品，略似今之肉松；"兔苑"，兔园。

《说文》："兔，兽名。象踞后其尾形。"其兽前足短后足长，俗字作"菟"。《诗·召南·兔罝》："肃肃兔罝。"《韩非子·五蠹》："田中有株，兔走触株，折颈而死。"意思是，田地中有一棵树桩。一天，一只跑地飞快的兔子撞在了树桩上，扭断了脖子而死。《韩非子·五蠹》："因释其耒而守株，冀复得兔。"意思是，因此放下了农具，而等候在树边，希望再得到一只兔子。

《乐府诗集·木兰诗》："雄兔脚扑朔，雌兔眼迷离；双兔傍地走，安能辨我是雄雌？"意思是，雄兔静卧时两只脚时时爬搔，雌兔静卧时两只眼时常眯着，所以容易辨别，雄雌两只兔子一起贴着地面跑时，怎么能辨别出哪只是雄兔，哪只是雌兔呢？

【词意演变】

"兔"也指传说中的月中玉兔。如"兔乌"，玉兔、金乌的简称，指月和日，古代传说太阳中有金乌，月亮中有玉兔；"兔影"，玉兔的影子；"兔房"，传说中玉兔捣药之屋，借指仙家药室。

"兔"由传说中的月中玉兔之义引申指月亮的别称。如"兔宫"，月宫；"兔月"，月亮的别名；"兔起乌沉"，月出日落；"兔辉"，月光。

成语"兔起鹘落"，指兔子刚跳起来，鹘就飞扑下去。比喻动作敏捷。也比喻绘画或写文章迅捷流畅。出自苏轼《艾子杂说》：从前有个人准备去打猎但不认识鹘，买了一只野鸭子就去原野打猎。原野上兔子出来，他就把野鸭子投放出去，让他袭击兔子。野鸭子不会飞，掉落在地上，他又一次把野鸭子投放出去，还是掉落到地上。这样反复了三四次，野鸭子忽然蹒跚着走到猎人面前像人那样对猎人说："我是一只鸭子，杀死我并吃掉，这是我的本分，怎么把乱抛乱扔的痛苦加于我呢？"那个猎人说："我以为你是鹘，可以捕捉到兔子，你竟然是鸭子啊？"野鸭子举起脚掌给那个人看，笑着对他说："你看看我这脚手，可以按住那兔子吗？"

寓言"守株待兔"，原比喻希图不经过努力而得到成功的侥幸心理。现也比喻死守狭隘经验，不知变通。出自《韩非子·五蠹》：宋国有个农民，他的田地中有一截树桩。一天，一只跑得飞快的野兔撞在了树桩上，扭断了脖子而死。于是，农民便放下他的农具守在树桩子旁边，希望能再得到一只兔子。野兔是不可能再次得到的，而他自己却成为宋国人的笑柄。现在的国君居然想用过去的治国方略来治理当今的百姓，这都是在犯和守株待兔一样的错误呀！这个寓言告诉我们一个道理：只有通过自己的劳动，才能有所收获，否则终将一无所获，留下终身遗憾。

龙（lóng）

【说文原文】

龙（力钟切），鳞虫之长。能幽，能明，能细，能巨，能短，能长；春分而登天，秋分而潜渊。从肉，飞之形，童省声。凡龙之属皆从龙。

【说文译文】

龙，鳞甲动物之王。能变暗，能变亮，能变细，能变大，能变短，能变长；春分时刻而登天，秋分时刻而潜渊。字形采用"肉"作边旁，一副飞腾造型，以有所省略的"童"作声旁。所有与龙相关的字，都采用"龙"作边旁。

【字形演变】

甲骨文 → 金文 → 小篆 → 楷体

【本字溯源】

"龙"是象形字。其甲骨文像龙的形状，头上有角，角下有张开的大口，露出锋利的牙齿，龙身有空中飞翔之态。"龙"的本义就是古代传说中一种有鳞、有须、能兴云作雨的神异动物。《易·乾卦》："飞龙在天。"意思是，腾飞的龙在天上。《礼记·礼运》："麟、凤、龟、龙，谓之四灵。"意思是，麒麟、凤凰、乌龟、苍龙，被称为四种神灵的动物。《孔子家语·执辔》："甲虫三百有六十，而龙为之长。"刘向《新序·叶公好龙》："叶公子高好龙。"

又如"龙工",像龙一样熟悉水性之功;"龙公",指龙王,龙神;"龙渊",龙所栖止的深渊;"龙章",龙形的图案;"龙蛇",龙和蛇;"龙文",龙状花纹;"龙旌凤翼",有龙凤图案的旌旗和大掌扇;"龙门",本是跨在黄河上游的山名。神话传说,鱼类跳过龙门,就可以变成神龙。后借指乡试考场的二门或三门为龙门。

龙是我国传说中的灵兽,当这种威猛的动物成了我国先民的图腾后,又被人为地赋以海、陆、空的优势:狮头、虎舌、鹿角、蛇身、鹰爪、鱼鳞、鱼鳍,无可匹敌,威武完美。因此被奉为万物生灵之首。中国人自称是"龙的传人"。

【词意演变】

因为"龙"被奉为万物生灵之首,因此封建时代用龙作为皇帝的象征。如《论衡·纪妖》:"祖龙死,谓始皇也。祖,人之本;龙,人君之象也。"历代的皇帝都称自己是"应天承运"的"真龙天子",以使自己的地位合法化。皇帝周围的物品多带有"龙"字。又如"龙椅";"龙床";"龙辇",天子的乘车;"龙颜",额头隆起似龙,后世以喻皇帝的容貌;"龙节",皇帝所授与的符节;"龙衮",帝王的礼服;"龙御",皇帝的车驾。

"龙"喻不凡之士,豪杰之士。如唐代李白《化城寺大钟铭序》:"丞尉等并衣冠之龟龙,人物之标准。"又如"龙凤",比喻才能优异的人;"龙驹",比喻俊才;"龙翰凤翼",比喻君子、贤者);"龙蟠凤逸",比喻才能卓越超群而未为世用的人。

"龙"喻骏马。如《周礼·夏官》:"马八尺以上为龙。"又如"龙子",良马名;"龙姿",骏马的形貌;"龙驹",骏马;"龙媒",指天马、骏马。

"龙"喻文章、书法的雄健华丽。如"龙蛇",龙蛇走,形容笔势如龙蛇,蜿蜒盘曲;"龙文",比喻文章的雄健;"龙虎",比喻文章的雄健;"龙骧豹变",比喻书法气势雄放,变化无穷。

"龙"比喻性格亢直。如"龙亢",个性刚直不屈;"龙性",指性格倔强,难以驯服。

成语"伏龙凤雏",其中"伏龙(卧龙)"指诸葛亮(字孔明);"凤雏(幼凤)"指庞统(字士元),两人都是汉末三国时期著名的谋略家,军事家。后指隐而未现的有较高学问和能耐的人。语出自《三国志·蜀志·诸葛亮传》裴松之注引《襄阳记》:三国时期,刘备向司马徽请教指点时局,司马徽向他推荐说,这里有伏龙、凤雏都是识时务的俊杰。刘备急切问他们的名字,司马徽告诉他伏龙就是南阳的诸葛亮,凤雏就是庞统。刘备于是三顾茅庐请来诸葛亮,后来又得到庞统的辅助。

成语"白龙鱼服",意思是白龙化为鱼在渊中游。比喻帝王或大官吏隐藏身分,改装出行。比喻贵人微服出行,恐有不测之虞。语出自西汉刘向《说苑·正谏》:春秋时期,吴王想要跟百姓一起饮酒,伍子胥劝谏说:"不能这样。从前白龙从天上下到清泠池,变成鱼,被渔夫豫且射中了它的眼睛。白龙向天帝告状,天帝问:'当时,你是怎么处置自己身形的?'白龙回答说:'我下到清泠池中,变成了鱼。'天帝说。'鱼本来就是人们所要射的,像这样,豫且有什么罪过?'现在君王放弃国君的地位,而跟平民百姓一起饮酒,我担心将会有白龙被豫且射中一样的祸患了。"吴王这才放弃了这样的想法。

蛇(shé)

【说文原文】

蛇(切),它或从虫(邵瑛群经正字:"今经典凡它虫字从或体作蛇")。

【说文译文】

蛇,"它"字有时采用"虫"作边旁,写作"蛇"(清邵瑛《群经正字》:现在的经史典籍,凡遇到'它'、'虫'字时采用异体字形写作'蛇'。

【字形演变】

甲骨文 → 金文 → 小篆 → 楷体

【本字溯源】

"蛇"是象形兼会意字。从虫,它声。本写作"它"。其甲骨文字形,是象形字,上部是蛇头,下部是蛇的身子,可见"蛇"字原来写作"它"字。小篆字形另加了义符"虫",成了从虫从它的会意字。

"蛇"的本义就是长虫,也就是现在所说的蛇。蛇是无足的爬行动物的总称,属于爬行纲有鳞目蛇亚目的总称。正如所有爬行类一样,蛇类全身布满鳞片。所有蛇类都是肉食性动物。身体细长,四肢退化,无可活动的眼睑,无耳孔,无四肢,无前肢带,身体表面覆盖有鳞。部分有毒,但大多数无毒。蛇的种类很多,如五步蛇、眼镜蛇、蝮蛇、金环蛇、蟒蛇等。

《诗·小雅·斯干》："大人占之：维熊维罴，男子之祥；维虺维蛇，女子之祥。"意思是，卜官前来解我梦，有熊有罴是何意，预示男婴要降生；有虺有蛇是何意，产下女婴吉兆呈。虺（huǐ），一种毒蛇，颈细头大，身有花纹。柳宗元《捕蛇者说》："永州之野产异蛇，黑质而白章。触草木，尽死；以啮人，无御之者。"意思是，永州的野外生长一种奇特的蛇，黑色的身子上有白色的花纹。它碰到草木，草木全都枯死；如果咬了人，没有抵御蛇毒的方法。又如"蛇入鼠出"、"蛇行鼠步"、"蛇心佛口"、"蛇雀之报"、"蛇盘鬼附"等词语，也使用的是本义。

【词意演变】

"蛇"当形容词使用，意为形状像蛇的、似蛇状的。如"蛇弓"，弓名；"蛇丹"，中医病名，皮肤上潮红疱疹簇集，形成带状如蛇，因名蛇丹；"蛇矛"，古兵器名，状如蛇的长矛。"蛇"为十二生肖之一，配地支的"巳"。如"蛇年"，即巳年。

成语"杯弓蛇影"，意指将映在酒杯里的弓影误认为蛇，比喻因疑神疑鬼而引起恐惧。出自汉代应劭《风俗通义·怪神》：乐广曾经有一个亲密的朋友，分别很久不见再来，乐广问朋友不来的原因时，友人回答说："前些日子来家做客，承蒙你给我酒喝，正端起酒杯要喝酒的时候，看见杯中有一条蛇，心里十分厌恶它，喝了那杯酒后，就得了重病。"当时，河南听事堂的墙壁上挂着一张角弓，用漆在弓上画了蛇。

乐广猜想杯中的蛇就是角弓的影子了。他在原来的地方再次请那位朋友饮酒，对朋友说道："酒杯中是否又看见了什么东西？"朋友回答说："所看到的跟上次一样。"于是乐广就告诉他其中的原因，客人心情豁然开朗，疑团突然解开，心病顿时治好了。

现用此成语讽刺那些疑神疑鬼的人。故事中乐广的朋友被假象所迷惑，疑神疑鬼，差点儿送了命。乐广喜欢追根问底，注重调查研究，终于揭开了"杯弓蛇影"这个谜。在生活中无论遇到什么问题，都要问一个为什么，都要通过调查研究去努力弄清事情的真相，求得正确解决的方法。

成语"打草惊蛇"，意思是打草惊了草里的蛇。原比喻惩罚了甲而使乙有所警觉。后多比喻做法不谨慎，反使对方有所戒备。出自宋代郑文宝《南唐近事》：南唐的时候，有一个名叫王鲁的人，他是当涂县县令，常常接受贿赂、不遵守法规。有一天，有人递了一张状纸到衙门，控告王鲁的部下违法、接受贿赂。王鲁一看，状纸上所写的各种罪状，和他自己平日的违法行为一模一样。

王鲁一边看着状纸，一边发着抖："这不是在说我吗？"王鲁愈看愈害怕，都忘了状纸要怎么批，居然在状纸上写下了八个大字："汝虽打草，吾已蛇惊。"意思就是说你这样做，目的是为了打地上的草，但我就像是躲在草里面的蛇一样，可是被大大的吓了一跳了！后来，大家就根据王鲁所写的八个字"汝虽打草，吾已蛇惊"，引伸为"打草惊蛇"这句成语。比喻由于行动不慎而使对方有了觉察与防范。

马（mǎ）

【说文原文】

马（莫下切），怒也。武也。象马头髦尾四足之形。凡马之属皆从马。影，古文。影，籀文马与影同，有髦。

【说文译文】

马，一种会昂首怒吼的动物。马勇武无比。字形像马头、马鬃、马尾、四足的造型。所有与马相关的字，都采用"马"作边旁。影，是古文写法的"马"。影，籀文的马与影同，有马鬃。

【字形演变】

甲骨文 → 金文 → 小篆 → 楷体

【本字溯源】

"马"是象形字。其甲骨文字形，像一匹头朝右竖立的马的样子，有马头、马耳、马鬃、马身、马蹄、马尾。早期金文字形，线条化了，保留了马眼、马鬃、马尾之形。小篆字形，上部是马眼（目）和马鬃（三横线），已经不能直观地看出马的样子。"马"的本义就是强武有力的家畜马。如《淮南鸿烈集解》："近塞上之人有善术者，马无故亡而入胡。"意思是，靠近边境的一个精通术数的人，他的马无缘无故地逃跑进入胡人的领地。

"马"是单蹄食草大型哺乳动物，史前即为人类所驯化，用作驮负、挽车和乘骑；它和其他现存的马属和马科动物的区别是尾毛和鬃毛长，后腿飞节内下方有一块胼胝，还有一些非固定特征，如体型较大、蹄子较大、颈稍呈弓形、头小、耳短。《左传·成功二年》:"不介马而驰之。"意思是,没有给马披甲就驱马出战。又如"马首"、"马圈"、"马鞍"、"马缰"等词语也使用的是此义项。

【词意演变】

许慎把"马"解释为昂首怒目的动物,是勇武的动物。《战国策·燕策》:"古之君人,有以千金求千里马者,三年不能得。"意思是,从前有位国君,想用千金征求千里马,三年还没有得到。韩愈《马说》:"千里马常有,而伯乐不常有。"意思是,千里马经常有,可是伯乐(这样的人)却不常有。

在古籍中,经常会遇到"千里马"一词,自古以来人们大多认为,"千里马"泛指一般好马。所谓的"千里"只是个虚数。因为,如今的人们,谁也没有见过一天能行走500公里的马,但是古人却在古籍文献中多次提到他们的千里马实实在在能跑出千里的距离。由此可见,问题主要在于"千里"这个长度上。

有一则"千里买骨"的故事,出自《战国策·燕策》,讲的是古时候意为侍臣为君王买千里马,却只买了死马的骨头回来,君王大怒而不解,侍臣解释说,如果大家看见君王连千里马的骨头都肯用重金买回来,就会认为君王是真正想要高价买千里马,就会自然而然把千里马送上门来。后来果真如侍臣所言,不到一年就有几匹千里马被呈送上来。故事流传至今,意指十分渴望和重视人才。

"马"当形容词使用,以为大的。如"马道",大路;"马船",大型官船;"马溜子船",航行速度较快的大船。

"马"是"码"的古字。古代用以计算的筹码。近世也用以计数。如《礼记·投壶》:"为胜者立马。"又如"马子",筹码。

"马"也是姓,是百家姓之一,在《百家姓》中排第五十二位,在如今的我国姓氏排行第14位。马氏是一个典型的多民族、多源流姓氏,是我国较为常见的姓氏之一,属于超级大姓系列,占全国人口总数的1.15%左右。马氏以先祖"马服君"赵奢的辉煌事迹开始,在我国历史上不断有名人出现,如东汉伏波将军马援、东汉著名哲学家马融、东汉文士马良、文武全才勇猛过人的三国名将马超、魏时机械制造家马钧等。

"马"也是汉字部首之一,由"马"字组成的字,基本上都与马或家畜有关,如"骏、驰、骋、骡、驴、骆、驼、骐、骥"等。

成语"马革裹尸",指用马皮把尸体包裹起来,多指军人战死于沙场。形容为国作战,决心为国捐躯的意志。出自《后汉书·马援传》:起初,马援的大军凯旋,快到的时候,以前的朋友们都来慰劳他。平陵人孟冀,是出了名有计谋的人,和在座的朋友一起祝贺马援。马援说:"我希望你有好话教导我,怎么反而同众人一样呢?五帝时代的伏波将军博得,开拓了七郡的地方,不过封几百户的侯爵。我立了小功就接受了一个大县，功劳浅薄而赏赐厚重，像这样怎么能够长久呢？先生有什么来帮助我呢？"孟冀说："我不清楚。"马援说："现在匈奴和乌桓仍然在北边侵扰，我想攻击他们。男子汉应该死在边疆战场，用马皮包着尸体下葬，怎么能安心享受儿女侍奉而老死在家里呢！孟冀说："真正有作为的人，确实是应当那样啊。"

羊（yáng）

【说文原文】

羊（与章切），祥也。从丫，象头角足尾之形。孔子曰："牛羊之字以形举也。"凡羊之属皆从羊。

【说文译文】

羊，吉祥。字形采用"丫"作边旁，像羊的头、角、足、尾的形状。孔子说："牛羊等字，根据动物外形概括。"所有与羊相关的字，都采用"羊"作边旁。

【字形演变】

甲骨文 → 金文 → 小篆 → 楷体

【本字溯源】

"羊"是象形字。其甲骨文字形，像一只正面羊头的样子，上面是一对向下弯曲的羊角，下面两点是羊的眼睛。其金文字形就更像羊头了，一对大角向下弯曲，看来是个绵阳头，中间一横表示两只养耳朵，最下端是羊的嘴。"羊"的本义就是一种哺乳动物。

羊又称为绵羊或白羊，哺乳纲、偶蹄目、牛科、羊亚科。羊是人类的家畜之一，是有毛的四腿反刍动物，是羊毛的主要来源。以食草为生。原为北半球山地的产物，与山羊有亲缘关系；不同之处在于体形较胖，身体丰满，体毛绵密，头短。雄兽有螺旋状的大角，雌兽没有角或仅有细小的角。毛色为白色。一般头上有一对角，有许多品种。如绵羊、山羊、野羊等。

孔子曰："半羊之字以形举也。"《汉书·李广苏建传》："杖汉节牧羊，卧起操持，节毛尽落。"他（苏武）拄着汉朝的旄节牧羊，睡觉、起身都拿着，节上的毛全都脱落了。又如"羊羔"、"羊角风"、"羊车过市"、"羊群里跑出骆驼来"等词语，用得也是本义。

【词意演变】

我国民俗中"吉祥"大多写为"吉羊"。羊儒雅温和，温柔多情，自古深受人们喜爱。甲骨文的"美"字，即呈头顶大角的羊形，是美好的象征。明清时期，民间曾用青阳、红阳、白阳，分别来代表过去、现在、将来。民间喜用的"三阳开泰"是一种吉祥语，它表示大地回春，万象更新的意义，也是兴旺发达，诸事顺遂的称颂，图案以三只羊（谐音"阳"）在温暖的阳光下吃草来象征。

"羊"当形容词使用，意为吉利。后作"祥"。《墨子》："有恐后世子孙，不能敬君以取羊。"《王孝渊碑》："羊吉万岁，子孙自贵。"又如"羊枣"，果名，俗称"软枣"，表示吉祥；"羊"，也有细密、完备之义。后作"详"。《马王堆汉墓帛书》："臣愿王与下吏羊计某言而竺（笃）虑之也。"

"羊"为十二生肖之一，与十二地支的未相配。《论衡》："丑、未，亦土也。丑禽牛，未禽羊。"

"羊"字是一个独立的汉字，同时也是汉字部首之一，是一个部首字，并且由"羊"字组成的字，基本上都与羊有关，如："羯、羹、羚、群、羍（dá小羊羔）、"等。

词语"羊狠狼贪"，原指为人凶狠，争夺权势。后比喻贪官污吏的残酷剥削。出自西汉司马迁《史记·项羽本纪》：秦朝末年，赵歇屯兵巨鹿称王，秦王派兵攻打他，赵歇向楚怀王求救，怀王派宋义、项羽、范增率军救援，宋义命令士兵驻守安阳，让他们两军对垒，待两败俱伤时再去坐收渔利，命令士兵进攻时要羊狠狼贪一般。

成语"歧路亡羊"，指因岔路太多无法追寻而丢失了羊。比喻事物复杂多变，没有正确的方向就会误入歧途。人们用这个成语比喻有的人在学习、工作或社会生活中迷失了正确方向。出自《列子·说符》：杨朱的邻居的羊跑丢了，于是率领他的亲友，还请杨朱的僮仆一起去追赶。杨朱说："呵！丢一只羊，为什么要这么多人去追？"邻居说："岔路很多。"

不久寻羊的人都回来了，杨朱问："找到羊了吗？"回答："弄丢了。"问："为什么会弄丢呢？"回答："岔路之中还有岔路，我们不知道往哪边去追，所以就回来了。"后来"歧路亡羊"，比喻因情况复杂多变或用心不专而迷失本性、迷失方向，就会误入歧途，最终一无所成。

猴（hóu）

【说文原文】

猴（乎沟切），夒也。从犬矣声。

【说文译文】

猴，兽名，长臂猿的一种。字形采用"犬"作边旁，矣声。

【字形演变】

甲骨文 → 金文 → 大篆 → 楷体

【本字溯源】

"猴"字产生的比较晚，最早出现于秦代的篆书阶段。"猴"是形声字。从犬从侯，侯亦声。"犬"指动物。"侯"本指古代地方诸侯。"犬"与"侯"联合起来表示"动物界的诸侯"。"猴"的本义就是各地有猴王率领的猴群。

"猴"由本义引申为猴子，即弥猴，与猿同类，唯颊下有囊，可储食物，臀部有疣，短尾。如"猴王"，猴群中的首领；"猴狲"，猴儿、猴子；"猴崽子"，小猴子。猴是一个俗称。灵长目中很多动物都称之为"猴"，包括原猴亚目和猿猴亚目。

猴类大脑发达，眼眶朝向前方，眶间距窄，手和脚的趾（指）分开，大拇指灵活，多数能与其他趾（指）对握。猿猴亚目颜面似狐；无颊囊和臀胼胝；前肢短于后肢，拇指与大趾发达，能与其他指（趾）相对；尾不能卷曲或缺如。猿猴亚目颜面似人；大都具颊囊和臀胼胝；前肢大都长于后肢，大趾有的退化；尾长、有的能卷曲，有的无尾。

猴子是动物界里进化速度最快的一类。科学家说，猴子是与人亲缘关系最近的一类动物，其身体形态与人相当接近，因而人对猴子有一种天然的亲近感。特别是在我国，它自古以来就被看作是人类在动物界的近亲，而汉族由于"猴"、与"侯"谐音，就普遍把猴看成是吉祥物。在许多图画中，猴的形象表示封侯之义，如一只猴子骑在马背上，取"马上封侯"之义；一只猴子趴在枫树上挂印，取"封侯挂印"之义；两只猴子坐在一棵松树上，或一猴子背着一只猴子，取"辈辈封侯"之义。也许正因为如此，猴子也被列入了十二生肖的队伍。

【词意演变】

由于"猴子"大脑发达,机灵,故"猴"比喻机灵的人。如"猴儿",戏称乖巧者;"猴精",比喻机灵而又顽皮的人。

"猴"当动词使用,意为"像猴子似地蹲坐"。如"猴下身去"。也有"像猴子一样攀援纠缠"之义。如《红楼梦》:"宝玉听话,便猴向凤姐身上立刻要牌。"

在方言中,"猴"当形容词使用,意为乖巧、机灵。多指孩子。如"这孩子多猴"。

有一条常用的成语"杀鸡儆猴",本意是杀鸡给猴子看。比喻用惩罚某个个体的办法来警告别的人。相传猴子是最怕见血的,驯猴的人首先当面把鸡杀给它看,叫它看看血的厉害。才可以逐步进行教化。捉猴子的人就采用这杀鸡战术,不管它怎样顽强抗拒,只要雄鸡一声惨叫,鲜血一冒,猴子一见,便全身软化,任由捉获了。所谓"杀鸡儆猴",即是"杀一儆百",有威胁恫吓之意,这是权术,是驭众手段。

历史也有"杀鸡儆猴"的事件。西周初,姜太公灭了商纣,要罗致一批人才为国家效力。当时,齐国有一位贤人狂矞,很为地方上人士推重。姜太公慕名想请他出来做事,拜访了三次,都吃闭门羹,姜太公一气之下就把他逮起来杀了。周公旦想救也来不及,便问姜太公:"狂矞是一位贤人,不求富贵显达,自己拙井而饮,耕田而食,正所谓隐者无累于世,为什么把他杀了?"

姜太公说:"四海之内,莫非王土,率土之滨,莫非王臣。在天下大定之时,人人应为国家出力。只有两个立场,不是拥护就是反对,绝不容有犹豫或中立思想存在,以狂矞这种不合作态度,如果人人学他样,那还有什么可用之民。可纳之饷呢?所以把他杀了,目的在于儆效尤!"果然,经此一是,其他隐士的人都不敢自鸣清高,继续隐居下去了。

成语"猿猴取月",比喻愚昧无知,也比喻白费力气。出自宋代黄庭坚《沁园春》词:"镜里拈花,水中捉月,觑着无由得近伊。"故事讲的是:传说古代印度波罗奈城有五百猕猴,有一天五百猕猴游行林中,见树下井中有月亮的倒影,猕猴王就对所有的猕猴说:"今天月亮掉到井里,我们大家得想办法捞出来挂到天上去。"于是这些猴子就在树一只接一只地往井中延伸,结果树枝断,全部落井。

鸡（jī）

【说文原文】

鸡（古兮切），知时畜也。从隹，奚声。

【说文译文】

鸡，对天亮敏感知时的家禽。字形采用"隹"作边旁，"奚"是声旁。

【字形演变】

甲骨文 → 大篆 → 小篆 → 楷体

【本字溯源】

"鸡"是象形字，其甲骨文字形像一只昂首挺胸打鸣的大公鸡，左上部是鸡头，鸡头上有鸡冠、尖嘴、眼睛；接下来是长脖子、胸、背、翅膀、腿、爪；最后是羽毛丰满的大鸡尾，可谓样样俱全。"鸡"的本义就是一种家禽，有"母鸡"、"公鸡"，还有"火鸡"、"野鸡"。"鸡"字的繁体字为"雞"或者"鷄"。"奚"意为"世世代代"。"奚"与"鸟"联合起来表示"世世代代家养的鸟"。

鸡，是鸟纲雉科家禽，品种很多，喙短锐，有冠与肉髯，翅膀短，尤指普通家鸡。晋代陶渊明《桃花源记》："鸡犬相闻。"唐代孟浩然《过故人庄》："故人具鸡黍。"明代归有光《项脊轩志》："鸡栖于厅。"又如："鸡叫"、"鸡笼"、"鸡毛信"、"鸡胸"、"鸡雏"、"鸡飞蛋打"、"鸡飞狗跳"、"鸡皮疙瘩"等词语，也使用的是此义项。

"鸡"是古人最早驯养的六禽之一。它的远祖叫"原鸡"，现在还生活在云南、广西、海南岛等地区。雄鸡可以报晓，它不但可以作为普通人家的钟表使用，也可以作为公共场所的钟表使用。古代生产力极其低下，报时钟、手表还未发明，而鸡，则成了报时的宝物，相传战国时期，函谷关的开关时间，就是以鸡叫为准的。

【词意演变】

"鸡"一向有"德禽"之称，典出《韩诗外传》："鸡有五德：头戴冠者，文也；足搏距者，武也；敌在前，敢斗者，勇也；见食相呼者，仁也；守夜不失者，信也。"归纳为文、武、勇、仁、信"五德"。

成语"鸡犬升天",传说汉朝淮南王刘安修炼成仙后,剩下的药留在院子里,鸡和狗吃了,也都升天。比喻一个人做了官,和他有关的人也跟着得势。出自东汉王充《论衡·道虚》,汉高祖刘邦的孙子淮南王刘安十分信奉道教,为了长生不死,他找到八公仙翁,按照八公仙翁的话炼制仙丹。丹药炼成后,刘安吃下觉得自己轻飘飘的升天而去。庭院里的鸡狗抢着吃剩下的丹药也纷纷飞上天成了仙。

成语"鹤立鸡群",指像鹤站在鸡群中一样。比喻一个人的仪表或才能在周围一群人里显得很突出。出自晋代戴逵《竹林七贤论》:嵇绍是魏晋之际"竹林七贤"之一嵇康的儿子,他体态魁伟,聪明英俊,在同伴中非常突出。有一次有人对王戎说:"昨天在众人中见到嵇绍,气宇轩昂如同野鹤立鸡群之中。"后来就用"鹤立鸡群"比喻一个人的仪表或才能在周围一群人里显行很突出。

晋惠帝时,嵇绍官为侍中。当时皇族争权夺利。互相攻杀,史称为"八王之乱",嵇绍对皇帝始终非常忠诚。有一次都城发生变乱,形势严峻,嵇绍奋不顾身奔进宫去。守卫宫门的侍卫张弓搭箭,准备射他。侍卫官望见嵇绍正气凛然的表情,连忙阻止侍卫,并把弓上的箭抢了下来。

不久京城又发生变乱,嵇绍跟随晋惠帝,出兵迎战于汤阳,不幸战败,将士死伤逃亡无数,只有嵇绍始终保护着惠帝,不离左右。敌方的飞箭,象雨点般射过来,嵇绍身中数箭,鲜血直流,滴在惠帝的御袍上。嵇绍就这样阵亡了。事后惠帝的侍从要洗去御袍上的血迹,惠帝说"别洗,这是嵇侍中的血啊!"

狗(gǒu)

【说文原文】

狗(古厚切),犬也。大者为犬,小者为狗。孔子曰:"狗,叩也。叩气吠以守。"从犬,句声。

【说文译文】

狗,即家犬。成年犬称犬,幼犬称狗。孔子说:"狗,叩叫。叩气吠叫为主人守门。"字形采用"犬"作边旁,"句"是声旁。

【字形演变】

大篆 → 大篆 → 小篆 → 楷体

【本字溯源】

"狗"是形声字。从犬，句（gōu）声。"狗"的本义就是犬，原指小犬，后为狗犬的通称。《史记·秦本纪》："以狗御蛊。"《礼记·曲礼上》："效犬者左牵之。"疏："大者为犬，小者为狗。"唐代柳宗元《捕蛇者说》："悍吏之来吾乡，……哗然而骇者，虽鸡狗不得宁焉。"鲁迅《从百草园到三味书屋》："有念'笑人齿缺，曰狗窦大开'的。"

又特指未长毛的小狗崽。《尔雅》："（犬）未成豪，狗。"清代郝懿行疏："狗，大通名。若对文则大者名犬，小者名狗，……今亦通名犬为狗矣。"《晋书》："貂不足，狗尾续。"

"狗"属于犬科的一种食肉类哺乳动物，自史前时期以来就被人类豢养，由人工培养出来的品种之多，超过任何其他兽类（在形状、大小、颜色、毛皮的长短和性质等各方面）。如"狗矢"，狗粪；"狗屠"，以屠杀狗为业者；"狗窦"，狗洞；"狗彘"，狗与猪。

【词意演变】

"狗"十二生肖之一。如"老大娘七十四了，属狗的"。

"狗"比喻坏人。如"我要早知道这是个狼心狗肺的家伙，当初哪会去管他是死是活。"又如"狗心狗行"，比喻坏心肠、恶劣行为；"狗鼠"，比喻品行卑劣的人。

"狗"当形容词使用，为詈词（骂人的词语），意为该死的。表示极端蔑视。如"狗汉奸"、"狗腿子"、"狗爪牙"等词语。

成语"白云苍狗"，意思是浮云像白衣裳，顷刻又变得像苍狗。比喻事物变化不定。出自唐代杜甫《可叹诗》："天上浮云似白衣，斯须改变如苍狗。"这条成语有一段有趣的故事，讲的是唐朝有一位诗人名叫王季友，他的妻子嫌他穷困，离他另就，但世人却说这是因为王季友有外遇。杜甫为此不平，并写了《可叹》诗为诗人王季友鸣不平。杜甫认为：这种把好人变成坏人的社会舆论，有如白云苍狗一样。诗云："天上浮云似白衣，斯须改变如苍狗。古往今来共一时，人生万事无不有。"

秋天高空白云聚成许多形状，看的人可以会意为各种动物，但不大一会，就又变成别的形状。"白云"指白色云朵；"苍狗"指灰白色的狗。白云与苍狗是两种毫不相干的事物，但世情之冷暖和舆论却能使他们发生关联和使之变化无常。起初可以像一件白衫，瞬息之间能使之变成黑狗，比喻世事无常。

成语"狗尾续貂"，意思是貂不够用了拿狗尾巴来顶替，指封官太滥。亦比喻拿不好的东西补接在好的东西后面，前后两部分非常不相称（多指文学作品）。当对自己使用时也带有自谦的含义，表谦虚（多用于日常生活）。

语出《晋书·赵王伦传》：晋武帝司马炎死后，儿子司马衷继位，他对朝政一窍不通，大权落到贾后手里，贾后生性凶狠狡诈，赵王司马伦（司马懿第九个儿子），与一个名叫张华的大臣密谋策划，以此为借口带兵冲入宫廷，杀死了贾后，自封为相国。由于是靠这种手段当上皇帝，司马伦整日忧心忡忡，害怕众人不服。为了笼络朝臣，扩大自己的势力范围，于是大封文武百官，甚至连听差的奴役也给以爵位。像皇帝左右的侍中、散骑、常侍等一等高官，在当时的宫廷人事编制中一般只有4人，可司马伦当皇帝时竟达近百人。

当时规定，凡宫内高级官员的官服，都是统一式样。如帽子上都插着貂尾做装饰。不同官职，插的位置也有区别。侍中插在左边，常侍插在右边。由于司马伦大肆封官晋爵，所以一时貂尾都不够用，所以只好用狗尾来代替，人们就据此编了两句民谣："貂不足，狗尾续。"用来讽刺朝廷。后来，人们用"狗尾续貂"来比喻以坏续好，美丑不相称。多用来形象地揭示妄续他人文学作品，也有时用来表示自谦之意。

猪（zhū）

【说文原文】

猪（陟鱼切），豕而三毛丛居者。从豕，者声。

【说文译文】

猪，体毛稀疏、群居的动物。字形采用"豕"作边旁，"者"作声旁。

【字形演变】

甲骨文 → 大篆 → 小篆 → 楷体

【本字溯源】

"猪"在古代写作"豕"。其甲骨文字形,象猪形,长吻,大腹,四蹄,有尾。"豕"的本义就是猪。故"猪"的甲骨文字形就是"豕"的甲骨文字形。猪是杂食类哺乳动物,身体肥壮,四肢短小,鼻子口吻较长,体肥肢短,性温驯,适应力强,繁殖快,有黑、白、酱红或黑白花等色,平均寿命20年为五畜之一。

一般来说,野生的猪称为"彘",人们豢养的猪称为"豕"。我国豢养猪的历史可以追溯到距今八千到一万年的新石器时代前期。家猪是由野猪驯化而来的,驯化的野猪继承了野猪繁殖能力强、不挑食物等优点,然而在外形和性格方面发生了很大的变化。猪真是个宝物,肉可供人们食用,猪鬃可做刷子,皮可以制皮革,内脏可以用来制药,血可用来制涂料,猪粪还是优质的天然化肥。

猪科的各种哺乳动物的任一种,四肢短小,尾短,体毛稀疏,鼻面短凹或平直,耳大下垂或前挺,被毛较粗,有黑、白或黑白花等色,汁腺不发达,热时喜浸水散热。如"猪膀胱",又称"猪尿泡""猪胞"、"猪尿脬"、"猪脬";"小猪",又叫"猪牙子"、"猪仔"、"猪娃"、"猪娃子";"母猪",又叫"猪婆"、"猪娘"。

【词意演变】

"猪"是十二生肖之一,配地支的"亥"。如"属猪的"、"猪年",俗称十二生肖之一猪所代表的年份,即亥年。

古文中"猪"通"潴",意为"水积聚"。《书·禹贡》:"大野既猪。"《左传·襄公二十五年》:"规偃猪。"

我国民间有很多关于猪的典故和习俗。如天津、河北等地有"肥猪拱门"的节日窗花,是用黑色蜡光纸剪成。猪背上驮一聚宝盆,张巾时左右各贴一张,表示招财进宝之意。

我国有句俗语"人怕出名猪怕壮",意思是人怕出了名招致麻烦,就象猪长肥了就要被宰杀一样。出自清代曹雪芹《红楼梦》第83回:"俗话儿说的,'人怕出名猪怕壮',况且又是个虚名儿。"

有一事例说,某地有一名医,医术甚佳,医德又好,求医问病的人络绎不绝,门庭若市。连公立卫生院也竞争不过他。之后,有同行者出了怪招,说某医生最近得了绝症,瘦去二十多斤,命不久长,风声一出,问病者犹豫不敢前往。不久,群众见到实状,并非谣传所述,是无中生有,造谣中伤,坏他名气医风,究其根底是他在当地医疗效应太过出名了。"人怕出名猪怕壮"暗示的是中国人固有的妒忌病。

我国有一则著名的教子故事"杀猪教子",讲的是曾子的妻子上街,她的儿子又哭又闹,就对儿子说:"你回去,妈妈回来就杀猪给你吃。小孩这才作罢。曾妻从街上回来,见曾子正在捆猪,就说:"你疯了,我是骗骗小孩的。"曾子说:"你怎么能骗小孩子呢?小孩子什么也不懂,只会学着父母的样子。你现在欺骗孩子,就是教孩子去欺骗别人。做父母的欺骗自己儿子,做儿子的会不相信自己的母亲,这样还有家教吗?"于是杀了猪,炖肉给儿子吃。

这则故事告诉我们内因是根据,外因是事物发展的条件。外部环境对个人的成长也起着非常重要的作用,家庭环境、家庭教育对孩子的成长实在太重要了。

六十干支、五行、属相对照表

01甲子金鼠 02乙丑金牛 03丙寅火虎 04丁卯火兔 05戊辰木龙 06已巳木蛇
07庚午土马 08辛未土羊 09壬申金猴 10癸酉金鸡 11甲戌火狗 12乙亥火猪
13丙子水鼠 14丁丑水牛 15戊寅土虎 16已卯土兔 17庚辰金龙 18辛巳金蛇
19壬午木马 20癸未木羊 21甲申水猴 22乙酉水鸡 23丙戌土狗 24丁亥土猪
25戊子火鼠 26已丑火牛 27庚寅木虎 28辛卯木兔 29壬辰水龙 30癸巳水蛇
31甲午金马 32乙未金羊 33丙申火猴 34丁酉火鸡 35戊戌木狗 36已亥木猪
37庚子土鼠 38辛丑土牛 39壬寅金虎 40癸卯金兔 41甲辰火龙 42乙巳火蛇
43丙午水马 44丁未水羊 45戊申土猴 46已酉土鸡 47庚戌金狗 48辛亥金猪
49壬子木鼠 50癸丑木牛 51甲寅水虎 52乙卯水兔 53丙辰土龙 54丁巳土蛇
55戊午火马 56已未火羊 57庚申木猴 58辛酉木鸡 59壬戌水狗 60癸亥水猪

与生活息息相关的汉字篇

方位篇
东西南北 前后左右 上中下内外

数字篇
一二三四五六七八九十百千万亿

人体篇
人页面耳眉目自口齿牙舌而
毛血骨肉身心手足止冉

称谓篇
男女夫妇妻妾婢父母儿妹孙我尸鬼姑

自然篇
天气日月星云风雨雷电光雪冰寒
春夏秋冬山石穴州谷泉川江

方位篇

与方向相关的汉字,总共介绍了13个,其中包括:东、西、南、北、前、后、左、右、上、中、下、内、外。

东(dōng)

【说文原文】

东(得红切),动也。从木。官溥说:从日在木中。凡东之属皆从东。

【说文译文】

东,移动。字形采用"木"作边旁。官溥(约为东汉人)的观点认为,字形采用"日、木"会意,表示日在树丛中。所有与东相关的字,都采用"东"作边旁。

【字形演变】

甲骨文 → 大篆 → 小篆 → 楷体

【本字溯源】

"东"是会意字,从木。其甲骨文字形看上去像两头扎住装了货物的一个大口袋。金文多了两条横线,就更像口袋里装满了东西。根据小篆的字形解释说,"东"是"日"和"木"组合而成,表示"日"升到数目的半中腰,指东方。这个说法是不对的。"东"的本意为远行时携带的行囊(东西)。

【词意演变】

"东"作为"东方"讲,是假借"东西"的"东"代表"东方"之"东"。因古代主人之位在东,宾客之位在西,所以主人称为"东",如"东家"、"房东"、"股东"、"作东"等。《乐府诗集·木兰诗》："东市买骏马，西市买鞍鞯。"

成语"东山再起"出自《晋书·谢安传》：谢安祖籍陈郡阳夏，后迁居会稽（绍兴），出身世家大族，年轻的时候，跟同为士族的王羲之是好朋友，经常在会稽东山游览山水，吟诗作文。他在当时的士族阶层中名望很大，大家都认为他是个挺有才干的人。但是他宁愿隐居在东山，不愿做官。有人推举他做官，他上任一个多月，就不想干了。当时在门阀士族中间流传着一句话："谢安不出来做官，叫百姓怎么办？"到了四十多岁的时候，他才重新出来做官。因为谢安长期隐居在东山，所以后来把他重新出来做官这样的事称为"东山再起"。指退隐后再度出任要职。也比喻失势后重新恢复地位。

成语"东施效颦"的故事，出自《庄子·天运》：春秋时期，越国有个美女名叫西施，她向来犯有心痛的毛病。每次心痛时，她总是轻轻地按住胸口，微微地皱着眉头，外人看来这比平时更加美。有一次，同里的丑女看见后，认为这样的动作很美，于是也学西施捧心皱眉，自以为也很美。然而乡里中的富人看见后，都紧闭门户而不出门；贫穷人看了，则赶紧带着妻子和孩子躲开。那丑女只知道捧心皱眉很美，却不知道这个动作所以美的原因。后人就把这个丑女称为"东施"，以和西施作区别对照。后来"东施效颦"，用来比喻盲目胡乱地模仿他人，结果却适得其反。

"东郭先生和狼"是人人熟知的的寓言故事，寓言故事中的东郭先生把"兼爱"施于恶狼身上，因而险遭厄运。

故事说的是：从前有个心地善良的东郭先生。一天，他带着一口袋书出远门。他怕毛驴受压，就自己背着口袋，牵着毛驴赶路。走累了就在树下休息。这时一只受伤的狼逃到东郭先生面前，说自己是只好狼，猎人要打死它，哀求东郭先生救命。东郭先生看它十分可怜，就把口袋里的书倒出来，让狼藏进口袋里。猎人追来时，东郭先生推说不知，救了狼的性命。可是，这条狼一钻出口袋就凶相毕露，它说在口袋里闷了半天，现在肚子饿了，要把东郭先生吃了充饥。东郭先生说它恩将仇报，要找人评理。最后找到一个老农夫，老农夫听后胸有成竹地说，他不相信有这种事，要他们把经过情形再表演一遍，然后再评判谁有理。于是，狼钻进了口袋。老农夫立即把袋口扎紧，用锄头狠狠地把狼打死。

现在，"东郭先生"和"中山狼"已经成为汉语中固定词语，"东郭先生"专指那些不辨是非而滥施同情心的人，"中山狼"则指忘恩负义、恩将仇报的人。

西（xī）

【说文原文】

西（先稽切），鸟在巢上。象形。日在西方而鸟栖，故因以为东西之西。凡西之属皆从西。栖，西或从木妻。卤，古文西。卤，籀文西。

【说文译文】

西，鸟在巢上。日落西山时鸟归林栖巢，所以用作"东西南北"的"西"。所有与西相关的字，都采用"西"作边旁。栖，这是"西"的异体字，字形采用"木"作边旁，采用"妻"作声旁。卤，这是古文写法的"西"字。卤，这是籀文写法的"西"字。

【字形演变】

甲骨文 → 金文 → 小篆 → 楷体

【本字溯源】

"西"是象形字。据小篆字形，上面是鸟的省写，下象鸟巢形。"西"是"栖"的本字，意为"鸟入巢歇息"。其甲骨文像鸟巢的形状，金文也是基本上同于甲骨文的字形。小篆反而复杂了，上部分象一条弯弯曲曲的曲线，这代表鸟的形状，鸟在巢上休息，也是栖息的意思。上古用"西"表示"栖"之意。

【词意演变】

"西"又借代表示方向。唐代王维《送元二使安西》："劝君更尽一杯酒，西出阳关无故人。"意思是，朋友请你再干一杯饯别酒吧，出了阳关向西而行可就再也看不到老朋友了。《仪礼·丧服》："故有东宫、有西宫、有南宫、有北宫，异居而同财，有余则归之宗，不足则资之宗。"

在古代人们以面朝东为尊，举行宴席时，主人将宾客都安排在西面的座位上，面向东坐，以表示尊敬，所以对宾客和老师的尊称也可以成为"西席"或者"西宾"。《礼记·曲礼上》："席南乡北乡，以西方为上；东乡西乡，以南方为上。"古人席地而坐，西方的座位最尊贵。宾主相见，让客人坐西方，以示敬重。这个座位称为"宾席"，坐在这个座位上的客人就被称为"西席"。古人对老师最为尊重，所以把老师称为"西席"。而主人则在坐东面西的席位陪客，这也许就是称主人为"东家"的来历。再如柳宗元《重赠刘连州》："若道柳家无弟子，往年何事乞西宾。"这里的"西宾"就是对家塾教师的敬称。

东汉应劭《风俗通·两袒》有一则民间传说：齐国有户人家有个女儿，有两家人来求婚。东家的男子长得丑陋但是家境富裕，西家的男子容貌美但是家里很贫穷。父母犹豫不能决定，就询问他们的女儿，要她自己决定想要嫁的人家，说："你要是难于亲口指明，就将一只胳膊袒露出来，让我们知道你的意思。"结果，女儿就袒露出两只胳膊。父母亲感到奇怪就问她原因。女儿说："我想在东家吃饭，在西家住宿。"这就是关于两袒的传说，也是"东食西宿"的成语由来。"东食西宿"用来形容贪婪的人各方面的好处都要，从而嘲讽贪得无厌的人。

《西游记》中，唐僧师徒"西天取经"，描写的是孙悟空、猪八戒、沙和尚保护唐僧西天取经、历经九九八十一难的传奇历险故事。历史上的西天取经。西天是指印度，因为古代交通不发达，人们以为印度已经是天的西边了。唐僧取经是历史上一件真实的事。大约距今一千三百多年前，即唐太宗贞观三年（629年），年仅29岁的青年和尚玄奘带领一个弟子离开京城长安，到天竺（印度）游学。

他从长安出发后，途经中亚、阿富汗、巴基斯坦。过高昌国时，那里的居民非常推崇佛教，国王见他们是从大唐来的和尚，非常高兴，愿封他们为护国法师，加上黄金百两、骏马千匹。弟子动摇了，最后留在了高昌国，而玄奘偷溜了出来向西逃去。不料被高昌国士兵截住。没想到他们是前来护送玄奘西去取经的。士兵送给玄奘一匹白马和一些文书，玄奘感激不已。他向王宫方向拜了几拜，就骑马西去了。

玄奘历尽艰难险阻，最后到达了印度。他在那里学习了两年多，并在一次大型佛教经学辩论会任主讲，受到了赞誉，并从天竺带回诸多经书，为中国的佛教发展做出贡献。贞观二十年（646年），47岁的玄奘回到了长安，带回经书657部。而在中国老百姓印象中，《西游记》中的唐僧（玄奘）似乎是西天取经第一人。

佛教中有"西方三圣"，即佛像里面的阿弥陀佛、观世音菩萨和大势至菩萨。阿弥陀佛是表无量光明，无量的寿命，无量的功德。观音菩萨是表大慈悲，宇宙的大慈悲。大势至菩萨是代表喜舍。

南（nán）

【说文原文】

南（那含切），艸木至南方，有枝任也。从宋，㠭声。㳒，古文。

【说文译文】

南，草木到了南方，则花繁叶茂，有枝茎可胜任。字形采用"宋"作边旁，采用"㠭"作声旁。㳒，这是古文写法的"南"字。

【字形演变】

甲骨文 → 金文 → 小篆 → 楷体

【本字溯源】

"南"是个象形字，其甲骨文像绳子系着钟鼓，金文表示用木棍敲打乐器。小篆基本承续金文字形。"南"本义类的乐器。本义只见于古文，如《诗·小雅·鼓钟》："以雅以南。"以：为，作，指演奏、表演。雅：原为乐器名，状如漆筒，两头蒙以羊皮。引申为乐调名，指天子之乐，或周王畿之乐调，即正乐。南：原为乐器名，形似钟。引申为乐调名，或说指南方江汉地区的乐调。这句话的意思是，演奏起雅乐和南乐。

【词意演变】

"南"有本意引申为"南方、南面"，如《新说新语·言语》："阮仲容步兵居道南，诸阮居道北；北阮皆富，南阮贫。七月七日，北阮盛晒衣，皆纱罗锦绮。仲容以竿挂大布犊鼻裈于中庭。人或怪之，答曰：'未能免俗，聊复尔耳'。"阮仲容（阮咸字仲容）和阮籍（曾任步兵校尉，后称之为阮步兵）住在道路南面，其他姓阮的住在道路北面。北阮都很富有，南阮却很贫穷。七月七日那天，（按照乡俗）北阮把衣服搬出来放在太阳下，尽是绫罗锦绣，光彩夺目；仲容也用竹竿挂着粗布牛鼻裙，晒在庭院里。有人感到奇怪，问他，他回答说：'不能免除社会习俗，姑且学大家这样罢了'。"再如《墨子·贵义》："南之人不得北，北之人不得南。"意思说，南方的不能往北走，北方的人不能往南走。

"南"还可以引申为"向南"，如《史记·秦始皇本纪》："南面称帝。"再如曹操《短歌行》："月明星稀，乌鹊南飞。"

"南郭"是一个复姓，"南郭先生吹竽"的故事，众所皆知。战国时期，齐威王非常喜欢听竽合奏，好吃懒做的南郭先生想办法混进了乐队，他不懂装懂，摇头晃脑，装出一幅行家的样子。不久老国王死后，新国王喜欢听吹竽独奏，南郭先生这下心虚了，害怕会露馅就连夜逃出了皇宫。后来就用"南郭先生"比喻无才而占据其位的人。

寓言"南辕北辙"，出自《战国策·魏策》：魏王想攻打邯郸。季梁听到这件事，半路折回，来不及舒展衣服的皱折，顾不得弹去头上的尘土，就忙着去拜见魏王，说："今天我回来的时候，在大路上遇见一个人，他正驾着他的车往北面赶，他告诉我说：'我想到楚国去。'我说：'你既然要到楚国去，为什么往北走呢？'他说：'我的马好'。

我说：'即使你的马再好，但这不是去楚国的路啊！'他说：'我的路费多。'我说：'即使你的路费再多，但是这条路不是去楚国的路啊。'他又说：'我的车夫技术好。'这几个条件越好，那么就离楚国更加远了！而今，大王想要成为霸王，时时想在天下取得威信。然而依仗魏国的强大，军队的精良，去攻打邯郸，来使土地扩充，名分尊贵，大王这样的行动越多，就离建立王业越远啊。就像是去楚国却往北方走。"

寓言比喻行动和目的正好相反。告诉我们，无论做什么事，只有先看准方向，才能充分发挥自己的有利条件；如果方向错了，那么有利条件只会起到相反的作用。

北（běi）

【说文原文】

北（博墨切），也。从二人相背。凡北之属皆从北。

【说文译文】

北，违背。字形采用两个相背的"人"会意。所有与北相关的字，都采用"北"作边旁。

【字形演变】

甲骨文 → 金文 → 小篆 → 楷体

【本字溯源】

"北"是会意字。"北"是"背"的本字。古代"北"、"背"通用。其甲骨文像两个人背对着背朝相反的方向站立的样子。甲骨文的"北"字，与"从"字有相同之处，都是由两个人组成的。人的形状也相同，都是弓着背，在急匆匆行走的样子。但"从"字是二人一前一后，向着同一方向。而"北"字则是一左一右，背对着背，向着不同的方向。

【词意演变】

"北"像两个人相背而立的样子，其本意为相背、违背。本义由"背"代替。如《战国策·齐策六》："食人炊骨，士无反北之心。"这里"北"字就是"背"的意义，这句话意思说，吃人肉果腹，烧人骨取火，而士兵没有违背之心。

军队打了败仗，士兵相背四散而逃，所以"北"引申为"败"、"败逃"。如《史记·项羽本纪》："连战皆北。"意思是，每次战役都败。再如《韩非子·五蠹》："鲁人从君战，三战三北，仲尼问其故，对曰：'吾有老父，身死莫之养也。'"意思是，鲁国有人随着君主打仗，三次去三次败逃。孔子问他的原因，他回答说："我有一个老父亲，自己死了就没人养活他了。"

北又多借用为方位名词，指北方，与南方相对。如范仲淹《岳阳楼记》："然则北通巫峡，迁客骚人，多会于此，览物之情，得无异乎？"意思说，既然这样，那么这里北面通向巫峡，南面直到潇水、湘水，被降职远调的官吏和吟诗作赋诗人，大多在这里聚会，看到了自然景物所触发的情感，怎能没有不同之处？如苏轼《石钟山记》："至唐李渤始访其遗踪，得双石于潭上，扣而聆之，南声函胡，北音清越，枹止响腾，余韵徐歇。"到了唐代，李渤才寻访了它的遗迹，在潭边上找到两座山石，敲着听听它的声音，南边的山石声音重浊而模糊，北边的山石声音清脆而响亮。鼓槌的敲击停止以后，声音还在传播，余音慢慢消失。

"北面"，旧时君接见臣，尊长接见卑幼，皆南面而坐，臣子或卑幼者则北向而立，故以北面指向人称臣。拜人为师也称北面。

前（qián）

【说文原文】

歬（昨先切），不行而进谓之歬。从止在舟上。

【说文译文】

前，不用走路却能进，这叫做"歬"（qián，古同前）。字形采用"止、舟"会意，表示双脚站在船上不动。

【字形演变】

甲骨文 → 金文 → 小篆 → 楷体

【本字溯源】

"前"是个会意字，其金文字形的上部是一只脚趾朝上的脚（止），脚底下是一只船（舟），脚站在船上表示前进。"前"的本意为"前进"，如蒲松龄《聊斋志异·狼三则》："屠乃奔倚其下，弛担持刀。狼不敢前，眈眈相向。"意思说，屠夫于是跑过去靠在柴草堆的下面，放下担子拿起屠刀。两只狼不敢前进（上前），瞪着眼睛朝着屠夫。再如《史记·魏其武安侯列传》："及出壁门，莫敢前。"意思说，等到出了营垒的门以后，没有一个敢前进的。

【词意演变】

"前"引申指与"后"相对的意义，表示时间上或空间上的前面。如柳宗元《黔之驴》："益习其声，又近出前后，终不敢搏。"意思说，老虎越来越熟悉驴子的叫声，到驴子的前后左右转了一圈，结果还是不敢扑杀它。这句话中的"前"指的就是方位。

古代书籍中，经常出现"前车"这个词语，并非指行驶在前面的战车，而大都是比喻可以引为教训的往事。"前车之鉴"前面翻车的教训。比喻把前人或以前的失败作为借鉴。

"前车之鉴"的典故：贾谊是西汉杰出的政治家、文学家，从小就有"神童"之誉，18岁起就名满天下，受到了汉文帝的重用，担任梁王太傅一职，在任期内，贾谊专心著书立说，《治安策》便是他这一时期的杰作。在这篇文章中，贾谊分析了秦王朝奸臣当道、实施暴政、由盛而衰的惨痛教训，总结说："前车之覆，后车之鉴。秦朝的失败应该引起我们足够的警惕呀！否则，我们也会重犯秦朝的错误，那太危险了！"汉文帝看了《治安策》后，对贾谊十分赞赏，并且采纳了文中的一些建议。

后（hòu）

【说文原文】

后（胡口切），继体君也。厂象人之形。施令以告四方，故厂之。从一口，发令者，君后也。凡后之属皆从后。

【说文译文】

后，继承王位的君主。厂象人之形。发布号令通告天下四方，所以广布。字形采用"一、口"会意，发号施令者，就是君王之后。所有与后相关的字，都采用"后"作边旁。

【字形演变】

甲骨文 → 金文 → 小篆 → 楷体

【本字溯源】

"后"字是会意字。古代"後"、"后"是两个字，简化时後、后合并。"后"字本义母系时代的女王。如太后。又如《汉书·李广苏建传》："河东后土。"再如《周礼·大宗伯》：王大封，则先告后土。

【词意演变】

随着时代的发展"后"由本义母系时代的女王引申为第一夫人，帝王之妻。如后妃、后宫、皇后。《礼记·曲礼》："天子之妃曰后。"后来引申为"脚戴镣铐，行进缓慢。"其本义消失。

后来，"后"的意义被引申为空间顺序上接近尾端的。如：后边、后端、后面、后头、后勤、后援、后盾、后浪推前浪等。如《礼记·杂记》："以后路与冕服。"当此意义讲，古时候字形为"后"。

"后"当"尾端，背面"讲，如《礼记·乐记》："事成而后。"《论语·微子》："子路从而后。"如《论语·雍也》："非敢后也，马不进也。"如柳宗元《三戒》："近出前后。"又如"背后"、"脑后"、"置之脑后"等。由此可见，当此意讲，其字形古时候既可写成"后"也可写成"后"。

"后"还有子孙后代的意义，"不孝有三，无后为大"最早出自《孟子·离娄上》。原文为："不孝有三，无后为大。舜不告而娶，为无后也。君子以为犹告也。"大意是，不孝的情况有三种，其中以没有尽到后辈的责任罪过为最大。舜没有禀告父母就娶妻，此处无后是指不尊重长辈就是没有尽到后辈责任。

传说故事"后羿射日"说的是：后羿生活的年代，天上有十个太阳，土地烧焦了，草木庄稼枯干，百姓热得喘不过气来，倒在地上昏迷不醒。因为天气酷热的缘故，一些怪禽猛兽，也都从干涸的江湖和火焰似的森林里跑出来，在各地残害人民。后羿为了救百姓，一连射下九个太阳，从此地上气候适宜，万物得以生长。他又射杀死了猛兽毒蛇，为民除害，使人民安居，民间因而奉他为"箭神"。

左（zuǒ）

【说文原文】

左（则个切），手相左助也。从ナ、工。凡左之属皆从左。

【说文译文】

左，出手相助。字形采用"ナ、工"会意。所有与左相关的字，都采用"左"作边旁。

【字形演变】

金文 → 金文 → 小篆 → 楷体

【本字溯源】

"左"是会意字,其甲骨文字形,上部代表手指形,下部代表手臂形;金文的上部及左部都代表手,下部又加上了"工"字。"工"是木工使用的斧子、锛子、凿子之类的工具,也有人认为,"工"是木工量尺寸用得量具。总之,是人们在用左手干活不方便和不得力时,借用这些工具干活。由此看来,"左"的本意是辅佐、帮助的意思,所以"左"是"佐"字的先造字。后来因为"左"只借为"左右"之"左"用了,所以代表帮助之义的"左",就只好加上个"亻",成为"辅佐"的"佐"了。小篆形体与金文大同。隶变后楷书写作"左"。"左"的本义是辅佐。

【词意演变】

古人有个习惯,人面南坐北为尊,那么东就是左面,因此山之东、江之东,亦称"山左"、"江左"。《晋书·温峤传》:"元帝初镇江左。"意思是,元帝刚刚镇守江东。再如宋代姜夔《扬州慢》:"淮左名都,竹西佳处,解鞍少驻初程。"宋朝在苏北和江淮设淮南东路和淮南西路,淮南东路又称淮左。

古时候,人们的住宅大门大都坐北朝南。面朝南的作为是尊贵的座位。人面孔朝南坐的时候,靠东的那边是左边,与右边相对,这就是后来"左"与"右"的含义由来。

古时候,尊崇右,所以右是比较尊贵之位。"左迁"都是降级降职的意思。但是在战车上正好相反,所谓"虚左",就是把车的左边的位子空出来,让高贵的人坐上去,如《史记·信陵君列传》:"公子从车骑,虚左,自迎夷门侯生。"意思说,魏公子无忌带领车骑,把左边的高位空出来,亲自去迎接夷门侯生。

"左"又引申为不正、邪辟的意思。如许仲琳《封神演义》:"他骂吾教是左道旁门,不分披毛带角的人,湿生卵化之辈,皆可同群共处。"这里的"左道旁门"也就是现在我们常常使用的成语"旁门左道",指的是非正统的学术流派或宗教派别,泛指不正当的方法、门径。

右(yòu)

【说文原文】

右(于救切),助也。从口从又。

【说文译文】

右，用口声援、用手相助。字形采用"口、又"会意。

【字形演变】

甲骨文 → 金文 → 小篆 → 楷体

【本字溯源】

"右"本是"又"的本字，古代"又"、"右"通用。"右"属象形字，其甲骨文字形像一只右手之形，所以在上古"又"字就是右手。金文字形中，在"又"字之下，又增加了"口"字，这"口"字就是人的嘴巴。这表示右手干活的时候不方便或有困难，要用"口"来帮助。那么，如何帮助？无非用牙咬，或喊别人来一起干。这就是以口相助。这样，"右"字就成了会意字。"右"的本义有"帮助、照顾"的意义。后来，因为"右"多用来与"左"相对，表示方位，这样，人们不得不造一个字"佑"，来表示辅助、保护、保佑的意思。

【词意演变】

在春秋之前，古人以"左"为尊贵，以"左"为吉利，而以"右"为卑下，以"右"为凶险，所以"男左女右"的说法，一直流传到今天。战国至秦汉时期，古人又变"左"为卑，以"左"为下了。如左将军不如右将军权力大，左丞相比右丞相地位低，低级的技艺成为"左道旁门"，于是崇右，故以右为上，为贵，为高。

如《史记·廉颇蔺相如列传》："既罢归国，以相如功大，拜为上卿，位在廉颇之右。廉颇曰：'我为赵将，有攻城野战之大功，而蔺相如徒以口舌为劳，而位居我上，且相如素贱人，吾羞，不忍为之下。'宣言曰：'我见相如，必辱之。'"渑池会结束以后，由于蔺相如功劳大，被封为上卿，位在廉颇之上。廉颇说："我是赵国将军，有攻城野战之大功，而蔺相如只不过靠能说会道立了点功，可是他的地位却在我之上，况且他本来是个平民，我感到羞耻，在他下面我难以忍受。"并且扬言说："我遇见相如，一定要羞辱他。"相如听到后，不肯和他相会。相如每到上朝时，常常推说有病，不愿和廉颇去争位次的先后。没过多久，相如外出，远远看到廉颇，相如就掉转车子回避。这其中的"右"就当"上"讲。

到了汉代以后，各个朝代崇尚"左"或"右"各不相同，但大都崇尚"右"。人们夸奖某人才华出众，常说"无出其右者"，就是明显的例证。

上（shàng）

【说文原文】

⊥（时亮切），高也。此古文上，指事也。上，篆文𠄞。

【说文译文】

⊥，高处。这是古文的"上"字，是指事字。上，篆文写作𠄞。

【字形演变】

甲骨文 → 金文 → 小篆 → 楷体

【本字溯源】

"上"是一个指事字。其甲骨文字形是下面一条弧线表示地面，弧线之上是一短横，表示在地面之上。金文字形中，把表示地面的弧线拉直，上面的一横也是表示在地面之上的意思。小篆字形中，下面的"一"表示位置的界线，线上一短横表示在上面的意思。"上"的本义是"高处、上面"。

【词意演变】

"上"由本义是"上面"引申为高位、君主、皇帝、尊长。如《吕氏春秋·察今》："上胡不法先王之法？"意思说，君主为什么不效法古代帝王的法令制度呢？再如《史记·高祖本纪》："人告楚王信谋反，上问左右，左右争欲击之。"意思说，有人告发楚王韩信谋反，高祖皇帝问左右将领该怎么办，左右将领们都争着要前去攻击韩信。

"上"与"尚"同音，所以有时候"上"用作"尚"的假借字使用，表示尊崇、崇尚的意思。如《史记·秦始皇本纪》："上农除末，黔首是富。"其中"上"表示崇尚的意思。这句话的意思是，崇尚农业而抑制商业，老百姓也就富裕起来了。

上方剑即尚方剑，指尚方署特制的皇帝御用的宝剑。在汉代称尚方斩马剑，明代称尚方剑，在戏剧和小说中一般俗称其威"尚方宝剑"。尚方宝剑中的"尚方"，是掌管供应制造皇帝所用刀、剑等器物的一个机构，秦朝始设。秦汉官制设有少府，少府设尚方令、尚方丞，其职责掌御刀剑及玩好器物，到汉末分为中、左、右三尚方，之后历代沿袭。到了唐代，尚方宝剑成了至高无上的象征，本来就是皇帝的御用兵器，赐予元老重臣，赋予特权，在外即可先斩后奏。

《汉书·朱云传》：汉成帝时，诤臣朱云上书："臣愿赐尚方斩马剑，断佞臣一人张禹之头。"张禹时为丞相，且是汉成帝刘骜的老师，正受宠幸。成帝大怒："小臣居下讪上，廷辱师傅，罪死不赦。"命御史将朱云绑下，朱云紧抱殿前栏杆，据理力争，以至栏杆为之折断。左将军辛庆忌为朱云求情，幸免朱云一死。这就是"朱云折槛"的故事。

"上"引申为动词为"登、上升、向上"的意思。如《玉台新咏·古诗为焦仲卿妻作》："上堂拜阿母，阿母怒不止。"意思说，刘兰芝登上厅堂拜见婆婆，婆婆的怒气仍未平息。再如《游褒禅山记》："由山以上五六里，有穴窈然。"意思说，经由山路向上五六里，有个洞穴，一派幽深的样子。

"上"引申为动词为"进献、送上"的意思。如《战国策·齐策》："群臣吏民能面刺寡人之过者，受上赏；上书谏寡人者，受中赏；能谤讥于闹市，闻寡人之耳者，受下赏上书谏寡人者，受中赏。"意思说，官吏百姓能够当面批评我的过错的，得上等奖赏；进献奏书劝谏我的，受中等奖赏；在公共场所批评议论我的过失、被我听到的的，受下等奖赏。"再如《史记·廉颇蔺相如列传》："臣乃敢上璧。"意思说，我才敢进献和氏璧。

中（zhōng）

【说文原文】

中（陟弓切），内也。从口。丨，上下通。𠁦，古文中。𠁩，籀文中。

【说文译文】

中，事物的内部。字形采用"口"作字根。中间的一竖丨，表示上下贯通。𠁦，这是古文的"中"。𠁩，这是籀文的"中"。

【字形演变】

中　　中　　中　　中
甲骨文 → 金文 → 小篆 → 楷体

【本字溯源】

"中"是指事字。其甲骨文字形，中象旗杆上下有旌旗和飘带，旗杆正中竖立。本意为中心、当中，指一定范围内部适中的位置。《新书·属远》："古者天子地方千里，中之而为都。"意思说，古时候，天子拥有方圆千里的土地，在其中心建立都城。柳宗元《笼鹰词》："草中狸鼠足为患，一席十顾惊且伤。"意思说，草里狸鼠之类足以成为祸害，一夜之中不断受到惊吓。

【词意演变】

"中"由本义可引申为内心。如曹操《短歌行》："忧从中来，不可断绝。"诗句大意是，内心泛起忧伤，一直不曾断绝。

"中"泛指一个地区内或一个时期内，中间，居中。如陶渊明《桃花源记》："晋太元中，武陵人捕鱼为业。"这句的意思是，东晋太元年间，有个武陵人以捕鱼为职业。

"中"由本义可引申为中间。如"中旬"、"中午"、"中年"等。如今，"中"特指"中国"，如："中式"、"中文"、"中餐"等。

"中"由"中间"引申为不偏不倚、端正。如《晏子春秋》："衣冠不中，不敢以入朝；所言不义，不敢以要君；行己不顺，治事不公，不敢以莅众。衣冠无不中，故朝无奇僻之服；所言无不义，故下无伪上之报；身行顺，治事公，故国无阿党之义。三者，君子之常行者也。"意思是，衣冠不端正，就不敢进入朝廷；所说的不是最佳行为方式，就不敢要求君主；自己行为不顺，治理事务不公，就不敢统治众人。衣冠没有不端正的，所以朝廷之上没有奇装异服；所言说的没有不是最佳行为方式的，所以下级没有向上级作伪的报告；自身行为顺，治理事务公正，所以国家就没有结党营私的行为。这三样，就是君子正常的行为。

"中庸之道"是由孔子提倡、子思阐发的提高人的基本道德、精神修养以达到天人合一、太平和合神圣境界的一整套理论与方法。中庸之道的核心就在"中"字上。"中"的意思就是适宜、适度，不偏激、不过分、恰到好处，刚刚好的意思，一切都讲求合理，不是中间的意思，更不是一加一除以二。在生活中如果飞机、飞禽飞的过高或者过低都是不安全的；开车应该正常行驶在规定的车道中，过左或过右也是不安全的；穿衣、孵蛋、养殖、种植等都需要适宜的温度，过热过冷都是有害的；开车、骑车等都需要适宜的速度，过快或过慢都是错误的；吃饭、学习、工作等也是张弛有度，不能过多也不能太少。世界上每一种食物都有药物作用，某一种食物吃多了或吃少了也是有害的，会得各种身心智疾病。营养、膳食、养生第一哲学就是中庸之道。

"中饱私囊"的故事出自《韩非子·外储说右下》：春秋末，晋国的执政大臣赵简子（赵国君王的先人），派税官去收赋税。临行前，税官问赵简子："这次收税的税率是多少？"赵简子回答道："不轻不重最好。税收重了，国家富了，但老百姓穷了；税收轻了，老百姓富了，但国家穷了。你们如果没有私心，这件事就可以做得很好。"这时，有个叫薄疑的人对赵简子说："依我看，您的国家实际上是中饱。"赵简子还以为薄疑说自己的国家很富呢，十分高兴，还故意问薄疑是什么意思。薄疑直截了当地说："您的国家上面国库是空的，下面百姓是穷的，而中间那些贪官污吏都富了。"赵简子听了这话十分吃惊。

　　成语"鱼游釜中"，指鱼在锅里游。比喻处境危险，快要灭亡。出自《后汉书·张纲传》：东汉顺帝时，有个叫张婴的人聚众杀了残暴的广陵（今江苏中部）太守、刺史以后，仍转战于扬州、徐州一带。一直过了十几年，朝廷捉拿不住。这时梁皇后的兄弟梁冀做了大将军。梁冀认命张纲为广陵太守。张纲到职以后改变了过去派兵征讨捉拿张婴的办法，而用诱降、抚慰等手段，张婴深受感动，终于带领起义队伍投降了。张婴说："由于我不能忍受刺史、太守的残暴压榨才聚众起义的。我怎能不知道这样做的后果，好像鱼在锅里游，姿势苟延残喘而已啊（若鱼游釜中，喘息须臾间耳）！"

下（xià）

【说文原文】

丅（亥雅切），底也。指事。下，篆文丅。

【说文译文】

丅底部。"下"是指事字。下，篆文写作下。

【字形演变】

甲骨文 → 金文 → 小篆 → 楷体

【本字溯源】

"下"指事字,其字形与"上"字正好相反。甲骨文字形的上面一条弧线代表地面,下面一短横是个指事符号,表明在地面之下。"下"本义是表示方向,也表示下面,位置在下。如《诗·豳风·七月》:"十月蟋蟀入我床下。"再如《史记·李将军列传》:"桃李不言,下自成蹊。"其中"下"字当本义"下面"解释。

【词意演变】

"下"由本义可以引申指地位低下。如柳宗元《封建论》:"使贤者居上,使不贤者居下,而后可以理安。"又可引申为动词,当"从上而降,从上而落"讲。如李白《望庐山瀑布》:"飞流直下三千尺,疑是银河落九天。"再如"下蛋"、"下仔"、"下凡"等。

下凡,为中国传统神话的一种用词,主要是描述位于天庭上的神仙,来到人间的一种行为。在中国古代神话中,有天庭和人间之分。一般神仙是不可以在天上和人间随意往来的,私自下凡按照天庭法令是重罪,中国古代神话中有许多因为私自下凡而遭天庭惩罚的例子。如织女,七仙女,华岳三娘等,而多数的下凡造就的是一个个优美的深化爱情传说,当然也有残害生灵,祸害人间的例子,西游记中就有不少。天庭上的神仙如果触犯了天条,也回被逐出天宫,贬入人间。猪八戒就是一个很好的例子!还有的神仙被贬入凡间之后经过一些苦难的历练后再次回到了天庭。

在民间如果形容一个女子容貌非常好的话,就会说这个女子似"天仙下凡"一般。某人有人力所不能及的能力,也会说他一定是"神仙下凡"。

"下"由本义可以引申为放下架子。如成语"礼贤下士",指放下架子尊重和结交有才华的人。历史上能礼贤下士的名人很多,其中齐桓公礼贤下士的故事流传最广。

《新序·杂事》载,齐桓公听说小臣稷是个贤士,渴望见他一面,与他交谈一番。一天,齐桓公连着三次去见他,小臣稷托故不见,跟随桓公的人就说:"主公,您贵为万乘之主,他是个布衣百姓,一天中您来了三次,既然未见他,也就算了吧。"齐桓公却颇有耐心他说:"不能这样,贤士傲视爵禄富贵,才能轻视君主,如果其君主傲视霸主也就会轻视贤士。纵有贤士傲视爵禄,我哪里又敢傲视霸主呢?"这一天,齐桓公接连五次前去拜见,才得以见到小臣稷。

又据《管子·小问》载,一天,桓公与管仲在宫内商讨要征伐莒国的事,还没行动,已在外面传开。桓公气愤地对管仲说:"我与仲父闭门谋划伐莒,没有行动就传闻于外，这是什么原因？"管仲曰："宫中必有圣人。"桓公寻思了一下，说："是的，白天雇来干事的人中，有一个拿拓杵舂米，眼睛向上看的，一定是他吧？"那人叫东郭牙，等他来到齐桓公跟前，桓公把他请到上位坐下，询问他说："你是说出我要伐莒的吗？"东郭牙果敢他说："是的，是我。"桓公说："我密谋欲伐莒，而您却言伐莒，是何原因？"东郭牙回答："我听说过，君子善于谋划，而小人善于推测。这是我推测出来的。"

  桓公又问："你是如何推测出的？"东郭牙说："我听说君子有三种表情，悠悠欣喜是庆典的表情，忧郁清冷是服丧的表情，红光满面是打仗的表情。白天我看见君主在台上坐着红光满面，精神焕发，是打仗的表示，君王唏吁长出气却没有声，看口型应是言莒国，君主举起手远指，也是指向着莒国的方向，我私下认为小诸侯国中不服君王您的只有莒国，因此，我断定你是在谋划伐莒。"桓公听言欣喜他说："好！你从细微的表情和动作上断定大事，了不起！我要同你共谋事。"不久，齐桓公就提拔了东郭牙，委以重任。正是齐桓公礼贤下士，选贤任能，才为其霸业蓄备了大量的有用人才。

内（nèi）

【说文原文】

内（奴对切），入也。从冂，自外而入也。奴对切。

【说文译文】

内，进入。字形采用"冂"作边旁，表示从外面进到里面。

【字形演变】

内　→　内　→　内　→　内
甲骨文　→　金文　→　小篆　→　楷体

【本字溯源】

  "内"是会意字（古代"内"、"纳"通用），其甲骨文的字形外部为房屋之形，里面是一个人，表示人进入房内之意。因此"内"的本义就是进入。如《史记·项羽本纪》:"交戟之卫士欲止不内。"意思说,手持长戟交叉着守门的卫兵想阻止他(樊哙)不让进入。

【词意演变】

"内"由本义引申为里面,是方位名词,与表达外面的"外"字是一对反义词。如《礼仪·士婚礼》:"主妇阖扉(关门),立于其内。"

"内"由"里面"之意引申为内室。如《汉书·晁错传》:"家有一堂二内。"这里"二内",就是指两间内室。

我国古时候,妻、妾大多居住在内室,所以,"内"泛称妻妾,后专指妻子。如李白《秋浦寄内》、李商隐《夜雨寄内》,都是写给妻子的诗歌。再如"惧内",就是怕妻子的意思。

妻、妾都是女子,所以,"内"又引申为女色。如《左传·僖公十七年》:"齐侯好内。"意思说齐侯贪恋女色。

"贤内助"指贤惠能干的妻子。亦用以敬称他人妻室。关于"贤内助"还有一段典故:晏婴是战国时齐景公的宰相,躯体不甚高大,身长不满六尺(约1.55米)但他很有才干,名闻诸侯。有一天晏婴坐车出门,由他的御者(马车夫)驾车。那位御者的妻子很贤淑,当车子经过她家的门口时,她看见她丈夫挥舞着马鞭,显出洋洋得意的样子。

当天晚上,车夫回家时他妻子就数落他说:"人家晏婴身长不满六尺,却当了齐国的宰相,而且名闻天下,各国诸侯都知道他,敬仰他。我看他的态度,还是很谦虚,一点也没有自满的意思。你身长八尺,外表比他雄伟得多,却只能做他的车夫,还洋洋得意,显得很骄傲的样子,所以你不会发达,只能做些低贱的职务,我实在替你觉得难为情啊!"

御者自从听了他妻子的话后,非常羞愧,打这以后处处显得谦虚和蔼。鼓了一段时间,晏婴看见车夫突然像换了个人似的,觉得非常奇怪,就问他这事怎么回事啊。车夫就把妻子的话老老实实地告诉晏婴。晏婴一听,非常意外,认为车夫听到劝谏能够马上改过,是一个可造之材的人,于是推荐他当了大夫的官。

今日一般人对妻子能够帮助丈夫,使丈夫的事业、学业、品格方面都有了进展,增加丈夫在社会上的地位,就称他有内助之贤。这就是贤内助的由来。

"四海之内皆兄弟",指天底下的人民都象兄弟一样。"四海"范指天下即全国,表示天下的人都像兄弟一样相亲相爱,和睦共处。常用来形容无论到何处都有人愿意来帮助你。语出《论语·颜渊》:"君子敬而无失,与人恭而有礼,四海之内,皆兄弟也。"

孔子的弟子司马牛，有一次向孔子请教怎样做君子。孔子对他说："君子不忧愁，不害怕。"司马牛不懂这话是什么意思，便问道："不忧愁，不害怕，这就叫做君子了吗？"孔子说："君子经常反省自己，所以内心毫无愧疚，还有什么可忧愁、可害怕的呢？"随后，司马牛告辞了孔子，接着，司马牛见到了其师兄子夏。司马牛便忧愁的说道："人家都有兄弟，那是多么的快乐呀，唯独我没有。"子夏听了安慰他说："我曾经听说呀：'一个人死与生，要听从命运的安排，富贵则是由天来安排的。'君子对工作谨慎认真，不出差错；和人交往态度恭谨而合乎礼节。那么普天之下到处都是兄弟，君子何必担忧没有兄弟呢？"

外（wài）

【说文原文】

外（五会切），远也。卜尚平旦，今夕卜，于事外矣。外，古文外。

【说文译文】

外，疏远。占卜的人喜欢在平常的白天占卜，而今在夜晚占卜，这对于占卜之事来说就是例外了。外，这是古文写法的外。

【字形演变】

卜　→　卜　→　外　→　外
金文　　金文　　小篆　　楷体

【本字溯源】

"外"会意字，其金文字从夕，从卜。"夕"指黄昏时刻，转义指黄昏时刻农夫聚集。"夕"与"卜"结合起来表示"就众人关心的未来事情卜它一卦、算它一卦。"古人通常在白天占卜，如在夜里占卜，表明边疆外有事。又有人说，因为要在外过夜，故要卜问吉凶。因此"外"的本义是"卜问未来的事、远事"。现本义已消失，引申指外面、外部。

【词意演变】

唐代白居易《卖炭翁》："夜来城外一尺雪，晓驾炭车辗冰辙。"意即昨夜里城外下了一尺厚的大雪，清晨，老头驾着炭车轧着冰冻的车辙赶路进城卖炭。宋代苏轼《惠崇春江晚景》："竹外桃花三两枝。春江水暖鸭先知。"意即竹林外的桃树已经开出三两枝桃花，一江春水，鸭子首先感到了暖意。

宋代周敦颐《爱莲说》："予独爱莲之出淤泥而不染，濯清涟而不妖，中通外直，不蔓不枝，香远益清，亭亭静植，可远观而不可亵玩焉。"意思是，我唯独喜爱莲花，因它从淤泥里长出，却不受污染，经过清水洗涤，却不显妖艳，其叶梗和花梗中间空，且外面笔直，既无枝节，也不牵连，其花香随风飘得越远越显得清香淡雅，朵朵莲花静静地挺立着，但那莲花只可站在远处观看而不能在近处玩弄。

由"外"字的本义可以组成很多特殊意义的词语。如外国人长期居住在我国称之为"外侨"；同外国的贸易关系称为"外贸"；用于国际贸易结算的外国货币和可以兑换外国货币的支票、汇票、期票等证券称为"外汇"；外国的货币称为"外币"；从外国来的货物称为"外货"；来自外国的祸害或侵略称为"外患"，外国的语言称为"外语"；人们在口语中，还把外国人称为"老外"。

我国历史上，曾经多次出现"外戚专政"，导致朝政混乱、社会动荡。"外戚专政"中的"外"表示"较远的亲戚关系"。在我国，母亲、妻子、姐妹或儿女方面的亲属也以"外"称之。如母亲的父母称之为"外祖父、外祖母"，姐妹的儿女称之为"外甥、外甥女"，女儿的儿女称之为"外孙、外孙女"。

封建社会，外戚，就是指皇太后、皇后、皇妃的亲戚，如国舅（皇后的哥哥或弟弟）、国丈（皇后的父亲）。历史上很多外戚通过和皇后、皇太后的亲戚关系而拥有权力。如杨国忠是杨贵妃的哥哥，王莽是皇后王政君的哥哥，窦婴是窦太后（汉文帝的媳妇）的弟弟，田蚡是汉武帝的小舅子，霍光是皇帝的舅舅。外戚专权虽然历朝历代都有所防范，如汉武帝立年幼小儿子刘弗陵为太子，就直接提前杀了太子的生母钩弋夫人，但是外戚专权却一直跟随历朝历代的兴衰，层出不穷。

东汉的外戚，主要有"马、窦、邓、梁"四大家族。东汉明帝的马皇后，是大功臣马援的女儿；章帝的窦皇后，是大功臣窦融的曾孙女；和帝的邓皇后，是功臣邓禹的孙女；顺帝的梁皇后，是功臣梁统的后代。这四大家族，集功臣与外戚于一身，势力非常强大。除了马皇后一门能够自我谦抑之外，其余的几家都是专横跋扈，显赫一时。

数字篇

与数字相关的汉字，总共介绍了14个，其中包括有：一、二、三、四、五、六、七、八、九、十、百、千、万、亿。

一（yī）

【说文原文】

一（于悉切），惟初太始，道立于一，造分天地，化成万物。凡一之属皆从一。弌，古文一。

【说文译文】

一，开天辟地之初、万物形成之始，道立于一体化的浑沌，然后造化分出天地，化成万物。所有与一相关的字，都采用"一"作边旁。弌，这是古文"一"的写法。

【字形演变】

甲骨文 → 金文 → 小篆 → 楷体

【本字溯源】

"一"是个指事字，其甲骨文、金文、小篆和楷书的字形都写成一横，这四种形体是一脉相承的。"一"的本义就是单个、一个。如"一人"、"一桌"、"一丝"、"一尺"、"一人一夫当关，万夫莫开"、"一动不如一静"。欧阳修《新五代史·伶官传序》："一夫夜呼，乱者四应。"这里"一"是本意"一个"。意思说，李存勖妻刘皇后听信宦官诬告，杀死大臣郭崇韬，一时谣言纷起，人心惶惶。屯驻在贝州（今河北清河）的武卒皇甫晖勾结党羽作乱，拥立指挥使赵在礼为帅，攻入邺都（今河南安阳），邢州（今河北邢台）、沧州（今河北沧州）驻军相继作乱。

【词意演变】

"一"用来表示序数，有"第一位"之义。如：《史记·平原君虞卿列传》："一战而举鄢、郢。"意思是，第一仗就攻下了楚国的重要城市鄢、郢。一战，第一战。指楚顷襄王二十年即公元前279年，秦将白起攻下楚国的鄢、郢二都的战争。举，攻下。鄢，地名，在今湖北省宜城县境。郢，地名，在今湖北省江陵县境。

"一甲折桂"，古时候科举有三甲之制，而三甲之中又以一甲最尊贵难得。蟹，因有厚壳护身，尤如壮士披甲，因此一蟹便被视为是一甲的象征，古代便以"蟾宫折桂"来比喻高中状元。肥壮的蟹以蟹爪来攀折桂树的枝叶，有金榜题名之兆。

"一"可以表示语气助词。杜甫《石壕吏》诗："吏呼一何怒，妇啼一何苦！"诗中的"一"表示语气助词，加强语气，并没有实际意义。

"一字诗"是一种含有某种文字游戏成分的诗歌。"一"的笔画最少，可是经过诗人巧妙安排，能化平淡为神奇。《一字诗》中往往运用到多个"一"字，真是错落有致，含义不俗，有"独"、"一"、"满"、"全"等多种意思。每个"一"都具有鲜明的形象，写人状物，绘声绘色，很有诗情画意。如清人陈沆的《一字诗》："一帆一桨一渔舟，一个渔翁一钓钩。一俯一仰一场笑，一江明月一江秋。"清代女诗人何佩玉擅长作数字诗，她写过这样一首诗："一花一柳一鱼矶，一抹斜阳一鸟飞。一山一水中一寺，一林黄叶一僧归。"两首诗都是连用十个"一"字，并没有使人感到单调重复。

二（èr）

【说文原文】

二（而至切），地之数也。从偶一。凡二之属皆从二。弍，古文。

【说文译文】

二，表示地的数。由成双的"一"构成。所有与二相关的字，都采用"二"作边旁。"弍"，这是古文写法的"二"。

【字形演变】

甲骨文 → 金文 → 小篆 → 楷体

【本字溯源】

"二"是会意字。古文字二用两横画表示，是原始记数符号，本义为"由混沌分化出来的天地两极"。此本义只见于古文，今已废弃不用。如《易·系辞》："因二以济民行，以明失得之报。"意思说，总是从阴阳两个方面的道理去帮助百姓的行为，以明确吉凶得失的应验。如《易·系辞上》："分而为二以像两。"意思是，任意分为二堆以象两仪。

【词意演变】

"二"引申意为数词，指一加一的和。如唐代杜甫《石壕吏》："一男附书至，二男新战死。"意思是，其中一个儿子刚刚捎来一封信，信中说，另外两个儿子已经牺牲了！杜牧《赤壁》："铜雀春深锁二乔。"其中"二乔"，指东汉末年乔公的两个女儿，大乔和小乔，容貌美丽。大乔嫁给孙策，小乔嫁给周瑜。

"二人传"，流行于东北的一种曲艺，用板胡、哨呐等乐器伴奏，一般由二人轮流舞蹈说唱。

"二胡"是人们熟悉的乐器，由两条相差五度，一头张在槌形小木筒上而另一头系在琴杆顶端弦轴上的丝弦构成的中国弓弦乐器。

"二房东"这个词语如今广为人知。民间说法，"二房东"是指先从原房东手里租下整套房子，然后再整体或分房转租给他人，从中获利者被称之为"二房东"。从法律意义上来讲，房屋出租人为房东，承租人为房客。房客将房屋以高于原租金的租金转租他人，称为"二房东"。而"二房东"的行为历来为法律所禁止。

"云台二十八将"指佐助光武帝建立东汉政权的二十八个有功的武将。明帝永平中，绘"二十八将"像于南宫云台，故又称"云台二十八将"。邓禹为首，次为马成、吴汉、王梁、贾复、陈俊、耿弇、杜茂、寇恂、傅俊、岑彭、坚镡、冯异、王霸、朱佑、任光、祭遵、李忠、景丹、万修、盖延、邳彤、铫期、刘植、耿纯、臧宫、马武、刘隆。

三（sān）

【说文原文】

三，（穌甘切）天地人之道也。从三数。凡三之属皆从三。弎，古文三从弋。

【说文译文】

三，代表天、地、人之道。由三画构成。所有与三相关的字，都采用"三"作边旁。"弎"，这是古文写法的"三"，采用"弋"作边旁。

【字形演变】

甲骨文 → 金文 → 小篆 → 楷体

【本字溯源】

"三"是指事字。古人认为"道立于一，一生二，二生三，三生万物"。就是说，混沌太初的存在整体是"一"；然后由太初混沌的"一"，分出天地"二"极；天地二极"二"之间，又生出人这第"三"部分；天地人三者，衍化出宇宙万物。三，上面的一横代表"天"，下面的一横代表"地"，中间的一横代表"人"。"三"本意为"衍生万物的天、地、人"。

【词意演变】

"三"由本义引申出"二加一的和"。如《战国策》："狡兔有三窟，仅得免其死耳。"唐代杜甫《石壕吏》："三男邺城戍。一男附书至，二男新战死。"意思说，三个儿子都当兵守邺城去了。一个儿子刚刚捎来一封信，信中说，另外两个儿子已经牺牲了！"

"三"表示多数或多次。如《战国策》："鲁仲连辞让者三。"杜甫《茅屋为秋风所破歌》："卷我屋上三重茅。"《孟子·滕文公上》："禹疏九河……八年于外，三过家门而不入。"

"三纲五常"是指"三纲"和"五常"的合称。"三纲"是指"君为臣纲，父为子纲，夫为妻纲"，要求为臣、为子、为妻的必须绝对服从于君、父、夫，同时也要求君、父、夫为臣、子、妻作出表率。它反映了封建社会中君臣、父子、夫妇之间的一种特殊的道德关系。"五常"即仁、义、礼、智、信，是用以调整、规范君臣、父子、兄弟、夫妇、朋友等人伦关系的行为准则。

"三纲五常"是中国儒家伦理文化中的架构，来源于西汉董仲舒的《春秋繁露》一书，但最早渊源于孔子。《论语·为政》："殷因于夏礼，所损益可知也。"何晏集解："马融曰：'所因，谓三纲五常也。'"这种名教（名份与教化）观念是儒家政治思想的重要组成，即通过上定名份来教化天下，以维护社会的伦理纲常、政治制度。

"朝三暮四"这个成语出自《庄子·齐物论》，说的是，宋国（今河南商丘）有一个养猕猴的老人，他能懂得猕猴们的心意，猕猴们也能够了解那个人的心思。那位老人因此减少了他全家的口粮，来满足猕猴们的欲望。但是不久，家里缺乏食物了，他想要限制猕猴们吃橡粟的数量，但又怕猕猴们生气不听从自己，就先骗猕猴们："我给你们的橡树果实，早上三颗，晚上四颗，这样够吗？"众多猕猴一听很生气，都跳了起来。

过了一会儿，他又说："我给你们的橡树果实，早上四颗，晚上三颗，这样足够吗？"猕猴们听后都很开心地趴下，都很高兴对那老人服服帖帖的。"朝三暮四"原指玩弄手法欺骗人。后用来比喻常常变卦，反复无常，或者用来比喻花心，想得太多。告诫人们要注重实际，防止被花言巧语所蒙骗。因为无论形式有多少种，本质只有一种。

成语"三心二意"说的是：一天，猫妈妈带着小猫，扛着鱼竿，提着水桶来到小河边钓鱼。小猫刚把鱼钩放进水里，一只小蜻蜓飞过来，小猫丢下鱼竿，去追小蜻蜓。小猫扑来扑去，蜻蜓没捉到，只好失望地回到河边。这时，猫妈妈已经钓上了一条大鱼。小猫赶紧坐好，认真地钓起鱼来。没过多久，一只小蝴蝶飞来了，扑扇着翅膀，美丽极了。小猫又去追蝴蝶，追来追去，蝴蝶没逮到，时间也白白浪费了。小猫一条鱼也没钓到，心里好难受呀！

妈妈走过来，摸着小猫地头说："不要难过，只要你不三心二意，用心（一心一意），一定会钓上大鱼的。"小猫听了妈妈的话，决定不再贪玩了，认真地钓起鱼来。蜻蜓和蝴蝶又飞来了，小猫连看也不看，两眼一直盯着鱼漂。不一会儿，小猫发现水面上地鱼漂突然沉了下去，他赶紧使劲儿把鱼竿往上一提，哇！一条活蹦乱跳地大鱼被钓上来了。小猫抱着大鱼，开心地对妈妈说："妈妈，妈妈，我也钓上了一条大鱼！"这个故事告诉人们，无论做什么事都要一心一意，千万不能三心二意，钓鱼也是一样，三心二意的话，就会无所收获。

四（sì）

【说文原文】

四（息利切），阴数也。象四分之形。凡四之属皆从四。𦉭，古文四。亖，籀文四。

【说文译文】

四，阴数。像四分的形状。所有与四相关的字，都采用"四"作边旁。𦉭，这是古文中的"四"。亖，这是籀文中的"四"。

【字形演变】

亖 → 𦉭 → 四 → 四

甲骨文 → 金文 → 小篆 → 楷体

【本字溯源】

"四"是指事字，其甲骨文字形是用四横来表示的，就像横放着的四根筹码，这跟"一"、"二"、"三"的表示方法一样。金文的形体，就像鼻子出气的样子，由原来的指事字变为象形字了。"四"最早的本义是"气息"、"呼气"，后来假借用来表示数目。如：四世同堂、四个人。也表示序数，如：第四名、第四天。也表示多数，如：四分五裂。"四"也指序数第四。如《尚书·洪范》："五行：一曰水，二曰火，三曰木，四曰金，五曰土。"

【词意演变】

人们对于"四"有着特殊的感情，很多著名的事物都喜欢用四个字来表示。如初唐四杰（王勃、杨炯、卢照邻、骆宾王），四大美女（西施、貂蝉、王昭君、杨玉环），四大发明（造纸术、指南针、火药、活字印刷术），四大名著（《三国演义》、《水浒传》、《西游记》、《红楼梦》），江南四才子（唐伯虎、祝允明、文征明、徐祯卿），吴门四家（唐伯虎、沈周、文征明、仇英）等等。

又如，四柱（指人出生的年、月、日、时）；四知（天知、神知、我知、子知）；四制（丧服有恩、理、节、权四制）；四八（指四时八节）；四大（佛家以地、水、火、风为四大。指人身；道家以道、天、地、人为四大）；四失（学习上的四种过失）；四印（旧指四种修养心身之道）；四行（四种德行：仁、义、礼、智或孝、忠、信、悌，内容随文而异）；四件（指供食用的家畜如猪、羊等的头、蹄、肝、肺）；四体（一指人的四肢，还指指楷、草、隶、篆四种字体）；四库（古籍经、史、子、集四部的代称，亦称"四部"）；四君子（中国画中对梅、兰、竹、菊四种花卉题材的总称）。

成语"四面楚歌"指的是刘邦将项羽围困在垓下，夜晚，项羽与虞姬在帐篷中，忽然听到四面八方床来用楚地方的方言传唱的歌声。项羽大惊，暗忖自己已经被刘邦围困，悲愤之情难以抑制。虞姬不想成为项羽的累赘，于是趁项羽不备，自刎而死。项羽自感英雄末路，领兵突围，最终因为寡不敌众，自刎于乌江（在今安徽和县境内）。

五（wǔ）

【说文原文】

五（疑古切），五行也。从二，阴阳在天地间交午也。凡五之属皆从五。

【说文译文】

五，金、木、水、火、土五行。依据"二"为字根，"二"表示天地两极，"乂"代表阴气和阳气交错，"五"表示阴阳两气在天地间交错。所有与五相关的字，都采用"五"作边旁。

【字形演变】

甲骨文 → 金文 → 小篆 → 楷体

【本字溯源】

"五"也是特殊指事字，"五"的早期甲骨文字形"乂"用一个叉号寓意天、地万物的交汇，以表示大于"四"的正整数。晚期甲骨文 在早期甲骨文"乂"（万物交汇）字形上加两横（天地之间），造字本义：金、木、水、火、土等宇宙的构成要素，代表天地间万物构成元素的极限数，大于四，小于六。在造字时期的远古时代，一，二，三，四，五，六，七，八，九，十，都曾是极限数。

许慎对于"五"的解释是："五，五行也"。这里的"五"是名词，意为"五行"。五行是中国古代的一种物质观。多用于哲学、中医学和占卜方面。五行指金、木、水、火、土。认为大自然由五种要素所构成，随着这五个要素的盛衰，而使大自然发生变化，不但影响到人的生命，同时也使宇宙万物循环不已。

【词意演变】

"五"也是数词。如五路总口（通往东、西、南、北、中五路的交叉口）；五方旗帜（按东、西、南、北、中五个方位，插上青、黄、赤、白、黑五色旗）；五义（父义、母慈、兄友、弟恭、子孝）。五代（中国朝代名，后梁、后唐、后晋、后汉、后周先后在中原建立政权的时期）。五帝（中国传说中的五个帝王，通常指黄帝、颛顼、帝喾、唐尧、虞舜）。五毒（指蝎、蛇、蜈蚣、壁虎、蟾蜍）。五岭（指越城岭、都庞岭、萌渚岭、骑田岭、大庾岭）。五岳（指东岳泰山、西岳华山、南岳衡山、北岳恒山、中岳嵩山，是我国历史上五大名山）。五脏（指心、肝、脾、肺、肾）。

"五马分尸"是古代的一种酷刑，用五匹马或牛拉扯分裂人的头和四肢，但是其真正拉扯的并不是活人而是尸体，又称"车裂"。比喻硬把完整的东西分割得非常零碎。历史上惨死于"车裂"酷刑的有名人商鞅。

商鞅相秦期间，因执法较严引起秦贵族的怨恨。孝公死后，太子惠王立。公子虔之徒为报夙怨，告商鞅有企图谋反，派官吏逮捕他。商鞅打算逃入魏国，魏人因公子昂曾中其计而丧师，故拒不接纳。商鞅不得已而归秦，乃与其徒属发邑兵攻郑（今陕西华县），兵败被俘。惠王车裂商鞅，并灭其族。

六（liù）

【说文原文】

六（古读lú，力竹切），《易》之数，阴变于六，正于八。从入从八。凡六之属皆从六。

【说文译文】

六，《周易》常用的数，阴爻称为六，即阴爻的变数为六，阳爻的变数为八。字形采用"入、八"会意。所有与六相关的字，都采用"六"作边旁。

【字形演变】

甲骨文 → 金文 → 小篆 → 楷体

【本字溯源】

"六"是象形字,其甲骨文字形很像房屋的侧视形,两旁有房檐突出。金文字形更像房屋的样子,有屋檐、有墙壁。"六"字的本意为"房舍",后来其基本义消失了,而被假借为数目字使用。

【词意演变】

"六"作数字使用,意为"五加一的和"。如杜牧《阿房宫赋》:"六王毕,四海一。"又如"六礼",中国古代婚姻需备的六种礼节:纳采、问名、纳吉、纳征、请期、亲迎;"六味",指苦、酸、甘、辛、咸、淡等六种滋味;"六料",原指稻、黍、稷、粱、麦、菽六谷,后为各种谷物的泛称;"六丁六甲",道教称供天帝役使的阴神为六丁,阳神为六甲;"六曹",指功曹、仓曹、户曹、兵曹、法曹、士曹;"六合",东、南、西、北、上、下,用以指天地和宇宙;"六亲",较早是指父、母、妻、子、兄、弟,后泛指所有亲属;"六经",六种儒家经典,即《诗》、《书》、《易》、《礼》、《乐》、《春秋》;"六畜",六种家畜,指猪、牛、羊、马、鸡、狗;"六朝",吴、东晋、宋、齐、梁、陈,先后建都于建康,即今江苏南京,后又泛称"南北朝";"六腑",中医指胃、胆、大肠、小肠、膀胱、三焦。

在一些古籍中,我们常常能看到"六艺"这个词。"六艺"其实是我国古代儒家要求学生掌握的六种基本才能,即"礼"、"乐"、"射"、"御"、"书"、"数"。出自《周礼·保氏》:"养国子以道,乃教之六艺:一曰五礼,二曰六乐,三曰五射,四曰五驭,五曰六书,六曰九数。"礼即礼节(即今德育);乐即音乐;射即射箭技术(锻链体格,品格修养);御即驾驭马车的技术;书即书法(即今文学);数即算法(即今数学)。这就是人们所说的"通五经贯六艺"的"六艺"。还有一种说法"六艺"即"六经",《易》、《书》、《诗》、《礼》、《乐》、《春秋》的学说。"六艺"的现代解释,包括:"礼、乐、射、御、书、数"六种技艺。

人们常称怀孕为身怀六甲。"身怀六甲"通俗来讲,古称女子怀孕。传说中甲子、甲寅、甲辰、甲午、甲申、甲戌六个甲日,是上天创造万物的日子,也是妇女最易受孕的日子,故称女子怀孕为身怀六甲。

"六月飞雪"一种奇特气候的现象,产生这种现象多半是夏季高空有较强的冷空气。该词语最早出现在元朝作家关汉卿《窦娥冤》:良家女窦娥被无赖诬陷,又被受贿官府判斩刑。在窦娥被斩之后,"血溅白绫,六月飞雪,三年大旱"。

在现实中确实有"六月飞雪"的现象发生过。六月飞雪的产生,与人类对大自然的破坏有着一定的关系。这种奇特的自然现象,也给人类生产活动带来极大的破坏。我们应当科学的去面对它,而不应当以封建迷信的思想去传播它。

六月飞雪的成因是这样的:如果冷暖气流交锋剧烈,则会产生强降雨;但如果气流突然将含有冰晶或雪花的低空积雨云拉向地面,便会在小范围内出现短时间飘落雪花的奇观。近20年来,由于气候异常,出现在6月份并被气象部门记载的"六月雪"有3次:1981年6月1日,山西管涔山林区普降大雪,雪深达25厘米;1987年农历闰六月二十四日,上海市区飘起了小雪花;同年6月5日,河北张家口地区降了一场大雪,最低气温降至零下7摄氏度。最近的两次"六月飞雪",一次是2007年6月20日,甘肃降大雪;还有一次就是2007年7月31日,北京降大雪。如果冷暖气流交锋剧烈,则会产生强降雨;但如果气流突然将含有冰晶或雪花的低空积雨云拉向地面,便会在小范围内出现短时间飘落雪花的奇观。北京的"六月飞雪"应属后者。

七(qī)

【说文原文】

七(亲吉切),阳之正也。从一,微阴从中衺出也。凡七之属皆从七。

【说文译文】

七,阳的正数。字形采用"一"作字根,"一"表示阳气,折笔表示微弱的阴气从中斜斜冒出。所有与七相关的字,都采用"七"作边旁。

【字形演变】

甲骨文 → 金文 → 小篆 → 楷体

【本字溯源】

"七"是指事字。其甲骨文字形是横切一刀,竖切一刀的样子,很像后世的

"十"字。为了与"十"字区分，小篆将竖画下边弯曲。隶变后楷书写作"七"。"七"的本义是"切"，但到了后世被借为数字用了，如《庄子·应帝王》："人人皆有七窍。"是说人都有耳、目、口、鼻七孔。

【词意演变】

"七"本意为六加一的和。是数词。如"七宝"，佛经上指金、银、琉璃、砗磲、玛瑙、珍珠、玫瑰；"七出"，旧指休妻的七种理由：无子，淫泆报会，不事舅姑，口舌，盗窃，妒忌，恶疾；"七雄"，指战国时秦、韩、魏、楚、燕、齐、赵七国。

历史上，著名的"七擒孟获"，"七"为"七次"的意思。"七擒孟获"讲的是三国时，诸葛亮出兵南方，将当地酋长孟获捉住七次，放了七次，使他真正服输，不再为敌。比喻运用策略，使对方心服。

三国时期，有一首著名的诗歌《七步诗》："煮豆燃豆萁，豆在釜中泣。本是同根生，相煎何太急。"据《世说新语·文学》：曹丕做了皇帝以后，对胞弟曹植的才华一直心怀忌恨。有一次，他命曹植在七步之内作诗一首，如做不到就将行以大法（处死）。

而曹植在规定时间内吟出了上面的这首脍炙人口的诗。因为限止在七步之中作成，故后人称之为《七步诗》。据说曹丕听了以后"深有惭色"，不仅因为曹植在咏诗中体现了非凡的才华，具有出口成章的本领，使得文帝自觉不如，而且由于诗中以浅显生动的比喻说明兄弟本为手足，不应互相猜忌与怨恨，晓之以大义，自然令文帝羞愧万分，无地自容。

八（bā）

【说文原文】

八（博拔切），别也。象分别相背之形。凡八之属皆从八。

【说文译文】

八，划分、区别。像一分为二、相别相背的形状。所有与八相关的字，都采用"八"作边旁。

【字形演变】

八　　八　　八　　八
甲骨文　→　金文　→　小篆　→　楷体

【本字溯源】

"八"是象形字。甲骨文象分开相背的样子。本义：相背分开。从"八"的字多与分解、分散、相背有关。清人段玉裁注："今江、浙俗语以物与人谓之八，与人则分别矣。"后来，"八"字被借以表示数目的字，其本义却被人们忘记了。

【词意演变】

我们形容朋友关系时常常用"八拜之交"，表示世代有交情的两家，子弟谒见对方长辈时的礼节，旧时也称异姓结拜的兄弟。成语出自宋代邵伯温的《邵氏闻见录》：文彦博听说国子博士出身的李稷待人十分傲慢，心中非常不快，他对人说："李稷的父亲曾是我的门人，按辈份他应该是我的晚辈，他如此傲慢，我非得教训他不可。"

有一次，文彦博任北京守备，李稷听说后，便上门来拜谒。文彦博故意让李稷在客厅坐等，过了好长时间才出来接见他。见了李稷之后，文彦博说："你的父亲是我的朋友，你就对我拜八拜吧。"李稷因辈份低，不敢造次，只得向文彦博拜了八拜。文彦博以长辈的身份挫了李稷的傲气。成语"八拜之交"就由此出典。

后来，人们用"八拜之交"来表示世代有交情的两家，子弟谒见对方长辈时的礼节，旧时也称异姓结拜的兄弟。"八拜之交"原表示世代有交情的两家弟子谒见对方长辈时的礼节，旧时也称异姓结拜的兄弟姐妹。后来八拜之交指：管鲍之交、知音之交、刎颈之交、舍命之交、胶漆之交、鸡黍之交、忘年之交、生死之交。

八股文也称"时文"、"制艺"、"制义"、"八比文"、"四书文"，是我国明、清两朝考试制度所规定的一种特殊文体。八股文专讲形式、没有内容，文章的每个段落死守在固定的格式里面，连字数都有一定的限制，人们只是按照题目的字义敷衍成文。

八股文每篇文章均按一定的格式、字数由破题、承题、起讲、入手、起股、中股、后股、束股八部分组成。破题是用两句话将题目的意义破开，承题是承接破题的意义而说明之。起讲为议论的开始，首二字用"意谓"、"若曰"、"以为"、"且夫"、"尝思"等开端。"入手"为起讲后入手之处。起股、中股、后股、束股才是正式议论，以中股为全篇重心。在这四股中，每股又都有两股排比对偶的文字，合共八股，故名八股文。题目主要摘自四书、五经，所论内容主要据宋朱熹

《四书章句集注》，不得自由发挥、越雷池一步。一篇八股文的字数，清顺治时定为550字，康熙时增为650字，后又改为700字。

民间有"八仙过海，各显神通"的谚语。"八仙过海"是道教典故之一，讲的是八仙驾云去蓬莱仙岛赴宴赏牡丹，蓬莱仙岛在东海之中，八仙饮酒酣醉，要过东海，但见白浪滔天，吕洞宾乘酒兴建议各位神仙显出自己的神通，过海东游。

八仙就各人拿出自己的宝贝，李铁拐用自己的葫芦，吕洞宾用自己的宝剑，汉钟离用自己的芭蕉扇，蓝采和用自己的花篮，何仙姑用自己的莲花，曹国舅用自己的玉板，扔去海里，宝贝变大，六位神仙就站在自己的宝贝上，而张果老就直接骑自己的毛驴行在水面，韩湘子没将用自己的梅花笛扔落水，而是站在汉钟离的大芭蕉扇上吹笛子。八个神仙过海各显神通，顺利度过了东海。他们随身携带的法器各有妙用。

九（jiǔ）

【说文原文】

九（举有切），阳之变也。象其屈曲究尽之形。凡九之属皆从九。

【说文译文】

九，阳的最大变数。字节像事物曲折变化直至穷尽的样子。所有与九相关的字，都采用"九"作边旁。

【字形演变】

甲骨文 → 金文 → 小篆 → 楷体

【本字溯源】

"九"是象形字，本意为伸手掏摸探究，力求确定。本义后由"究"代替。《广雅·释诂四》：九，究也。但后世其本意消亡，后来被借用为数字用。古人造字纪数，起于一，极于九，就是最大的个位数。也有人认为"九"是指事字，甲骨文的"九"字像两根绳子交叉，并拐了两个弯，是个指事字。古人结绳记事，以此表示"九"这个数目。

【词意演变】

由于"九"是最大的个位数，有常用来泛指多数。如司马迁《报任少卿书》："若九牛亡一毛。"意思说：就像九头牛而只丢掉了一根毛一样。屈原《离骚》："虽九死其犹未悔。"意为，虽然有对此的死亡，也还是不后悔。

古人认为，九在阳数（奇数）中最大，有最尊贵之意，而五在阳数中处于居中的位置，有调和之意。这两个数字组合在一起，既尊贵又调和，无比吉祥，实在是帝王最恰当的象征。"九五之尊"出于《易经·干卦第一》："九五，飞龙在天，利见大人。"于是便以龙附会君德，以天附会君位，从而将"九五之尊"作为帝王之称，九五也就"御用"了。

"九州岛"是中国的别称之一。古代中国人将全国划分为九个区域，即所谓的"九州岛"。根据《尚书·禹贡》的记载，九州岛分别是：徐州、冀州、兖州、青州、扬州、荆州、梁州、雍州和豫州。"九州岛"最早见于《禹贡》，相传古代大禹治水时，把天下分为九州岛，于是九州岛就成了中国的代名词。又有一说，为黄帝始创"九州岛"之说。古人认为天圆地方，"方圆"是指范围。因此，"九州岛方圆"，即"中国这块地方"。即九州岛方圆，地大物博，气势磅礴的一种景象。

"九鼎"，古代国家的宝器，相传为夏禹所铸。一句话抵得上"九鼎"重，比喻说话力量很大，能起到很大作用。形容言语极有分量，能起决定性作用。我们常常赞誉某人，说话算数、有重量，就用"一言九鼎"来形容。一言九鼎，比喻量大，能说话力起很大作用。形容人说话信誉极高，一言半语就起决定作用。出自汉·司马迁《史记·平原君列传》："毛先生一至楚而使赵重于九鼎大吕。毛先生以三寸之舌，强于百万之师。胜不敢复相士。"意思说，毛先生一到楚国，就使赵国的威望高于九鼎大吕。毛先生用三寸长的不烂之舌，强似上百万的军队，我招生再不敢鉴选人才了。

关于"一言九鼎"还有一段典故：战国时，秦国的军队团团包围了赵国的都城邯郸，形势十分危急，赵国国君孝成王派平原君到楚国去求援。平原打算带领20名门客前去完成这项使命，已挑了19名，尚少一人定不下来。这时，毛遂自告奋勇提出要去，平原君半信半疑，勉强带着他一起前往楚国。平原君到了楚国后，立即与楚王谈及"援赵"之事，谈了半天也毫无结果。这时，毛遂对楚王说："我们今天来请您派援兵，你一言不发，可您别忘了，楚国虽然兵多地大，却连连吃败仗，连国都也丢掉了，依我看，楚国比赵国更需要联合起来抗秦呀！"毛遂的一席话说得楚王口服心服，立即答应出兵援赵。平原君回到赵国后感慨地说："毛先生一至楚，而使赵重于九鼎大吕。"大吕，钟名，与鼎同为古代国家的宝器。

"一言九鼎"和"毛遂自荐"出自同一个典故。平原君夸奖毛遂"一言九鼎"的本意是夸赞他的口才好,演变到现在就成了信守诺言的意思了!

十(shí)

【说文原文】

十(是执切),数之具也。一为东西,丨为南北,则四方中央备矣。凡十之属皆从十。

【说文译文】

十,表示十进位所需数都已具备。"一"代表东西方位,"丨"代表南北方位,"一"和"丨"相交成"十",则表示东、西、南、北、中齐备。所有与十相关的字,都采用"十"作边旁。

【字形演变】

甲骨文 → 金文 → 小篆 → 楷体

【本字溯源】

"十"是指事字。甲骨文为一竖,象用一根树枝代表十,金文象是结绳记数,用一个结表示十。小篆符号化,一点变成了一横。"十"的本义就是数字十(九加一的和),如《笋子·权修》:"十年之计,莫如树木;终身之计,莫如树人。"

【词意演变】

"十"由本意引申为约数。犹言十来个。《文选·西征赋》:"辱十城之虚寿,奄咸阳以取隽。""十"又引申为形容词,表示多,齐全,完备。如《礼记·大学》:"十目所视,十手所指,其严乎!"又如:十变五化(变化多端);十亲九眷(众多亲戚);十相具足(十分美貌);十相俱足(娇妻美妾俱全);十恶五逆(种种不可赦免的大罪);十尧(圣人众多);十有八九(绝大多数)。

古人常常用"十里长亭",表示送别之地。十里长亭一词出自唐白居易原本、宋孔传续撰之《白孔六帖》卷九:"十里一长亭,五里一短亭。"为了诗词长短及韵律的需要，又往往简称长亭。秦汉时每十里设置一亭，以后每五里有一短亭，供行人临时休息，亲友远行常在此话别。《史记·汉高祖本纪》："及壮，（刘邦）试为吏，为泗水亭长。"秦制三十里一传，十里一亭，故又在驿站路上大约每十里设一亭，负责给驿传信使提供馆舍、给养等服务。后来也成为人们郊游驻足和分别相送之地。特别是经过文人的诗词吟咏，十里长亭逐渐演变成为送别地的代名词。

长亭、杨柳、美酒、南浦等字眼在古人送别诗词中是经常出现的，已经被赋予了特定的含义，都是送别诗词中最具代表性和象征性的文字符号。"送君十里长亭，折支灞桥垂柳"乃是古人送别的经典场面。江淹《别赋》中说："春草碧色，春水绿波，送君南浦，伤如之何？"南浦遂为送别之地。李白《金陵酒肆留别》诗中也有"金陵子弟来相送，欲行不行各尽觞"之句，饮酒亦为送行时常见场面。而柳永在《雨霖铃》中描写的送别场面，则即有长亭，也有杨柳，还有美酒，实为送别诗词之佳作名篇。

百（bǎi）

【说文原文】

百（博陌切），十十也。从一白。数，十百为一贯。相章也。百，古文百从自。

【说文译文】

百，十个十。字形由"一、白"构成。计数方法是，十个百为一贯。这样，各个数级相彰显。百，古文百从属自部。

【字形演变】

甲骨文 → 金文 → 小篆 → 楷体

【本字溯源】

"百"是指事字，其甲骨文的下部是"白"字，其上面"一"是指事符号，用来与"白"相区别。"百"的本意为不断地说（白）。

【词意演变】

"百"由本意本借指数词,为"十个十"。如《虞初新志·秋声诗自序》:"虽人有百手,手有百指,不能指其一端。"再如杨炯的《从军行》:"宁为百夫长,胜作一书生。""百夫长"是一百个人的头领,属于下级军官。这两句诗的意思是,宁可做个低级的军官,也不想作书生老死窗下。体现了青年人不甘寂寞,想投笔从戎,到祖国的边疆建功立业的愿望。

"百"可以引申为"众多"之义。如《孙子兵法》:"知此知彼,百战不殆。"意思说,及了解敌人又了解自己,作战多次也不会有什么危险。

古时候,庶民无姓,有土地有官爵才有姓,遂以"百姓"作为贵族的通称。《诗经·小雅·天保》:"群黎百姓,遍为尔德。"其意说,众多的庶民和贵族,普遍感化于您的美德。在商朝指奴隶主阶级,在周朝指封建领主阶级。有贵贱之分,如西周以姬姓王族为贵。春秋后半期,宗族逐渐破坏,土地个人私有的地主阶级代替土地嫡子世袭的领主阶级兴起,百姓逐渐失去贵族的意义,社会地位与庶民相似。

"百步穿杨"形容箭法或枪法非常高明。"百步穿杨"出自《史记·周本纪》:"楚有养由基者,善射者也,去柳叶百步而射之,百发而百中之。"《战国策·西周策》:"楚有养由基者,善射;去柳叶百步而射之,百发百中。"

故事说的是:春秋时期,楚国名将养由基从小喜欢射箭,他学射箭非常专心,每天坚持练习,终于炼成极高的射箭本领,他能在百步远的地方射中杨柳的叶子,而且射一百次,中一百次。晋军进犯楚国,他用箭射晋军,百发百中,立下赫赫战功。

千(qiān)

【说文原文】

千(此先切),十百也。从十从人。

【说文译文】

千,十个百。字形采用"十、人"会意。

【字形演变】

甲骨文 → 金文 → 小篆 → 楷体

【本字溯源】

"千"是指事字。其甲骨文字形像"人"形,下面附加的短一横是个指事符号,表数目,以区别于"人"字。"千"的本意是"不断地走"(迁)。

【词意演变】

"千"由本义借指数目,"十百为千"。"千"的本义古今一致,即作为数词用,"十百为千"。如"千社",25家为社,千社为25000家;"千乘",兵车千辆;"千载",千年。

"千"被引申为"许许多多,极多"。如:陆机《文赋》:"清丽千眼。"又如"千钟",丰厚的俸禄。指富贵;"千山",极言山多;"千百",极言其多;"千帆",众多的帆船;"千指",形容人多。

"千里之堤,毁于蚁穴。"用来比喻小事不注意会酿造成大祸。出自《韩非子·喻老》:"千丈之堤,以蝼蚁之穴溃;百尺之室,以突隙之烟焚。"故事的是,某一年,临近黄河岸畔有一片村庄,为了防止黄患,农民们筑起了巍峨的长堤。一天有个老农偶然发现蚂蚁窝一下子猛增了许多。老农心想这些蚂蚁窝究竟会不会影响长堤的安全呢?他要回村去报告,路上遇见了他的儿子。老农的儿子听了不以为然说:偌坚固的长堤,还害怕几只小小蚂蚁吗?拉老农一起下田了。当天晚上风雨交加,黄河里的水猛涨起来,咆哮的河水从蚂蚁窝渗透出来,结果堤决人亡。

"千金"是我国旧时对别人女儿的客气称呼。千金原指男儿身,南朝梁司徒谢朏幼聪慧,特受父亲谢庄喜爱,常把他带在身边。他也非常争气,10岁时便能写出很不错的文章。后随父亲游土山,受命作游记,援笔便成,文不加点。宰相王景文对谢庄夸他:"贤子足称神童,复为后来特达。"谢庄也手扶儿子的背说:"真是我家千金啊。"

从谢朏被称为"千金"开始,历史上有很长一段时间都用这两字比喻出类拔萃的少年男子。把少女称做千金或千金小姐,则是元明以后的事,其基本含义也与当年谢庄夸赞谢朏时大致相同。

用"千金"来比喻女子,最早的文字记载见于元代曲作家张国宾所写的杂剧

《薛仁贵荣归故里》："你乃是官宦人家的千金小姐，请自稳便。"明、清以后的话本小说中称女孩子为"千金"的就更多了。古时把富贵人家的女孩称为"侯门千金"，今人泛称女孩叫"千金小姐"。

那么，女孩何以称"千金"？这得从我国的古代货币单位说起。两千年前的秦朝以一镒为一金（"镒"是古代重要单位，一镒为二十两或二十四两），汉朝以一斤金子为一金。秦汉时金多指黄铜，"千金"实为"铜千金"。后人借"千金"以言贵重，如"一字值千金"、"一言千金"、"一笑千金""一刻千金"、"一诺千金"、"一物千金"等均是此义。在社会交往中，渐渐地，人们也就将未婚女孩专称为"千金小姐"了。

"千金报德"说的是：前522，伍子胥父兄被楚平王杀害。伍子胥逃离楚国，投奔吴国。途中他饥困交加，见一位浣纱姑娘竹筐里有饭，于是上前求乞。姑娘慨然相赠。伍子胥饱餐之后，出于安全原因，要求对方为他的行为保密。但姑娘猛然想起，陌生男女接触为礼教和舆论所不容，她当即投水而死。伍子胥见状，伤感不已。他咬破手指，在石头上写道："尔浣纱，我行乞；我腹饱，尔身溺。十年之后，千金报德！"

后来，伍子胥在吴国当了国相，吴王调遣劲旅攻入楚国。公元前506年，伍子胥"掘楚平王墓，其尸鞭之三百"。伍子胥报了大仇之后，又想到要报恩，但苦于不知姑娘家地址，于是就把千金投入她当时跳水的地方，这就是"千金小姐"的由来。

故事"千金买骨"讲的是，公元前314年，燕国发生了内乱，临近的齐国乘机出兵，侵占了燕国的部分领土。燕昭王当了国君以后，决心招纳天下有才能的人，振兴燕国，夺回失去的土地。虽然燕昭王有这样的号召，但并没有多少人投奔他。于是，燕昭王就去向一个叫郭隗的人请教，怎样才能得到贤良的人。

郭隗给燕昭王讲了一个故事说：从前有一位国君，愿意用千金买一匹千里马。可是三年过去了，千里马也没有买到。这位国君手下有一位不出名的人，自告奋勇请求去买千里马，国君同意了。这个人用了三个月的时间，打听到某处人家有一匹良马。可是，等他赶到这一家时，马已经死了。于是，他就用500金买了马的骨头，回去献给国君。国君看了用很贵的价钱买的马骨头，很不高兴。买马骨的人却说，我这样做，是为了让天下人都知道，大王您是真心实意地想出高价钱买马，并不是欺骗别人。果然，不到一年时间，就有人送来了三匹千里马。

郭隗讲完上面的故事，又对燕昭王说："大王要是真心想得人才，也要像买千里马的国君那样，让天下人知道你是真心求贤。你可以先从我开始，人们看到像我这样的人都能得到重用，比我更有才能的人就会来投奔你。"燕昭王认为有理，就拜郭隗为师，还给他优厚的俸禄。并让他修筑了"黄金台"，作为招纳天下贤士人才的地方。消息传出去不久，就有一些有才干的名人贤士纷纷前来，表示愿意帮助燕昭王治理国家。经过20多年的努力，燕国终于强盛起来，终于打败了齐国，夺回了被占领的土地。

万（wàn）

【说文原文】

万（无贩切），虫也。从厹，象形。

【说文译文】

万，虫蝎。采用"厹"作边旁，字形像蝎子之形。

【字形演变】

甲骨文 → 金文 → 小篆 → 楷体

【本字溯源】

"万"是象形字，其繁体字写作"萬"。其甲骨文字形像一只蝎子，这只蝎子头部伸出两个勾角，像钳子一样锐利，中间是身段，下半段是尾巴。"万"（萬）的本意是遍布山岩的蝎子。后被借用为数目字，十个一千为一万，其本意完全消失了。

【词意演变】

"万"极言其多。如《荀子·富国》："古有万国。"表示古代有很多国家之义。又如《尚书·尧典》："协和万邦。"古中国并没有一万个邦国，称之"万"只不过形容邦国众多。还有，万几（指全国政务）；万人敌（能敌万人的兵法或谋略）；万生院（动物园）；万乘（万辆马车）；万仞（形容极高）；万年草料（骂人话）；万国（各方诸侯。引申为全国各地；天下）；万寿圣节（皇帝的生日）；万剐凌迟（剐刑。将人断肢割喉，剔肉离骨）；万乘之躯（指天子，帝王）。《列子·汤问》："高万仞"。《乐府诗集·木兰诗》："万里赴戎机"。唐代杜甫《江畔独步寻花》："千朵万朵压枝低"。

"万"还极言各不相同。如：千红万紫。韩愈《荐士》：勃兴得李杜，万类困陵暴。毛泽东《沁园春·长沙》：万类霜天竞自由。

"万事如意"、"家和万事兴"都是古往今来广泛流传的吉利祝福语，礼节交往中，人们非常喜欢用它作为赠予对方的最良好祝福。

亿（yì）

【说文原文】

億，安也。从人，意声。

【说文译文】

亿（繁体字写作"億"），安宁。字形采用"人"作边旁，"意"作声旁。

【字形演变】

金文 → 大篆 → 小篆 → 楷体

【本字溯源】

亿，金文写作 🗌，在"言"字下面再加"口"，表示言之不尽。篆文 億，从人、从意（意念、欲念），造字本义为无限地憧憬。"十"是打满了结的纪事绳子；"百"是不断地说（白）；"千"是不断地走（迁）；"厲"（万）是遍布山岩的蝎子；"億"（亿）是无限地憧憬。

【词意演变】

亿由本意引申为"安宁；安定"。如《左传·隐公十年》："不能供亿。"意为不能够充足地供应和安抚。《左传·昭公二十一年》："心亿则乐。"意为心里安定才是快乐。《左传·昭公三十年》："我盍姑亿吾鬼神。"意为我如何才能暂时地告慰安抚我的先祖呢？盍，如何才能。鬼神，先祖。《国语·楚语》："亿其上下"。意为安抚上下。又如共亿（相安）；亿康（安康）；亿福（安宁幸福）。

亿由"安宁、安定"引申为满足。如《左传·襄公二十五年》："不可亿逞。"又如:亿盈（满溢）；亿廪（亿庾，满仓）。

亿由本意借用为数目名称。古代有时把十万叫亿，今以万万为亿。如《诗·魏风·伐檀》："三百亿兮"。《易·震》："亿丧贝"。郑注:"十万曰亿。"《礼记·王制》："为田九十亿亩"。又如"亿劫"，佛家说从天地形成到毁灭为"一劫"，意指时间极其久远；"亿载"，亿年；"亿年"，万万年。

　　亿由数目名称引申为极多，极大。汉代贾谊《过秦论》："据亿丈之城"。意为凭借极大的防御工事。又如:亿兆（比喻很多，难以计数）；亿庶（亿众。亿万众庶）。

　　古代亿也通"臆"，意为臆测，预料。《论语·先进》："亿在屡中。"《汉书·陈汤传》："策虑幅亿。"《旧唐书·李道宗传》："不可亿度。"又如"亿中"，料事能中；"亿出"，凭臆想而得出；"亿度"测度、揣测。

人体篇

与人的躯体相关的汉字，总共介绍了22个，其中包括：人、页、面、耳、眉、目、自、口、齿、牙、舌、而、毛、血、骨、肉、身、心、手、足、止、冉。

人（rén）

【说文原文】

人（如邻切），天地之性最贵者也。此籀文。象臂胫之形。凡人之属皆从人。

【说文译文】

人，天地间品性最高贵的生物。这是籀文，字形像垂着手臂、挺着腿胫的形象。所有与人相关的字，都采用"人"作边旁。

【字形演变】

甲骨文 → 金文 → 小篆 → 楷体

【本字溯源】

"人"字是象形字，其甲骨文字形，象侧面站立的人形，头在上面，手臂向左下方伸展，身子在中间，身子以下是腿。"人"字的金文、小篆字形基本上与甲骨文差不多，只是小篆的腰部弯曲更大一些。

"人"的本义是能制造工具、改造自然，并使用语言的高等动物。如《礼记·礼运》："故人者，天地之德，阴阳之交，鬼神之会，五行之秀气也。故人者，天地之心也，五行之端也，食味、别声、被色，而生者也。"这句话的意思是，因此人是天地的中心，天地阴阳相互交感，阴气聚而成形，阳气与阴气相搏形成神，形与神聚而成人，天地五行是人的生命的始终，五行调和，阴阳平衡谓之中和，辨别食物的五味，酸苦甘辛甜，辨别五声，角征宫商羽，辨别五色（指青、赤、黄、白、黑，古人认为人体中肝、心、脾、肺、肾，与五色一一对应），让这一切平衡，人就能健康的生长了。《列子·黄帝》："有七尺之骸，手足之异，戴发含齿，倚而食者，谓之人。"其大意是，有七尺高的形体，有手有脚，头上有头发，嘴巴里有牙齿，站起来两脚走路，这个叫做人。

【词意演变】

"人"由本意引申为"别人，他人"。如"人为刀俎，我为鱼肉"，出自《史记·项羽本纪》："如今人方为刀俎，我为鱼肉。"典故故事：楚汉相争时，项羽屯兵40万在新丰鸿门，谋士范增设计要除掉刘邦。刘邦依约赴鸿门宴，范增请项庄舞剑助兴，意图杀害刘邦。张良叫来樊哙，刘邦借上厕所的机会与樊哙商议如何逃走，樊哙说："如今人方为刀俎，我为鱼肉，何辞为？"意思是，人家好比是菜刀和砧板，我们则好比是鱼肉。比喻生杀大权掌握在别人手里，自己处在被宰割的地位。这句话也形象地揭示了鸿门宴前和鸿门宴上刘邦与项羽悬殊的实力。

"人"引申为"人民，百姓"。如《史记·陈涉世家》："吴广素爱人。"意思是，吴广想来爱护百姓。再如林觉民《与妻书》："为天下人谋永福也。"意思是，为天下的百姓谋取永久的幸福。

"人"也是一个部首字，由"人"字组成的字，基本上都与人有关，如："从、众、仁、仆、付、债、伐、休"等。

需要说明的是，"人"字和"大"字在造字之初的意思是相同的，只不过在字形上存在着细微的差别："人"字从字形上看像是侧面站立的并拢手脚的人形，"大"字则是正面站立伸展四肢的人形。后来"大"字被借用作"大小"的"大"，而"人"则专门用来表示"人类、老人、男人、女人、人口"等。

成语"人非圣贤，孰能无过"，意思就是，一般人不是圣人和贤人，谁能没有过失？典故出自《左传·宣公二年》：晋灵公生性残暴，时常借故杀人。一天，厨师送上来熊掌炖得不透，他就残忍地当场把厨师处死。正好尸体被赵盾、士季两位正直的大臣看见。他们了解情况后，非常气愤，决定进宫去劝谏晋灵公。

士季先去朝见，晋灵公从他的神色中看出是为自己杀厨师这件事而来的，便假装没有看见他。直到士季往前走了三次，来到屋檐下，晋灵公才瞟了他一眼，轻描淡写他说"我已经知道自己所犯的错误了，今后一定改正。"士季听他这样说，也就用温和的态度道："谁没有过错呢？有了过错能改正，那就最好了。如果您能接受大臣正确的劝谏，就是一个好的国君。"

但是，晋灵公并非是真正认识自己的过错，行为残暴依然故我。相国赵盾屡次劝谏，他不仅不听，反而十分讨厌，竟派刺客去暗杀赵盾。不料刺客不愿去杀害正直忠贞的赵盾，宁可自杀。晋灵公见此事不成，便改变方法，假意请赵盾进宫赴宴，准备在席间杀他。但结果赵盾被卫士救出，他的阴谋又未能得逞。最后这个作恶多端的国君，终于被一个名叫赵穿的人杀死。

页（yè）

【说文原文】

页（胡结切），头也。从𦣻，从儿。古文䭫首如此。凡页之属皆从页。𦣻者，䭫首字也。

【说文译文】

页，人的头部。字形采用"𦣻、儿"会意。古文"䭫首"的"首"写成这样。所有与页相关的字都采用"页"作边旁。𦣻，也是"䭫首"的首字。

【字形演变】

甲骨文 → 金文 → 小篆 → 楷体

【本字溯源】

"页"是象形字。其甲骨文形状像一个侧身跪坐的人形，这个人的特征是脑袋很大，身体却很小，从而突出"头部"。"页"字下面的部分是为了突出头是身体的一部分，特意加的陪衬。其小篆字形。上面是"首"，下面是"人"，"头"的本字。"页"的本义头。

【词意演变】

由于"页"的本意后来被"首"代替，"页"字的常用义就变成了"书页"。一般指两面印刷的书籍、杂志、资料等印刷品的一张纸的一面。如："一本三百页的书"，"第一页"。

"页"字也指书籍、杂志、报纸、信件或类似物件的一张纸。如："撕下其中的一页""页"字也指"张，面"。如"单页、双页、新的一页"。

"页"也是一个部首字，并且由"页"字组成的字，基本上都与页的本义有关，如："颜、颊、顶、颈、额、颌、颔、颅、顽、领、顺、项"等。

面（miàn）

【说文原文】

面（弥箭切），颜前也。从𦣻，象人面形。凡面之属，皆从面。

【说文译文】

面，颜前的部分，即脸。字形采用"𦣻"作边旁，整体像人的脸。所有与面相关的字，都采用"面"作边旁。

【字形演变】

甲骨文 → 金文 → 小篆 → 楷体

【本字朔源】

"面"是象形字。其甲骨文字形里面是"目"字，外面表示面庞。"面"的本义是脸。但是"面"和"脸"的含义在古代并不完全相同。"面"，在古代指人的整个面部。"脸"是魏晋时期才出现，而且只指两颊的上部，唐宋口语中才开始用同"面"。

《战国策·赵策》："必唾其面。"又唐朝白居易《卖炭翁》："满面尘灰烟火色。"再如明魏学洢《核舟记》："椎髻仰面。"这几个句字中"面"都用得是本义"脸"。我们常常说的"颜面"、"满面"、"面善"、"面容"、"面孔"、"面不改色"、"面黄肌瘦"等词语，使用也是本义。

【词意演变】

由面目引申出"面向、面对"义项。如"面山而居"、"面壁思过"。《列子·汤问》中有："北山愚公者，年且九十，面山而居。"意思是，北山有一个叫愚公的人，年纪有九十了，面对着山居住着。《晋书·凉武昭王传》："面墙而立，不成人也。"唐朝孟浩然《过故人庄》："开轩面场圃，把酒话桑麻。"意思是，打开窗子，面对着打谷场和菜园，一边举杯畅饮，一边谈论农事。这些句子中"面"都用得是这个义项。

"面"的另一个引申义是"当面"，这是由把"面"用作副词的来的。《庄子·盗拓》："好面誉人者，亦好背而毁之。"意思是，喜欢当面夸奖他人的人，也喜欢在背地里诋毁他人。这是"面"的常用义项，几千年以来一直被使用。我们平时说的"面议、面谈"等词语，用得就是这个意思。"面"也被当量词，用于片状的物体。如："一面鼓"、"一面镜"、"一面旗"。

唐朝崔护曾写过《题都城南庄》诗："去年今日此门中，人面桃花相映红。人面不知何处去，桃花依旧笑春风。"诗中"人面桃花"比喻丽人像桃花一样易谢。也指女子的面容与桃花相辉映，后用于泛指所爱慕而不能再见的女子，或形容由此而产生的怅惘心情。

唐代孟棨在《本事诗·情感》记载了这则故事：博陵名士崔护考进士落第，心情郁闷。清明节这天，他独自到城南踏青，见到一所庄宅，四周桃花环绕，景色宜人。适逢口渴，他便叩门求饮。不一会儿，一美丽女郎打开了门。崔护一见之下，顿生爱慕。

第二年清明节，崔护旧地重游时，却见院墙如故而门已锁闭。他怅然若失，便在门上题诗一首："去年今日此门中，人面桃花相映红。人面不知何处去，桃花依旧笑春风。"以后，人们便以"人面桃花"来形容女子的美貌，或用来表达爱恋的情思。

耳（ěr）

【说文原文】

耳（而止切），主听也。象形。凡耳之属皆从耳。

【说文译文】

耳，负责听音的器官。字形像耳廓形状。所有与耳相关的字，都采用"耳"作边旁。

【字形演变】

甲骨文 → 金文 → 小篆 → 楷体

【本字溯源】

"耳"是象形字。其甲骨文、金文中的"耳"在字形上都像是耳朵的形状，演变到了小篆就不太像了。如《荀子·劝学》："目不能两视而明，耳不能两听而聪。"意思说，眼睛不能同时看两个东西还能看得清楚，耳朵不能同时听两个声音还听得清楚。从而告诫人们做事要一心一意。又如"耳听八方""耳熏目染"、"忠言逆耳"、"肥头大耳"、"耳聪目明"等词语中的"耳"字，都指的是耳朵。

【词意演变】

在很多古籍中，"耳"字又借作语气助词，相当于"罢了、而已"的意思。如柳宗元《三戒》："技止此耳。"如《聊斋志异·狼三则》："止增笑耳。"如《论语·阳货》："子曰：'二三子!偃之言是也。前言戏之耳。'"如《史记·高祖本纪》："从此道至吾军，不过三十里耳。"

"耳"也是一个部首字，由"耳"字组成的字，基本上都与耳有关，如："聋、闻、聆聪、茸"等。

"掩耳盗铃"，原为盗钟掩耳，意为偷钟怕别人听见，而捂住自己的耳朵，明明掩盖不住的事情偏要想法子掩盖，比喻自己欺骗自己，通常是比喻自欺欺人的意思。出自《吕氏春秋·自知》里的一则寓言故事：春秋时，晋国贵族智伯灭掉了范氏。有人趁机跑到范氏家里想偷点东西，看见院子里吊着一口大钟。钟是用上等青铜铸成的，造型和图案都很精美。小偷心里高兴极了，想把这口精美的大钟背回自己家去。可是钟又大又重，怎么也挪不动。他想来想去，只有一个办法，那就是把钟敲碎，然后再分别搬回家。

小偷找来一把大锤子，拼命朝钟砸去，哐的一声巨响，把他吓了一大跳。小偷着慌，心想这下糟了，这钟声不就等于是告诉人们我正在这里偷钟吗？他心里一急，身子一下子扑到了钟上，张开双臂想捂住钟声，可钟声又怎么捂得住呢！钟声依然悠悠地传向远方。

他越听越害怕，不由自主地抽回双手，使劲捂住自己的耳朵。"咦，钟声变小了，听不见了！"小偷高兴起来，"妙极了！把耳朵捂住不就听不进钟声了吗！"他立刻找来两个布团，把耳朵塞住，心想，这下谁也听不见钟声了。于是就放手砸起钟来，一下一下，钟声响亮地传到很远的地方。人们听到钟声蜂拥而至把小偷捉住了。

故事寓意是，钟的响声是客观存在的，不管你是否捂住耳朵，它都是要响的。凡是要客观存在的东西，它不会依人的主观意志为改变。有的人对对自己不利，或不喜欢的客观存在，采取不承认的态度，以为如此，它就不存在了，这和"掩耳盗铃"一样，都是极端的缺乏常识的表现。

眉（méi）

【说文原文】

眉（武悲切），目上毛也。从目，象眉之形，上象额理也。凡眉之属皆从眉。

【说文译文】

眉，眼睛上部的毛发。字形采用"目"作边旁，像眉毛的形状，上部褶皱像额头的皱纹。所有与眉相关的字，都采用"眉"作边旁。

【字形演变】

甲骨文 → 金文 → 小篆 → 楷体

【本字溯源】

"眉"是象形字。其甲骨文字形的下部是一只眼睛的形状，上部是几根毛发的形状。眼睛上面就是眼眉，但是如果没有下面的眼睛，我们很难看出那是一条眼眉。因为只画眼眉很难辨认，所以把"目（眼睛）"也画上了，让人一看就知道是"眉"。在造字法上，这叫做"合体象形字"，又叫"衬托性象形字"。其金文字形，眼眉就更加形象，上部几根眉毛直接长在眼皮上，下部的是形象逼真的"目（眼睛）"。小篆字形变化很大，就不太像眼眉的形状了。楷体直接写成了"眉"，看不出眉毛的样子了。

【词意演变】

"眉"的本义就是眉毛。元稹《遗悲怀》："惟将终夜长开眼，报答平生未展眉。"大意说，我只有终夜念思，目不交睫，方才可以报答贤妻在世贤德，她颠簸辛劳，难有过舒眉展颜的欢欣。我国古代多用"峨眉"形容女子的眉毛，如《诗·卫风·硕人》："蓁首蛾眉。"蓁首，额广而方；蛾眉，眉细而长。此句的意思是宽宽的额头，弯弯的眉毛。形容女子容貌美丽。甚至成了美女的专属。"眉"在眼睛的上面，所以上面的则往往称为"眉"，如"页眉"、"眉批"

"张敞画眉"出自《汉书·张敞传》："又为妇画眉，长安中传张京兆眉怃。有司以奏敞。上问之，对曰：'臣闻闺房之内，夫妇之私，有过于画眉者。'上爱其能，弗备责也。然终不得大位。""张敞画眉"的典故讲的是西汉时，平阳人张敞，在宣帝时任京兆尹。张敞经常在家给妻子画眉毛，长安城中传说张京兆画的眉毛很妩媚。有司就用这些事来参奏张敞。皇帝就问张敞有没有此事，张敞回答："我听说闺房之内，夫妇之间亲昵的事，有比描画眉毛还过分的。"皇帝爱惜他的才能，没有责备他。但是，张敞最后也没得到重用。"张敞画眉"指张敞替妻子画眉毛。后来比喻夫妻感情好。

目（mù）

【说文原文】

目（莫六切），人眼。象形。重童子也。凡目之属皆从目。 ，古文目。

【说文译文】

目，人的眼睛。字形像眼睛的形状。突出了瞳子形象。所有与目相关的字，都采用"目"作边旁。 ，这是古文写法的"目"字。

【字形演变】

甲骨文 → 金文 → 小篆 → 楷体

【本字溯源】

"目"是个象形字，根据人的眼睛创造的。其甲骨文、金文像一只眼睛的形状，周围是眼眶，两旁是眼角，中间是眼珠。"目"本义是人的眼睛。如《聊斋志异·狼三则》："久之，目似瞑，意暇甚。"意思说，过了一会儿，狼的眼睛好像闭上了，神情十分悠闲。

又如《孟子·告子上》："耳目之官不思，而蔽于物。物交物，则引之而已矣。心之官则思，思则得之，不思则不得也。此天之所与我者。"意思是孟子说：耳朵眼睛之官能，无思虑之功，只可接应外界事物，且往往为外物所诱，因其不能控制物欲故也。心之官能则有思虑之功，对外界物诱有控制之能，以其有是非取舍之辩，此乃人之所赋于天而独具者也。

《诗经·卫风·硕人》中形容卫庄公的夫人庄姜的美丽时，写到"巧笑倩兮，美目盼兮"其中"目"字就是眼睛的意思。此外，成语"目不转睛、目不识丁、目不暇接、目瞪口呆、目空一切"，其中的"目"字也是本义眼睛。

【词意演变】

　　眼睛的主要作用是看东西，因此用"目"表示"看，视"的意思。如"目下十行"形容看书速度极快。又如韩愈《清河郡公房公墓碣铭》："目濡耳染，不学以能。"其中"耳濡目染"是指耳朵经常听到，眼睛经常看到，不知不觉地受到影响。形容见得多了听得多了之后，无形之中受到影响，指受好的影响。

　　因为眼睛都有眼眶，人们就把一些有框的孔状物称为"目"，用"目"字表示孔眼、网眼。东汉末年经学大师郑玄在《诗谱序》说："举一纲而万目张。"这句话的意思是，提起渔网上的总绳一撒，网眼就全都张开了。后来有成语"纲举目张"其中"目"网眼，比喻事物的从属部分。"纲举目张"比喻抓住事物的关键，就可以带动其他环节。也比喻条理分明。

　　为了让眼睛看的更清楚，人们常常把原来没有顺序、规律的事物，整理出来，按照一定的次序惊醒排列，故"目"也用来表示"条目"的意思。如"目录、参考书目、故事节目"等。

　　"目"也是一个部首字，由"目"字组成的字，基本上都与目有关，如："看、盯、盲、瞧、睫、盹、盼、眯"等。

　　"一叶障目，不见泰山"这条成语出自《鹖冠子·天则》：有个楚国人生活贫穷，读《淮南子》，看到书中写有"螳螂窥探蝉时用树叶遮蔽自己的身体，可以用这种方法隐蔽自己的形体"，于是就在树下仰起身子摘取树叶（螳螂窥伺蝉时使自己隐身的那枚树叶）。这枚树叶落到树底下，树原先已经有许多落叶，不能再分辨哪种是螳螂隐身的那枚树叶。

　　楚人便扫集收取树下的好几筐树叶拿回家中，一片一片地用树叶遮蔽自己，问自己的妻子说："你看不看得见我？"妻子开始总是回答说："看得见"，整整过了一天，妻子就厌烦疲倦得无法忍受，只得哄骗他说："看不见。"楚人内心暗自高兴，他携带着树叶来到集市，当着别人的面取拿人家的物品。

　　差役把他捆绑起来，送到了县衙门里。县官当堂审问，楚人自己诉说事件从头到尾的经过，县官大笑起来，释放了他，没有治罪。"一叶蔽目，不见泰山；两豆塞耳，不闻雷霆。"成语故事是这样，一片树叶挡住了眼睛，连面前高大的泰山都看不见。比喻被局部现象所迷惑，看不到全局或整体。也比喻目光短浅。

自（zì）

【说文原文】

自（疾二切），鼻也。象鼻形。凡自之属皆从自。

【说文译文】

自，鼻子。字形像鼻骨与鼻弯的形状。所有与自相关的字，都采用"自"作边旁。

【字形演变】

甲骨文 → 金文 → 小篆 → 楷体

【本字溯源】

"自"是象形字。其甲骨文像人的鼻子的形状，上面的那短一竖是鼻梁，两边弯弯的曲线是勾画出鼻子的轮廓，中间的两横是鼻纹，两旁是鼻翼，下面是鼻孔，真是生动形象。金文、小篆字形也象鼻形。"自"的本义就是鼻子。

古时候，人们常用手指自己的鼻子来表达"我"的概念。人的面部最突出的部位是鼻子，所以手指鼻子表示自己也就不奇怪了。由此引申用作第一人称，表示自己、自我、本身。《诗·小雅·节南山》："不自为政，卒劳百姓。"《孟子》："人必自侮，然后人侮之；家必自毁，而后人毁之；国必自伐，而后人伐之。"

《史记·魏公子列传》："自度终不能得之于王。"意思是，自己估计最终不能圆满从大王这里得到援赵的具体措施。《乐府诗集》："东家有贤女，自名秦罗敷。"白居易《琵琶行》："自言本是京城女，家在虾蟆陵下住。"清人刘开《问说》："自知其陋而谨护其失。"意思是，自己知道自己知识浅薄，却谨慎小心地掩盖自己的过错。这是"自"的基本义项，一直沿用到今天。现在人们常说的"自身、自信、自我、自行引退、自强不息、自给自足、自己动手丰衣足食"等词语中的"自"字，都指的是自己。

【词意演变】

"自"字出了表示"自己"之外，常常被用作介词，表示"由、从"的意思。《诗·邶风·日月》："出自东方。"意思是，从东方出来。《论语·学而》："有朋自远方来，不亦乐乎。"意思是，有志趣相合的朋友从远方来，不是很令人高兴吗？周敦颐《爱莲说》："自李唐以来。"

意思是，从李氏唐朝开始。蔡元培《图画》："感觉何自起。"我们常常运用的"自此、自古以来、自远而近"，也是这个义项。

"自"字也被用作副词，表示"自然，当然"的意思。如"公道自在人心"，又如《韩非子·五蠹》："重罚不用而民自治。"沉重的刑罚不再使用，百姓自然太平。"自"也是一个部首字，并且由"自"字组成的字，基本上都与自有关，如："臭、皋、臬"等。

成语"夜郎自大"，比喻骄傲无知的肤浅自负或自大行为。出自《史记·西南夷列传》：汉朝的时候，在西南方有个名叫夜郎的小国家，百姓也少，物产更是少得可怜。但是由于邻近地区以夜郎这个国家最大，从没离开过国家的夜郎国国王就以为自己统治的国家是全天下最大的国家。

有一次，汉朝派使者来到夜郎，途中先经过夜郎的邻国滇国，滇王问使者："汉朝和我的国家比起来哪个大？"使者一听吓了一跳，他没想到这个小国家，竟然无知的自以为能与汉朝相比。却没想到后来使者到了夜郎国，骄傲又无知的国王因为不知道自己统治的国家只和汉朝的一个县差不多大，竟然不知天高地厚也问使者："汉朝和我的国家哪个大？"

口（kǒu）

【说文原文】

口（苦后切），人所以言食也。象形。凡口之属皆从口。

【说文译文】

口，人们用来说话、吃饭的器官。象形。所有与口相关的字，都采用"口"作边旁。

【字形演变】

甲骨文 → 金文 → 小篆 → 楷体

【本字朔源】

"口"是象形字。其甲骨文、金文、小篆的形体都像一个人开口笑的样子。人们肯定要问:"嘴巴既然可以张开可以闭着,那么古人为什么要画一个张开的嘴巴呢?闭着的嘴巴不是更简单吗?"其实,这是由嘴巴的功能所决定的。我们都知道,嘴巴的功能是说话和吃饭,而说话和吃饭的时候,嘴巴都必须是张开的,所以才会有这样张开的"口"字。其本义是"嘴巴(人类进食、呼吸、发音的器官)"。

【词意演变】

"口"是人们说话和吃饭的器官,并且每个人只有一只口,所以引申为"人、人员",《管子·海王》中说:"十口之家,十人食盐。"又如成语"三口之家"和"养家糊口",还有词语"户口"、"家口"、"人口"、"小两口",都是这个意思。"口"也用来做量词。如"一口井"。

"口"由本义引申出出入、流通的位置。如"口袋、北口、豁口、山口、出口、入口、关口、门口、瓶口、碗口、突破口"等。如陶渊明《桃花源记》:"林尽水源,便得一山,山有小口,仿佛若有光。便舍船,从口入。山有小口。"意思说,桃花林在溪水发源的地方没有了,在那里便看到一座山,山边有个小入口,隐隐约约好像有光亮。渔人就舍弃船上岸,从小入口进入。

"口"作为部首时,大都与嘴或方形物有关。如:"吃、叫、唱、鸣、哈、吃、嘴、咬、啃、司"等。

成语"口蜜腹剑"语出《资治通鉴·唐玄宗天宝元年》:"李林甫为相……尤忌文学之士,或阳与之善,啗以甘言而阴陷之。世谓李林甫'口有蜜,腹有剑'。"后因以"口蜜腹剑"比喻嘴甜心毒。

故事说的是:唐玄宗时,兵部尚书李林甫很得玄宗的宠信,一直在朝中做了十九年的官。李林甫和一般人接触,也总是在外貌上表现出和人很友好,非常合作,嘴里并说尽所有可以说的好听的、善意的话。可是实际上,他的性情和他的表面态度完全相反。日子久了,人家就发现了地这种伪善,于是大家便在背地里说他"口有蜜、腹有剑"。即嘴巴上甜甜蜜蜜,心中利剑害人。

齿（chǐ）

【说文原文】

齿（昌里切），口龂骨也。象口齿之形，止声。凡齿之属皆从齿。𦥑，古文齿字。

【说文译文】

齿，口腔中用来咬断骨头、嚼食的器官。字形像口齿之形，"止"是声旁。所有与齿相关的字，都采用"齿"作边旁。𦥑，是古文写法的"齿"字。

【字形演变】

甲骨文　→　金文　→　小篆　→　楷体

【本字溯源】

"齿"本是象形字。其甲骨文像嘴里的牙齿，象形字。战国文字（金文）在上面加了个声符"止"，成为形声字。小篆同金文。"齿"本义牙、牙齿。如《大戴礼记·易本命》："男以八月而生齿，八岁而龀，女七月生齿，七岁而龀。"意思是，男孩子出生八个月的时候长牙，八岁的时候脱乳牙换恒牙，女孩子出生七个月长牙，七岁的时候脱乳牙换恒牙。又如"齿吻（齿及唇）、齿颊（牙齿与脸颊）"。

在古书中常有"齿冷"的词语，原来是牙齿受凉的意思，可是后来变为"耻笑"的意思了。因为笑的时候，往往都会张口，时间久了牙齿就有冷的感觉。后来所说的"令人齿冷"，也就是"令人耻笑"之义。这个义项一直使用到今天。

【词意演变】

由于"齿"的数量与年龄有关，因此用"齿"指年龄。如《礼记·文王世子》："古者谓年龄，齿亦龄也。"意思是，古人称之为年龄，齿也就是龄。

由于"齿"是长在口中的，所以人们有时就用"齿"来代称口，如把不值得挂在嘴边说成"何足挂齿"、如把难以开口说成"难以启齿"。

"齿"也是汉字部首之一，由"齿"字组成的字，基本上都与其本义牙或年龄有关，如："龋、龈、龄"等。

成语"唇亡齿寒"，出自《左传·僖公五年》："唇亡齿寒者，其虞虢之谓也。"意思是，嘴唇没有了，牙齿就会觉得冷，说的是虞国与虢国的关系。故事说：春秋时，晋国的邻近有虢、虞两个小国。晋国想举兵攻打虢国，但要打虢国，晋国大军必须经过虞国。晋献公于是用美玉和名马作礼物，送给虞国国君虞公，请求借道让晋军攻打虢国。虞国大夫宫之奇谏劝虞公不要答应，但虞公贪图美玉和名马，还是答应给晋献公借道。

宫之奇劝谏虞公说："虢国是虞国的依靠呀！虢国和虞国两国就好像嘴唇和牙齿一样，嘴唇没有了，牙齿岂能自保？一旦晋国灭掉虢国，虞国一定会跟着被灭亡。这'唇亡齿寒'的道理，您怎么就不明白？请您千万不要借道让晋军征伐虢国。"

虞公不听谏劝。宫之奇见无法说服虞公，只能叹息，但他知道虞国很快就要灭亡，只好带着全家老小，离开虞国逃到了曹国。这样，晋献公轻而易举地灭掉了虢国。晋军得胜归来，借口整顿兵马，驻扎在虞国，然后发动突然袭击，一下子又灭掉了虞国。后来就用"唇亡齿寒"比喻关系密切，利害相关。

牙（yá）

【说文原文】

牙（五加切），牡齿也。象上下相错之形。凡牙之属皆从牙。䯄，古文牙。

【说文译文】

牙，公象的长牙。字形像牙齿上下交错之形。所有与牙相关的字，都采用"牙"作边旁。䯄，是古文写法的"牙"字。

【字形演变】

金文 → 金文 → 小篆 → 楷体

【本字溯源】

"牙"是象形字，其金文像两枚上下交错对合的兽牙，小篆的字形与金文相似，更加整齐了，经过隶变楷化，写作"牙"。需要注意的是，古代把大齿称为"牙"，现在"牙"是齿的通称，亦称"牙齿"。"牙"的本义大牙，即臼牙、槽牙。《左传·隐公五年》："皮草齿牙。"疏："颌上大齿谓之牙。"又如

《诗·召南·行露》："谁谓鼠无牙？何以穿我墉？"意思说，谁说老鼠没有大牙？用什么凿穿我的高墙。又如"牙祭"，旧指东家给伙计在每月初二、十六吃肉食。

【词意演变】

由于牙齿差次不齐的形状，所以用来形状像牙齿的东西，即在某东西后加"牙"字。房檐的边状。古代军旗的边沿是牙齿状，所以称为"牙旗"。如唐代杜牧《阿房宫赋》："檐牙高啄。"又如"狼牙山"。

"牙"特指象牙，如班固《东京赋》："牙旗缤纷。"注："古者天子出建大牙旗，竿上以象牙饰之。"又如："牙樯"，饰有象牙的桅杆；"牙牌"，骨牌。用象牙、竹、木或兽骨制的赌具，也用来占卜或娱乐。共三十二张，上面刻有点数；"牙色"，与象牙相似的淡黄颜色；"牙梳"，象牙梳子；"牙章"象牙的印章。

"牙"也是汉字部首之一，由"牙"字组成的字，基本上都与其本义牙有关，如："芽、呀、伢、"等。

舌（shé）

【说文原文】

舌（食列切），在口，所以言也、别味也。从干，从口，干亦声。凡舌之属皆从舌。

【说文译文】

舌，在口中，用以言说、辩味的器官。字形采用"口、干"会意，"干"也是声旁。所有与舌相关的字都采用"舌"作边旁。

【字形演变】

甲骨文 → 金文 → 小篆 → 楷体

【本字溯源】

"舌"是个会意字。从干，从口。其甲骨文的形体，整体像嘴里伸出舌头来的样子：下面是嘴巴，上面像伸出来的舌头的形状伸得长长，当中还有个桠杈，每个人的舌头当中确实有条线。"舌"的本义就是指人的舌头。如《虞初新志·秋声诗自序》："人有百口，口有百舌，不能名其一处也。"还有俗语"三寸不烂之舌。"

舌，在口中，其作用有三种：一是帮助说话，二是辨别味道，三是接触东西。所以"舌"往往跟表达这三种功能的字有关。"舌剑唇枪、舌灿莲花"都是表示言辞说话的成语；"舌"字旁加"甘"为"甜"字，是一种味道，如"香甜"；而"舔"，则指用舌头接触东西，如"舔盘子"。跟"舌头"相似的东西也用舌，如"鸭舌帽、火舌"。

所以"驷不及舌"，其中驷，指古时由四匹马拉的车；舌，指说的话。一句话说出口，四匹马拉的车也追不回。比喻一句话说出来，再也无法收回。出自《论语·颜渊》："夫子之说君子也，驷不及舌。"

【词意演变】

"舌"引申为"说的话"。《论语·颜渊》："驷不及舌。"驷：古时由四匹马拉的车；舌：指说的话。一句话说出口，四匹马拉的车也追不回。比喻一句话说出来，再也无法收回。

在《国语·周语》中有"舌人"一词，有人将这个词误认为是善于说话的人。其实，"舌人"是指古代的翻译官，正如韦昭注《国语》所说："舌人，能达异方之志。"

"舌战群儒"指同很多人辩论，并驳倒对方。出自明朝罗贯中《三国演义》第四十三回："诸葛亮舌战群儒。"《三国演义》是我中国古典文学的精品，其中的"诸葛亮舌战群儒"一回，更是精彩绝伦。

东汉末期，曹操挟天子以令诸侯，较有实力的军阀大都被他消灭了，惟独刘备和孙权还有发展壮大的可能，曹操自知一下子吞并这两股势力还比较难。于是，曹操就派人拿着他的书信去东吴，想和孙权联手消灭刘备。

孙权手下的谋士大都主张降曹自保，只有鲁肃主张联刘抗曹。但鲁肃自知难以说服孙权和东吴的文臣，特意请诸葛亮来当说客。鲁肃引诸葛亮见了东吴的一群谋士，这些人并非泛泛之辈，个个都是有学问的人。东吴第一大谋士张昭首先发难，说：听说刘备到你家里三趟，才把你请出山，以为有了你就如同鱼得了水，想夺取荆襄九郡做根据地。但荆襄已被曹操得到，你还有什么主意呢？

诸葛亮心里想，如果不先难倒张昭，就没办法说服孙权联刘抗曹了。诸葛亮说：刘备取荆襄这块地盘，易如反掌，只是不忍心夺取同宗的基业，才被曹操捡了便宜。现在屯兵江夏，另有宏图大计，等闲之辈哪懂得这个。国家大事，社稷安危，都要有真才实学的人拿出好主意。而口舌之徒，坐而论道，碰上事儿，却拿不出一个办法来，只能为天下人耻笑。一番话，说得张昭哑口无言。

之后，一个谋士问：曹操屯兵百万，将列千员，你说不怕？诸葛亮答：刘备退守夏口，是等待时机，而东吴兵精粮足，还有长江天险可守，却都劝孙权降曹，其实也可以理解。东吴的谋士一个接一个地向诸葛亮发难，先后都被诸葛亮反驳得哑口无言。

而（ér）

【说文原文】

而（如之切），颊毛也。象毛之形。《周礼》曰："作其鳞之而。"凡而之属皆从而。

【说文译文】

而，脸颊上的络腮胡子。字形像毛发之形。《周礼》上有句子说，"振作起它的鳞和脸颊上的毛"。所有与而相关的字，都采用"而"作边旁。

【字形演变】

甲骨文 → 金文 → 小篆 → 楷体

【本字溯源】

"而"是象形字。其甲骨文像下巴上的茂密长须，金文则像上下唇披挂的两排胡须、小篆承续金文字形，象胡须形。上面的"一"表示鼻端，"丨"表示人中；下面分内外两层，外层象两腮的胡子，内层象生在嘴下的胡子。并且小篆的形体基本上与金文相同。经过隶变楷化，最终楷书写作"而"。

"而"字本义是颊毛，即男人的胡须。如戴震注《周礼》："颊侧上出者曰之，下垂者曰而。"大意是，脸颊侧向上张的毛叫做"之"，向下垂的叫做"而"。

古时候，男子都留很长的胡须，这跟当时的审美观有关。因为那时候，人们觉得拥有一撮飘逸的胡须，是一个男子特有的魅力。据《三国演义》描写关羽"身长九尺，髯（胡须）长二尺"，于是便有了"美髯公"的称号，只要得意的时候，他便会捋一下二尺长的胡须。

【词意演变】

"而"字本义在古书中用得很少，今天根本不用了。"而"字借用为连词，有"和""及""就""并且"等多种含义和作用，表示多种关系。如表示并列关系的，唐朝柳宗元《捕蛇者说》："永州之野产异蛇，黑质而白章。"意思是，永州的野外生长着一种奇异的蛇，黑底子，白花纹。如表示承接关系，苏轼《石钟山记》："余方心动欲还，而大声发于水上，噌吰如钟鼓不绝。"意思是，我正心惊想要回去，忽然巨大的声音从水上发出，噌地响着像钟鼓的声音连续不断。

如表示转折关系的，《荀子·劝学》："青，取之于蓝而青于蓝；冰，水为之而寒于水。"意思是，靛青，是从蓝草中提取的，却比蓝草的颜色还要青；冰，是水凝固而成的，却比水还要寒冷。如表示假设关系，清朝徐珂《清稗类钞·战事类》："诸君而有意；瞻余马首可也。"意思是，诸位如果有意，看我马头的指向（通俗说就是听从我来指挥）就好了。如表示递进关系的，《荀子·劝学》："君子博学而日参省乎己，则知明而行无过矣。"意思是，君子广泛地学习，而且每天检查反省自己，那么他就会聪明多智，而行为就不会有过错了。

如表示修饰关系，连接状语，唐朝柳宗元《捕蛇者说》："吾恂恂而起。"意思是，我就小心翼翼地起来。又如《论语·为政》："子曰：'吾十有五而志于学，三十而立，四十而不惑，五十而知天命，六十而耳顺，七十而从心所欲，不逾矩。'"这段话的意思是，孔子说："我十五岁就立志于大学之道；三十岁就自立于道；四十岁就无所迷惑；五十岁就懂得了天道物理的根本规律；六十岁就所闻皆通；七十岁就能随心所欲而不越出法度。"

"而"也是一个部首字，由"而"字组成的字，基本上都与而有关，如："耐、耍、端、耎"等。如今，"而"字在人们的交流中使用频率很高，但是它的本义"胡须"几乎不为人知，在实际交流中本义"胡须"早已消失。

"而"字还有一个罕见的义项"你，你的"，只见于古文，如《左传·昭公二十年》："余知而无罪也。"意思是，我知道你是无罪的。大约也是由本义"胡须"引申而来。道理大约与指"鼻子"称"我"差不多。

毛（máo）

【说文原文】

毛（莫袍切），眉发之属及兽毛也。象形。凡毛之属皆从毛。

【说文译文】

毛，像眉发之类及兽毛。象形。所有与毛相关的字，都采用"毛"作边旁。

【字形演变】

金文 → 金文 → 小篆 → 楷体

【本字溯源】

"毛"是象形字。其金文字形，就像弯弯曲曲的毛发的形状，所以毛的本义是指人和动物身上的毛发，即"眉毛、头发、兽毛"。贺知章《回乡偶书》："少小离家老大回，乡音无改鬓毛衰。"意思说少年时离开家乡，年纪大了才得以返回故里，虽然乡音没有改，可两鬓的头发已经稀疏斑白了。《左传·僖公十四年》中有："皮之不存，毛将焉附？"意思是，皮都没有了，毛往哪里依附呢？比喻事物失去了借以生存的基础，就不能存在。"皮之不存，毛将焉附？"

如今，如果有人称赞你的头发长得好，你听到后肯定会很高兴。但是如果有人说你头上的毛长得很好，你听了肯定不会舒服。可是在古时候，"毛"也特指"头发"，如《左传·僖公二十年》："不禽二毛。""禽"是"擒"的假借字，意思为"捉拿"；"二毛"是头发黑白相间形成两种颜色，也就是头发斑白的意思，引申为上年纪的人。此句话的意思是，不捉拿上年纪的人。

【词意演变】

由于毛发是很细小的东西，所以"毛"引申出细微、微小的意思。比如"毛毛雨"，形容雨点很小；大人称小孩"小毛孩、毛丫头"；人身体上细小的血管称为"毛细血管"。

没有加工过的东西也用"毛"来形容，这些半成品称为"毛坯"。同时，毛还有动作不细心的意思。如"毛手毛脚"、"毛躁"。空域中还有"把人惹毛了"，意思是惹火了。另外，"毛"还是我国货币单位"角"的俗称，等于一元的十分之一。如"地上掉了一毛钱。"

"毛"也是百家姓之一，用作姓氏。古代名人有毛遂、毛亨、毛晋等，现代有毛泽东。"毛"也是汉字部首之一，由"毛"字组成的字，基本上都与其本义毛发有关，如："毫、毯、毽、毡、笔"等。

成语"皮之不存，毛将焉附"，出自《新序·杂事》：春秋时，有一年，魏国的东阳地方向国家交售的钱粮布帛比往年多出10倍，为此，满朝廷的大臣一齐向魏文侯表示祝贺。魏文侯对这件事并不乐观。他在思考，东阳这个地方土地没有增加，人口也还是原来那么多，怎么一下子比往年多交10倍的钱粮布帛呢？即使是丰收了，可是向国家上交也是有比例的呀。他分析这必定是各级官员向下面老百姓加重征收得来的。这件事使他想起了一年前他遇到的一件事。

一天，魏文侯外出巡游，在路上见到一个人将羊皮统子反穿在身上，皮统子的毛向内皮朝外，那人还在背上背着一篓喂牲口的草。魏文侯问道："你为什么反着穿皮衣背柴禾？"那人回答说："我很爱惜这件皮衣，我怕把毛露在外面搞坏了，特别是背东西时，我怕毛被磨掉了。"魏文侯听了，很认真地对那人说："你知道吗？其实皮子更重要，如果皮子磨破了，毛就没有依附的地方了，那你想舍皮保毛不是一个错误的想法吗？"那人不以为然，背着草走了。

如今，官吏们大肆征收老百姓的钱粮布帛而不顾老百姓的死活，这跟那个反穿皮衣的人的行为不是一样的吗？于是，魏文侯将朝廷大臣们召集起来，对他们讲了那个反穿皮衣的人的故事，并说："皮之不存，毛将焉附？如果老百姓不得安宁，国君的地位也难以巩固。希望你们记住这个道理，不要被一点小利蒙蔽了眼光，看不到实质。"众大臣深受启发。

任何事情都是一样的道理，基础是根本，是事物赖以存在的依据，如果本末颠倒，那将是得不偿失的。

血（xuè）

【说文原文】

血（呼决切），祭所荐牲血也。从皿，一象血形。凡血之属皆从血。

【说文译文】

血，祭祀时敬献给神灵的牲畜的鲜血。字形主要依据"皿"字而构造，字形中的

"一"，像器皿中装着鲜血的样子。所有与血相关的字，都采用"血"作边旁。

【字形演变】

甲骨文 → 金文 → 小篆 → 楷体

【本字溯源】

"血"是指事字。其甲骨文、金文、小篆、楷书的字形，都是皿上加一点，表示盆里有物，那一点就表示器皿中盛放的鲜血。经过隶变楷化，写作"血"。

"血"的本义是杀牲时用器皿盛血祭祀。古人最重视的是用盆盛血，凡是祭祀难免要杀生宰畜，用盆盛鲜血，摆上供品，然后跪拜祈祷；与人结盟时，也要用盆盛鲜血，再把它抹在嘴唇上，然后盟誓。古时候的人认为，这样做神灵就能知道。

【词意演变】

"血"字由本义引申为血液，泛指流动在人或动物心脏和血管内的不透明的红色液体。如《周礼·大宗伯》："以血祭社稷、五祀五岳。"《公羊传·僖公十九年》："叩其鼻以血社也。"汉代扬雄《法言》："原野厌人之肉，川谷流人之血。"这些用得都是"血"的主要义项"血液"，千百年来一直沿用。如今，人们常常使用的词语"血型"、"血压"、"血库"、"血迹"、"血泪"、"血书"、"血肉相连"、"狗血喷头"、"血口喷人"等，使用的都是"血"的这个义项。

"血"也当形容词使用，喻红色。《徐霞客游记》："杜鹃灿烂，血艳夺目"。唐代李朝威《柳毅传》：俄有赤龙长千余丈，雷目血舌。这里"血"都是"红色"这个义项。还有词语"血殷（暗红）、血旗（指红旗）、血紫（紫红色）"。

成语"歃血为盟"是古代订立盟约时的一种仪式。泛指发誓订盟。出自《史记·平原君虞卿列传》："毛遂谓楚王之左右曰：'取鸡狗马之血来。'毛遂奉铜盘而跪进之楚王，曰：'王当歃血而定从，次者吾君，次者遂'。"歃血，指古代会盟，把牲畜的血涂在嘴唇上，表示诚意；盟，指宣誓缔约。

成语"呕心沥血"的后两个字"沥血"出自唐代韩愈的诗歌《归彭城》："刳肝以为纸，沥血以书辞。"即是说挖出心肝来当纸，滴出血来写文章。"呕心沥血"的前两个字"呕心"出自《新唐书·李贺传》："是儿要当呕出心乃已尔！"讲述了诗人李贺作诗的故事。

李贺是唐朝著名的诗人,他七岁就开始写诗做文章,才华横溢。成年后,他一心希望朝廷能重用他,但是,他在政治上从来没有得志过,只好把这苦闷的心情倾注在诗歌的创作上。他每次外出,都让书童背一个袋子,只要一有灵感,想出几句好诗,他就马上记下来,回家后再重新整理、提炼。

母亲总是心疼地说:"我的儿子已把全部的精力和心血放在写诗上了,真是要把心呕出来才罢休啊!"李贺在他短暂的26年生涯中,留下了240余首诗歌,这是他用毕生的心血凝成的。后来"沥血"、"呕心"组成了成语"呕心沥血",比喻极度劳心苦思。

骨(gǔ)

【说文原文】

骨(古忽切),肉之核也。从冎,有肉。凡骨之属皆从骨。

【说文译文】

骨,肌肉所依附的坚硬组织。采用"冎"作字根,像是"冎"的框架上长有肌肉。所有与骨相关的字,都采用"骨"作边旁。

【字形演变】

甲骨文 → 金文 → 小篆 → 楷体

【本字溯源】

"骨"原来是个象形字。其甲骨文的字形,像剔了肉的人的枯骨,左右的小竖画像骨头转折处突出的形状,其中的斜线像骨架制成的形状。"骨"的本义就是骨头。如《战国策·燕策一》:"马已死,买其骨五百金。"意思说,千里马已经死了,于是用五百金买下千里马的马骨。又《庄子·秋水》:"吾闻楚有神龟,死已三千岁矣,王巾笥而藏之庙堂之上。此龟者,宁其死为留骨而贵乎?宁其生而曳尾于涂中乎?"意思是,我听说楚国有一神龟,已经死了三千年了,楚王用竹箱装着它,用巾饰覆盖着它,珍藏在宗庙里。这只神龟,是宁愿死去为了留下骨骸而显示尊贵呢,还是宁愿活着在泥水里拖着尾巴呢?"再如三国曹操《蒿里行》:"白骨露于野，千里无鸡鸣。"

【词意演变】

"骨"也引申为"尸骨，尸首"。指死去的人。唐代杜甫《自京赴奉先咏怀五百字》诗中最有名的是："朱门酒肉臭，路有冻死骨。"意思是，富贵人家门前飘出酒肉的味道，穷人们却在街头因冻饿而死。形容贫富悬殊的社会现象。在清朝袁枚《祭妹文》中有："当时虽觭梦幻想，宁知此为归骨所耶？"

"骨"因为其支撑的作用，又常常用来品评人物，这种用法始于汉末，魏晋以后曾经广泛流行，如《宋书·武帝纪》称刘裕"风骨奇特"，《南史·蔡撙传》称蔡撙"风骨鲠正"等。当时所谓"风骨"，一般指人的品质、气概方面的特点而言。又如唐代杜甫《送孔巢父发游江东兼呈李白》："自是君身有仙骨，世人那得知其故？"这里的"骨"指人的品质、气概。

由人的品质、气概，又可引申指文学作品的刚健风格。唐代李白《宣州谢朓楼饯别校书叔云》中有："蓬莱文章建安骨，中间小谢又清发。""蓬莱"本是传说中的仙山，多藏宝典秘录。东汉时期，人们称国家仓鼠的地方为蓬莱山，这里用"蓬莱文章"代之汉代文章。"建安骨"指东汉建安年间（193年—220年）的诗文创作，曹操父子和王粲等"建安七子"所写诗文内容充实，语言质朴，风格刚健俊爽，后人称之为"建安风骨"。

"骨"也是汉字部首之一，由"骨"字组成的字，基本上都与其本义骨头有关，如："髓、骷、髅、骼、骸、骭、骼、髁、骸、骱、骶、髋"等。

成语"泽及枯骨"一般用来赞美人的仁德。故事说：周文王为西伯的时候，曾经有一次到郊外巡察，看见死人的枯骨暴露于野外，于是命令随行的官吏掩埋死人的枯骨。随从的官吏说："这些是年久无后人的枯骨，早已找不到他的主人了！"

周文王说："天子拥有天下，天子就是天下的主人；诸侯拥有一个国家，就是一个国家的主人。现在我就是这些枯骨的主人！我要安葬这些枯骨。"全天下的人听到这件事，异口同声地说："西伯的惠泽，能惠及到死人的枯骨，更何况活着的人呢？"

肉（ròu）

【说文原文】

肉（如六切），胾肉。象形。凡肉之属皆从肉。

【说文译文】

肉，大块肉。字形像宰切下的大块兽肉。所有与肉相关的字，都采用"肉"作边旁。

【字形演变】

甲骨文 → 金文 → 小篆 → 楷体

【本字溯源】

"肉"是象形字。其甲骨文字形像一块有纹理的肉。小篆更像像动物肉形。后来"肉"字仍然保留了纹理的形状。这个字的字形像今天的"月"字，故人们曾经把"月"字称为"月肉旁"。"肉"是汉字的一个部首。

"肉"的本意为动物的肌肉。泛指供食用的动物肉。如《左传·隐公元年》："公赐之食，食舍肉。"《孟子·梁惠王上》："七十者可食肉矣。"又如"吃肉、蟹肉、家禽的黑肉、肉酱、肉山脯林、鱼肉、肉粥、肉羹"等，都使用的是这个义项。

【词意演变】

由"肉"的本意为动物的肌肉引申指人的肌肉、皮肤。《墨子·节葬》："其亲戚死，朽其肉而弃之，然后埋其骨。"《战国策·赵策》："人主之子也，骨肉之亲也。"《史记·廉颇蔺相如列传》："廉颇闻之，肉袒负荆，因宾客至蔺相如门谢罪。"大意是，廉颇听到他的话后，脱掉上衣，露着肌肉，背着荆条，有宾客引着，来到蔺相如的门前请罪。这个义项一直使用到现在。

另外，古时候，圆形中间有孔的铅笔盒玉器，孔内叫好，孔外叫肉。所以"肉"可以表示中间有孔的环状物的体部。如《尔雅·释器》："肉倍好谓之璧。"意思是，边比孔大一倍的叫璧。这个义项后来出了古玩市场外，一般也不使用了。又如"肉好"，中央有孔的圆形物体。孔称为好，孔周围的实体称为肉。

因为肉可以吃，所以把蔬果除去皮核外的可食部分也可以称作"肉"，如《齐民要术·种竹》："取笋肉五六寸者。"又如"肉果"、"肉杏"、"桂圆肉"等，都用得是这个义项。"肉"还可以表示行动迟缓，性子慢，如"肉得慌"、"肉脾气"、"做事真肉"。

"肉"也是汉字部首之一，由"肉"字组成的字基本上都与其本义肉有关，如："腐、脔"等。另一类是写作"月"，放在字的左边或下面，如"胸、肌、肚、胃、肾"等。

身（shēn）

【说文原文】

身（失人切），躬也。象人之身。从人厂声。凡身之属皆从身。

【说文译文】

身，就是身体。像人的躯体的形状。字形采用"人"作边旁，采用"厂"作声旁。凡是身的部属都从身。

【字形演变】

甲骨文 → 金文 → 小篆 → 楷体

【本字溯源】

"身"是象形字，其甲骨文、金文、小篆字形都想一个腹部隆起的侧面人的形状，腹部凸起的椭圆形，代表胎儿，是一个女子怀孕的样子。"身"的本义是指妇女怀孕。通常妇女怀孕叫"有了身子"或"双身子"。在《史记·吕不韦列传》："知有身。"意思说，吕不韦知道赵姬怀孕了。

【词意演变】

"身"由本义引申指人的躯干，即人体除了头、颈和四肢之外的躯体部分。后来范围扩大，在不同的词组中所指也不同，整个人的人体称为身，如"身高、身体"；颈部以下的部分称为身，如"身段、身材"。有时候人体的某一部位也称

"身",如"腰身",它所指的只是人的腰部。

由于"身"表示人的身体,也就顺理成章地被用来表示自己。如孔子的得意门生曾子说:"吾日三省吾身:为人谋而不忠乎?与朋友交而不信乎?传不习乎?"意思是,我每天多次反省自己:替人家谋虑是否不够尽心?和朋友交往是否不够诚信?要传授给学生的知识是不是自己还不精通熟练呢?"

"身"还可以引申为生命。我们常常说"舍身救人"、"奋不顾身"、"献身",都使用的是这个义项。

"身"用于抽象意义,指人的品行、冥界。如"洁身自好"、"修身养性";也可用来指人的社会地位,如"出身、身份、身败名裂"等。

生活中人们常常所说的"身怀六甲",即古代称女子怀孕。相传甲子、甲寅、甲辰、甲午、甲申、甲戌六个甲日,是上天创造万物的日子,也是妇女最易受孕的日子,故称女子怀孕为"身怀六甲"。

成语"身在曹营心在汉",说的是三国时关羽身陷曹操阵营,心里想着刘备。人虽然在对立的一方,但心里想着自己原来所在的一方。比喻坚持节操,忠贞不二。语出《三国演义》:关羽和刘备失散后,被曹操留在营中,"封侯赐爵,三日一小宴,五日一大宴,上马一提金,下马一提银",恩礼非常;但关羽却系念刘备,后来得知刘备在袁绍处,遂挂印封金,"过五关斩六将",终于回到刘备身边。

"身在曹营心在汉"现在多用来比喻在这里工作、任职,心却想念别处。多用来说人工作不安心,向往别的单位、部门,带上来贬义。

心(xīn)

【说文原文】

心(息林切),人心,土藏,在身之中。象形。博士说以为火藏。凡心之属皆从心。

【说文译文】

心,人的心脏,是属于土性的脏器,藏在身躯的中央位置。字形像泵血器官的形状。也有博学之士说,心是属火的脏器。所有与心相关的字,都采用"心"作边旁。

【字形演变】

甲骨文 → 金文 → 小篆 → 楷体

【本字溯源】

"心"是个象形字。其甲骨文字形像心脏的形状，上面的左右短斜可以看作是心脏上的血管或心脏内的瓣膜。从金文到小篆，"心"字的形状逐渐发生了一些变化，开始渐渐接近现在的"心"字的写法了。据甲骨文和小篆，中间像心；外面像心的包络。"心"的本意为心脏。如《后汉书·陈蕃传》："今寇贼在外，四肢之疾；内政不理，心腹之患。"方苞《狱中杂记》顺我，即先刺心；否则，四肢解尽，心犹不死。

【词意演变】

古人认为心是人的感情与思维器官，因此引申为"头脑、思想"，如《孟子》："心之官则思，思则得之，不思则不得也。""心之官则思"现在发展成为成语，心，古人以为心是思维器官，所以把思想的器官、感情等都说做心，现指脑筋；官，官能，作用。"心之官则思"意思是，脑筋的官能就是思维。白居易《卖炭翁》："心忧炭贱。汝心之固。"袁枚《黄生借书说》："用心专。"现在我们常常说"用心想一想"，所以"心"的引申义是思想、意念。

因为心脏位于身体的中央，所以"心"字引申为"中央、中心"。如圆心、中心、实心、向心。白居易《琵琶行（并序）》："东船西舫悄无言，唯见江心秋月白。"意思是，东面和西面的画舫和游船都静悄悄的，只看见江中心映着的秋月泛着白光。

"心"也是一个部首字，由"心"字组成的字，基本上都与心有关，如："想、念、思、虑、愁、慰、恙"等。

成语"心腹之患"出自《左传·哀公十一年》："越在我，心腹之疾也。"故事说，春秋末年，吴王夫差准备出兵伐齐，越王勾践带臣子及厚礼来朝见，夫差特别高兴。伍子胥认为出兵伐齐，作用不大，当前越国是吴国的心腹之患。夫差根本不听。没过几年，越国趁吴国北上伐晋国时出兵伐吴，将吴国彻底打败。"心腹之患"比喻隐藏在内部的严重祸害。也泛指最大的隐患。

手（shǒu）

【说文原文】

手（书九切），拳也。象形。凡手之属皆从手。𠂇，古文手。

【说文译文】

手，可以握成拳。字形像五指张开的手。所有与手相关的字，都采用"手"作边旁。𠂇，这是古文写法的"手"。

【字形演变】

金文 → 大篆 → 小篆 → 楷体

【本字溯源】

"手"是象形字。字的形状像五指伸开的手掌。"手"的金文、小篆字形，象伸出五指形。本义指人体上肢的总称，一般指腕以下的部分。《诗·邶风·北风》中有："携手同行。"《诗·邶风·击鼓》："执子之手，与子偕老。"意思说，我愿意牵着你的手，和你一起白头到老。这里的"手"是本义，直到今天都没有改变。常见的词语"手式、手套、情同手足、手脚了得、手到病除"等，用得都是"手"的本义。

【词意演变】

"手"由本义引申为"手艺，本领"。姜夔《满江红》："却笑英雄无好手，一篙春水走曹瞒。"又如词语"手段"、"留一手"。

"手"由本义引申为"拿着、执持"。《公羊传·庄公十三年》："庄公升坛，曹子手剑而从之。"常常用到的成语"手无寸铁"意思是手里没有拿着一点武器，"人手一册"意思是每人手拿一册书。又如词语"手袂"意思是以手执人衣袖。"手照"意思是手持的照明用具。

古籍中，和"手"相关的词组很多，有些词语的含义稍不留心就会混淆。比如"手谈"，不能理解为盲人的"手语"、"指语"，而是指"下围棋"。还有"手刺"，意思不是手上扎了刺，而是指古时候下级官员要去拜见高官，自己亲手写的介绍自己身份的名帖。

由于"手"是人的主要劳动器官,所以"手"也用来指擅长某种技能或做某种事的人。歌手是以歌唱为主要工作的人,神枪手是打枪特别准的人,劳动能手是劳动出色的人。

　　"手"也是一个部首字,由"手"字组成的字,基本上都与手有关,如:"拿、攀、拜、掰、拳、擎、摩"等。

　　成语"一手遮天"这个出自唐诗人曹邺《读李斯传》诗:"难将一人手,掩得天下目。"李斯本来是楚国上蔡人,后来到了秦国,劝说秦王,用金钱收买六国的诸侯大臣,收买不了的,就派人刺杀;离间六国的关系,然后派兵攻打。二十多年后,秦王统一了天下。李斯又上书说:"天下会大乱,是因为有各种学说流派,人听进去了,心里就会想别的。现在天下统一了,请制订完备的法令,请将诸子百家的书全部毁掉,天下就太平了。"秦始皇照办了。

　　晚唐诗人曹邺说:"用欺骗挑拨来获取国家利益是不对的,用法律来限制人民的思想是自取灭亡。一个人的手要掩住天下人的眼睛,这怎么可能呢!""一手遮天"意思是一只手把天遮住。形容依仗权势,玩弄手段,蒙蔽群众。

足(zú)

【说文原文】

足(即玉切),人之足也。在下。从止口。凡足之属皆从足。

【说文译文】

足,人的下肢,在人体的下部。字形采用"止、口"会意。所有与足相关的字,都采用"足"作边旁。

【字形演变】

甲骨文 → 金文 → 小篆 → 楷体

【本字溯源】

"足"是会意字。其金文文字形，上面的方口象膝，下面的"止"即脚，合起来指整个脚。因此"足"的本义就是"脚"。如"捶胸顿足"、"手舞足蹈"、"足不出户"、"足迹"等，都是使用的本义。

【词意演变】

"足"引申为"充实、足够"。王安石《游褒禅山记》："方是时，余之力尚足以入，火尚足以明也。"意思是，当（决定从洞内退出）时，我的体力还足够前进，火把还足够继续照明。这个意向经常使用，沿用了几千年，如今，"足金"、"足月"、"足以"、"充足"、"足智多谋"、"金无赤足"等，用得都是这个意思。

"足"由足够的意思引申为"值得、够得上"。东晋陶渊明《桃花源记》："不足为外人道也。"意思是不值得向外人说。《荀子·劝学》："百发失一，不足为善射。千里跬步不至，不足谓善御；伦类不通，仁义不一，不足谓善学。"意思是，射一百支箭，有一支没射中就不值得称作善射。驾车行千里，而差半步不到，就不值得称作善御。学者为学，而不能尽知其伦类，不能专一于仁义，就不值得称作善学。成语"不足挂齿"表示不值得一提。含有极端轻视的意思。

"足"也是一个部首字，由"足"字组成的字，基本上都与足有关，如："跳、跑、踢、跌、跛、跨、路、踮、踏、踹"等。

成语"画蛇添足"意思是画蛇时给蛇添上脚。比喻做多余的事，反而不恰当，应该适可而止。比喻凡事不可多此一举，以致弄巧成拙的道理。语出刘向《战国策·齐二》："蛇固无足，子安能为之足？"

楚国有个祭祀的人，把一壶祭酒赏给前来帮忙的门客。门客们互相商量说："几个人喝不够，一个人喝足够。请在地上画蛇，先画成的人喝酒。"一个人先把蛇画好了。他拿起酒壶准备饮酒，却左手拿着酒壶，右手画蛇，说："我能够给它画脚！"

没等他画完，另一个人的蛇画成了，夺过他的酒说："蛇本来没有脚，你怎么能给它画脚呢？"于是就把壶中的酒喝了下去。那个给蛇画脚的人最终失去了那壶酒。被用来形容做多余的事，不能锦上添花反而弄巧成拙。故事告诉人们做任何事都要实事求是，不卖弄聪明，否则非但不能把事情做好，反而会把事情弄砸。

止（zhǐ）

【说文原文】

止（诸市切），下基也。象艸木出有址，故以止为足。凡止之属皆从止。

【说文译文】

止，底部的基础。像草木长出地面有根茎的基址一样，所以古人用"止"表示"足"。所有与止相关的字，都采用"止"作边旁。

【字形演变】

甲骨文 → 金文 → 小篆 → 楷体

【本字溯源】

"止"是象形字。"止"是"趾"的本字。古代"止"、"趾"通用。其甲骨文字形。上部象脚趾头，下部象脚面和脚掌。"止"的本义是脚、脚趾。在《汉书·刑法志》中有："当劓者，笞三百，当斩左止者，笞五百。"意思是，原来应该判处割鼻子的，现改为杖打三百下；原来应该判处砍左脚的，现改为杖打五百下。

【词意演变】

古时候，交通工具不发达，车、马很少，人们出行大多步行，步行的时候，脚用力最多，走的时间长了，脚最累，甚至会疼痛，需要停下来休息，于是就用"止"表示停的意思，由此引申出"停住，停息、中断进程"的义项。

《韩诗外传》："树欲静而风不止，子欲养而亲不待也。"意思是，树想静静地呆一会，可是风却让他停息而摇曳。当你想赡养双亲，可能他们已等不及便过世了。《三国志·诸葛亮传》："于是与亮情好日密。关羽、张飞等不悦，先主解之曰：'孤之有孔明，犹鱼有水也。愿诸君勿复言！'羽飞乃止。"意思是，刘备从此同诸葛亮的情谊一天天地深厚了。关羽、张飞等人不高兴了，刘备劝解他们说："我有了孔明，就像鱼得到水一样。希望你们不要再说什么了。"关羽、张飞才平静下来（停息下来）。

《聊斋志异·狼三则》："一狼得骨止，一狼仍从。"意思是，一只狼得到骨头停住了，另一只狼仍然跟着他。《诗经·黄鸟》："交交黄鸟，止于桑。""交交"是鸟叫的声音。这句诗的意思是，交交而鸣的黄鸟，落（停息）在桑树上。

"止"可引申为停留，逗留。在《搜神记》中有："南阳西郊有一亭，人不可止，止则有祸。"一时说，南阳的西郊有一座亭子，人不能在里面逗留，逗留那么就会遭遇祸害。

"止"也被当副词使用表示"仅、只"。如宋朝沈括《梦溪笔谈·活板》："止印二三本。"意思是，只印刷两三本。再如《聊斋志异·狼三则》："止增笑耳。"意思是，只给人们增加笑料罢了。

"止"还可以当做语气助词，在句末可表肯定陈述语气。如《诗·小雅》："高山仰止，景行行止。"意思是，高山抬头看得清呢，沿着大道向前奔呢。"止"字，相当于语气词"呢"，这种用法在后世的诗文中几乎再没出现。

"止"也是汉字部首之一，由"止"字组成的字，基本上都与其本义脚有关，如："步、此"等。

冉（rǎn）

【说文原文】

冉（而琰切），毛冉冉也。象形。凡冉之属皆从冉。

【说文译文】

冉，毛发云密下垂。字形像毛发下垂的样子。所有与冉相关的字，都采用"冉"作边旁。

【字形演变】

甲骨文 → 金文 → 小篆 → 楷体

【本字溯源】

"冉"本来写作"冄"，是象形字。其甲骨文像从脸颊两侧垂下的毛发。"冉"的甲骨文字形，是一幅形象的图画，古人用简洁的几笔，勾勒出了一个长髯飘飘的脑袋,上面的桃形部分,代表人的头部;中间的"人"字形结构,表示的是头皮和脸部的分界线,古代男人女人都留长发,所以也可以认为这就是把前额垂下的头发梳在耳朵后的样子。

"人"字的下面就是人的面庞了,在两颊上,还有两绺弯弯曲曲有飘逸之感的毛发,那就是髯毛了,即脸颊两边的胡子。自此,"冉"的本义被表达的一目了然了,"冉"的本义就是脸颊两边的胡子。

"冉"的金文字形变得更加形象了,古人去掉了原来的"人"字形结构,而以一个尖拱的形状表示人的面部轮廓,上半部分是额头,下半部分是面颊,面颊两边的鱼尾状,就是生长旺盛的"髯毛"。

【词意演变】

由于胡子给人飘逸之感,故"冉"由本义引申为"毛发飘飘的样子",逐渐可以当形容词使用。那么要表示"脸颊两边的胡子"之义的时候,怎么办?于是,为了区别,人们又在"冉"上加了一个形符"彡(biāo)",意思是"毛发下垂的样子",创造的形声字"髯"。

由两个"冉"字组成的词语"冉冉",是一个常用的形容词,形容毛发或枝条柔软下垂的样子。曹植《美女篇》:"柔条纷冉冉,落叶何翩翩。"意思是,柔嫩的桑枝轻轻摇动,采下的桑叶翩翩飘落。"冉冉"也可以当副词使用,意思是"逐渐地、慢慢地"。如古乐府《陌上桑》:"为人洁白皙,鬑鬑颇有须。盈盈公府步,冉冉府中趋。"他有洁白的皮肤,脸上略长一些髭须。在公所中迈著方步,在府衙里慢慢地走踱。又如"太阳冉冉升起"、"冉冉上升"。

称谓篇

称呼人的汉字，总共介绍了16个，其中包括：男、女、夫、妇、妻、妾、婢、父、母、儿、妹、孙、我、尸、鬼、姑。

男（nán）

【说文原文】

男（那含切），丈夫也。从田从力。言男用力于田也。凡男之属皆从男。

【说文译文】

男，丈夫，即成年雄性。字形采用"田、力"会意，意思是男子在田间劳动耕作。

【字形演变】

甲骨文 → 金文 → 小篆 → 楷体

【本字溯源】

"男"是会意字，其甲骨文的右边是一个犁铧一样的工具，左边是一块田，会用犁铧耕田之意。古人在劳动上有所分工，农耕主要是男子的事情，因此以耒耕田来会男子之意。

"男"的本义就是指能在田地中劳动的壮年男子。如《礼记·内则》："三十而有室，始理男事。"意思说，男人到了三十岁成家立业，开始做男人该做的事情。又如东晋陶渊明《桃花源记》："男女衣着，悉如外人。"意思是，人们在田野里来来往往，耕种劳作，男女穿戴跟桃花源外面的人们完全一样。

我国古代，社会家庭分工明确，往往人们过着"男耕妇织"的生活。"男耕妇织"指男的耕田，女的织布。形容辛勤劳动。亦形容自给自足的小农家庭生活。在婚嫁中，人们常常会提到"男方"一词。"男方"指男子方面，相对女方而言（多指婚事中）。生活中人们也常常夸奖年轻的夫妻"男才女貌"。"男才女貌"指男人有才能，女人相貌美，理想的一对，多用于赞美新婚或年轻夫妇。

【词意演变】

"男"由本义引申为儿子。如唐代杜甫《石壕吏》："三男邺城戍。一男附书至，二男新战死。"意思是，三个儿子都去驻守邺城。其中一个儿子刚刚捎来一封信，信中说，另外两个儿子已经牺牲了！

"男"字也指封建制度五等爵位（公、侯、伯、子、男）的第五等。由于周朝的五等爵位都是男子充任，所以"男"字就被借用了。在《礼记·王制》中记载："王者之制禄爵，公、侯、伯、子、男，凡五等。"第五等爵位一直到清朝还在沿用。在外国也有爵位称为"男爵"，是对宫廷显贵的尊称，国王的大部分高级世俗贵族都被封为男爵。

女（nǔ）

【说文原文】

女（尼吕切），妇人也。象形。王育说。凡女之属皆从女。

【说文译文】

女，妇人。字形像妇人跪坐的形象。这是王育（约为东汉人）的说法。所有与女相关的字，都采用"女"作边旁。

【字形演变】

甲骨文 → 金文 → 小篆 → 楷体

【本字溯源】

"女"是象形字，其甲骨文的字形像一个妇女跪坐着，双手交叉，或许是在跟人行礼、打招呼。金文的字形与甲骨文字形基本上相类似，只是最上面多了一横，可以理解为发髻之类的饰品。在造字时代，中原地区已经进入了农业社会。人们的社会分工，一般是男人在田地里从事耕作，女人在家里从事家务。"男"、"女"

的甲骨文字形，正好说明了这种分工。"男"字从田从力，"女"字双手交叉跪坐在家里。不过要说明，这种跪坐，不是今天的下跪，而是一种坐的姿势，双腿并拢屈膝臀部放在脚后跟上。当时没有今天的椅子、凳子，这种姿势站起时比较省力。

"女"字的本义即"妇女"，如《诗·周南·关雎》："窈窕淑女，君子好逑。"意思是那娴静美丽的女子啊，是男子的好配偶。如《玉台新咏·古诗为焦仲卿妻作》："女行无偏斜，何意致不厚。"意思是，这个女子的行为并没有什么不正当，哪里料到会使母亲不满意呢？东晋陶渊明《桃花源记》："男女衣着。"

【词意演变】

"女"字由本义引申为女儿，如《礼记·曾子问》："孔子曰：'嫁女之家，三夜不熄烛，思想离也。'"意思是，孔子说："嫁女儿的家庭，三个晚上都点着蜡烛，让女儿和家人互相多看几眼，因为他们要永远分别了。"又如《乐府诗集·木兰诗》："不闻爷娘唤女声。"《乐府诗集·木兰诗》："不闻机杼声，惟闻女叹息。"

男大当婚，女大当嫁。女儿长大以后要嫁人，所以"女"字由本义引申为"以女嫁人"，如《左传·桓公十一年》："宋雍氏女（读音nǜ）于郑庄公，曰雍姞，生厉公。"意思是，宋雍氏把女儿嫁给了郑庄公，叫雍姞，生下了厉公。

我们阅读古籍时，可以看到"女墙"一词，如刘禹锡《石头城》："淮水东边旧时月，夜深还过女墙来。""女墙"指城墙上的矮墙，也称"女儿墙"。女儿墙在古代时叫"女墙"，包涵着窥视之义，是仿照女子"睥睨"之形态，在城墙上筑起的墙垛，所以后来便演变成一种建筑专用术语。特指房屋外墙高出屋面的矮墙，在现存的明清古建筑物中我们还能看到。

"女"字假借为"汝"，表示代词"你"。《诗·魏风·硕鼠》："三岁贯女。"《论语·为政》："子曰：由！诲女知之乎？"《史记·五帝本纪》："女谋事至而言可绩。"这几个句子中"女"字都表示代词"你"。

"女娲补天"是我国古代神话传说。远古时，支撑天地四方的四根柱子坍塌了，大地开裂；天有所损毁，不能尽覆万物，地有所陷坏，不能遍载万物；火势蔓延而不能熄灭，水势浩大而不能停止；凶猛的野兽吃掉善良的百姓，凶猛的禽鸟用爪子抓取老人和小孩。

于是，女娲冶炼五色石来修补苍天，砍断海中巨龟的脚来做撑起四方的柱子，杀死黑龙来拯救中原，用芦灰来堵塞洪水。天空被修补了，天地四方的柱子重新竖立了起来，洪水退去，中原大地上恢复了平静；凶猛的鸟兽都死了，善良的百姓存活下来。

夫（fū）

【说文原文】

夫（甫无切），丈夫也。从大，一以象簪也。周制以八寸为尺，十尺为丈。人长八尺，故曰丈夫。凡夫之属皆从夫。

【说文译文】

夫，成年男子。字形采用"大"作边旁，用一划表示成年男子头发上的簪子。周代的长度制度，将八寸算作一尺，将十尺算作一丈。成年男子身高达到八尺丈把，所以称成年男子为"丈夫"。所有与夫相关的字，都采用"夫"作边旁。

【字形演变】

甲骨文 → 金文 → 小篆 → 楷体

【本字溯源】

"夫"是象形字。其甲骨文字形，像一个正面站着的人形（大），这个成年人头顶上面加了一横，表示头发上插一根簪（zān）将头发扎起来，意思是成年男子，是个丈夫了。古时男子成年束发加冠才算丈夫，故加"一"做标志。"夫"本义成年男子的通称。如《韩非子·五蠹》："古者丈夫不耕，草木之实足食也；妇人不织，禽兽之皮足衣也。"汉代贾谊《论积贮疏》："一夫不耕，或受之饥。"

【词意演变】

成年男子一般都会结婚，成为妻子的丈夫。因此，"夫"由本义引申为丈夫。《虞初新志·秋声诗自序》："大儿初醒声，夫叱大儿声，一时齐发。《乐府诗集·陌上桑》："使君自有妇，罗敷自有夫。"这几个句子中，都使用的是"丈夫"这个义项。

"夫"旧称从事某种体力劳动的人，如"农夫、人力车夫、马夫、轿夫"等，都使用的是这个意思。

"夫"对男子的美称。意思是"大丈夫"。如柳亚子《诸将六首》："西川刘禅本非夫，文灿贪庸亦竖奴。"

"夫"也当助词使用，用于句首，有提示作用。如《史记·项羽本纪》："夫秦有虎狼之心。"意思是，秦国有虎狼之心。如宋代苏洵《六国论》："夫六国与秦皆诸侯，其势弱于秦。"意思是，六国与秦国都是诸侯国，但是六国的势力却比秦国弱。宋代苏洵《六国论》："夫战，勇气也。"意思是，战争，靠的是勇气。

日常生活中，人们谈到夫妇的时候，"夫"通常被称为"丈夫"，"丈夫"一词的由来有两种说法。一种源自母系时代的夫妻传统礼仪而得来。众所周知那是一个女尊男卑的时代，男女结为夫妻之后，男的怕被别的男人抢走，就天天跟在女的后面一丈远的地方。不能进了不能远了，大概就是不能在视线之外了，所以男的被称之为"丈夫"。

另一种说法，中国古代一些部落有抢婚的习俗。女子选择夫婿，身高很重要，以身高一丈为标准。商代以前一尺为16.9cm，一丈为1米69。身高一丈的夫婿，才可抵御强人的抢婚。根据这种情况，女子称她所嫁的男人为"丈夫"。

妇（fù）

【说文原文】

妇（房九切），服也。从女持帚洒扫也。

【说文译文】

妇，服侍男人的女人。字形采用"女、帚"会意，表示女人持帚在家洒扫。

【字形演变】

甲骨文 → 金文 → 小篆 → 楷体

【本字溯源】

"妇"是个会意字。其甲骨文字形就像是一个跪坐着的女子，手中拿着一把笤帚。甲骨文字形，左边是"帚"，右边是"女"。从女持帚，表示洒扫。手拿着笤帚扫地，是典型的家务劳动，所以"妇"的本义服侍丈夫，操持家务的女人，已婚的女子。如唐代杜甫《石壕吏》："听妇前致词，三男邺城戍。"意思是，听到妇人走上前说话：三个儿子都去驻守邺城。"妇"泛指妇女，常指成年女子。如唐代杜甫《兵车行》："纵有健妇把锄犁，禾生陇亩无东西。"又如"妇德、妇道人家"。

【词意演变】

"妇"引申为妻子。如唐代白居易《琵琶行（并序）》："门前冷落鞍马稀，老大嫁作商人妇。"意思是，门前车马减少光顾者落落稀稀；青春已逝我只得嫁给商人为妻。又如《乐府诗集·焦仲卿妻》："十七为君妇，心中常苦悲。"意思是，十七岁做了您的妻子，心中常常感到痛苦的悲伤。

"妇"还可引申为儿媳。《论衡·偶会》："父殁而子嗣，姑死而妇代。"《玉台新咏·古诗为焦仲卿妻作》："三日断五匹，大人故嫌迟。非为织作迟，君家妇难为。"意思是，三天就织成五匹绸子，婆婆还故意嫌我织得慢。并不是因为我织得慢，（而是）您家的媳妇难做啊！又如："妇姑"，即婆媳。

"妇孺皆知"这个成语意思是，妇女和儿童都知道，指知名度高。形容大家都知道或一看就明白了的简单事物。它的意思也已经"妇孺皆知"了，但里面还有深层的含义。在词语发明的当代，只有男人是一家之主，女人和儿童的地位是卑微到"不能上桌吃饭"的，从这点我们可以想到：连当代最卑微的妇女和儿童都知道，还有谁不知道呢？

妻（qī）

【说文原文】

妻（七稽切），妇与夫齐者也。从女，从屮，从又。又，持事，妻职也。

【说文译文】

妻，与丈夫相齐配的妇人。字形采用"女、屮、又"会意。又，表示操持事务，是妻子的职责。

【字形演变】

甲骨文 → 金文 → 小篆 → 楷体

【本字溯源】

"妻"是会意字，其甲骨文字形的左边是一个女子的形状，其头顶上的三条竖线，表示头发；左边是一只手的形状，好像要抓这个女子的头发的样子，会抢婚之意。抢婚是原始社会的一种婚俗，即由男子通过掠夺其它氏族妇女的方式来缔结婚姻，亦名"抢夺婚"。这个习俗到了现代，已经演变成了一种结婚仪式中不可缺少的组成部分，无论新娘新郎多么的情投意合、无论双方家长多么满意，结婚当天，新浪必须带着几个弟兄到女方家把新娘抢来，新娘是不能自己到新郎家的。

"妻"的本义是男子的配偶，即妻子。东晋陶渊明《桃花源记》："率妻子邑人来此绝境，不复出焉，遂与外人间隔。"意思是，带领妻子儿女和乡亲们来到这块和外界隔绝的地方，不再出去，就此同外面的人断了来往。唐代杜甫《闻官军收河南河北》："剑外忽传收蓟北，忽闻涕泪满衣裳。却看妻子愁何在，漫卷诗书喜欲狂。"意思是，剑门关外忽然听说官军收复蓟北，乍听到止不住的泪水洒满了衣裳。回头看妻儿的愁容不知去了何方。胡乱收拾着诗书不由得欣喜若狂。

"妻"有很多别称。古时候，人们无论官职大小通称妻子为"孺人"。卿大夫的嫡妻成为"内子"，泛指妻妾为"内人"。妻还被称为"内助"，意思是，帮助丈夫处理家庭内部事务的人。"贤内助"是好妻子的美称。旧时对别人谦称自己的妻子为"拙内"、"贱内"。而官职较高的阶层中对妻子的称呼却反映出等级制度来。如诸侯之妻被称为"小君"，汉代以后王公大臣的妻子被称为夫人，唐、宋、明、清个超还对高官的母亲或妻子加封，称诰命夫人。

【词意演变】

"妻"还可引申为娶女子为配偶，如《左传·桓公六年》："齐侯又请妻之。"又如《孟子》："好色，人之所欲，妻帝之二女，而不足以解忧。"

"妻"用作动词（读音为qì），引申为以女嫁人，如《汉书·吴芮传》："黥布归芮，芮妻之。"注："妻，嫁女与人也。"意思是，黥布归顺芮，芮把女儿嫁给了他。又如《论语·公冶长》："子谓公冶长：'可妻也。虽在缧绁之中，非其罪也。'以其子妻之。"意思是，孔子评价公冶长说：可以把女儿嫁给他。他虽然被关在牢中，但这不是他的罪过呀。于是孔子就把自己的女儿嫁给了公冶长。

"秋胡戏妻"是我国元代杂剧作品。这是一则早在民间流传的故事，事见刘向《列女传》，唐有《秋胡变文》：秋胡新婚才三日，即被征召入伍，妻罗梅英在家含辛茹苦，侍奉婆婆。财主李大户倚势谋娶，遭梅英拒绝。十年后，秋胡得官荣归，在桑园相遇，竟调戏梅英。梅英发现调戏自己的竟是盼望多年的丈夫，顿感羞辱，要求离异，迫于婆母之命，勉强相从。全剧充满喜剧色调，但又写出了妇女的不幸遭遇，讴歌了她们的反抗精神。语言本色，成就较高，今仍在舞台演出。

妾（qiè）

【说文原文】

妾（七接切），有辠（罪）女子，给事之得接于君者。从立，从女。《春秋》云："女为人妾。"妾，不娉也。

【说文译文】

妾，有罪的女子中，为君王服务并有机会接触君王的女子。字形采用"立、女"会意。《春秋左传》上说："如果是女的，将成为别人的侍妾。"妾，就是不娉而娶的女子。

【字形演变】

甲骨文 → 金文 → 小篆 → 楷体

【本字溯源】

"妾"是会意字，其甲骨文字形的下部是一个面朝左跪着的女人的样子，其头顶上是一把平头铲刀之形，表示刑具。"妾"的本意为有罪的女子。古代女子有罪则罚为女奴，所以引申指女奴隶。如《书·费誓》："臣妾逋逃。"这句子中，"臣"指男奴隶，"妾"指女奴隶，"逋逃"就是逃跑的意思。这句话的意思是，男奴隶和女奴隶逃跑了。《周礼·太宰》：八月臣妾。

【词意演变】

在奴隶社会，奴隶的主要来源于战争中俘获的敌人，为了防止俘虏反抗或逃跑，战胜者通常给俘虏戴上绳索或刑具。奴隶社会，奴隶主可以任意处置奴隶，包括买卖、杀死、赏赐，当然也可以让她们作配偶。但是由于她们是奴隶，地位低，所以"妾"引申为古代男子在妻子以外娶得的女子，即小老婆，如《礼记·内则》："聘则为妻，奔则为妾。"意思是，聘娶的就称为妻子，私奔的就称为小老婆。

《战国策·齐策》："复问其妾。"意思是，又问他的小老婆。《谷梁传》："毋以妾为妻。"意思是，不要把小老婆当成妻。古时候有"宁为贫妇，不为富妾"的俗话，大意是，宁愿要做贫穷人家的妻子，也不做富贵人家的小老婆。反应了古代妾的地位的卑贱。

由于"妾"的地位卑贱因此被视为下贱之人，故"妾"字又可以作旧社会妇女自称的谦词。《孔雀东南飞》："妾不堪驱使，徒留无所施。便可白公姥，及时相遣归。"意思是，我（刘兰芝）既然担当不了（您家的）使唤，白白留着也没有什么用。（您）现在就可以去禀告婆婆，趁早把我遣送回娘家。

又如"妾身"，旧时女子谦称。《后汉书·列女传》中有乐羊子的故事，说乐羊子在路上捡了一块金子，高兴地回家交给了妻子，他的妻子说："妾闻志士不饮盗泉之水，廉者不受嗟来之食，况拾遗求利以污其行乎！"意思说，我听说有志气的人不饮盗泉之水，廉洁公正的人不吃嗟来之食，何况你是捡到别人丢失的金子来玷污自己的品行呢！乐羊子听后十分惭愧，就把金子扔弃到野外，然后远出拜师求学去了。

婢（bì）

【说文原文】

婢（便俾切），女之卑者也。从女从卑，卑亦声。

【说文译文】

婢，女人中地位低下的人。字形采用"女、卑"会意，"卑"也作声旁。

【字形演变】

甲骨文 → 大篆 → 小篆 → 楷体

【本字溯源】

"婢"是会意兼形声字，其甲骨文字形的左边是"妾"，右边是"卑"字，表示卑下，会意表示卑贱的女子；"卑"也作声符表音。"婢"的本意为古代罪人的眷属没入宫为婢，后通称受役使的女子，即奴婢。唐代李朝威《柳毅传》："为婢仆所惑。"意思是，被奴婢仆人所迷惑。《史记·扁鹊仓公列传》："妾愿没入官婢，以赎父刑罪，使得自新。"意思说，我愿意没入官府当奴婢，来抵赎父亲的刑罪，使他得以自新。

【词意演变】

"婢"由本义可引申泛指旧社会富有人家雇来役使的地位低下的女仆。唐代白居易《续古诗十首》:"豪家多婢仆,门内颇骄奢。"诗句的大意是,豪门权贵的家里有很多婢女、仆人,门府之内大多非常骄横奢侈。

古典文献中,经常会碰到"婢子"一词,这个词有时可以当"婢女"解释。如韩愈《送殷员外序》:"持被入直三省,丁宁(叮咛)顾婢子,语刺刺不能休。"也用作古代妇女的谦称。《左传·僖公二十二年》:"寡君之使婢子侍执巾栉,以固子也。"

"婢女"旧社会供有钱人家役使的女孩子。婢在古代地位低下,有时甚至比不上一口牲畜,可以任主人家买卖。

父(fù)

【说文原文】

父(扶雨切),矩也。家长率教者。从又举杖。

【说文译文】

父,是规矩的代表,是一家之长,是带领、教育子女的人。字形采用"又"作边旁,像一手举杖教训子女的样子。

【字形演变】

甲骨文 → 金文 → 小篆 → 楷体

【本字溯源】

"父"是个指事字,其甲骨文字形的左边是一竖线,像是一根木棒的形状;右边是一只手,像右手里拿着棍棒的形状。意思是,手里举着棍棒教子女守规矩的人是家长,即父亲。"父"的本义就是父亲。

《史记·屈原贾生列传》:"夫天者,人之始也;父母者,人之本也。人穷则反本,故劳苦倦极,未尝不呼天也;疾痛惨怛,未尝不呼父母也。"意思是,天是人类的原始,父母是人的根本。人处于困境就会追念本原,所以到了极其劳苦疲倦的时候,没有不叫天的;遇到病痛或忧伤的时候,没有不叫父亲母亲的。

《荀子·致仕》:"君者,国之隆也;父者,家之隆也。隆一而治,二而乱,自古及今,未有二隆争重而能长久者。"大意是说一国之中,以君王为最尊贵,一家之中以父亲为最尊,其他的人都应该服从他们,否则社会就出现混乱。《世说新语·言语》:"孙文举年十岁,随父到洛。"意思是,孔文举十岁的时候,跟随父亲到洛阳。

【词意演变】

"父"也用作对某一种大事业的创始者的尊称。如"国父、革命之父、氢弹之父、杂交水稻之父、原子能之父"等。

"父"由本义引申为对和父亲同辈的男性亲属的称呼。如"伯父、叔父。"后亦以称姻亲中的长辈。如"姑父、姨父、舅父、岳父。"

"父"在古代也表示对老年男子的尊称(读音为fǔ),如《史记·项羽本纪》:"纵江东父老怜而王我,我何面目见之?"又如《史记·张释之冯唐列传》:"父知之乎?(父·老先生)"。再如"渔父、田父"。

母(mǔ)

【说文原文】

母(莫后切),牧也。从女,象襄子形。一曰象乳子也。

【说文译文】

母,像养牛一样哺育子女。字形采用"女"作边旁,像怀抱孩子的样子。另一种说法认为,"母"的字形像给孩子喂奶的样子。

【字形演变】

甲骨文 → 金文 → 小篆 → 楷体

【本字溯源】

"母"是象形字。甲骨文字形，像一个面朝左屈身跪坐的女人，双手交叉在胸部，两个黑点表示这个女人露出双乳准备哺乳子女。"母"的本义就是哺育抚养孩子长大的母亲。《礼记·曲礼》："生曰父曰母，死曰考曰妣。"意思是，活着的时候称呼父称呼母，去世了称作考称作妣。考，原指父亲，后多指已死的父亲；妣，原指母亲，后称已经死去的母亲。杜甫《石壕吏》："有孙母未去，出入无完裙。"意思是，因为有孙子在，他的母亲还没有离去，出出进进没有完整的衣服。又如词语"母以子贵、母子、母族"，使用的是本义。

【词意演变】

"母"由本义引申为家族或亲戚中的长辈女子。如"舅母、祖母、叔母、伯母"等。

"母"也用来表示事物的本源。如"母本、母树、母金、母线、元音、母语、母国、母校、字母"等。

"母"是女性的专有名词，相当于动物中的雌性，故引申为雌性的，特指能生子或能下蛋的，如："母蜂、母牛、母鸡、母老虎"等。

"孟母三迁"即孟轲的母亲为选择良好的环境教育孩子，多次迁居。《三字经》里说："昔孟母，择邻处。"孟母三迁便出自于此。大意是孟子的母亲为了使孩子拥有一个真正好的教育环境，煞费苦心，曾两迁三地，现在有时用来指母亲用心良苦。

孟轲，即孟子，名轲。战国时期鲁国人（现在的山东省境内）。三岁时父亲去世，由母亲一手抚养长大。孟子小时候很贪玩，模仿性很强。他家原来住在坟地附近，他常常玩筑坟墓或学别人哭拜的游戏。母亲认为这样不好，就把家搬到集市附近，孟子又模仿别人做生意和杀猪的游戏。孟母认为这个环境也不好，就把家搬到学堂旁边。孟子就跟着学生们学习礼节和知识。孟母认为这才是孩子应该学习的，心里很高兴，就不再搬家了。这就是历史上著名的"孟母三迁"的故事。后来，大家就用"孟母三迁"来表示人应该要接近好的人、事、物，才能学习到好的习惯！

儿（ér）

【说文原文】

儿（汝移切），孺子也。从儿，象小儿头囟未合。

【说文译文】

儿，幼子。字形采用"儿"作边旁，像小孩的头盖骨没有密合的样子。

【字形演变】

甲骨文 → 金文 → 小篆 → 楷体

【本字溯源】

"儿"是象形字。其甲骨文字形，下面是"人"字，上面象小儿张口哭笑。"儿"的本义是幼儿。古时男称儿，女称婴，后来孩童都称儿。《史记·循吏列传》："老人儿啼。"意思是，老人和幼儿哭。《列子·汤问》："见两小儿辩斗。"意思是，看到两个小孩在辩论。又如"儿话、儿啼、儿孩"，都使用的是这个义项。

【词意演变】

"儿"由本义引申为儿女、父母所生的子女、第一代后裔。如"小儿"、"儿孙满堂"、"儿女夫妻"、"儿女之情"等。

"儿"表示父母对儿子的称呼。《汉书·张汤传》："汤为儿守舍。"辛弃疾《清平乐·村居》："大儿锄豆溪东，中儿正织鸡笼。"《乐府诗集·木兰诗》："阿爷无大儿。"这几句中，都使用的是此义项。

"儿"表示子女对父母的自称，《玉台新咏·古诗为焦仲卿妻作》中有："兰芝惭阿母：'儿实无罪过。'"意思是，刘兰芝惭愧地对母亲说："女儿实在没有什么过错。"

"儿"表示古代年轻女子的自称，《乐府诗集·木兰诗》："送儿还故乡。"

"儿"也是汉字部首之一，由"儿"字组成的字，大都与"人"有关。如："兄、兑、兒"等。

"儿"用作词语的后缀，可以表示"儿"化音。汉语后缀的"儿"不自成音节，而和前面一个音节合在一起构成带卷舌韵母r的音节。"儿"多用作名词后缀，表示小。如"盆儿、棍儿、小猫儿、小车儿、小孩儿"等。"儿"表示词性变化。动词名词化，如"唱儿、逗笑儿"；形容词名词化，如"亮儿、零碎儿"。

历史上有一个皇帝自称"儿皇帝"，指五代时期石敬瑭向契丹借兵，建立后晋，在与耶律德光的国书中自称"儿皇帝"。后泛指投靠外国，建立傀儡政权的统治者。出自《新五代史·四夷附录第一》：石敬瑭背叛后唐，后唐派兵讨伐，石敬瑭向契丹求援。9月，契丹军南下，击败后唐军。石敬瑭灭后唐后，按约定将燕云十六州献给契丹，使中原地区丧失了北方屏障。另外，每年纳岁绢三十万匹，并向比他小10岁的辽太宗耶律德光自称为"儿皇帝"，奉耶律德光为"父皇帝"。石敬瑭靠契丹的保护，做了七年的儿皇帝，就病死了。

妹（mèi）

【说文原文】

妹（莫佩切），女弟也。从女未声。

【说文译文】

妹，同一父母的女孩中比自己年纪小的。字形采用"女"作边旁，采用"未"作声旁。

【字形演变】

甲骨文 → 金文 → 小篆 → 楷体

【本字溯源】

"妹"是形声字，其甲骨文字形的右边是一个半跪的女子的形象，表形；左边是一个"未"字，后来人们将"女"和"未"的左右位置换了一下，逐渐演变为今天的"妹"字形。"妹"的本义是"女弟"，也就是妹妹，同父母而年龄小的女子。《诗·卫风·硕人》："东宫之妹，邢侯之姨。"意思是，太子的亲妹妹，也是邢侯的小姨子。《左传·襄公十二年》："及姑姊妹。"意思是，还有姑姑姐姐妹妹。

【词意演变】

"妹"引申泛指少女、女孩子、年轻女子。如:"打工妹、外来妹、靓妹"。需要注意的是,"妹"与"妺"是两个不同的字。"妹"从"未"得声,"妺"从"末"得声,不能混淆。

如今我们称呼妹妹的丈夫为"妹夫",而古时候通常称呼"妹婿"。白居易《杨尚书新授东川节度使代妻戏贺兄嫂》:"觅得黔娄为妹婿,可能空寄蜀茶来。"其中,"黔娄"是指战国时期齐国的贤士,他隐居不仕,生活贫贱,后世的诗文中常常用来比喻有才能的贫穷士人。

民间流传着"苏小妹三难新郎"的故事。宋代著名词人秦观,字少游,才华过人。他听说苏东坡的妹妹苏小妹,不但相貌端秀而且工诗善词,便怀有爱慕之心。一日闻小妹要到庙中进香,便扮作游方道人,亲自相看,以试其才。经过对答,秦少游见苏小妹果然名不虚传,便去苏家求婚。苏洵让每个求婚者写一篇文章,交女儿批阅。小妹在少游的文章上批道:"不与三苏同时,当是横行一世。"苏洵便将苏小妹许给了秦少游。

成婚那天,小妹发现秦少游原来是"疯道人",便有意相难。开始两题都没有难倒秦少游,小妹便出一联让少游足对:闭门推出窗前月。秦少游左思右想对不出来,在院子里走来走去,最后停留在一口荷花缸前。直到三更,苏小妹的大哥苏东坡看见了,虽替妹夫焦急,却又不便代劳。突然,他灵机一动,拾起一块石头,投进盛满清水的荷花缸里。秦少游听到"卟通"一声,见池中月影散乱,顿时领悟,脱口而出:"投石冲开水底天"。苏小妹闻声大喜,急忙打开洞房门迎进新郎。

孙(sūn)

【说文原文】

孙(思魂切),子之子曰孙。从子从系。系,续也。

【说文译文】

孙,儿子的儿子叫孙子。字形采用"子、系"会意,"系"表示后代连续不断。

【字形演变】

甲骨文 → 金文 → 小篆 → 楷体

【本字溯源】

孙 "孙"是会意字，其甲骨文字形的左边是个小孩子的形状，右边是绳索的形状，绳索就是有系联的意思，也就是说，系于"子"下者就是"孙"。小篆字形右的绳索的形状变成了"系"字。表示系联，正是"子子孙孙，无穷匮也"的意思。后来右边的"系"字，经过简化变成"小"字，成为如今的"孙"字。因此，"孙"的本义就是儿子的儿子。《石壕吏》："室中更无人，惟有乳下孙。"意思是，家里再没有别的男丁，只有还在吃奶的孙子。我们日常所说的"孙子、孙女、外孙、侄孙、长孙、曾孙、祖孙"，使用的也是这个义项。

【词意演变】

"孙"由本义引申为后代子孙。宋代苏洵《六国论》："子孙视之不甚惜，举以予人，如弃草芥。"意思是，后代子孙对那些土地却并不十分珍惜，把他随手送给别人，好像丢弃（不值钱的）小草一样。古籍中，有"孙竹"一词，是指竹的枝根（即竹鞭）末端新生的竹。《周礼·大司乐》："孙竹之管。"

"孙"也是常见的姓。百家姓开头就是"赵钱孙李"，历史上有很多孙姓名人。如春秋末年的军事家孙武，后人尊称其为孙子、孙武子、兵圣、百世兵家之师、东方兵学的鼻祖。著有《孙子兵法》。

"孙康映雪"讲的是，晋朝人孙康从小喜欢读书，但是家贫没钱买灯油，晚上不能看书，他觉得非常可惜，白白地浪费光阴，就尝试在月光下读书，但是太暗。有一年的冬天，外面下起了很大的雪，孙康半夜梦醒，见一丝亮光从窗缝里钻进来，原来是大雪映出来的，他起身对着亮光看起书来，发现书上的字在雪地里看得很清楚，孙康非常高兴，忙坐雪地里看书，坐累了就躺在雪地里，映着雪的反射光线读书。此后，每遇到下雪，孙康不顾严寒，躺在雪地里读书，时间长了手脚都长满冻疮，但是经过他长久的刻苦努力终于成为饱学之士，最后官拜御史大夫。

我（wǒ）

【说文原文】

我（五可切），施身自谓也。或说我，顷顿也。从戈从才。才，或说古垂字。一曰古杀字。凡我之属皆从我。

【说文译文】

我，当事人对自己的称谓。有的说，"我"是顷顿。字形采用"戈、才"会意。才，有的说这是古文的"垂"字。另一种说法认为，才是古文的"杀"字。所有与我相关的字，都采用"我"作边旁。

【字形演变】

甲骨文 → 金文 → 小篆 → 楷体

【本字溯源】

"我"是象形字，其甲骨文字形的上部朝左的部分，表示带利齿的武器（锋利的戈），中间一竖是一条长柄。其金文字形写的比较弯曲，与甲骨文相类似。其小篆字形更加线条化了，已经看不出是兵器的形状了。"我"的本义是手持大戌，呐喊示威。

随着历史的发展，其本义完全消失，后由"哦"代替，后世仅用它的假借义，第一人称代词用（强者对自身的傲称）。如"我们、我辈、我军、我国、我家、自我、我行我素、唯我独尊"等。

《诗·小雅·采薇》："昔我往矣，杨柳依依；今我来思，雨雪霏霏。"《孟子·尽心上》："万物皆备于我矣。"值得注意的是上古时代，"吾"和"我"在语法上有分别。"吾"不用于动词后面作为宾语。如《庄子》："今者吾丧我。"

【词意演变】

"我"一般是自称之词，有时也可指"我方、我国"，如《左传·庄公十年》："春，齐师伐我。"意思是，（鲁庄公十年的）春天，齐国的军队讨伐我们的鲁国。在一些古籍中，我们会碰到"我生"一词，这是指"母亲"的。如《后汉书·崔骃传》中有"悼我生"的话，就是哀悼生养自己的母亲的意思。

成语"鲍子知我",出自《史记·管晏列传》:春秋时期,齐国管仲与鲍叔牙关系特别好,他们合伙做生意,鲍叔牙总是多出本钱少分利,乐意帮助贫寒的管仲。管仲率军打仗兵败,只有鲍叔牙了解他的苦衷。小白执政齐国后,鲍叔牙把相国的位子让给管仲,管仲说:"生我者父母,知我者鲍子也。"后来就用"鲍子知我",指彼此相互了解而情谊深切。

"尔虞我诈"典出《左传》:"我无尔诈,尔无我虞。"其意为"我不欺骗你,你也不必防备我!"故事说的是:春秋时,楚庄王率领军队攻打宋国,因久攻不下,决定撤军。这时,替庄王驾车的申叔时建议说:我们如果在宋国的土地上建房种田,表示要长久地驻扎下去,宋国就会屈服的。

宋国得知楚军的动态后,派大臣华元前去告诉楚军主将子反:"虽然我们已经到了吃孩子充饥、拿人的骨头当柴烧的地步,但绝不会听命于你们的。"最后,两国签订了盟约。盟约中写到:楚军后退三十里,两国和平相处,我无尔诈,尔无我虞(保证两国互不欺骗)。"我无尔诈,尔无我虞。"后延用为成语"尔虞我诈",比喻互相欺骗,互不信任。

尸(shī)

【说文原文】

尸(式脂切),陈也。象卧之形。凡尸之属皆从尸。

【说文译文】

尸,陈放。像人僵卧的样子。所有与尸相关的字,都采用"尸"作边旁。

【字形演变】

甲骨文 → 金文 → 小篆 → 楷体

【本字溯源】

"尸"是象形字,其甲骨文字形就是对一个胳膊前伸、曲腰弯腿、呈僵硬状躺在那里的人的形状。金文比甲骨文字形更加形象,活脱脱就是一个侧身躺着的人,手臂前伸,腿部弯曲。但小篆中的"尸"字,则变成了简单的一条一笔书就的曲线，不再像躺着的人：头、胳膊等变成了一条直线，与大腿平行，小腿及脚被拉长为一竖。

"尸"的本义是尸体，如《左传·宣公十二年》有"收晋尸"的话，也就是把晋国士兵的尸体收回去的意思。《玉台新咏·古诗为焦仲卿妻作》："我命绝今日，魂去尸长留！"意思是，我（刘兰芝）的生命在今天结束了，魂灵要离开了，让这尸体长久地留在人间吧！《聊斋志异·促织》："既而得其尸于井。"意思是，接着就在经历找到了它的尸体。

【词意演变】

古书中有"尸位"一词，不能理解为"放尸体的地方"。"尸位"的正确意思是说人"在其位而不尽其职。"尸，是古代祭礼中的一个代表神像端坐着，而无须做任何动作的人。《尚书·五子之歌》里有"太康尸位"一句，尸位就是源出于此，用来比喻一个有职位而没有工作做的人，正如祭礼中的尸，只坐在位上，不必做任何动作一样。

后来有成语"尸位素餐"，出自东汉班固《汉书·朱云传》："今朝廷大臣，上不能匡主，下亡以益民，皆尸位素餐。""尸位素餐"指的是空占着职位而不做事，白吃饭。尸位，空占职位，不尽职守；素餐，白吃饭。

"尸"也是汉字部首之一，凡是由"尸"字组成的字，基本上都与其人有关，如："屁、尿、屈、尾"等。但需要特别注意的是"居、层、屋"等字，与"尸"字没有意义上的关联，这三个字中的"尸"是"广"、"厂"的不同写法，后来在字形演变过程中，都写作"尸"了。

鬼（guǐ）

【说文原文】

鬼（居伟切），人所归为鬼。从人，象鬼头。鬼阴气贼害，从厶。凡鬼之属皆从鬼。

【说文译文】

鬼，人到最后归宿就成了鬼。字形采用"人"作边旁，像鬼的头。鬼的阴寒之气会伤害人们，所以字形也用"厶"作边旁。所有与鬼相关的字，都采用"鬼"作边旁。，这是古文写法的"鬼",字形采用"示"作边旁。

【字形演变】

甲骨文 → 金文 → 小篆 → 楷体

【本字溯源】

"鬼"是象形字。其甲骨文字形,下面是个"人"字,形状像面朝左跪坐的一个人,上面象一个可怕的脑袋(非"田"字),是人们想象中的似人非人的怪物。金文字形仍然上不是个可怕的脑袋,只是下部的"人"用很诡异的姿势站起来了。小篆字形在背后又加了一个"厶",表示"鬼"的"隐私"特别重,专门干坏事。

"鬼"的本义是迷信的人认为人死后有"灵魂",称之为"鬼"。《礼运》:"鬼者,归也。"传说人死之后化为鬼。其精气归于天,肉归于地,血归于水,脉归于泽,声归于雷,动作归于风,眼归于日月,骨归于木,筋归于山,齿归于石,油膏归于露,毛发归于草,呼吸之气化为亡灵而归于幽冥之间。

《礼记·祭义》:"众生必死,死必归土,此之谓鬼。"《周易·睽卦》:"载鬼一车。"《诗·小雅·何人斯》:"为鬼为蜮。"《淮南子·本经》:"苍颉作书鬼夜哭。"《楚辞·屈原·国殇》:"身既死兮神以灵,子魂魄兮为鬼雄。"意思是,身已死亡啊精神永不灭亡,您的魂魄啊是鬼中英雄!杜甫《移居公安山馆》:"山鬼吹灯灭,厨人语夜阑。"岑参《高适薛据同登慈恩寺》:"突兀压神州,峥嵘如鬼工。"这些句子中都用的是"鬼"的基本义项,一直沿用到现在。如今,人们经常使用的"鬼魂、鬼怪、装神弄鬼"等词语用的也是这个义项。

【词意演变】

由于鬼神故事中,"鬼"生活在另一个世界中,人对"鬼"的生活是无法了解的,古人就用"鬼"表示神秘不可测的、不好捉摸的意思。《韩非子·八经》中有:"故明主之行制也天,其用人也鬼。"意思是,所以圣明的君主行使生杀大权时像天一样公开,在用人时神秘不可测。

"鬼"由本义引申为沉迷于不良嗜好或患病已深的人,通常用于骂人语。如"酒鬼、色鬼、烟鬼、鸦片鬼、懒鬼"。表示厌恶的感情。

"鬼"也用于对小孩等表示爱昵的称呼。如"小鬼、机灵鬼"。表示喜爱的感情。

"鬼"也用来表示对人表示轻蔑的称呼。如"小气鬼、吝啬鬼"。"鬼"由本义引申为不可告人的打算或计谋。如"捣鬼、心里有鬼"。

"鬼"也是汉字部首之一，由"鬼"字组成的字，大多与迷信、鬼神有关。如："魔、魅、魂、魄"等。

姑（gū）

【说文原文】

姑（古胡切），夫母也。从女，古声。

【说文译文】

姑，丈夫的母亲。字形采用"女"作边旁，采用"古"作声旁。

【字形演变】

金文 → 金文 → 小篆 → 楷体

【本字溯源】

"姑"是形声字。从女，古声。其金文字形，左边是"女"字，表示女性；右边是"古"字，表示老、年长。"姑"的本义年长的女性，婆婆，即丈夫的母亲。《说文》："姑，夫母也。"《尔雅》："姑在则曰君姑，姑殁则曰先姑。又，妇谓夫之庶母为少姑。"《白虎通》："如母而非母也，姑也。"唐代李朝威《柳毅传》："既而将诉于舅姑。舅姑（公婆）爱其子，不能御。"

又如"翁姑"；"姑嫜"，古时妻子对丈夫父母的称呼，即公婆。但有意思的是，这个字还曾经是女婿对岳母的称呼。如《礼记·坊记》："婚礼，婿迎亲，见于舅姑，舅姑承子以授婿。"郑玄注："舅姑，妻之父母也。""姑"字发展至今，已经被引申为一个多元化的称谓了。

【词意演变】

"姑"用来称呼父亲的姐妹。这是"姑"的基本义，一直沿用到今天，也是人们最熟悉的亲属称谓之一。如《尔雅》："父之姊妹为姑。"意思是，父亲的姐妹称呼为姑。《诗·邶风·泉水》："女子有行，远父母兄弟。问我诸姑，遂及伯姊。"意思是，女子长大要出嫁，远离父母兄弟家。回家问候我的各位姑姑，顺便走访大姐家。又如"姑舅",姑母和舅父;"姑姊",父之姐,姑姑,姑婿。

"姑"又用来称呼丈夫的姐妹。《玉台新咏·古诗为焦仲卿妻作》:"新妇初来时,小姑始扶床,今日被驱遣,小姑如我长。"意思是,我(刘兰芝)初来你家的时候,小姑你刚刚能扶着床学走路,今天我被赶走,小姑你长得和我一样高了。又如"小姑",丈夫的妹妹。

"姑"又用来称呼出家修行或从事迷信职业的妇女。如"尼姑",出家修行的女佛教徒;"道姑",女道士;"三姑六婆"。

"姑"又用来称呼少女。如"村姑"、"姑娘家"。"姑"还用来称呼娘家称已经出嫁的女子。如"姑太太",已嫁的长辈女子。

"姑"还可以当副词使用,意为"姑且,暂且"。明代高启《书博鸡者事》:"今姑贷汝,后不善自改,且复妄言,我当焚汝庐。"意思是,这次姑且饶恕你,以后你要还不悔过自改,再敢胡说八道,我就烧毁你的房子。又如"姑置勿论"。

在古文中,"姑"通"诂"(gǔ),意为诂训。以通行的文字解释古代语言文字或方言字义。

自然篇

涉及自然的汉字，总共介绍了26个，包括：天、气、日、月、星、云、风、雨、雷、电、光、雪、冰、寒、春、夏、秋、冬、山、石、穴、州、谷、泉、川、江。

天（tiān）

【说文原文】

天（他前切），颠也。至高无上，从一大。

【说文译文】

天，头顶。至高无上，字形由"一、大"构成。

【字形演变】

甲骨文 → 金文 → 小篆 → 楷体

【本字溯源】

"天"是会意字。其甲骨文、金文字形，下面是个正面的人形（大），上面指出是人头，小篆字形上面的一横仍表示头。"天"的本义就是人的头顶。如"天灵"，指人或其他动物的头顶骨。又如"天灵盖"，指头顶骨。但文献中用得较少，用得较多的则是它的引申义。

【词意演变】

头在人的身体中，位置居最高，而自然界中位置最高的是天空，于是人们就用"天"表示天空的意思。《乐府诗集·敕勒歌》："天似穹庐，笼盖四野。"意思是，环顾四野，天空就像其大无比的圆顶毡帐将整个大草原笼罩起来。《乐府诗集·敕勒歌》："天苍苍，野茫茫，风吹草低见牛羊。"意思是，天空是青苍蔚蓝的颜色，草原无边无际，一片茫茫。

宋代杨万里《晓出净慈寺送林子方》："接天莲叶无穷碧，映日荷花百样红。"意思是，碧绿的莲叶无边无际，一直延伸到水与天空相接的远方，在阳光的照映下，荷花显得格外艳丽鲜红。杜甫《绝句》："两个黄鹂鸣翠柳，一行白鹭上青天。"意思是，两只黄鹂在翠绿的柳枝上鸣唱，一行白鹭飞上了蔚蓝的天空。

古人以天为万物主宰者，故"天"引申为天帝、上天。《左传·僖公二十三年》："天赐也。""天将兴之，谁能废之。"《史记·项羽本纪》："此天之亡我，非战之罪也。""《孟子·告子下》："天将降大任。"这几个句子中，"天"用得都是此义项。又如"天可怜见"，指上天救助，老天保佑；"天佑"，指上天佑助。

"天"表示自然所生成的事物，即自然。《荀子·天论》："天行有常，不为尧存，不为桀亡。"意思是，上天的运行有一定的规律，不会因为圣君尧就存在，也不会因为暴君桀就灭亡了。又如"巧夺天工"、"天性如此"、"天衣无缝"、"文章天成"、"天演"、"天资天然"、"天生"、"天巧"等词语，使用的都是自然的意思。

人们把日出到日落的这段时间称为一天，有时也把一昼夜称作一天，故"天"可以表示"一昼夜"的意思。如"三天打鱼，两天晒网"。又如今天"、"明天"等。"天"的位置非常非常高，所以把"天"引申为最高的、高的出奇的意思，如"天价"。

"天"也可表示气象。晋代王羲之《兰亭集序》："是日也，天朗气清，惠风和畅。"意思是，这天天气晴朗，空气清新，和风拂拂，温暖舒畅。唐代白居易《卖炭翁》："可怜身上衣正单，心忧炭贱愿天寒。"意思是，数九寒天可怜身上穿的衣服很单薄，但是心里担忧炭的价钱便宜，希望天气更寒冷。我们平常说的"天冷"、"天热"、"天晴"、"天阴"、"雨天"、"梅雨天"、"三伏天"，都用的是"天"的这个意思。

"天方夜谭"，又名一千零一夜，是阿拉伯民间故事集。相传古代印度与中国之间有一萨桑国，国王山鲁亚尔生性残暴嫉妒，因王后行为不端，将其杀死，此后每日娶一少女，翌日晨即杀掉，以示报复。宰相的女儿山鲁佐德为拯救无辜的女子，自愿嫁给国王，用讲述故事方法吸引国王，每夜讲到最精彩处，天刚好亮了，使国王爱不忍杀，允她下一夜继续讲。她的故事一直讲了一千零一夜，国王终于被感动，与她白首偕老。

"天高皇帝远"是一句流传甚广的民间口语，原指中央权力达不到的偏远地方。后比喻僻远地区，不遵守法纪的恶势力。现泛指机构离领导机关远，遇事自作主张，不受约束。语出明朝黄溥编纂的《闲中今古录摘抄》：元朝中期，浙江台州、温州一带大旱，百姓饿死很多，朝廷因为官多加上奢侈浪费成风，对救灾一事置之不理，反而加重赋税。人们忍无可忍，于是树起了造反的大旗，旗上写道："天高皇帝远，民少相公多。一日三遍打，不反待如何？"显然，这是一次封建社会官逼民反的武力抗争。那么，"天高皇帝远"中的"皇帝"指的是谁呢？有学者认为，其中的"皇帝"并非针对某一个皇帝，而是对所有封建昏庸皇帝的泛称。

气（qì）

【说文原文】

气（去既切），云气也。象形。凡气之属皆从气。

【说文译文】

气，像流动的云气。象形字。所有与气相关的字，都采用"气"作边旁。

【字形演变】

甲骨文 → 金文 → 小篆 → 楷体

【本字溯源】

"气"是象形字。甲骨文、小篆字形，象云气蒸腾上升的样子。因此"气"的本义是云气。《史记·项羽本纪》："此天子气也。"清代方苞《狱中杂记》："窗以达气。"

【词意演变】

"气"可引申为人在呼吸时呼出的气体，即气息。《论语·乡党》："摄齐升堂，鞠躬如也，屏气似不息者。"意思是，提起衣服的下摆，往堂上走的时候，像是鞠躬的样子，憋住气好像不呼吸一样。《汉书·李广苏建传》："武气绝半日复息。"清代方苞《狱中杂记》："缢即气绝。"

"气"后来引申为气象。《左传·昭公元年》："天有六气，……六气曰阴、阳、风、雨、晦、明也。"晋代陶渊明《饮酒》："山气日夕佳，飞鸟相与还。"山气氤氲，夕阳西落，傍晚的景色真好，更兼有飞鸟，结着伴儿归还。

"气"可引申为气味。唐代李朝威《柳毅传》："香气环旋。"明代宗臣《报刘一丈书》："恶气袭衣裙。"清代方苞《狱中杂记》："与饮食之气相薄。"

"气"还可引申指人的精神状态、情绪。诸葛亮《出师表》："恢弘志气。"唐·柳宗元《柳河东集》："敢以矜气。"清代全祖望《梅花岭记》："其气浩然。"这几个句子中的"气"都用得是此义项。

"气"也用作后缀，用在形容词后，相当于"样子"。如"秀气、俊气、美气"。"气"也是汉字部首之一，由"气"字组成的字，大都与云气、光明有关。如："氢、氧、氮"等。

成语"紫气东来"说的是：传说老子过函谷关之前，关尹喜见有紫气从东而来，知道将有圣人过关。果然老子骑着青牛而来。旧时比喻吉祥的征兆。

老子很有学问，在周王朝担任主管图书典籍的官职。大约在他七十多岁的时候，天下大乱，诸侯之间争战不休。公元前516年周王室内乱，老子对周王室失望透顶，于是决定辞官西行。在经过函谷关时，把守的关令尹喜是个善观天象的人，他看见一团紫气从东方飘来，认为必有圣人来到，赶忙出关迎接。只见一位老人骑着青牛徐徐走来，这个人就是老子。

尹喜款待老子数日，请他著述，老子推辞不掉，于是留下了著名的五千言。世人称之为《道德经》，又称《老子》或《老子五千文》。

日（rì）

【说文原文】

日（人质切），实也。太阳之精不亏。从口一。象形。凡日之属皆从日。

【说文译文】

日，能量充盈。太阳的精华永远不会亏空枯竭，光芒永恒照天地。字形采用"囗"和"一"构成。字形像太阳的形状。所有与日相关的字都采用"日字边"。

【字形演变】

甲骨文 → 金文 → 小篆 → 楷体

【本字溯源】

"日"是象形字，其甲骨文、金文字形，都像太阳的形状。外面的轮廓像太阳的圆形，中间的一点表示太阳的光。也有人说中间的一点是先民们观察到的太阳黑子，还有人说中间的一点是为了区别"口"字。其小篆字形，外面的轮廓变成了方形，中间的一点也变成了一横。因此"日"的本义就是太阳。

《孟子》："天无二日，太阳也。"意思是，天上没有两个太阳。《列子·汤问》："日初出，大如车盖；及日中则如盘盂。"意思是，太阳刚升起时像车的伞盖一样大，到了中午时就如同盘子一般小了。我们平常所说的"日出、日斜、日光、日月、日头、日落"等词语，都用的是"日"的本义"太阳"。

【词意演变】

太阳从东方升起的时候是白天，所以由"日"的本义太阳可引申为"白天，白昼"。《诗经·唐风·葛生》："夏之日。"《孟子·离娄下》："夜以继日。"《世说新语·自新》："经三日三夜，乡里皆谓已死。"这几个句子中，"日"字都用得是"白天，白昼"这个义项，又如词语"日昼、夜以继日、日长神倦"，也用的是这个义项。

太阳东升西落是一天的时间，所以由"日"的本义太阳可引申为"一天（有时也泛指一昼夜）"，如《诗·邶风·泉水》："靡日不思。"《礼记·内则》："教子数日。"又如"日力"（一天的力气）、"日完"（一天所做的事情）、"日度"（一天一天地过去）。

"日"也可当副词使用，意思是"每日，每天，一天天地"。《论语·学而》："吾日三省吾身。"意思是，我每天多次反省我自己。明代宋濂《送东阳马生序》："今诸生学于太学，县官日有廪稍之供，父母岁有裘葛之遗。"意思是，现在学生们在太学中学习，朝廷每天供给膳食，父母每年都给予冬天的皮衣和夏天的葛衣。《三国志·诸葛亮传》："于是与亮情好日密。"意思是，刘备从此同诸葛亮的情谊一天天地深厚起来。

"日"也是汉字部首之一，由"日"字组成的字，大都与太阳、时间有关。如："明、旧、旦"等。

"夸父逐日"，讲的是夸父奋力追赶太阳、长眠虞渊的故事。夸父是古代神话传说中的一个巨人，是幽冥之神后土的后代，住在北方荒野的成都载天之山。他双耳挂两条黄蛇、手拿两条黄蛇，去追赶太阳。当他到达太阳将要落入的禺谷之际，觉得口干舌燥，便去喝黄河和渭河的水，河水被他喝干后，口渴仍没有止住。他想去喝北方大湖的水，还没有走到，就渴死了。夸父临死，抛掉手里的杖，这杖顿时变成了一片鲜果累累的桃林，为后来追求光明的人解除口渴。于是用"夸父逐日"比喻有宏大的志向，或巨大的力量和气魄，也比喻人类战胜自然的决心和雄心壮志。

　　成语"蜀犬吠日"，常用来比喻少见多怪。四川盆地古称蜀地，因常年空气潮湿，天空多云，四周群山环绕，中间平原的水汽不易散开，那里的狗不常见太阳，看到太阳后就觉得奇怪，就要叫。因此蜀中有"天无三日晴"和"蜀犬吠日"之说。

月（yuè）

【说文原文】

月（鱼厥切），阙也。太阴之精。象形。凡月之属皆从月。

【说文译文】

月，有如太空阙门，富于阴晴圆缺变化。月是宇宙间太阴的精魂。象月缺之形。所有与月相关的字，都采用"月"作边旁。

【字形演变】

甲骨文　→　金文　→　小篆　→　楷体

【本字溯源】

　　"月"是象形字，其甲骨文、金文字形像一轮缺月的形状，中间的一竖代表月光。月亮的形状呈周期性的变化，而且是缺多圆少，人们经常看到的是弯弯的月亮，所以用弯月表示月亮是很恰当的。

"月"的本义是月亮。《书·洪范》："月之从星，则以风雨。"《仪礼·觐礼》："礼月与四渎于北门外。"《淮南子·天文》："月虚而鱼脑减。"《诗·小雅·天保》："如月之恒，如日之升。"又如：月满则亏，水满则盈（喻指作事应适可而止，做得过分，就会走向反面）；月上半阑残（指夜已深）；月老冰人（月下老人）；"月"字流觞（酒令的一种。令中必带"月"字）；月日（月亮和太阳）；月晕（月亮周围的光圈）；月影（映于水中或隐约如于云间的月亮影子）；月满（月圆）；月王（对月的尊称）。

【词意演变】

"月"由本义引申为历法名。农历依月相变化的一个周期为一月，月份。因为月亮每月都要圆缺一次，后来人们就用"月"表示大约每三十天的意思。《庄子·养生主》："族庖月更刀。"宋代苏洵《六国论》："日削月割。"如今我们常常所说的"月薪"、"月供"、"月息"、"月票"、"月刊"、"月报"等词语中的"月"，使用的都是这个义项。

因为月亮晚上出来，在黑夜里，犹如一盏灯，发出亮光，故"月"由本义引申为月光，月色。晋代陶潜《归园田居》："晨兴理荒秽，带月荷锄归。"又如月明千里（月光普照大地）、月波（指月光。月光似水，故称）、月径（月光下的小路）、月皎（月色皎洁）、月明（月光明朗）。

"月"指妇女产后一个月以内的时间，如"月子"。"月"也是汉字部首之一，由"月"字组成的字，大都与月亮、光明有关。如："朔、朗、明"等。

成语"吴牛喘月"，吴牛指江淮一带的水牛，吴地天气多炎暑，水牛怕热，见到月亮以为是太阳，故卧地望月而喘。比喻因疑心而害怕，也比喻人遇事过分惧怕，而失去了判断的能力，也形容天气酷热。

满奋是曹魏时太尉满宠的孙子，曾任冀州刺史、尚书令等职。从历史记载上看，满奋还是个很不错的人，很有才学，也很清高。但他有个毛病，就是怕冷。怕到了何种地步？据说一遇刮风下雨，就里三层外三层地穿，缩脖子笼手，生怕捂得不严实。

一个深秋的早晨，司马炎派人宣满奋入宫议事。到了宫中坐下，君臣二人就聊了起来。宫殿北面的窗户上装的都是琉璃，琉璃锃明透亮，视若无物。满奋以为窗户上啥也没有，浑身不自在起来，好像外面的冷风已经从窗户刮了进来，钻到了他的衣服里。他心神不安的样子引得司马炎哈哈大笑。

满奋明白窗户很严风根本刮不进来后，不好意思起来，红着脸解释道："我就像南方怕热的水牛，看到月亮以为是太阳，忍不住就喘起气来了。"

神话传说中，有个人物"月下老人"，又称"月老"，主管人间婚嫁之事。相传唐人韦固在宋城巧遇月下老人，月下老人为韦固牵红绳指明婚嫁对象，后来韦固果然应月老之语与相州刺史王泰之女结为连理。故事流传至今，使后人相信男女的结合乃月老牵起红绳加以撮合，因又称媒人们为月老。

月食是一种特殊的天文现象，指当月球运行至地球的阴影部分时，在月球和地球之间的地区会因为太阳光被地球所遮闭，就看到月球缺了一块。此时的太阳、地球、月球恰好（或几乎）在同一条直线上。月食可以分为月偏食、月全食和半影月食三种。月食只可能发生在农历十五前后。

古时候，人们不懂得月食发生的科学道理，像害怕日食一样，对月食也心怀恐惧。外国有人传说，16世纪初，哥伦布航海到了南美洲的牙买加，与当地的土著人发生了冲突。哥伦布和他的水手被困在一个墙角，断粮断水，情况十分危急。幸好哥伦布颇懂点天文知识，他知道这天晚上要发生月全食，就向土著人大喊，"再不拿食物来，就不给你们月光！"到了晚上，哥伦布的话应验了，果然没有了月光。土著人见状诚惶诚恐，赶快和哥伦布化干戈为玉帛。

埃及人用月桂用得极多，它也倍受罗马人的青睐，罗马人视之为智能、护卫与和平的象征。人们也常将月桂树与医疗之神阿波罗联想在一起。月桂的拉丁字意为"赞美"，所以在奥林匹克竞赛中获胜的人，都会受赠一项月桂编成的头环，而"桂冠诗人"的意象，也正是由这个典故衍生出来的。

有个故事相传，若将一片月桂叶置于枕下，你就能梦到好预兆。比较实际一点的用法，是把它加在汤或酱汁里，长久以来人们都这么做的原因，在于月桂能增加唾液分泌以帮助消化。在希腊，人们仍在教堂的楼层上遍洒月桂叶，这大概是要借重它的抗菌特质。月桂树的木材很耐用，所以人们拿它来做手杖。

星（xīng）

【说文原文】

星（先青切），万物之精，上为列星。从晶，生声。一曰象形，从口，古口复注中，故与日同。曐，古文星。䎐，星或省。

【说文译文】

星，天地间万物的精华，在天上呈现为星群。字形采用"晶"作边旁，"生"作声旁。有一种说法认为，"星"是象形字，采用"口"作边旁，古文在"口"中加点，因此

"星"的字形与"日"相混同。曑，是古文写法的"星"字。星，是"曑"的异体字，省略了两个"日"。

【字形演变】

甲骨文 → 金文 → 小篆 → 楷体

【本字溯源】

"星"是形声字，从晶，生声。由于天空中的星星非常多，所以从甲骨文到金文，形旁或两个"日"或三个"日"；就是小篆，早期形旁也有三个"日"，后期形旁才简化为一个"日"。因此"星"的本义天上的星星。

如《荀子》："列星随旋，日月递照。"意思是，众多星星相随旋转，太阳月亮交替照耀映照。"星桥"，即为神话中的鹊桥，北周庾信《舟中望月》诗："天汉看珠蚌，星桥似桂花。"宋李清照《行香子》词："星桥鹊驾，经年纔见，想离情、别恨难穷。"清人陶牧《七夕和傲庐》："只有星桥仍可渡，天孙日守岁寒盟。"这是"星"的主要义项，一直沿用到现在。再如"星空、星斗、星座"等，使用的就是此义项。

【词意演变】

"星"也用来指星宿，我国古代指星座。我国古代天文学家把天空中可见的星分成二十八组，叫做二十八星宿，东西南北四方各七宿。东方青龙七宿是角、亢、氐（dī）、房、心、尾、箕；北方玄武七宿是斗、牛、女、虚、危、室、壁；西方白虎七宿是奎（kuí）、娄、胃、昴（mǎo）、毕、觜（zī）、参（shēn）；南方朱雀七宿是井、鬼、柳、星、张、翼、轸（zhěn）。印度、波斯、阿拉伯等古代也有类似我国二十八宿的说法。

二十八星宿是古人为观测日、月、五星运行而划分的二十八个星区，用来说明日、月、五星运行所到的位置，每宿包含若干颗恒星，广泛应用于我国古代天文、宗教、文学及星占、星命、风水、择吉等等术数中。不同的领域赋予了它不同的内涵，相关内容非常庞杂。它的最初起源，目前尚无定论，以文物考查的话，湖北随县出土的战国时期曾侯乙墓漆箱，上面首次记录了完整的二十八宿的名称。史学界公认二十八宿最早用于天文，所以它在天文学史上的地位相当重要，一直以来也是中外学者感兴趣的话题。

"星"也当形容词使用，形容多而分散的。如：星居（分散布列）、星处、零星、星弗（多而乱）；星罗棋布、星离（天星分散）。"星"用以表示等级。如"五星级饭店"、"五星上将"等。

成语"星罗棋布"意思是像天空中的星星和棋盘上的棋子那样罗列分布着。形容数量多而密集。也作"棋布星罗"、"星罗云布"。

云（yún）

【说文原文】

云（王分切），山川气也。从雨，云象云回转形。凡云之属皆从云。云，古文省雨。

【说文译文】

云，山川升腾的雾气。字形采用"雨"作字根，"云"字象云气回转的样子。所有与云相关的字，都采用"云"作边旁。云，古文云省略了雨。

【字形演变】

甲骨文 → 金文 → 小篆 → 楷体

【本字溯源】

"云"的繁体字写作"雲"，是象形字。其甲骨文字形像天空中舒卷的云层的形状。其金文字形与甲骨文字形基本相似，只是云卷的方向变为逆时针。其小篆的形体复杂化了，在"云"字的顶部多出一个"雨"字来，这就由原来的象形字变成了形声字了。后来汉字简化运动中，又简化为"云"。

"云"的本意为云气、云雾，即大气中的水蒸气，凝聚而成小水滴或水粒，或与雨共存时肉眼可见的集合体，俗称云彩。汉代贾谊《过秦论》："云集响应。"宋代欧阳修《醉翁亭记》："云归而岩穴暝。"李白《早发白帝城》："朝辞白帝彩云间，千里江陵一日还。"白居易《钱塘湖春行》："孤山寺北贾亭西，水面初平云脚低。"杜牧《山行》："远上寒山石径斜，白云深处有人家。"唐代贾岛《寻隐者不遇》："云深不知处，只在此山中。"

《孟子·梁惠王上》："王知夫苗乎？七八月之间旱，则苗槁矣。天油然作云,沛然下雨,则苗浡然兴之矣!"意思是,大王您知道禾苗生长的情况吗?当七八月间一发生干旱,禾苗就要枯槁了。一旦天上云气密布,下起大雨,那么禾苗就会长得茂盛了。又如"云根",即山石,古人认为云是从山石中产生的,故称;"云护",画在人物周围环护的云彩;"云鸿",云中鸿雁,即鸿雁传书,后用指书信;"云山"云雾缭绕的山;"云消雨散",指一切事物都如云雨一样消散不见;"云淡风轻"。

【词意演变】

由云的形状引申比喻轻柔舒卷如云之物。《乐府诗集·木兰诗》:"当窗理云鬓,对镜贴花黄。"其中"云鬓"就是形容女子鬓发盛美如云。唐代曹唐《小游仙诗》:"云衫玉带好威仪,三洞真人入奏时。"其中"云衫"就是形容女子衣衫轻盈如云。又如"云髻",女子的发髻;"云鬟",形容女女的头发卷曲如云;"云衫",轻而薄的衣衫。

由于云在天空中,故云由本义借指高空。如"云中",云霄之中,高耸入云的山上;"云枝",高耸入云的树枝;"云杪",云霄、高空;"云扃",高山上的屋门,借指高山上的房屋。

古时候,"云"经常被用来当"说"解释。《国语·晋语》:"谁云救之。"晋代陶渊明《桃花源记》:"自云先世。"晋代陶渊明《桃花源记》:"此中人语云。"《世说新语·自新》:"云欲自修改。"唐代刘禹锡《陋室铭》:"孔子云。"又如"诗云"、"人云亦云"、"不知所云"等词语。

民间有许多看云识天气的谚语,根据云的形状识天气,如"天上钩钩云,地上雨淋淋。""天上棉絮云,地上有雨淋。""天上堡塔云,地下雨淋淋。""鱼鳞云,不雨也风颠。""乌云接日高,有雨在明朝;乌云接日低,有雨在夜里。""黑云是风头,白云是雨兆。""西虹跨过天,有雨在眼前。"

根据一天的时刻看云识天气,如"早起浮云走,中午晒死狗。""早怕南云漫,晚怕北云翻。""日出红云升,劝君莫远行;日落红云升,来日是晴天。""日落云里走,地雨半夜后。""日落西山一点红,半夜起来搭雨蓬。""晚上西北暗,有雨还有闪;晚若西北明,来日天气晴。"

根据云的方位识天气,如"云从东南涨,有雨不过晌。""云在东,雨不凶;云在南,河水满。""西北黄云现,冰雹到跟前。""西北来云无好货,不是风灾就下雹。""云自东北起,必定有风雨;云从东南来,下雨不过响。"这些谚语不仅有趣,而且很实用,对我们的而生活很有帮助。

风(fēng)

【说文原文】

风(方戎切),八风也。东方曰明庶风,东南曰清明风,南方曰景风,西南曰凉风,西方曰阊阖风,西北曰不周风,北方曰广莫风,东北曰融风。风动虫生。故虫八日而化。从虫凡声。凡风之属皆从风。

【说文译文】

风,八方的风。东方的风叫"明庶风",东南的风叫"清明风",南方的风叫"景风",西南的风叫"凉风",西方的叫"阊阖风",西北的风叫"不周风",北方的叫"广漠风",东北的叫"融风"。风动虫生。所以说虫生八日而化。字形采用"虫"作边旁,"凡"是声旁。所有与风相关的字,都采用"风"作边旁。

【字形演变】

甲骨文 → 金文 → 小篆 → 楷体

【本字溯源】

"风"的繁体字写作"風",为形声字,从虫,凡声。"风动虫生"故字从"虫"。其甲骨文字形像一只腾空飞行的凤凰,因为古时候,"凤"与"风"是同一个字。"风"的本义是空气流动的自然现象,尤指空气与地球表面平行的自然运动。

《淮南子·天文》:"距日冬至四十五日,条风至。"意思是,冬至日以后四十五天立春时条风到。《史记·律书》:"条风居东北维,主出万物条之。言条治万物而出之。"意思是条风在东北方,主管万物的产生和出现。条风意思是说条治万物而使它们产生出来,所以称为条风。刘邦《大风歌》:"大风起兮云飞扬,威加海内兮归故乡,安得猛士兮守四方。"意思是,大风刮起来了,云随着风翻腾奔涌。我威武平定天下,荣归故乡。怎样能得到勇士去守卫国家的边疆啊!

晚唐许浑《咸阳城东楼》:"溪云初起日沉阁,山雨欲来风满楼。"意思是,乌云开始从磻溪上起来,太阳从西城外的慈福寺阁后沉落下去。周围的群山,雨意越来越浓,大雨即将到来,城楼上,已是满楼的狂风。又如"狂风、旋风、风雪、北风"等词语中的"风"也使用的是此义项。

【词意演变】

"风"可用来表示"风俗，风气"，《资治通鉴》："今将移风易俗，其道诚难。"意思是，如今打算进行改变风俗习惯的重大变革，这条路走起来确实困难。唐代柳宗元《捕蛇者说》："故为之说，以俟观人风者得焉。"意思是，因此我对这件事加以述说，留待考察民情风俗的官吏参考。《荀子·乐论》："移风易俗。"意思是，改变旧的风俗习惯。

关于"移风易俗"还有一段故事：西汉初年，社会秩序很不安定，虽然国力得到一定的恢复，但社会风气没有大的改观。贾谊看到这个问题深为忧虑，就上书汉文帝：虽然政权已经改变，但社会遗风余俗依然存在，而移风易俗、使人心趋向正道的使命不能推卸，不能只用文书往来应付。

"风"还指民歌、歌谣。如"国风"，指《诗经》中古代十五国的民歌。"国风"是《诗经》的精华，是中国古代文艺宝库中璀璨的明珠。"国风"中的周代民歌以绚丽多彩的画面，反映了劳动人民真实的生活，表达了他们对受剥削、受压迫处境的不平和争取美好生活的信念，是中国现实主义诗歌的源头。十五国风包括：周南、召南、邶、鄘、卫、王、郑、齐、魏、唐、秦、陈、郐、曹、豳，共一百六十篇，能表现各地的民情风俗习惯。国君以诗教化百姓，百姓以诗讽刺君王，可以潜移默化、移风易俗，也可以讽刺施政得失，反映民情。

再如"采风"，古代称民间歌谣为"风"，所以采集民歌的活动称为采风。我国先秦时期已经出现。由于统治集团与下层社会在空间上是分隔的，为政需要体察民情，而最适宜于表达人们感情的歌谣，自然是写照民情的好资料。因此统治者十分注重通过采录歌谣来了解民众情绪。汉朝曾设立乐府机构，采集各地民歌，主要为了寻找散落民间的古代歌曲、音乐，以整顿礼乐制度，教化民众。

"风"也当动词使用，意思是"刮风，起风"，宋代苏轼《教战守》："风则袭裘，雨则御盖。"清代袁枚《祭妹文》："其下两冢，一为阿爷侍者朱氏，一为阿兄侍者陶氏。羊山旷渺，南望原隰，西望栖霞，风雨晨昏，羁魂有伴，当不孤寂。"意思是，那下边的两个坟，一个是父亲的侍妾朱氏的，一个是我的妾陶氏的。羊山地势宽阔，往南看是一片平原和洼地，往西看是栖霞山，刮风下雨或一早一晚，寄居在外的魂灵有伴侣，应当不至于孤寂。"风"还表示借风力吹（干、散）。如"风干"，指由风吹干；"风鸡"，指借风力吹干的鸡。

风是一种姓，风姓是中国最为古老的姓氏之一。根据《帝王世纪》和《竹书纪年》的记载，中国上古传说中的伏羲氏就是风姓。风也是百家姓之一。

成语"风声鹤唳"出自《晋书·谢玄传》：淝水之战中秦军在溃退途中，丢弃了兵器和盔甲，一片混乱，自相践踏而死的不计其数。那些侥幸逃脱晋军追击的士兵，一路上听到呼呼的风声和鹤的鸣叫声，都以为晋军又追来了，于是不顾白天黑夜，拼命地奔逃。就这样，晋军取得了"淝水之战"的重大胜利。这就是"风声鹤唳"的典故。"风声鹤唳"把风的响声、鹤的叫声，都当做敌人的叫阵声，疑心是追兵来了。形容惊慌失措，或自相惊扰。

雨（yǔ）

【说文原文】

雨（王矩切），水从云下也。一象天，冂象云，水霝其闲也。凡雨之属皆从雨。

【说文译文】

雨，水从云层降下地面。字形顶部的"一"，像天穹，"冂"像低垂的云团，水零落其间。所有与雨相关的字，都采用"雨字头"。

【字形演变】

甲骨文 → 金文 → 小篆 → 楷体

【本字溯源】

"雨"是象形字。其甲骨文字形，像下雨的情景，上部是一横三竖，表示乌云，下面三点表示下落的雨滴。金文字形与甲骨文字形很相似，只是雨点在乌云里。小篆字形是在金文字形的上面加了一横，表示天空。"雨"本意为下雨，作动词（读音为yù）。

如《易·小畜卦》："密云不雨。"意思是，浓密的云层却不下雨。《韩非子·说难》："宋有富人，天雨，墙坏。其子曰：'不筑，必将有盗。'其邻人之父亦云。暮而果大亡其财。其家甚智其子，而疑邻人之父。"意思是，宋国有个富人，下雨把墙淋塌了，他儿子说："不修的话，必将有盗贼来偷。"邻居的老人也这么说。到了晚上，果然有大量财物被窃。这家富人认为儿子很明智，却对邻居老人起了疑心。

汉代贾谊《论积贮疏》："失时不雨，民且狼顾岁恶不入，请卖爵子，既闻耳矣，安有为天下阽危者若是而上不惊者？"意思是，该下雨的时候不下雨，百姓就会忧心忡忡；年成不好，百姓交不了租税，朝廷卖官爵，百姓卖儿女，这样的事已经传入您的耳朵里了，哪有治理国家危险到这种地步而皇上不惊恐的呢？又如"雨天、雨前、雨中"等词语也用的是此义项。"雨"又指大量粒子或物体的下落或洒下。如"花瓣雨"。

【词意演变】

因为雨滴是从天空降落下来的，故"雨"由本义引申为天上降下。《论语》："他日，月宿毕，竟不雨。"意思是，可有一天，月亮又宿在毕星的位子上，却没有下雨。《淮南子·本经训》："昔者仓颉作书，天雨粟，鬼夜哭。"相传汉字是黄帝的史官仓颉看到鸟兽的脚印各式各样，受到启发创造的，天上因此像下雨一样降下粮食，鬼神惊吓得在夜里哭叫。还有"雨毛"，指天上降下兽毛；"雨矢"，指箭矢像雨一样的落下。比喻密集。

因为降雨，是水从天空中降落下来，滴在地上，出现点状，所以引申为名词（读音为yǔ），指从云层降下的水滴。我们平时说的"雨滴、雨点、雨季、雨天、雨脚、雨衣、雨露、雨过天青、雨后春笋、春雨、夏雨、秋雨、冬雨"等，都使用的是此义项。

在改革开放的时期，一些报道中经常看到"雨后春笋"一词，如新事物像雨后春笋一样，不断地涌现出来。成语"雨后春笋"，出自宋代张耒《食笋》诗："荒林春雨足，新笋迸龙雏。""雨后春笋"，指春天下雨后，竹笋一下子就长出来很多。比喻事物迅速大量地涌现出来。

"雨"也是汉字部首之一，由"雨"字组成的字，大都与下雨、雨水有关。如："霖、雪、雹、露、霜"等。

雷（léi）

【说文原文】

雷（卢回切），阴阳薄动，雷雨生物者也。从雨，畾象回转形。

【说文译文】

雷，是天空中的阴阳能量相搏动，响雷、下雨、生物的气象。字形采用"雨字头"，畾象回转的形状。

【字形演变】

甲骨文 → 金文 → 小篆 → 楷体

【本字溯源】

"雷"是象形字，其甲骨文字形中间弯曲的线条像闪电，田字方形表示雷声。整个字形像雷声和闪电相伴而作。小篆变成了会意字，从雨，下象雷声相连之形，表示打雷下雨。"雷"的本义就是云层放电时发出的巨响。如《易·说卦》："雷以动之，风以散之，雨以润之。"意思是，雷来震动它，风来吹散它，雨来滋润它。

《礼记·月令》："仲春，雷乃发声，仲秋，雷始收声。"意思是，春季，雷于是发声，秋季，雷就收声了。又如"雷火"，因雷击所起的火；"雷光"，闪电的光芒；"雷吼"，形容响声大如雷鸣；"雷驰"，形容快如雷电闪击；"雷腾云奔"，如雷电风云般的奔腾。

【词意演变】

打雷的时候既有闪电又有巨响，闪电能电死人，所以"雷"由本义引申为军事上用的爆炸武器。如"地雷、水雷、鱼雷"。

"雷"也当动词使用，意思是"打雷"，《吕氏春秋·仲春纪·贵生》："故雷则掩耳，电则掩目。"意思是，所以打雷就捂耳朵，打闪电就遮住眼睛。有条成语"迅雷不及掩耳"，表示雷声来得特别快，连捂耳朵都来不及。后来比喻来势凶猛，使人来不及防备。

冬天一般不打雷。因此古人常用"冬雷"比喻极深的冤情，或不可能发生的事情。汉乐府民歌中有一首《上邪》，是女主人公忠贞爱情的自誓之词。

原文是："上邪，我欲与君相知，长命无绝衰。山无陵，江水为竭，冬雷震震，夏雨雪，天地合，乃敢与君绝！"意思说，上天呀！我希望与你相知相惜，长存此心永不衰减。除非巍巍群山消逝不见，除非滔滔江水干涸枯竭。除非凛凛寒冬雷声震天动地，除非炎炎酷暑白雪纷飞，除非天地合在一起，直到这样的事情全都发生时，我才敢对你说一个"绝"字！

电（diàn）

【说文原文】

电（堂练切）。阴阳激耀也。从雨从申。

【说文译文】

电，天空中阴阳能量激合而爆发的耀眼光带。字形采用"雨、申"会意。

【字形演变】

金文 → 大篆 → 小篆 → 楷体

【本字溯源】

"电"的繁体字写作"電"，为形声字，从雨，申声。其金文字形上部是"雨"字，下部是闪电的形状，表示下雨时的闪电。"电"的本义就是闪电。又如"电火"，即闪电。唐代元稹《夜雨》中有："雷惊空屋柱，电照满床书。"意思是，雷声惊动了空房的房柱，闪电照亮了整个床头上的书。《诗经·小雅·十月之交》："烨烨震电，不宁不令。百川沸腾，山冢崒崩。高岸为谷，深谷为陵。"大意是，明亮的闪电雷鸣，让人不得安宁。河流中的水象沸腾一样，山顶突然崩坠，较高的河岸变成低谷，深沟却隆起来变成了丘陵。

【词意演变】

"闪电"是阴雨天气时，云与云之间或云与地面之间发生的一种放点现象，阴阳电相撞而激发出的强烈亮光。我们都知道，光的传播速度非常快，所以"电"引申比喻迅速。如《晋书·孙绰传》："南北诸军，风驰电赴。"意思是，南北各路军队，急速奔赴。又如"电至"，形容行动的迅速；"电改"，形容改变的迅速；"电赴"，形容奔赴的迅速；"电射"，形容威势强大，如闪电般射出；"电掣"，形容行动的迅速。

由于闪电常常发出明亮的光，故"电"引申为明察、请人明察的敬辞。如"电览"，明察，明鉴；"电断"，明断；"电瞩"，明察。

"电"是物理学名词。电是能的一种形式，包括负电和正电两类，它们分别由电子和质子组成，也可能由电子和正电子组成，通常以静电单位（如静电库仑）或电磁单位（如库仑）度量，从摩擦生电物体的吸引和排斥上可以观察到它的存在，在一定自然现象中（如闪电或北极光）也能观察到它，通常以电流的形式得到利用。如"正电、负电、静电、电阻"等。"电"当动词使用，表示电击，如我们平常所说的"电了我一下"。

"电"也作电报的简称。电报主要是用作传递文字讯息，使用电报技术用作传送图片称为传真。清代梁启超《谭嗣同传》："请致电上海领事而救先生焉。"又如"致电、急电、贺电、海外来电"等。

光（guāng）

【说文原文】

光（古皇切），明也。从火在人上，光明意也。炗，古文。苂，古文。

【说文译文】

光，明亮。字形采用"火"作边旁，像火把在人的上方，光明的意思。炗，这是古文写法的"光"字。苂，是古文写法的"光"字。

【字形演变】

甲骨文 → 金文 → 小篆 → 楷体

【本字溯源】

"光"是会意字。其甲骨文字形，从火，在人上，下部是一个面朝左跪着的一个人，在这个人的头顶上有一火把。金文字形与甲骨文字形基本类似，只是火的形状抽象画化了。因此，"光"的本义就是光明，光亮。

《楚辞·九歌·云中君》："与天地兮比寿，与日月兮齐光。"意思是，我要与天地同寿啊，我要和日月同样光明"。《孟子》："日月有明，容光必照焉。"意思是，太阳和月亮的光辉不放过任何一个能够容纳光亮的小缝隙。晋代陶渊明《桃花源记》："山有小口，仿佛若有光。"意思是，山上有个小洞口，里面好像有光亮。又如词语"阳光、灯光、反光、晨光、曙光"等，也都用的是本义。

【词意演变】

光能使物体变得更加多姿多彩，故"光"引申为"色泽、光彩"，《玉台新咏·古诗为焦仲卿妻作》有："妾有绣腰襦，葳蕤自生光。"意思是，我有绣花的齐腰短袄，上面美丽的刺绣发出光彩。唐代李朝威《柳毅传》："然而蛾脸不舒，巾袖无光，凝听翔立，若有所伺。"意思是，可是她双眉微皱，面带愁容，穿戴破旧无光彩，出神地站着，好象在等待着什么。又如"丝光"、"光色（光彩色泽）"，都用的是此义。

"光"还可以引申为荣耀、昭著，《诗·齐风·南山有台》："邦家之光。"意思是，国家的荣耀。唐代韩愈《原毁》："士之处世，而望名誉之光，道德之行，难已。"意思是，读书人生活在当今世界上，而希求名誉的荣耀、德行的推广，难极了！又如词语"为国争光"、"沾光"、"增光"等，也用得是此义。

"光"由"荣耀"的义项引申为称人来访的敬词。如明代桑绍良《独乐园司马入桐》："四位老先生，今日光顾小园，老夫有何德能？"还有现在的服务行业，人们经常说的"欢迎光临"。

"光"还可以引申为光阴，时光。如鲍照《观漏赋》："始屏忧以愉思，乐兹情于寸光。"又如"寸光"，短暂的光阴；"光阴荏苒"，时光一天一天地逝去。

"光"还可以引申为景色。宋代范仲淹《岳阳楼记》："上下天光，一碧万顷。"意思是，天色和湖光交接，一片碧绿广阔无边。又如词语"风光"、"山光"也使用的是此义。

"光"可以当形容词使用，表示"光明，明亮"，三国曹植《名都篇》："宝剑直千金，被服光且鲜。"意思是，宝剑价值千金，衣着明亮而且鲜艳。又如"光净"，明亮洁净；"光灯"，明亮的灯火；"光润"，光亮润泽。也可表示光滑之义，如我们经常说"这种纸很光"、"磨光"、"光圆"等。还表示"空，净尽"之义。如"月光族"、"赔光"、"输光"、"吃光"等。

"光"当动词使用，引申为增辉、发扬光大。诸葛亮《出师表》中有："诚宜开张圣听，以光先帝遗德，恢弘志士之气。"意思是，陛下确实应该广开言路听取群臣意见，发扬光大先帝遗留下来的美德，振奋鼓舞志士们的勇气。又如词语"光宗耀祖、为国争光、光德"等，也使用的是此义。

在我国有一个成语"凿壁偷光"，意思是把邻居相隔的墙上凿开一个洞，偷偷地借邻舍的烛光读书。现在人们一般用此成语来形容勤学苦读。"凿壁偷光"的典故讲的是，西汉时，农家孩子匡衡非常勤学苦读。有一天晚上，匡衡躺在床上背白天读过的书。背着背着，突然看到东边的墙壁上透过来一线亮光。他噢地站起来，走到墙壁边一看，原来从壁缝里透过来的是邻居的灯光。于是，匡衡拿了一把小刀，把墙缝挖大了一些。这样，透过来的光亮也大了，他就凑着透进来的灯光，读起书来。匡衡就是这样刻苦地学习，后来成了一个很有学问的人。

雪（xuě）

【说文原文】

雪（相绝切），凝雨说物者。从雨，彗声。

【说文译文】

雪，凝结雨水而成、从天上飘落并带给天下万物喜悦的美丽冰晶。字形采用"雨字头"，"彗"是声旁。

【字形演变】

甲骨文 → 大篆 → 小篆 → 楷体

【本字溯源】

"雪"是会意字，从雨，从彗，彗（huì）省声。"雪"的本义就是从天空飘落的白色羽绒状冰晶，即雪花。《诗·小雅·采薇》："今我来思，雨雪霏霏。"《五经通训》："春泄气为雨，雨凝为雪。"《左传·隐公九年》："平地尺为大雪"。杜甫《北征》："平生所娇儿，颜色白胜雪。"杜牧《鹭鸶》："雪衣雪发青玉嘴，群捕鱼儿溪影中。"白居易《卖炭翁》："夜来城外一尺雪，晓驾炭车辗冰辙。牛困人饥日已高，市南门外泥中歇。"意思是，夜里城外下了一尺厚的大雪，清晨，老翁驾着炭车轧着冰冻的车辙赶路。牛疲乏了，人也饿了，太阳已经升得很高了，老翁就在集市南门外泥泞中休息。另外，我们经常说的"雪花、雪山、雪车、瑞雪、降雪、滑雪、堆雪、雪上加霜、雪中送炭等词语中的"雪"也是用的是本义。

【词意演变】

由于雪花是白色的，故由本义引申为像雪的颜色或白色的东西。李白《将进酒》："君不见高堂明镜悲白发，朝如青丝暮成雪。"又如：雪丑（白银）；雪练（色泽像雪白的绢一样）；雪花银（白银）；雪肌（白细如雪的肌肤）；雪色

（白色）。

"雪"当动词使用，意为"下雪"，如《世说新语》："于时始雪，五处俱贺。"又如：雪夜访普（宋太祖赵匡胤曾于雪夜到大臣赵普家商谈国事的故事）；雪峰（积雪的山峰）；雪云（降雪的阴云）。

"雪"由"下雪"之义引申为洗刷、昭雪，《淮南子·泛论》："大夫种辅翼越王勾践而为之报怨雪耻。"又如：雪正（昭雪更正）；雪谤（洗雪污蔑之词）。

"雪"由"洗刷"之义引申为擦净、揩干，如《韩非子》："黍者，非饭之也，以雪桃也。"李白《自溧水道哭王炎》："有言不可道，雪泣忆兰芳。"又如：雪泣（揩拭眼泪）；雪除（清除）；雪烦（消除烦闷）；雪涕（拭泪）；雪桃（拭桃）。

成语"程门立雪"，旧指学生恭敬受教。现比喻尊敬师长。比喻求学心切和对有学问长者的尊敬。出自《宋史·杨时传》，当时，河南人程颢和弟弟程颐在熙宁、元丰年间讲授孔、孟学术（即理学），在黄河洛水之间的地区的学者都去拜他们为师，杨时被调去做官他都没有去，在颍昌以学生礼节拜程颢为师，师生相处得很好。杨时回家的时候，程颢目送他说："我的学说将向南方传播了。"程颢死以后，杨时又到洛阳拜见程颐，这时杨时已四十岁左右了。一天拜见程颐，程颐正闭着眼睛坐着，杨时与同学游酢就侍立在门外没有离开，等到程颐醒来时，那门外的雪已经一尺多深了。（杨时的）德行和威望一日比一日高，四方的学者不远千里而来与之交游，他的号为龟山先生。

"孙康映雪"包含了一个刻苦学习的故事：晋代孙康因为家贫没钱买灯油，晚上不能看书，他觉得非常可惜，白白地浪费光阴。一天外面下起了很大的雪，半夜梦醒，见一丝亮光从窗缝里钻进来，原来是大雪映出来的，他起身对着亮光看起书来。此后，每遇到下雪，孙康不顾严寒，躺在雪地里读书，时间长了手脚都长满冻疮，但是通过这种方法他读了很多书。经过他夜夜刻苦努力终于成为饱学之士。后来就用"孙康映雪"比喻读书非常刻苦。

冰（bīng）

【说文原文】

冰（笔陵切），水坚也。从仌从水。

【说文译文】

冰，水凝结变硬。字形由"仌、水"会意。

【字形演变】

金文 → 大篆 → 小篆 → 楷体

【本字溯源】

"冰"是会意字。从仌，从水。金文作"仌（"仌"是"冰"的本字）"。金文字形表示水凝成冰后，体积增大，表面上涨（上拱）形。《说文》："冻也，象水凝之形"。小篆繁化，增加"水"变成。从"仌"从"水"的会意字，于是"仌"就专用作部首。"冰"的本义就是水冻结而成的固体。自然中的水，有三种形态，即气态、液态、固态。气态的我们叫做水汽，液态的我们叫做水，固态的我们叫做冰。

有句俗语"冰冻三尺，非一日之寒"，表面意义是冰冻了三尺，并不是一天的寒冷所能达到的效果。比喻一种情况的形成，是经过长时间的积累、酝酿的。《荀子·劝学》："冰，水为之，而寒于水。"意思是，冰，是水变成的，但比水寒冷。又如："冰清水冷"，像冰和水一样的清冷。

【词意演变】

"冰"也当动词使用，表示把东西与冰块或冷水放在一起使之变凉，比如生活中，手被热水烫着，人们就会说用冰块把手冰一冰，到了炎热的夏天，人们想喝两双的饮料，就会说"把两瓶汽水冰一冰"。

"冰"接触到皮肤使人寒冷刺骨，因此冰又引申为使寒冷的感觉，如到冷冬天用凉水洗手，人们往往会说"这水真冰手"。

"冰"也经常形容女子皮肤的晶莹无暇和形体的高洁脱俗。苏轼《洞仙歌》："冰肌玉骨，自清凉无汗。"这句是在描写后蜀末主孟昶的宠妃花蕊夫人的绝世容颜。

"冰"也用来形容人的性情品格，如人们常用"冰清玉洁"这个成语来。"冰清玉洁"意思是，像冰一样清明，玉一样纯洁。比喻人品高尚、纯洁，做事光明磊落。冰清玉洁又作"玉洁冰清"。出自司马迁《与挚伯陵书》："伏唯伯陵材能绝人，高尚其志，以善厥身，冰清玉洁，不以细行。""冰清玉洁"后来用来形容人品高尚、操行清白。

"冰"字现在既可以当独立汉字使用，又可以作为偏旁。"作为偏旁时候，写作"冫"，凡从"冰"取义的字大都与寒冷等义有关。注意：以"氵"作为偏旁的字有时候简作"冫"，如"冲、决、净"等，这些字从"水"取义。

古代旧时称媒人为"冰人"。古时候男女缔结姻缘大多靠媒妁之言，所以冰人可是个吃香的职业。《晋书·索统》中有这么一段故事，孝廉令狐策有一天梦见自己站在冰上，和冰下人说话，索圆梦解释说，冰上为阳，冰下为阴，主阴阳之事，你在冰上和冰下人说话，人阳语阴，主为人说媒，因而你应当为人做媒，而冰破之时，便是成功之日，自此担当媒妁之人。由此后人称媒人为"冰人"。

寒（hán）

【说文原文】

寒（胡安切），冻也。从人在宀下，以茻荐覆之，下有仌。

【说文译文】

寒，冷气冻人。字形采用"宀、人、茻、仌"会意，表示用草褥垫盖，字形下部有"仌"表示天气冷水结冰。

【字形演变】

金文 → 大篆 → 小篆 → 楷体

【本字溯源】

"寒"是会意字。其金文字形比较复杂，外面是"宀（mián）"，即房屋；中间是"人"；人的左右两边是四个"草"，表示很多；下面两横表示人踩着两块"冰"，真是寒从脚起。寒冷是一种感觉，人们虽能感觉到，但是却看不见。于是古人就采用上述四个形体来创造这个字，人蜷曲在室内，以草避寒，室内的地面都结冰了，表示天气很冷。因此，"寒"的本义就是冷、寒冷。

《论语·子罕》中有："岁寒，然后知松柏之后凋也。"这句的意思是，到了一年中最寒冷的季节，这才知道松树和柏树是最后才凋谢的。岁寒，是每年天气最寒冷的时候。凋，是树木落叶子。松柏后凋，是说别种树木到这个时候，都已枯槁零落。独有松柏仍旧青翠不凋比喻修道的人有坚忍的力量，可以耐得困苦，受得磨折，而不至于改变初心。寓意是，在污浊的社会中，才知道谁才是真正的君子。

《荀子·劝学》中有："冰，水为之，而寒于水。"意思是，冰，是水变成的，但比水寒冷。《乐府诗集·木兰诗》："朔气传金柝，寒光照铁衣。"意思是，北方的寒气传送着打更的声音，清冷（寒冷）的月光映照着战士们的铁甲战袍。唐代王昌龄《芙蓉楼送辛渐》："寒雨连江夜入吴，平明送客楚山孤。"意思是，透着寒意的雨洒落在大地上，迷蒙的烟雨笼罩着吴地。清晨，当我送别友人之时，感到自己就像楚山一样孤独寂寞。

【词意演变】

贫困的时候就难免饥寒交迫，故"寒"又引申为"贫困"。如"寒门薄宦、寒窗、寒酸、寒女、寒苦"等。古时候，把家庭贫困或出身低微的读书人称作"寒士"。后来寒士多指贫苦的读书人。

杜甫《茅屋为秋风所破歌》中有："安得广厦千万间，大庇天下寒士俱欢颜，风雨不动安如山！"意思是，如何能得到千万间宽敞高大的房子，普遍地庇覆天下间贫苦的读书人，让他们开颜欢笑，房子在风雨中也不为所动，安稳得像是山一样？

丁玲《母亲》："我呢，虽说可以自主些，我又是个寒士。我们想为国家尽一分力，说钱是没有希望的。"

"寒"可用来表示"冷清"。如"寒山"，冷落寂静的山；"寒芒"，使人感冷清的光芒；"寒汀"，清寒冷落的小洲；"寒月"，清冷的月光。

"寒"可用来表示谦词。如"寒第"，对自己家的谦称；"寒门"，贫寒的人家。对人谦称自己的家；"寒族"，谦称自己的家族。

"寒"当动词使用，可表示"恐惧、战栗"，如《战国策·秦策四》："若是王以十成郑，梁氏寒心。"又如《高唐赋》："寒心酸鼻。"注："寒心，谓战栗也。"

"寒"当名词使用，表示寒冷的季节。与"暑"相对。如《列子·汤问》寒暑易节。唐代柳宗元《捕蛇者说》犯寒暑。我国有传统节名"寒食"，在清明前一天。古人从这一天起不生火做饭，也有的地区把清明当作"寒食"。

春（chūn）

【说文原文】

春（昌唇切），推也。从艸屯，从日，艸春时生也。会意，屯亦声，……今隶作春字，亦作萅。

【说文译文】

春，催生。字形由"艸、屯、日"构成，表示草在春天生发。"春"是会意字，同时"屯"也是声旁，……现在隶书写作"春"，也写作"萅"。

【字形演变】

甲骨文 → 金文 → 小篆 → 楷体

【本字溯源】

"春"是会意兼形声字。其甲骨文字形，从草（木），草木春时生长；中间是"屯"字，似草木破土而出，土上臃肿部分，即刚破土的胚芽形，表示春季万木生长；"屯"亦兼作声符。小篆字形，隶变以后，除"日"之外，其他部分都看不出来了。因此，"春"的本义就是草木生长的季节即春季、四季的第一季。

《公羊传·隐公元年》："春者何，岁之始也。"意思是，春季是什么？春季是一年的开端。《诗·豳风·七月》："春日载阳，有鸣仓庚。女执懿筐，遵彼微行，爰求柔桑。"大意是，春季里好太阳，黄莺儿叫得忙。姑娘们拿起高筐筐，走在小路上，去采养蚕桑。

孟浩然《春晓》："春眠不觉晓，处处闻啼鸟。"大意是，春季贪睡不知不觉天已破晓，搅乱我酣眠的是那啁啾的小鸟。王维《相思》："红豆生南国，春来发几枝？"大意是，红豆生长在南方，春季到来的时候它会发芽生长。又如"春蚕、春游、春试、春忙、春社"，这里都用的是"春"的基本义项，而且，这个基本义项，一直沿用到如今。

【词意演变】

春季是万物生长的时候，故"春"指草木生长、花开放。常喻生机。如"春眼"，形容柳叶初生之芽；"春梢"，春条的末梢；"春丛"，春日丛生的花木。

"春"也用来指男女情欲，《诗·召南·野有死麕》："有女怀春，吉士诱之。"大意说，少女怀春心不已，美男善诱情意起。又如"怀春"，少女爱慕异性；"春女"，怀春的女子。

春季是一年当中的第一个季节，到了春季，万物生长，新的一年开始。故"春"泛指一年。唐代高适《人日寄杜二拾遗》："一卧东山三十春。"大意是，隐居了三十年。又如"春年"，指青春、年华。

北斗指向东方为春，故以春指代东方。如"春方"，即东方。"春路"，即东方的道路。"春溟"，即东海。唐人也呼酒为"春"。如"春杯"，指酒杯。"春酎"，指春酒。酎，醇酒，泛指酒。

成语"阳春白雪"出自战国楚宋玉《对楚王问》，"阳春白雪"原指战国时代楚国的一种艺术性较高、有难度的歌曲。现比喻高深的、不通俗的文学艺术。相传这是春秋时期晋国的乐师师旷或齐国的刘涓子所作。现存琴谱中的《阳春》和《白雪》是两首器乐曲，《神奇秘谱》在解题中说："《阳春》取万物知春，和风淡荡之意；《白雪》取凛然清洁，雪竹琳琅之音。"现比喻高深的、不通俗的文学艺术。《阳春白雪》表现的是冬去春来，大地复苏，万物欣欣向荣的初春美景。旋律清新流畅，节奏轻松明快。

夏（xià）

【说文原文】

夏（胡雅切），中国之人也。从夂，从页，从𦥑。𦥑，两手；夂，两足也。

【说文译文】

夏，中原之国的人。字形采用"夂、页、𦥑"会意。𦥑，表示两手；夂，表示两足。

【字形演变】

甲骨文 → 金文 → 小篆 → 楷体

【本字朔源】

"夏"是会意字,据小篆字形,从页,从臼,从夂。页(xié),为人头;臼(jù),为两手;夂(suī),为两足。合起来象人形。"夏"本义就是古代汉民族自称,也称华夏、诸夏。《说文》"夏,中国之人也。"但是,许慎说的"中国人",实际上指的是中原人,即古代生活在黄河流域的汉族人,因此古代的中国人也成为"华夏",以区别与西部的"羌"、北部的"狄"、东部的"夷"、南部的"蛮"等民族。由于"夏"是古代汉民族自称,所以造字的时候,就详尽地把各部位都画出来了。

【词意演变】

"夏"泛指中原邦国。《书·舜典》:"蛮夷猾夏。"孔传:"夏,华夏。"又如:"夏盟",指古代华夏诸国间的结盟。

"夏"是朝代名,我国历史上的第一王朝,系传说中禹的儿子启所建立,建都安邑(今山西省夏县北),即夏后氏。《韩非子·五蠹》:"今有构木钻燧于夏后氏之世者,必为鲧禹笑矣;有决渎于殷周之世者,必为汤武笑矣。"意思是,如果有人在夏朝还在树上架木筑巢,还钻木取火,一定会被鲧、禹耻笑了;如果有人在商朝还尽全力去疏导河流,一定会被商汤、周武王耻笑了。《史记·货殖列传》:"至若诗书所述虞夏以来。"意思是,至于像《诗经》与《书经》上所描述的虞舜以及夏朝以来的情况。又如:"夏礼",指夏朝的礼法。"夏书",指记载夏朝史事的书。

"夏"后来被假借为一年的第二季,即夏季,我国习惯指立夏到立秋的三个月时间,也指农历"四、五、六"三个月。《诗·小雅·四月》:"四月维夏,六月徂暑。"又如:"夏汛",指夏季汛期。"夏苗",指夏季的禾苗或田猎。"夏安居",指僧徒在四月十六日至七月十五日禁止外出,又称"坐夏"。此义项虽然是假借,后来却成为了"夏"的主要义项。

《庄子·外篇·秋水第十七》中有:"夏虫不可以语于冰者,笃于时也。"后来有俗语"夏虫不可语冰",指不能和生长在夏天的虫谈论冰。后来比喻时间局限人的见识。也比喻人的见识短浅,不懂大道理。

"夏"也是一种姓氏,是百家姓之一,也属于大姓。得姓始祖是夏启。夏启建立了我国历史上第一个奴隶制国家夏王朝。夏王朝立国四百多年,共传十三代,十六王。

秋（qiū）

【说文原文】

秋（七由切），禾谷孰也。从禾，𪚰省声。，籒文不省。

【说文译文】

秋，百谷成熟。字形采用"禾"作边旁，用省略了"龟"的𪚰作声旁。，籒文写法不省"龟"。

【字形演变】

甲骨文　→　大篆　→　小篆　→　楷体

【本字溯源】

"秋"是象形字，其甲骨文字形像一个蟋蟀的形状，因为秋天蟋蟀叫，所以蟋蟀称为秋虫。虫以鸣秋，借以表达"秋天"的概念。也有人认为，秋虫入室，表示天气以凉，秋季到了。另一写法，是蟋蟀形下加"火"字，表示秋天禾谷熟，似火灼。籒文又添加"禾"旁。故"秋"的本义是收成、成熟的庄稼。

《说文》："秋，禾谷熟也。"意思是，秋，就是成熟的庄稼。《尔雅》："秋为白藏。又，秋为收成。"意思是，秋是仓库。又，秋是收成。宋代范成大《颜桥道中》："处处田畴尽有秋。"意思是，所有的天地里都是成熟的庄稼。又如："秋麦"，指成熟的禾稼；"秋禾"，指秋熟的谷物；"秋实"秋季成熟的谷物及果实。

【词意演变】

"秋"由本义引申为秋季。秋季是四季中的第三季，即八月、九月和十月这三个月。《诗·卫风·氓》："匪我愆期，子无良媒。将子无怒，秋以为期。"意思是，不是我要误佳期，你无媒人失礼仪。希望你不要生气，我们以秋季为结婚的日期。

又如"秋试"。明清科举考试制度，每三年的秋季，在各省省城举行乡试，中试者为举人；"秋狝冬狩"，秋天打猎称"秋狝"，冬天打猎叫"冬狩"；"秋叶"，秋天的落叶；"秋黄"，指秋天枯黄的草木。

到了秋天遇到炎热的天气，我们常说"秋老虎"来了。"秋老虎"是我国民间指立秋（8月8日左右）以后短期回热天气。一般发生在八九月之交，持续日数约7~15天。气象学上指处暑节气后连续5天最高温度在35℃以上。这种天气出现的原因是南退后的副热带高压又再度控制江淮及附近地区，形成连日晴朗、日射强烈，重新出现暑热天气，人们感到炎热难受，故称"秋老虎"。

民间老百姓根据历年的经验，总结出了二十四个秋老虎的说法，广为流传，这意思是说，每年的立秋当天如果没有下雨，那么立秋之后的二十四天，同样是很热的，就把这二十四天叫做二十四个秋老虎；如果立秋当天下雨了，哪怕是小雨，则称为"顺秋"，民间有俗语云：一场秋雨一场寒，意思就是说顺秋以后天气就会变得越来越凉爽宜人。

因为一年只有一个秋季，所以由"秋季"的义项引申为年。《侍讲·王风·采葛》中有："一日不见，如隔三秋。"大意是，一天不见面，就好像过了三年那样漫长。

"秋"也用来指某一时期、某一时刻。诸葛亮《出师表》："今天下三分，益州疲弊，此诚危急存亡之秋也。"意思是，现在天下分裂成三个国家，蜀汉民力困乏，这实在是形势危急、决定存亡的关键时刻啊。

到了秋季，树叶凋落，花草衰败、老死。所以用"秋"喻容颜衰老。陆游《诉衷情》："胡未灭，鬓先秋。"李白《春日独酌》："但恐光景晚，宿昔成秋颜。"这两个句子中，"秋"用得都是此义。又如："秋眉"，指衰白眉毛；"秋鬓"，指衰白的鬓发；"秋颜"，衰老的容颜。秋主肃杀，古因称与律令刑狱有关之事为秋。如："秋曹"，刑部的别称。

有一种运动和游戏用具称"秋千"，将长绳系在架子上，下挂蹬板，人随蹬板来回摆动。秋千的起源，可追溯到几十万年前的上古时代。那时，我们的祖先为了谋生，需要上树采摘野果或猎取野兽。在攀缘和奔跑中，他们往往抓住粗壮的蔓生植物，依靠藤条的摇荡摆动，上树或跨越沟涧，这是秋千最原始的雏形。至于后来绳索悬挂于木架、下拴踏板的秋千，春秋时期在我国北方就有了。

冬（dōng）

【说文原文】

冬（都宗切），四时尽也。从仌，从夂。夂,古文终字。勇,古文冬从日。

【说文译文】

冬,四个时令的终结。字形采用"仌、夂"会意。夂,这是古文写法的"终"字。勇,这是古文写法的"冬"字,字形采用"日"作边旁。

【字形演变】

甲骨文 → 金文 → 小篆 → 楷体

【本字溯源】

"冬"是会意字。"冬"是"终"的本字。古代"冬"、"终"通用。"冬"表示时序终了,已进入寒冷季节。四季中的第四季,即农历10月至12月。"冬"甲骨文字形就像一根绳索,两头打了结,也就是"终结"的意思。而冬季是一年中的最末端的季节,所以借用这个"冬"字来表示。

那么要表示"末了"的意思又该怎么办呢?就另外在"冬"字旁边加了表义的"丝",造出一个新的形声字"终"字。金文字形有了较大变化,把一个"日"字包在在绳索当中,表示太阳光不太温暖,也就是冬天来了。小篆省去了"日"字,并在下部加"仌"（冰）,突出年终下霜结冰的季候特征。"冬"的本义是结束、终了,后来被假借专指一年中时序终了的季节——冬季。

【词意演变】

一年四季中秋春之间的季节,天文学上认为是12月至2月,农历十月到十二月;气候学上,要连续五天以上平均气温低于10摄氏度才算入冬。《说文》："冬,四时尽也。"《诗·陈风·宛丘》："无冬无夏。"又如"冬暖夏凉"、"冬酿",指冬季酿酒。

"冬"也指冬月,阴历十一月的俗称。清代林觉民《与妻书》："适冬（阴历十一月）之望日（十五日）前后,窗外疏梅筛月影。"

冬季在很多地区都意味着沉寂和冷清。生物在寒冷来袭的时候会减少生命活动，很多植物会落叶，一些动物会选择休眠，有的称作冬眠。冬眠也叫"冬蛰"。某些动物在冬季时生命活动处于极度降低的状态，是这些动物对冬季外界不良环境条件（如食物缺少、寒冷）的一种适应。熊、蝙蝠、刺猬、极地松鼠、青蛙、蛇等都有冬眠习惯。

"冬冬"连用，是象声词，与冬天的义项无关。如"冬冬声"，形容敲门或敲鼓的声音。"冬冬"，形容敲门的声音。陆游《二月二十四日作》："棠梨花开社酒浓，南村北村鼓冬冬！"

后来人们又造了一个上形"鼓"下声"冬"的形声字"（上鼓下冬）"，表示敲鼓的声音，但是笔画实在太多，书写不便，因此在简化汉字时，把"（上鼓下冬）（上鼓下冬）"废除了，取而代之的是口字旁的"咚咚"。

山（shān）

【说文原文】

山（所闲切）。宣也。宣气散，生万物，有石而高。象形。凡山之属皆从山。

【说文译文】

山，宣发地气。高山宣发地气，散布四方，促生万物，有石崖而高耸。象高峰连绵之形。所有与山相关的字，都采用"山"作边旁。

【字形演变】

甲骨文 → 金文 → 小篆 → 楷体

【本字溯源】

"山"是象形字。其甲骨文字形，像三座山峰并立的形状；金文字形也象三座山峰连在一起的形状，就是更加符号化了；小篆字形，仍然保留了三座山峰，就是将实心的山线条化了。"山"的本义就是地面上由土石构成的隆起部分，即大山。

《列子·汤问》："太行、王屋二山，方七百里，高万仞，本在冀州之南，河阳之北。"意思是，太行、王屋两座大山，面积方圆约七百里，高达七八千丈。它们原来位于冀州的南部、黄河北岸的北边。陆游《游山西村》："山重水复疑无路，柳暗花明又一村。"意思是，一重重山，又一道道水，疑惑无路可行间，忽见柳色浓绿，花色明丽，一个村庄出现在眼前。又如"山霭"、"山峰"、"山崖"、"山头"、"山观"等词语也使用的是本义。

【词意演变】

"山"由本义引申为形状像山的东西。如"山枕"，枕头。古代枕头多用木、瓷制作，中凹，形似山；"山堆阜积"，东西堆积得像山一样；又如"冰山"、"鳌山"。

"山"特指"五岳"。《书·禹贡》："奠高山大川。"孔传："高山，五岳。大川，四渎。"

又如"山斗"，是"泰山北斗"的缩略。

"山"当形容词使用，表示大，巨大。如"山响"。也可表示"粗俗"，如《牡丹亭》："你道山不山？中了状元一道烟。"

"山"也是一种姓氏，是百家姓之一。山姓以"竹林七贤"山涛为最有名。山涛，西晋人，竹林七贤之一，入晋后为吏部尚书。他为官清廉俭约，曾经谏议"州郡之武备不能减"，被皇帝称为"天下名言"。王戎称赞他是"浑金（浑好似金的意思，浑金是赤金）璞玉（没有经过雕琢的玉）"。

"山"也是汉字部首之一，由"山"字组成的字，大都与山、高大有关。如："峰、巅、巍、岭、嵩"等。

我们常说"三山五岳"，其中三山指安徽黄山、江西庐山、浙江雁荡山；五岳指泰山、华山、衡山、嵩山、恒山。三山五岳在我国虽不是最高的山，但都高耸在平原或盆地之上，这样也就显得格外险峻。东、西、中三岳都位于黄河岸边，黄河是中华民族的摇篮，是华夏祖先最早定居的地方。《诗经》中有"泰山岩岩，鲁邦所瞻"、"嵩高维岳，骏极于天"等诗句，可以看出泰山、嵩山在古人心目中的地位。三山处于南方，相对于中原稍远，继五岳之后成名，反映了华夏民族的南向扩展和中原文化的传播。

另有传说中的"三山"，即海上的"三神山"，因为是神仙居住的地方，格外受到古人的神往。《史记·秦始皇本纪》载："齐人徐福等上书，言海中有三神山，名曰蓬莱、方丈、瀛洲"。从此以后海中三神山的名字，便在古代小说、戏曲、笔记中经常出现，然而它是传说，不存在的。后人为了延续三山五岳的美丽神话，就在五岳之外的名山中间选择新的三山，广为流传的三山是：安徽黄山、江西庐山、浙江雁荡山。

五岳是远古山神崇拜、五行观念和帝王封禅相结合的产物，它们以象征中华民族的高大形象而名闻天下。以中原为中心，按东、西、南、北、中方位命名，"五岳归来不看山"。五岳称华夏名山之首，有景观和文化双重意义。五岳各具特色：东岳泰山之雄，西岳华山之险，南岳衡山之秀，北岳恒山之奇，中岳嵩山之峻，早已闻名于世界。

有句古语"为山九仞，功亏一篑。"出自《尚书·旅獒》：古时，有一个人要筑一座九仞（八尺等于一仞）高的山。他堆了一年又一年，不论严寒酷暑，废寝忘食地从远处挖土，再挑土，再堆到山包上，终于有一天，他就要完工了。这一天也如往常一样，鸡刚叫就起床开工，一筐又一筐，眼看着山就要九仞高了，只差一筐土的工夫。但他一摸肚子咕咕叫，天又下起雪来，认为只有一筐土，就回家去了。

此后，他总认为只有一筐土而偷懒，所以这一筐土至死他也没堆上，终究这座只差一筐土的九仞高的山还是没有堆成。"为山九仞，功亏一篑。"意思是，堆九仞高的山，只缺一筐土而不能完成。后来比喻做事情只差最后一点没能完成。

石（shí）

【说文原文】

石（常只切），山石也。在厂之下；口，象形。凡石之属皆从石。

【说文译文】

石，山上的石头。好像石头在山崖之下；口，是石块的象形。所有与石相关的字，都采用"石"作边旁。

【字形演变】

甲骨文 → 金文 → 小篆 → 楷体

【本字溯源】

"石"是象形字。其甲骨文字形，右上部像岩角，左下部"口"形像石块。到金文阶段，右上部像岩角的部分，简化为"厂"。"石"的本义就是山石。《说文》："石，山石也。在厂之下，口象形。"意思是，石，就是山石。在"厂"的下面，"口"像山石的形状。《诗·小雅·鹤鸣》："他山之石，可以攻玉。"意思是别的山上的石头，能够用来琢磨玉器。原比喻别国的贤才可为本国效力。后比喻能帮助自己改正缺点的人或意见。

又如"石田",指石多不可耕种的田,比喻不会生育的妇女;"石头记",《红楼梦》之本名;"石头城",故址在今南京市清凉山,简称"石城"。后用以代指金陵或南京;古时候人们,用石头打磨工具,在石头上刻字、绘画,故"石"由本义引申为"石刻,碑碣"。

明代张溥《五人墓碑记》:"哀斯墓之徒有其石也,而为之记,亦以明死生之大,匹夫之有重于社稷也。"意思是,惋惜这墓前空有一块石碑,就为它作了这篇碑记,也用来说明生死意义的重大,即使一个普通老百姓对于国家也有重要的作用啊。又如"石驼",石刻的骆驼;"石碣",圆顶的石碑;"石铭",刻有文字的碑石。

【词意演变】

在古代,由于生产水平低下,很多工具用石头这种材料做成,故"石"用来表示石针,古代的医疗用具。《战国策》中有:"扁鹊怒而投其石。"意思是,扁鹊很生气,扔掉他手中的石针。

"石"也当量词使用,表示容量单位,读音为dàn,十斗为一石。《说苑·辨物》:"十斗为一石。"白居易《官牛》:"一石沙,几斤重,朝载暮载将何用?";也表示重量单位,一百二十市斤为一石。《汉书·律历志上》:"三十斤为钧,四钧为石。"《国语·周语》:"重不过石。"注:"百二十斤也。"

"石"也是汉字部首之一,由"石"字组成的字,大都与石头、坚硬有关。如:"碳、磷、矿、硬、磐、碾"等。

石窟,古时一种临崖开凿的侧洞,内有壁画、石刻等艺术作品。我国有"四大石窟",它是我国佛教文化为特色的巨型石窟艺术景观,包括:敦煌莫高窟、大同云冈石窟、洛阳龙门石窟、天水麦积山石窟四大石窟。"四大石窟"是我国古代文化艺术的历史瑰宝。

石鼓文,秦刻石文字,因其刻石外形似鼓而得名。发现于唐初,共十枚,高约二尺,径约三尺,分别刻有大篆四言诗一首,共十首,计七百一十八字。内容最早被认为是记叙周宣王出猎的场面,故又称"猎碣"。

2013年1月1日《国家人文历史》杂志推出秦石鼓文,是我国九大镇国之宝:真珠舍利宝幢;镇国之石刻壁画:秦石鼓文;镇国之绘画:五牛图;镇国之青铜器:武王伐纣亲历记;镇国之书法:《平复帖》,见证汉字流变;镇国之文献书简:西汉《兵法》竹简;镇国之金银器:太阳神鸟金饰;镇国之陶瓷:定窑孩儿枕;镇国之玉器:渎山大玉海。

穴（xué）

【说文原文】

穴（胡决切），土室也。从宀八声。凡穴之属皆从穴。

【说文译文】

穴，土室。字形采用"宀"作边旁，采用"八"作声旁。所有与穴相关的字，都采用"穴"作边旁。

【字形演变】

甲骨文 → 金文 → 小篆 → 楷体

【本字溯源】

"穴"是象形字。其小篆字形像西北地区人们居住的窑洞，上面是"宀"，表示覆盖物，下面两边表示洞孔。"穴"的本义就是土窟窿，地洞。王安石《游褒禅山记》："有穴窈然，入之甚寒。"意思是，有一个山洞（窟窿）很幽深，走进去感到很寒凉。《墨子·辞过》："古之民未知为宫室时，就陵阜而居，穴而处。"意思是，远古时代，人们还不知道建造房屋的时候，就找一个稍高一点的地方安顿下来，或挖一个洞穴住在里面。又如"洞穴"，地洞或山洞；"穴流"，洞穴中的水流。

【词意演变】

人去世，装入棺材掩埋，埋棺材的地方事先要挖一坑穴，故"穴"由本义引申为"墓穴，埋棺材的坑"，《诗·秦风·黄鸟》："临其穴。"意思是，众人悼殉临墓穴，胆战心惊痛活埋。《诗·王风·大车》："谷则异室，死则同穴。"意思是，活着不能在一起，死了愿与你同穴（墓穴）。又如"寿穴"，生前造的墓穴。

"穴"当动词使用，表示"穴居，穴藏"之义。如《左传》："夫鼠，昼伏夜动，不穴于寝庙，畏人故也。"又如"穴居野处"，形容人类未有房屋前的生活状态；"穴处"，居住山洞。

还有"挖凿，洞穿"之义，如《墨子·备穴》："穴土而入。"又如"穴矛"，开凿地道的工具；"穴垣"，在墙上挖洞。

因为一些动物在地上挖洞居住、藏身，故"穴"也表示动物的窝，汉代王粲《七哀诗》："狐狸驰赴穴，飞鸟翔故林。"又如"穴巢"、"虎穴"、"蚁穴"等。

"穴"也表示地道。《墨子》："审知穴之所在，凿穴迎之。"又如"穴土"，挖地道；"穴师"，挖地道的士兵；"穴地"，挖地道。

中医指人体上可以针灸的部位，多为神经末梢密集或较粗的神经纤维经过的地方。如"穴道"、"穴位"。

"穴"也是汉字部首之一，由"穴"字组成的字，大都与房室、窟窿有关。如："窗、窦、窝、窖"等。

州（zhōu）

【说文原文】

州（职流切），水中可居曰州，周绕其旁，从重川。昔尧遭洪水，民居水中高土，或曰九州岛。《诗》曰："在河之州。"一曰州，畴也。各畴其土而生之。，古文州。

【说文译文】

州，江河中央可以居住生活的岛叫"州"，字形像河水环绕小岛，采用两个"川"会意。尧的古昔时代遭遇大洪水，当时的百姓只能住在水中的高地，有的人称这些高地为"九州岛"。《诗经》有诗句说："在河之州。"一种说法认为，"州"是"畴"的意思，各州的人各畴其土而形成不同的州地。，这是古文写法的"州"字。

【字形演变】

甲骨文 → 金文 → 小篆 → 楷体

【本字溯源】

"州"是象形字。甲骨文字形，两边的弯曲的线像河流，中间带圈的像水中的陆地。金文字形与甲骨文字形相似。小篆字形象两个"川"字相重合，把表示陆地的圆圈增加至三个，更加强调这是河中的陆地。"州"的本义就是水中的陆地。《说文》："水中可居曰州。""州"后来也写作"洲"，古代"州"与"洲"通用。《诗·周南·关雎》:"关关雎鸠,在河之州。"毛本作"洲"。意思是,雎鸠关关在歌唱,在那河中沙洲上。这里"洲",指水中陆地。

【词意演变】

"州"由本义"水中的陆地"引申为我国古地方行政区划名。相传,尧时代遭遇洪水灾害,百姓都居住在水中高土上,大禹治理了洪水,分其领域为九州岛。历代多有兴废,民国废州,有些地名仍沿用至今。《尚书·禹贡》上说九州岛包括冀州、兖州、青州、徐州、扬州、荆州、豫州、梁州、雍。后来以九州岛,泛指天下,全中国。

两汉三国时候的州比郡大,唐宋时期的州相当于以前的郡。如《三国志·诸葛亮传》:"跨州连郡。"又如唐代柳宗元《柳河东集》:"南越中数州。"《资治通鉴·唐纪》:"守州城者。"又如"杭州、苏州、柳州"。中华人民共和国成立后,为少数民族介乎自治区和自治县之间的区划名。如"海南省黎族苗族自治州"。

"州"也表示我国古代户籍编制单位。《论语》:"虽州里行乎哉。"郑注:"万二千五百家为州。"《书大传》:"州十有二师焉。"注:"州凡四十三万二千家。"又如:"州乡",泛指乡里;"州壤",州里,乡里;"州巷",乡里。

成语"只许州官放火,不许百姓点灯",用来比喻统治者能够胡作非为,老百姓的正当言行却受到种种限制。这句俗语源自陆游《老学庵笔记》卷五:"田登作郡,自讳其名,触者必怒,吏卒多被榜笞。于是举州皆谓灯为火。上元放灯许人入州治游观,吏人遂书榜揭于市曰:'本州岛依例放火三日。'"

谷(gǔ)

【说文原文】

谷(古禄切),泉出通川为谷。从水半见,出于口。凡谷之属皆从谷。

【说文译文】

谷,泉水出隙,汇入河川,群山夹水的地形称作"谷"。字形采用"水"作边旁,像河水半隐半现地出于山口。所有与谷相关的字,都采用"谷"作边旁。

【字形演变】

谷　谷　谷　谷
甲骨文 → 金文 → 小篆 → 楷体

【本字溯源】

"谷"是会意字，其甲骨文上部是水流的样子，下部像水的出口处，表示泉水是从泉眼流出来的的。"谷"的字形，从甲骨文、金文、小篆到楷体，基本没有大的变化。"谷"的本义就是山谷，即两山之间可以流水的狭长地带。《孟子·滕文公上》："吾闻'出于幽谷，迁于乔木'者，未闻下乔木而入于幽谷者。"意思是，我听说"鸟雀从幽暗的山谷飞出来迁到高树上"的，没听说从高树迁下来飞进幽暗山谷的。

【词意演变】

因为大多山谷都是狭窄的，故"谷"由本义引申为比喻"困境"之义，如《诗经·大雅·桑柔》："人亦有言，进退维谷。"意思是，人们也有这样的话，进退两难真悲凉。又如"进退维谷"，形容处境非常困难。

"谷"通"穀（gǔ）"，庄稼和粮食的总称。《孟子·滕文公上》中有："《诗》云：'昼尔于茅，宵尔索绹；亟其乘屋，其始播百谷。'"意思是，《诗经》上说："白天去割茅草，晚上把绳搓好；赶紧上房修屋，就要播种庄稼。"如"五谷"，指庄稼和粮食的总称；"百谷"，指粮食的总称。

"谷"还可以读作yù，如"吐谷浑"，是我国西北古代民族名，吐谷浑原为人名，是辽东鲜卑慕容氏单于涉归之庶长子，涉归分700户使别部以牧。吐谷浑曾经建立吐谷浑王国，东晋十六国时期控制了青海、甘肃等地，与南北朝各国都有友好关系。隋朝与之联姻。被唐朝征服，加封青海王。唐朝中期，被吐蕃驱赶至河东，五代时期开始受辽国统治，现已与各民族融合。

"谷"也是汉字部首之一，由"谷"字组成的字，大都与山谷、水流有关。如："豁、谼、㟏、𧯦"等。

泉（quán）

【说文原文】

泉（疾缘切），水原也。象水流出成川形。凡泉之属皆从泉。

【说文译文】

泉，水源。象水从石洞流出汇成河川的样子。所有与泉相关的字，都采用"泉"作边旁。

【字形演变】

甲骨文 → 金文 → 小篆 → 楷体

【本字溯源】

"泉"是象形字。其甲骨文字形，像水从山崖泉穴中流出的样子。"泉"的本义是从地下涌出的流水，即泉水。晋代陶渊明《归去来兮辞》："泉涓涓而始流。"欧阳修《醉翁事记》："酿泉为酒。"欧阳修《醉翁事记》："泉香而酒洌。"又如我们经常说的"温泉、清泉、泉涌、泉韵"等词语，使用的就是此义项。

【词意演变】

既然泉水是从地下流出来的，那么其他地下的水自然也可以叫做泉。故"泉"的引申义是地下水。由于我国大部分土地是黄土地，地下水看起来自然也是黄色的所以黄泉指的就是地下水。《左传·隐公元年》："不及黄泉，无相见也。"意思是，不到黄泉，不要互相见面。

由于中原地区很早就实行土葬，所以郑庄公的实际意思是不到死不要见面。可由于郑庄公的原话是"不及黄泉，无相见也"，所以颖考叔才提出"若阙地及泉，隧而相见，其谁曰不然？"的两全其美的办法。

"黄泉"后来泛指人死后埋葬的地方，亦指阴间。如《孔雀东南飞》："卿当日胜贵，吾独向黄泉。"意思是，你将会一天天地富贵起来，我一个人独自走到阴间去吧！"《孔雀东南飞》："同时被逼迫，君尔妾亦然。黄泉下相见，勿违今日言！"意思是，同是被逼迫，你这样我也这样，我们在地府下互相见面吧！但愿不要违背今天的誓言!

　　翻阅各种有关货币的书,常常碰到一个"泉"字,《辞源》释:"泉"是古代钱币的名称,"泉与钱,今古异名";又说,古代泉与布并为货币,故统称货币为"泉布"。一说布也就是泉,一物而两名。早在西周时期,"泉"与"布"作为钱币的大名就频频出现于各种典籍中了。大概因为"泉"具有流动性和滋润的特征,而钱币也能流动和融通,所以古时候的人们曾经把"泉"用作钱币的名称。如譬如,《汉书·食货志下》有云:"私铸作泉布者,与妻子没入为官奴婢。"意思是,私自铸造钱币的人,与妻子一起没收家产罚作官府的奴仆。

　　历代的人们对于"泉布"一词似乎有着特别的喜爱。及至秦以后,各代所发行的货币都有了固定的名称,人们还是习惯于用它来特指钱币。唐代诗人陈造还在《长卢寺》一诗中写下了这样的句子:"行客乞泉布";更有甚者,宋人洪遵所撰写的第一部研究中国历代钱币的著作,洋洋十五卷,收录五代以前中外历代各类钱币300余种,书名索性就叫《泉志》。

　　大约从此以后,"泉"作为史家对于钱币的通谓,就这样固定、延续了下来,而"布"的踪影却渐渐消失了。至明清两代,官府设置的铸钱机构,就叫作"宝泉局"。"泉",就这样走进了货币的历史的深处。

川(chuān)

【说文原文】

　　川(昌缘切),贯穿通流水也。《虞书》曰:"浚巜,距川。"言深巜之水会为川也。凡川之属皆从川。

【说文译文】

　　川,在千山万壑间贯穿流通的河。《虞书》上说:"浚川,距川。"意思说深川的水会合成川。所有与川相关的字,都采用"川"作边旁。

【字形演变】

甲骨文 → 金文 → 小篆 → 楷体

【本字溯源】

"川"是象形字。甲骨文字形,左右是岸,中间是流水,正像河流的形状。"川"的本义就是河流。《诗·小雅·天保》:"天保定尔,以莫不兴。如山如阜,如冈如陵,如川之方至,以莫不增。"意思是,上天保佑你安定,没有事业不振兴。上天恩情如山岭,上天恩情如丘陵,恩情如潮忽然至,一切增多真幸运。其中"川之方至"解释为河水涨潮。

《左传·宣公十二年》:"川壅为泽。"意思是,河流堵塞就形成了湖泽。唐代崔颢《黄鹤楼》:"晴川历历汉阳树,芳草萋萋鹦鹉洲。"意思是,汉阳晴川阁(坐落在长江北岸、龟山东麓的禹功矶上,北临汉水,东濒长江)的碧树历历在目,鹦鹉洲的芳草长得密密稠稠。又如:"川源",河川的源头;"川口",指河口;"川水",指江河之水;"川谷",指河谷。

【词意演变】

河流的水里往往携带大量泥沙,年代久了,泥沙就会沉积,使河床抬高,淤积成平原,因此"川"也被用来指平地、平野。北朝乐府《敕勒川》:"敕勒川,阴山下。"意思是,阴山脚下啊,有个敕勒族生活的大平原。又如"平川、米粮川、川地"等,也用得是此义项。

"川"也是汉字部首之一,由"川"字组成的字,大都与水流有关。如"州、邕、巟"等。

成语"一马平川"出自冯德英《苦菜花》第十章:"敌人围得甚紧,村外又是一马平川,敌人展开重火力,我们几次冲锋都被敌人压回来了。""一马平川"意思是,能够纵马疾驰的一片广阔平地。指广阔的平原。

"八百里秦川",即陕西关中平原,指的是秦岭北麓渭河冲积平原,因此又称渭河平原,它南倚秦岭,北界北山,西起宝鸡峡,东至潼关,东西长约360公里,约占全省土地总面积的19%,自古以来,这里风调雨顺,土地肥沃,农业发达,为秦国文明的兴起奠定了强大基础,所以号称"八百里秦川",也是黄河流域华夏文明的发祥地。

现在,"川"特指四川省。如词语"川盐"、"川墨"、"川剧"、"川菜"、"川贝"等,用的就是此义。川剧,是我国汉族戏曲剧种之一,流行于四川东中部、重庆及贵州、云南部分地区。川剧脸谱,是川剧表演艺术中重要的组成部分,是历代川剧艺人共同创造并传承下来的艺术瑰宝。川剧由昆曲、高腔、胡琴、弹戏、灯调五种声腔组成。

川剧变脸是运用在川剧艺术中塑造人物的一种特技,用于揭示剧中人物的内心及思想感情的变化,即把不可见、不可感的抽象的情绪和心理状态变成可见、可感的具体形象——脸谱,是揭示剧中人物内心思想感情的一种浪漫主义手法。

相传川剧"变脸"是古代人类在面对凶猛野兽的时候,为了生存把自己脸部用不同的方式勾画出不同形态,以吓跑入侵的野兽。川剧把"变脸"搬上舞台,用绝妙的技巧使它成为一门独特的艺术。

江（jiāng）

【说文原文】

江（古双切）,水。出蜀湔氐徼外崏山,入海。从水工声。

【说文译文】

江,南方大河。源出蜀湔氐徼外崏山,下游入海。字形采用"水"作边旁,"工"是声旁。

【字形演变】

金文 → 金文 → 小篆 → 楷体

【本字溯源】

"江"是形声字。其金文字形从水,工声。"江"的本义就是长江的专称。长江,是我国第一大河,也是亚洲第一大河,其流域面积、长度、水量都占亚洲第一位。它发源于青藏高原唐古拉山的主峰各拉丹冬雪山,流经青藏高原、青海、西藏、四川、云南、重庆、湖北、湖南、江西、安徽、江苏,最终在上海注入东海。

长江全长6397千米,是世界第三长河,仅次于非洲的尼罗河与南美洲的亚马逊河,水量也是世界第三。长江和黄河一起并称为"母亲河"。自古以来,描写长江的诗句举不胜举。《诗·小雅·四月》:"滔滔江汉。"温庭筠《送人东归》:"江上几人在,天涯孤棹还。"意思是,你在长江的渡口汉阳那边,还有几个友人？孤舟漂泊天涯,盼你早日归还！

杜甫《秋兴八首》:"玉露凋伤枫树林,巫山巫峡气萧森。江间波浪兼天涌,塞上风云接地阴。"意思是,枫树在深秋露水的侵蚀下逐渐凋零、残伤,巫山和巫峡也笼罩在萧瑟阴森的迷雾中。巫峡（长江三峡第二峡）里面波浪滔天，上空的乌云则像是要压到地面上来似的，天地一片阴沉。苏轼《念奴娇·赤壁怀》"大江东去，浪淘尽，千古风流人物。"意思是，长江向东流去，波浪滚滚，千古的英雄人物都（随着长江水）逝去。

宋代李清照《夏日绝句》："生当作人杰，死亦为鬼雄。至今思项羽，不肯过江东。"意思是，活着当作人中的豪杰，死了也应是鬼中的英雄。人们到现在还思念项羽，只因他不肯偷生回江东。又如"江汉"，长江与汉水；"江左烟霞"，江东的山水风景。江左指今江苏、安徽等长江沿江地带。

【词意演变】

后来"江"的词义范围扩大，成为江河的通称。南方的河流多称"江"，如"珠江"、"沅江"；北方的河流多称"河"，如："洛河"、"渭河"、"漳河"。白居易《忆江南》："日出江花红胜火，春来江水绿如蓝。"《论衡·书虚》："何江也？有丹徒大江，有钱塘浙江，有吴通陵江。"《史记·伍子胥列传》："至江，江上有一渔父乘船。"又如"江口"，江水与他水会流处；"江燕引雏"，江边的燕子，为避灾祸，遂引雏燕弃巢而离去。

江也是一种姓氏，江姓是百家姓之一，是百家姓中排名前一百名的大姓。历史上江姓名人辈出：南朝时人江淹，历仕南朝宋、齐、梁三代，梁时官至金紫光禄大夫，封醴陵侯，以文章见称于世，世称江郎，晚年诗文无佳句，时人谓之才尽，遂有"江郎才尽"之典故。南朝梁考城人江革，任御史中丞，敢于弹劾权贵，以廉洁见称；南宋末期人江万里，南宋宰相，守城力拒元兵，城破投止水亭殉国。

成语"江郎才尽"讲的是南朝发生的事情，有个人叫江淹，字文通，他年轻的时候，就成为一个鼎鼎有名的文学家，他的诗和文章在当时获得极高的评价。可是，当他年纪渐渐大了以后，他的文章不但没有以前写得好了，而且退步不少。他的诗写出来平淡无奇，而且提笔吟握好久，依旧写不出一个字来；偶尔灵感来了，诗写出来了，但文句枯涩，内容平淡得一无可取。于是就有人传说，有一次江淹乘船停在禅灵寺的河边，梦见一个自称叫张景阳的人，向他讨还一匹绸缎，他就从怀中掏出几尺绸缎还他。因此，他的文章以后便不精彩了。

又有人传说，有一次江淹在冶亭中睡午觉，梦见一个自称郭璞的人，走到他的身边，向他索笔，对他说："文通兄，我有一支笔在你那儿已经很久了，应该可以还给我了吧！"江淹听了，就顺手从怀里取出一支五色笔来还他。据说从此以后，江淹就文思枯竭，再也写不出什么好的文章了。"江郎才尽"原指江淹少有文名，晚年诗文无佳句。后来比喻才情减退。

与政治文化有关的汉字篇

政治篇

王官侯国宫封相士战武邦戌狱

刑牢戈侵伐军兵宗鄙公法将君

司命令皇帝臣民宦卒役败囚宰奴

文艺篇

文学经史典册诗歌戏曲

书画德美乐舞

政治篇

政治，指上层建筑领域中各种权力主体维护自身利益的特定行为以及由此结成的特定关系。政治对社会生活各个方面都有重大影响和作用。它是人类历史发展到一定时期产生的一种重要社会现象。这一社会现象很复杂，但至今还没有公认的确切定义。

与政治相关的汉字，总共介绍了40个，其中包括：王、官、侯、国、宫、封、相、士、战、武、邦、戍、狱、刑、牢、戈、侵、伐、军、兵、宗、鄙、公、法、将、君、司、命、令、皇、帝、臣、民、宦、卒、役、败、囚、宰、奴。

王（wáng）

【说文原文】

王（雨方切），天下所归往也。董仲舒曰："古之造文者，三画而连其中谓之王。三者，天、地、人也，而参通之者王也。"孔子曰："一贯三为王。"凡王之属皆从王。李阳冰曰："中画近上。王者，则天之义。"

【说文译文】

王，人心所向、天下归附和向往的英杰。董仲舒说"古代造字的方法，是在三道横画中间用竖笔连接，叫作'王'字。三道横画，分别代表天、地、人，而能够参悟、贯通这三者的人，就是王。"孔子也说："能以一贯三者为'王'。"所有与王相关的字，都采用"王"作边旁。李阳冰说："'王'与'玉'有微妙差异，'王'字的三横中，中间一横比较靠近上面的一横，而'玉'字的三横距离均匀。王之所为，就是天义。"

【字形演变】

甲骨文 → 金文 → 小篆 → 楷体

【本字溯源】

"王"是象形字。"王"字的甲骨文为斧钺的形状，下端是刃。斧钺为礼器，象征王者之权威。其金文字形与甲骨文字形有大的不同，但下端的斧刃更像事物，如古时候武士手持的大板斧。小篆的字形右金文演变而来，与金文字形相似。

"王"本来是大斧头的形象。斧头在上古也叫做"钺"，是一种大型武器，像板斧的形状，有了这种武器，就表明有镇压之权。谁有这种权利？只有最高统治者拥有。所以这个最高统治者就称为"王"了，也称为"帝王"。

"王"的本义就是天子、君主。秦王嬴政统一六国后，自称为"皇帝"。秦汉以后帝王也改称为"皇帝"，而"王"则成为封爵的最高一级。如"诸侯王"、"藩王"、"郡王"、"亲王"。

殷周时代对帝王的称呼为"王"。《诗·小雅·北土》："溥天之下，莫非王土。"《国语·周语上》："厉王虐，国人谤王。"《荀子·王霸》："故百王之法不同。"柳宗元《捕蛇者说》："以王命聚之。"又如："王公"，天子与诸侯；泛指达官贵人；王土，天子的土地。"王士"，天子的士民。

春秋时，楚、吴、越等诸侯国国君也开始称"王"，战国时各诸侯国国君普遍称"王"。《国语·越语上》："越王勾践栖于会稽之上。"《孟子·梁惠王上》："王好战，请以战喻。"又如"王政"，国君的政令；"王妃"，侯王、太子之配偶，帝王之妾，位次于皇后。

从秦代开始，天子改称"皇帝"，"王"便成了对贵族或功臣的最高封爵，即诸侯王。《汉书·李广苏建传》："赐号称王。"《后汉书·张衡传》："王侯以下。"又如，西汉初，刘濞被封为吴王；韩信先被封为齐王，后改为楚王。

【词意演变】

"王"由本义引申为首领、同类中最突出者。唐代李朝威《柳毅传》："王久不至。"又如：擒贼先擒王；乐器之王；拜他为王、山大王、蜂王。

"王"也当动词使用，读音为wàng，表示统治、领有一国或一地之义，《诗·大雅》："王此大邦，克顺克比。"《史记·项羽本纪》："欲王关中。"还可表示作皇帝、称王之义。《孟子·梁惠王上》："然而不王者，未之有也。"《孟子·公孙丑上》："行仁政而王，莫之能御也。"《商君书》："周不法商，夏不法虞，三代异势，而皆可以王。"

"王"也是汉字部首之一，并且由"王"字组成的字，大都与君王、天子有关。如："皇、闰"等。

"王"是一种姓氏，是百家姓中排名前十名的大姓之一，也是当代中国人口众多的姓氏之一。

"昭君出塞",讲述的就是王昭君的故事。汉元帝后宫妃嫔很多,就让画匠把她们的相貌画下来,按照画上的美丑召来宠幸她们。宫女们都贿赂画匠,只有王昭君不肯贿赂画匠,所以进宫一直得不到皇帝的召见。呼韩邪单于到长安,要求同汉朝和亲。汉元帝同意了,但决定挑个宫女给他,他吩咐人到后宫去传话:"谁愿意到匈奴去的,皇上就把她当公主看待。"宫女听说要到匈奴去都不乐意。

有个叫王昭君宫女,自愿到匈奴去和亲。管事的大臣就把她的名字上报汉元帝。汉元帝吩咐择个日子,让呼韩邪单于和王昭君在长安成亲。召见昭君时,发现昭君不仅容貌美丽,而且举止优雅大方。元帝后悔了,但已经晚了。

元帝于是追究这件事,一个叫毛延寿的画匠被处死。王昭君千里迢迢地到了匈奴,做了呼韩邪单于的阏氏。她和匈奴人相处得很好。匈奴人都喜欢她,尊敬她。王昭君远离自己的家乡,长期定居在匈奴。她劝呼韩邪单于不要去发动战争,还把中原的文化传给匈奴。打这以后,匈奴和汉朝和睦相处,有六十多年没有发生战争。

官(guān)

【说文原文】

官(古丸切),吏,事君也。从宀从𠂤。𠂤犹众也。此与师同意。

【说文译文】

官,官吏,服务于君王的人。字形采用"宀、𠂤"会意。𠂤好像众多的样子。这个"𠂤"与"师(師)"中的"𠂤"含义相同。

【字形演变】

甲骨文 → 金文 → 小篆 → 楷体

【本字溯源】

"官"是会意字,从"宀(mián)",以一覆众,则有治众的意思。其甲骨文字形的外部是个宝盖头的形状，显得很宽敞，像座房子。其内是一张弓的形状，"弓"与"王（斧）"类似，在古时候都是拥有镇压之权的标志。可见室内悬挂"弓"，表示权威所在，也就是官府之义。"官"的本义就是官府，即官吏们办公的地方。

唐代柳宗元《童区寄传》："贼二人得我，我幸皆之矣。愿以闻于官。"《聊斋志异·促织》："上于盆而养之，蟹白栗黄，备极护爱，留待限期，以塞官责。"意思是，装在盆子里并且用蟹肉栗子粉喂它，爱护得周到极了，只等到了期限，拿它送到官府去交差。

【词意演变】

"官"由本义官府引申为"官职"或"官吏"、"官员"等，《礼记·明堂位》："有虞氏官五十，夏后氏官百，殷二百，周三百。"明代崔铣《记王忠肃公翱三事》："公一女，嫁为畿辅某官某妻。"《聊斋志异·促织》："此物故非西产，有华阴令欲媚上官，以一头进，试使斗而才，因责常供。"意思是，皇室里盛行斗蟋蟀的游戏，每年都要向民间征收。这东西本来不是陕西出产的。有个华阴县的县官，想巴结上级官吏，把一只蟋蟀献上去，上司试着让它斗了一下，显出了勇敢善斗的才能，上级官吏于是责令他经常供应。又如"文官、武官、京官、地方官、清官、贪官、军官、教官"等，也使用的是此义。

"官"当形容词使用，表示属于国家、政府或公家的。官办，官费，官方，官府，官银，官车，官仓。还可以表示公、公有之义，与"私"相对。如"官厕所"、"官大道"、"官中的"。

"官"字假借生物体上有特定机能的部分，如"感官、器官、五官、官能"。

"官人"这一词语出现在宋代，宋代是南北文化交流异常频繁的时代。在夫妻间的称呼上，也是称谓较多的朝代。宫廷中，出现了"官家"一词；平民百姓中，有了"官人"这一称谓。有的妻子称自己的丈夫为"官人"。至今，民间仍对新婚夫妻戏称为"新郎官"、"新娘子"。

侯（hóu）

【说文原文】

侯（乎沟切），春飨所射侯也。从人；从厂，象张布；矢在其下。天子射熊虎豹，服猛也；诸侯射熊豕虎；大夫射麋，麋，惑也；士射鹿豕，为田除害也。其祝曰："毋若不宁侯，不朝于王所，故伉而射汝也。"𥎦，古文侯。

【说文译文】

天子诸侯养老先行大射礼之侯，天子诸侯养老皆如乡饮酒之礼，所以也称之为飨。其字从人，从厂（hàn），象张布，矢在其下。王大射则共虎侯熊侯豹侯，天子服猛；诸侯大射则共熊侯豹侯，天子服猛；卿大夫大射则共麋侯，麋之为言迷，大夫去惑；士射鹿豕，鹿豕为田害，士为田除害。其祝辞说："惟你宁侯，母或你女不宁侯，不属于王所。所以与你抗衡而射你。"𥎦，古文写法的"侯"字。

【字形演变】

甲骨文 → 金文 → 小篆 → 楷体

【本字溯源】

"侯"是象形字兼会意字。从人，从厂（hàn），象张布，矢（箭）在其下。其甲骨文字形，象射侯张布着矢之形。上面是半包围结构的"厂"字形符号，像一顶帐篷；西面径直射向帐篷的箭是意符，意在说明这顶帐篷是用来射箭的，也就是"箭靶"。"侯"的本义就是箭靶，如《诗·齐风·猗嗟》："终日射侯。"意思是，整天射击箭靶。又如"侯道"，指箭靶与射者间的距离。

【词意演变】

"侯"引申为诸侯，如《礼记·王制》："内诸侯禄也，外诸侯嗣也。"又如"侯王"、"侯门"。《尔雅·释诂》："公侯，君也。又五等爵之次曰侯。"意思是，诸国信服的王侯，就是君。又有一种说法认为，次于五等爵位的叫"侯"。

"侯"字后来用来表示官职的等级，即古时封建制度五等爵位的第二等。爵位，是古代皇帝对贵戚功臣的封赐。旧说周代有公、侯、伯、子、男五种爵位，后代爵称和爵位制度往往因时而异。

如《史记·陈涉世家》："王侯将相宁有种乎？"意思是，难道那些做王侯将相的，都是天生的贵种吗？《史记·项羽本纪》："劳苦而功高如此，未有封侯之赏，而听细说，欲诛有功之人，此亡秦之续耳。"意思是，像这样劳苦功高，没有封侯的赏赐，反而听信小人谗言，要杀有功劳的人，这是灭亡的秦朝的后续者啊！又如"侯印"，侯爵之印信；"侯伯"，侯爵与伯爵。

"侯"当动词使用，意为"封侯"，如《诗·鲁颂·閟宫》："俾侯于鲁。"

意思是，风气为鲁侯。又如"侯封"，指封侯；"侯者"，指封侯之人。

从唐代开始，"侯"被用于泛指达官贵人，如人们常常所得俗语"侯门深似海"，指显贵人家深宅大院，门禁森严，一般人难以出入。比喻旧日的好友因地位的悬殊而疏远隔绝。"侯门深似海"源自唐代崔郊的《赠婢诗》。

唐末范摅《云溪友议》记载：唐元和年间，秀才崔郊与其姑母的一个婢女互生情愫，互相爱慕。但是后来婢女却被卖给了显贵于某。崔郊悲伤怅惘不已。一年寒食节，偶尔外出的婢女，邂逅了崔郊，崔郊百感交集，写下《赠婢诗》："公子王孙逐后尘，绿珠垂泪滴罗巾。侯门一入深似海，从此萧郎是路人。"诗人被夺取所爱的悲哀，我们不难体会。

后来于某读到此诗，为崔郊的痴情所感动便让崔郊把婢女领去，一时传为美谈。"侯门一入深如海，从此萧郎是路人"中的"侯门"指权豪势要之家。"萧郎"是诗词中习用语，泛指女子所爱恋的男子，此处是崔郊自谓。这两句没有将矛头明显指向造成他们分离隔绝的"侯门"，倒好象是说女子一进侯门便视自己为陌路之人了。

国（guó）

【说文原文】

国（古惑切），邦也。从囗从或。

【说文译文】

国，诸侯受封之地。字形采用"囗、或"会意。

【字形演变】

甲骨文 → 金文 → 小篆 → 楷体

【本字溯源】

"国"的繁体字写作"國"，为是会意字。其甲骨文字形由"戈"字和"口"字组成，"戈"表示武器，"口"字表示城邑的范围。两着结合就是用武器保护自己的领地。其小篆字形由"或"字（"或"亦兼表字音）和"囗"字组成，从"囗

（wéi）"，表示疆域。从或（即"国"），也是保护自己的领地，也就是"国"家。"国"的本义就是邦国。

周代，天子统治的是"天下"，略等于现在说的"全国"。《说文》："国，邦也。"《周礼·太宰》："以佐王治邦国。"注："大曰邦，小曰国。"《周礼·大司马》："方千里曰国畿，诅祝以叙国之信用，以资邦国之剂信。"注："国谓王之国；邦国，谓诸侯国也。"《论语·微子》："丘也闻有国有邦者。"汉代贾谊《新书·过秦论上》："秦人开关延敌，九国之师，逡巡而不敢进。"又如"齐国"、"晋国"、"郑国"等。

【词意演变】

"国"也表示古代王、侯的封地，如《史记·留侯之家》："项王乃许之，遂得汉中地。汉王之国，良送至褒中，遣良归韩。"意思是，项王应允了汉王的请求，汉王于是得到了汉中地区。汉王到封地去，张良送到褒中，汉王让张良返回韩国。《战国策·齐策》："孟尝君就国于薛，未至百里，民扶老携幼，迎君道中。"意思是，孟尝君于是只好到封地薛邑。他离薛还有百里，乡民们扶着老的，牵着小的，在半路上迎接孟尝君。

邦国的政治中心，都在都城，所以"国"由本义引申为国都，一国最高政权机关所在地。又称国城，国邑。《周礼·士师》："三曰国禁。"注："城中也。"《孟子》："在国曰市井之臣。"注："谓都邑也。"《战国策·齐策》："寡人不祥，被于宗庙之祟，沉于谄谀之臣，开罪于君，寡人不足为也。愿君顾先王之宗庙，姑反国统万人乎？"意思是，由于我不好，遭到祖宗降下的灾祸，被拍马奉承的臣子所蒙蔽，得罪了您。我是不值得您帮助的，但希望您顾念齐国先王的宗庙，暂且回国都来治理国事吧。

范仲淹《岳阳楼记》："登斯楼也，则有去国怀乡，忧谗畏讥，满目萧然，感极而悲者矣。"意思是，此时登上岳阳楼，就会产生离开国都，怀念家乡，担心人家说坏话，惧怕批评指责的感觉，满眼是萧条的景象，感慨悲伤到极点啊。

在现实中，人们常常用国都指代国家，故"国"可引申为国家。《诗·大雅·民劳》："国无有残。"宋代陆游《十一月四日风雨大作》："僵卧孤村不自哀，尚思为国戍轮台。"唐魏征《谏太宗十思疏》："思国之安者，必积其德义。"孙文《黄花冈七十二烈士事序》："国人皆以诸先烈之牺牲精神为国奋斗。"

成语"皇亲国戚"使用频率很高，那么什么是皇亲国戚？皇帝的父亲称太上皇；皇帝的母亲称皇太后；皇后是皇帝的正妻，皇太子是皇位的继承人，又称"东宫"。自汉代起，皇帝的女儿叫公主；皇帝的姐姐叫长公主；公主的丈夫为"驸马"；皇帝的母舅或妻舅称为国舅；皇帝把子孙、叔伯等封为"藩王"。这些都是皇亲国戚。后来"皇亲国戚"泛指皇帝的家庭和亲戚。也比喻极有权势的人。

成语"国士无双"，指一国独一无二的人才。国士，国中杰出的人物。这个成语出自《史记·淮阴侯列传》"诸将易得耳，至如信（指韩信）者，国士无双。"历史典故是这样：秦朝末年，韩信因得不到项羽的重用，而改投奔刘邦，开始也没有得到重用，因滕公把他推荐给萧何，萧何认为他是一个不可多得的人才推荐给刘邦。刘邦敷衍应付，韩信不辞而别，萧何月下追韩信，对刘邦说他是国士无双，刘邦才拜他为大将。

宫（gōng）

【说文原文】

宫（居戎切），室也。从宀，躳省声。凡宫之属皆从宫。

【说文译文】

宫，宫室。字形采用"宀"作边旁，采用省略了"身"的"躳"作声旁。所有与宫相关的字，都采用"宫"作边旁。

【字形演变】

甲骨文 → 金文 → 小篆 → 楷体

【本字溯源】

"宫"是会意字。其甲骨文字形外围像围墙，下面的两个"口"像围墙内的若干房屋的形状，在穴居野处时代也就是洞窟。外围象洞门，里面的小框框象彼此连通的小窟，即人们居住的地方。"宫"的本义就是古代对房屋、居室的通称。秦、汉以后才特指帝王之宫。如《说文》："宫，室也。"《孟子·滕文公上》："且许子何不为陶冶，舍皆取诸其宫中而用之？"《战国策·秦策一》："父母闻之，清宫除道，张乐设饮，郊迎三十里。"

【词意演变】

秦汉以来，宫指宫廷，帝王的住所。《战国策·赵策》："愿令得补黑衣之数，以卫王宫。"《史记·留侯世家》："沛公入秦宫。"诸葛亮《出师表》："宫中府中，俱为一体。"《聊斋志异·促织》："宣德间，宫中尚促织之戏，岁征民间。"这几句中，"宫"都是此义项。又如"宫嫔"，宫廷中的女官；"宫漏"，宫廷里计时用的漏壶。

由于宫殿大多豪华而神秘，因此又借指神仙的居处。如：蓬莱宫；天宫；宫神（守卫天宫的门神）。现又指非常严肃正式的文化活动或娱乐场所。如：少年宫，文化宫。

"宫"借指后妃。如"宫主"，古代高丽国臣民对本国后妃的称呼；"宫眷"，后妃的统称。

"宫"又是五音之一。最古的音阶仅用五音，即宫、商、角、征、羽。古人通常以宫作为音阶的第一级音。《庄子·徐无鬼》："鼓宫宫动，鼓角角动，音律同矣。"又如"宫商"，中国古代五声音阶中的第一、第二两个音阶。常用以代指音乐；"宫调"，古代乐曲曲调的总称。凡以宫为主的调式为"宫"；又凡以商、角、变征、征、羽、变宫为主的格式为"调"，统称为"宫调"。

"宫"又借为古代五刑之一。即"丈夫割其势，女子闭于宫"，就是阉割男子生殖器、破坏女子生殖机能的一种肉刑。《书·吕刑》："宫辟疑赦。"《传》："宫，淫刑也。男子割势，妇人幽闭。"又如"宫者"，受过宫刑的男子。

"宫刑"，又称蚕室、腐刑、阴刑和椓刑，这些不同的名称都反映出这一刑罚的残酷。所谓蚕室，据唐人颜师古的解释："凡养蚕者欲其温早成，故为蚕室，畜火以置之。而新腐刑亦有中风之患，须入密室（也许是最早的无菌室概念），乃得以全，因呼为蚕室耳。"就是说，一般人在受宫刑以后，因创口极易感染中风，若要苟全一命，须留在似蚕室一般的密室中，在不见风与阳光的环境里蹲上百日，创口才能愈合。宫刑又称腐刑，这是因为，对受害者来说，不但肉体痛苦，而且心灵受辱，从此像一株腐朽之木，有杆但不能结实。

另一种说法是，宫刑的人像腐朽的人不能开花一样。宫刑又称阴刑，是指对男子或女子的阴处施刑。称为椓刑，见于《尚书·吕刑篇》，"椓"据《说文》释是以棍击伐之意，据清人马国翰《同耕帖》载，古有椓（zhuó）窍之法，谓用木棍敲击女性下身，以破坏其生育机能。著名史学家司马迁便受过此刑。

封（fēng）

【说文原文】

封（府容切），爵诸侯之土也。从之，从土，从寸，守其制度也。公侯，百里；伯，七十里；子男，五十里。

【说文译文】

封，伯爵诸侯的封地。字形采用"之、土、寸"会意，"寸"表示遵守封建制度。公侯，封地百里；伯爵，封地七十里；子男，封地五十里。

【字形演变】

甲骨文 → 金文 → 小篆 → 楷体

【本字溯源】

"封"是会意字，其中甲骨文字形是土堆之上一棵丰茂的树苗。其金文字形，在这颗树苗的右边多了一只手，也就是用手将树苗种植在土堆上的形状，表示在这里推土植树为界。"封"的本义就是堆土植树为界。古时候天子封赏给诸侯以及卿、大夫土地，都需要有明确的界线。有山的地方以山为界，有水的地方以水为界，无山无水的平原地带只能以挖沟、堆土、植树为界。《国语·楚语下》："夫货马尤则缺于民，民多缺则有离叛之心，将何以封矣？"意思是，财物和马匹超过了限度，百姓那里就不充裕，百姓不充裕就会产生反叛之心，那么将用什么治国（推土植树为界）呢？

【词意演变】

"封"表示分封土地之义，如宋代苏洵《六国论》："以赂秦之地，封天下之谋臣。"《史记·货殖列传序》："故太公望封于营丘。"又如"封国"，封土立国；"封爵"封土授爵；"封赋"，受封田地的赋税；"封邑"，赐给领地以为食邑。

要栽树就要堆土，故堆土筑坟，也可用"封"表示。《左传·文公三年》："封殽尸而还。"大意是，把在殽地战死的人堆土筑坟掩埋好后回去。

"封"当名词使用引申泛指疆界、田界。《左传·襄公三十年》："子产使都鄙有章，上下有服，田有封洫，庐井有伍。"意思是，子产让城市和乡村有所区别，上下尊卑各有职责，土地四界有区分田界的水沟，庐舍和耕地能互相适应。

《左传·僖公三十年》："夫晋何厌之有？即东封郑，又欲肆其西封，若不阙秦，将焉取之？"意思是，晋国，有什么满足的呢？已经把郑国当作东部的疆界，又想扩张西部的疆界，不侵犯秦国又从哪里取得（领地）呢？又如"封内、封外、封洫（区分田界的水沟）"等，也用得是此义项。

因堆土植树为界的目的是把界内与界外明确分开，使界内密闭，因此"封"由本义引申为用加盖印章的纸条贴在门、箱或其他容器的口上以防开启。《史记·项羽本纪》："籍吏民，封府库，而待将军。"明代崔铣《记王忠肃公翱三事》："公拆袄，出珠授之，封识宛然。"

此外，词语"封押、封包、封册、封检"，用得是此义项，这也是"封"的常用一项之义。"封"也用作量词，意为用于装封套的东西，如"一封信、一封公函"，杜甫《述怀》："自寄一封书，今已十月后。"

相（xiàng）

【说文原文】

相（息良切），省视也。从目从木。《易》曰："地可观者，莫可观于木。"《诗》曰："相鼠有皮。"

【说文译文】

相，察看。字形采用"目、木"会意。《易经》上说："地上最容易远眺观察的位置，莫过于在树上。"《诗经》上有诗句唱道："你看那老鼠，皮毛还挺光滑完整！"

【字形演变】

甲骨文 → 金文 → 小篆 → 楷体

【本字溯源】

"相（xiàng）"是会意字，其甲骨文字形的左边是"木"，右边是一只眼睛的形状，表示用"目"看树木。其金文字形，与甲骨文字形类似，只是笔画更加清晰。那么古时候的人们为什么用眼睛观看树木来表示"相"呢？原来，在人类早期，人们建造房子或生活都要用到树木，所以木材在他们的日常生活中起着至关重要的作用。他们常常根据需要，亲自观察，选定木材，所以"相"的本义就是审视、观察。

《诗·墉风·相鼠》："相鼠有皮，人而无仪。"《史记·平原君虞卿列传》："胜不敢复相士。"《论衡·订鬼》："伯乐学相马，顾玩所见，无非马者。"《礼记·月令》："善相丘陵。""相马、相机、相士、相机行事"，也用的是此义项。由本义还可引申为亲自观看，如"相媳妇"，男家派亲人去女家相看女方；"相机"，察看当时情况，寻找有利时机。

【词意演变】

从"仔细看"这个本义引申为"相面"之义。如《史记·淮阴侯列传》："相君之面，不过封侯。又危不安。相君之背，贵乃不可言。"大意是，（齐国的辩士蒯通说）看你的面相不过是一个侯，而且有危险，但从你的后背来看，你真的是贵不可言。（看你的面相，仅到封侯而已，并且还很不安全，有鸟尽弓藏之险，但看你的背相，却尊贵无比。）

由相面之义进一步引申为名词"相（xiàng）貌"，如《玉台新咏·古诗为焦仲卿妻作》"府吏得闻之，堂上启阿母：'儿已薄禄相，幸复得此妇，结发同枕席，黄泉共为友。'"意思是，焦仲卿听了这般诉说后，到堂上去禀告母亲："我已经没有做高官、享厚禄的相貌，幸亏还能娶到这个贤慧能干的妻子，结婚后相亲相爱地生活，并约定死后在地下也要相依为伴侣。

《荀子·非相》："长短、大小、善恶形相，非吉凶也。"意思是，人的身体的长短、大小以及相貌的美丑，不能决定人的吉凶。还有，我们平常所说的"相片、相貌、相机、相貌端庄、坐相、福相、长相、手相、真相、照相、聪明相、神气相、可怜相、穷酸相、真相大白"等都用得是此义项。

"相（xiàng）"当副词使用，意为交互、互相，《礼记·学记》："是故学然后知不足，教然后知困。知不足，然后能自反也；知困，然后自强也。故曰：教学相长也。意思是，因此，学然后才知道自己的欠缺，教然后知自己理解不透。知道了自己欠缺，然后才能自己刻苦地钻研。所以说：教与学是互相促进的。《老子·小国寡民》："邻国相望，鸡犬之声相闻，民至老死，不相往来。"意思是，邻国很近，彼此可以互相望见，鸡鸣犬吠之声也互相能听到，但是大家彼此直至老死也不相往来。

汉苏武《留别妻》："生当复来归，死当长相思。"大意是，如果我有幸能活着，一定会回到你身边。如果我不幸死了，也会永远想你。晋代陶渊明《桃花源记》："阡陌交通，鸡犬相闻。"意思是，田间小路交错相通，村落间互相能听到鸡鸣狗叫的声音。唐代李白《望天门山》："青山相对。"宋代苏轼《石钟山记》："水石相搏。"

我国古代有"国相"、"相国"、"宰相"、"丞相"的官职，这里的"相"意为辅佐。相，本为相礼之人，字义有辅佐之意。宰相联称，始见于《韩非子·显学》，但只有辽代以其为正式官名，其它各代所指官名与职权广狭则不同，而且名目繁多。通常和丞相是一个概念。宰相是我国古代最高行政长官的通称。"宰"的意思是主宰，商朝时为管理家务和奴隶之官；周朝有执掌国政的太宰，也有掌贵族家务的家宰、掌管一邑的邑宰，实已为官的通称。

我们常常所说的成语"相见恨晚"，意思是只恨相见得太晚。形容一见如故，意气极其相投。出自《史记·平津侯主父列传》：汉武帝时期，齐国人主父偃饱学多才，游历于诸侯之间，没有得到任用。他穷困潦倒时只好上书给汉武帝，得到汉武帝的赏识。汉武帝召集他与徐乐、严安三人议事，大有相见恨晚之感，主父偃建议汉武帝推行推恩令以巩固政权。

士（shì）

【说文原文】

士（鉏里切），事也。数始于一，终于十。从一从十。孔子曰："推十合一为士。"凡士之属皆从士。

【说文译文】

士，善于办事的人。天地之数，从一开始，到十结束。字形采用"一、十"会意。孔子说："能推十合一、从众多事物中推演归纳出一个根本道理的人，就是高明的士。"所有与士相关的字，都采用"士"作边旁。

【字形演变】

士　士　士　士
金文 → 金文 → 小篆 → 楷体

【本字溯源】

"士"是会意字。从一，从十。善于做事情，从一开始，到十结束。其金文字形像一棵禾苗立于地上。"士"的本义众说纷纭。许慎认为"士"的本意为事。《说文》："士，事也。"

【词意演变】

"士"字即为插苗于田地，而耕作插苗在古代都是男人的事，"士"由此引申为古代男子的美称。《汉书·食货志》："学以居位曰士。"《后汉书·仲长统传》："以才智用者谓之士。"

《周书》："太子晋，胄成人，能治上官，谓之士。"《礼记·曲礼》："列国之大夫，入天子之国，曰某士。"唐代韩愈《原毁》："尝试语于众曰：'某良士，某良士。'其应者必其人之与也。"再如常常所说的"勇士"、"壮士"、"士三日不见当刮目相待"。

因为古代士兵、武士一般都是男子，故"士"由男子的美称引申为兵士、武士。《左传·宣公十二年》："下军之士多从之。"《资治通鉴》："驱中国士众远涉江湖之间，不习水土，必生疾病。"汉代贾谊《过秦论上》："士不敢弯弓而报怨。"《楚辞·国殇》："旌蔽日兮敌若云，矢交坠兮士争先。"又如词语"士兵、上士、中士、下士"等，都用得是此义项。

"士"为我国古代社会阶层的名称，先秦时期贵族的最低等级，位次于大夫。"士"还是古代四民之一。指农工商以外学道艺、习武勇的人。或称"士民"以区别于"庶民"。

"士"还表示对品德好、有学识、有技艺的人的美称，如《史记·魏公子列传》："公子为人，仁而下士，士无贤不肖，皆谦而礼交之。"《战国策·燕策》："风萧萧兮易水寒，壮士一去兮不复还。"明代张溥《五人墓碑记》："凡四方之士无有不过而拜且泣者，斯固百世之遇也。"又如"志士、勇士、谋士、医士"等，用得也是此义项。

"士"当动词使用，意为做官。通"仕"。如《荀子·大略》："古者匹夫五十而士；天子诸侯子十九而冠，冠而听治，其教至也。"意思是，古代平民百姓到五十岁才能做官；而天子与诸侯的儿子十九岁就举行冠礼，举行冠礼后就治理政事，这是因为他们受到的教育极好的缘故啊。

《荀子·大略》："学者非必为仕，而仕者必如学。"意思是，学习的人不一定都去做官，而做官的人一定要去学习。《韩非子·五蠹》："轻辞天子，非高也，势薄也；重争士橐，非下也，权重也。"意思是，古人轻易辞掉天子，不是品德高尚，是因为权势微薄；今人看重并争取做官和依附权势，不是品格卑下，是因为权势太重。

我们经常所说的成语"士别三日，当刮目相看"，指别人已有进步，应当用发展的眼光看待别人。这原是鲁肃夸赞吕蒙学有长进的话，后以形容对人重视，另眼相待。《资治通鉴》载：当初，孙权对吕蒙说："你现在当权掌握重要事务，不可以不学习，应当粗略地阅读，了解历史。你说你军务繁忙，哪能比得上我的事务多呢？我常常读书，自认为有很大益处。"于是吕蒙开始刻苦学习。

后来，鲁肃见到吕蒙，感觉非常吃惊，于是说你已不再是过去那个吴县的吕蒙了！吕蒙说："有志气的人分别了几日后，就应当用新眼光重新看待他，兄长你看清楚这件事情也太晚了啊！"于是鲁肃拜见了吕蒙的母亲，并与吕蒙结为好友。

战（zhàn）

【说文原文】

战（之扇切），斗也。从戈单声。

【说文译文】

战，战斗。字形采用"戈"作边旁，"单"作声旁。

【字形演变】

甲骨文 → 金文 → 小篆 → 楷体

【本字溯源】

"战"是会意字，由"戈"与"兽"组成。"戈"表示武器，"兽"指野兽。"戈"与"兽"组合表示拿武器与野兽搏斗，并引申出与人搏斗，进而引申指"打仗"。"战"的本义就是作战，打仗。《左传·庄公十年》："忠之属也，可以一战，战则请从。"意思是，这是对人民尽本职的事，可以凭这一点去打仗，作战时请允许我跟您去。

《乐府诗集·木兰诗》："将军百战死，壮士十年归。"意思是，将士们身经百战，有的为国捐躯，有的转战多年胜利归来。《乐府诗集·木兰诗》："脱我战时袍，着我旧时裳。"意思是，脱去打仗时穿的战袍，穿上以前女孩子的衣裳。

文天祥《指南录后序》："时北兵已迫修门外，战、守、迁皆不及施。"大意是，此时元兵已经接近修门外，作战、防守、转移都来不及实行。《孟子·尽心章句下》："春秋无义战。彼善于此，则有之矣。征者，上伐下也，敌国不相征也。"意思是春秋时代没有合乎义的战争。那一国或许比这一国要好一点，这样的情况倒是有的。所谓征，是指上讨伐下，同等级的国家之间是不能够相互讨伐的。"敌国"，指地位相等的国家。"敌"在这里不是"敌对"的意思。

"春秋无义战"，这既表达了孟子的历史观，也是其政治观的体现。因为，儒家认为，"礼乐征伐自天子出"，这才是合乎义的，而春秋时代则是"礼崩乐坏"，"礼乐征伐自诸侯出"，所以没有合乎义的战争。其实，孟子的思想依然是来自孔子。孔子在《论语季氏》中已经说过："天下有道，则礼乐征伐自天子出；天下无道，则礼乐征伐自诸侯出。"礼乐征伐自天子出是西周的时代，礼乐征伐自诸侯出就是春秋时代了。

【词意演变】

打仗都是非常残酷的，刚刚奔赴战场的人往往会被血肉横飞的悲惨场面吓得浑身打颤，"战"由此引申出颤抖、发抖之义。《诗经·小雅·小旻》："战战兢兢，如临深渊，如履薄冰。"意思是面对政局我浑身发抖，就像面临万丈深渊，就像脚踩薄冰。战战，恐惧、颤抖的样子。《汉书·高五王传》："股战而栗。"意思是，害怕的两腿发抖。

南朝梁丘迟《与陈伯之书》："如何一旦为奔亡之虏，闻鸣镝而股战，对穹庐以屈膝，又何劣邪！"意思是，怎么一下子竟成了逃亡降异族的（叛逆），听到（胡人的）响箭就两腿发抖，面对着北魏的统治者就下跪礼拜，这又是何等卑劣呵！"鸣镝"，即响箭，是古时一种射出去带响的箭，多用于发号令。

我们常常所运用的"百战百胜"，就是每战必胜，形容所向无敌。出自《孙子·谋攻》：春秋时期，军事家孙武认为使敌人举国完整的屈服就是上策，出兵打破那个国家就要差一些。要善于运用计谋不战而屈人之兵，同时做到知己知彼、百战不殆。百战百胜还不是高明中最高明的，只有不通过战斗而使敌人屈服才高明。

武（wǔ）

【说文原文】

武（文甫切），楚庄王曰："夫武，定功戢兵。故止戈为武。"

【说文译文】

武，楚庄王说："武力，确定战功，止息战争。所以'止、戈'会意为'武'。"

【字形演变】

甲骨文 → 金文 → 小篆 → 楷体

【本字溯源】

"武"是会意字，从止，从戈。其甲骨文字形的上部是"戈"，表示武器；下部是"止"，"止"就是脚，表示行动之义。"戈"与"止"会意表示人拿着武器行进，即要动武。同时"止"又有停止的意思。所以"戈"与"止"组合起来的意思就是用武力制止武力。"武"的本义就是军事行动，与"文"相对，如《韩非子·五蠹》："上德不厚而行武，非道也。"意思是崇尚德教还做得不够就施行武力，这不是治国的方法。

【词意演变】

军事行动中，需要勇气、力量，故"武"引申为"勇猛"，如《诗·郑风·羔裘》："羔裘豹饰，孔武有力。彼其之子，邦之司直。"意思是羔羊皮袍的袖口装饰豹皮，非常勇武有力量。他是这样的一个人啊，国家的司直能够主持正义。"孔"为"很"之义；"司直"，负责察人过失的官吏。又如"武健"，勇武刚健。

"武"可以表示脚步，如屈原《离骚》："继前王之踵武。""前王"指楚国过去强盛时期的君主。"踵"，指脚后跟。此句的大意是，跟上前王的脚步。

"武"当量词使用，意为半步。古代六尺为步，半步为武。《国语》："夫目之祭度也，不过步武尺寸之间。"大意是，眼睛看到的，距离很近。

"武"也是一种姓氏，百家姓之一。历史上"武"姓名人荟萃，其中有一位赫赫有名，她就是武则天（624—705），我国历史上唯一一个正统的女皇帝，也是继位年龄最大的皇帝（67岁即位），又是寿命最长的皇帝之一（终年82岁）。

武则天，并州文水（今山西文水东）。唐高宗李治的皇后，唐中宗李显、唐睿宗李旦之母，高宗去世后，武则天相继废掉两个儿子中宗和睿宗，公元690年建周代唐，在位21年，史称"武周"。

公元705年去世让位与子唐中宗，中宗遂复唐。以李唐皇后的身份入葬乾陵。她身后留下的用早期的契丹文字刻的乾陵"无字碑"，不仅吸引千百年来人们的纷纷猜测，而且为失传的女真文字留下了一份极其珍贵的文字史料。

邦（bāng）

【说文原文】

邦（博江切），国也。从邑，丰声。峯，古文邦。

【说文译文】

邦，诸侯封国。字形采用"邑"作边旁，采用"丰"作声旁。峯，这是古文写法的"邦"字。

【字形演变】

甲骨文 → 金文 → 小篆 → 楷体

【本字溯源】

"邦"是会意字，其甲骨文下部是一块田地，田地上长了一棵树，表示植树为界。界线之内是"邦国"，由此可见，"邦"就是分封的诸侯国。其金文变化很大，左边是种植的树苗，右边是"邑"，表示地方或区域，这同样代表分封的地区。"邦"的本义就是古代诸侯的封国。

《说文》："邦，国也。"段玉裁注："邦之言封也。古邦封通用。书序云：'邦康叔，邦诸侯。'《论语》云：'在邦域之中'。皆封字也。"《周礼·天官·大宰》："以佐王治邦国。"注："大曰邦，小曰国，邦之所居亦曰国。"按，邦国亦通。《诗·小雅·节南山》："式讹尔心，以畜万邦。"大意是，该改变改变你们的邪心，以求德被四方封国齐同。

【词意演变】

"邦"汉朝避高祖(刘邦)讳,多以国易之,《论语·季氏》:"且在邦域之中矣。……而谋动干戈于邦内。"《韩非子·喻老》:"及公子返晋邦、瘵兵伐郑,大破之。"《论语·学而》:"夫子至于是邦也,必闻其政。"又如:邦畿(古代指直属于天子的地方);邦家(诸侯的封国和大夫之家);邦国(诸侯的封国。大的叫邦,小的叫国,后泛指国家)。

"邦"泛指国家。南朝齐丘迟《与陈伯之书》:"姬汉旧邦,无取杂种。"意思是,我中原周汉古国,决不容有杂种同生。《尚书·五子之歌》:"民惟邦本,本固邦宁。"意思是,百姓是一个国家的根本,根本巩固了,这个国家才能安定。《孟子·梁惠王上》:"刑于寡妻,至于兄弟,以御(治)于家邦。"《论语·先进》:"唯求则非邦也与?"又如"邦典",国家的法令制度。

"邦"也当动词使用,意为封、分封。如柳宗元《封建论》:"夫尧、舜、禹、汤之事远矣,及有周而甚详。周有天下,裂土田而瓜分之,设五等,邦群后。""后"指诸侯。此句的意思是,尧、舜、禹、汤的事离我们很远了,到了周代记载就很详备了。周朝占有天下,把土地像剖瓜一样分割开来,设立了公、侯、伯、子、男五等爵位,分封了许多诸侯。

"礼仪之邦",指讲究礼节和仪式的国家。其中"邦",指国家。中华民族源远流长,在五千年的历史长河中,创造了灿烂的文化,形成了完整的礼仪规范。整个东亚及东南亚的文化的精华均是传承华夏文明,就是确证。礼仪文明作为中国传统文化的一个重要组成部分,对中国社会历史发展起了广泛深远的影响,其内容十分丰富,所涉及的范围非常广泛,几乎渗透于古代社会的各个方面。

戍(shù)

【说文原文】

戍(伤遇切),守边也。从人持戈。伤遇切

【说文译文】

戍,戍守边境。字形采用"人、戈"会意,表示守卒持戈。

【字形演变】

忄戈 戍 戍 戍
甲骨文 → 金文 → 小篆 → 楷体

【本字溯源】

"戍"是会意字。从人，持戈。其甲骨文字形像人负戈守卫边疆，左下部是一个面朝左侧面站立的人；右上方是"戈"，像长柄横刀的武器。"人"与"戈"会意，表示一名手拿武器的人站岗放哨，守卫着大家的安全。"戍"的本义就是防守边疆，即保卫。

《诗·王风·扬之水》："彼其之子，不与我戍申。"《史记·陈涉世家》："二世元年七月，发闾左适戍渔阳。"意思是，秦二世元年七月，派闾左到渔阳防守。陆游《十一月四日风雨大作》："僵卧孤村不自哀，尚思为国戍轮台。"意思是，我直挺挺躺在孤寂荒凉的乡村里，没有为自己的处境而感到悲哀，心中还想着替国家防卫边疆。又如词语"戍守"、"戍逻"、"戍役"、"戍将"也用得是此义项。

【词意演变】

"戍"由本义防守边疆引申泛指驻守。杜甫《石壕吏》："三男邺城戍。"意思是，三个儿子都到邺城驻守。"戍"当名词使用，意为守边的士兵，《左传·定公元年》："乃归诸侯之戍。"意思是，于是放回了诸侯们守边的士兵。

需要注意的是，"戍"与"戌"的字形很相似，一定要认真区别。"戍"字在写法上，中间是一点，"戌"字中间则是以小横。"戌"字读音为（xū），地支第十一位。"戌时"，旧式计时法指晚上七点到九点钟的时间。

此外，还需要注意"戍"与"戊"、"戎"、"戒"在字形、读音上的区别，戊的读音是（wù），天干第五位。戎读音为（róng），指军事、军队，还指我国古代称西方的民族。"戎马"，是军队中的马，借指从军作战，戎马生涯。"戒"读音是（jiè），指戒备、警惕，警告、劝告，戒除、禁止做的事情。"戒指"，指戴在手指头上的饰物。

狱（yù）

【说文原文】

狱（鱼欲切），确也。从㹜，从言。二犬，所以守也。

【说文译文】

狱（狱），落实案情。字形采用"㹜、言"会意。二只犬，用来看守嫌犯。

【字形演变】

甲骨文 → 金文 → 小篆 → 楷体

【本字溯源】

"狱"是会意字，其甲骨文、金文字形的左边和右边都是"犬"，中间是一个"言"字，只有人才会发"言"，这个字的字形表示的两条狗看着一个罪人。"狱"的本义就是监狱。"狱警、狱吏、牢狱、入狱、下狱"中的"狱"都是监狱之义。

我国历代监狱的名称各不相同，尧舜时代称"圜土"；夏代称"夏台"，又名为"钧台"；商代称"羑里"；周代称"圜土"，袭用虞制；秦代称"囹圄"，也称"囹圉"；汉代始称为"狱"，又称为"牢狱"；宋代称"牢城"；明代称"监"；清代沿用"监"名，并把"监"和"狱"合在一起，称为监狱。

【词意演变】

"狱"可引申为讼案。《国语·周语》："夫君臣无狱。"又如："狱文"，判决狱讼的文书；"狱主"，讼案的当事人。"狱"也可引申为刑狱。汉代董仲舒《春秋繁露》："教，政之本也；狱，政之末也。"又如：文字狱；动辄兴狱；狱牒（刑狱的判决文书）；狱牍（刑狱的案卷）；狱事（有关刑狱之事）；狱法（刑狱之法）。

"狱"的主要引申义是打官司、诉讼。《左传·庄公十年》："大小之狱，虽不能察，必以情。"意思是，大大小小的诉讼，即使不能一一明察，但一定要按照真实的情况去处理。《吕氏春秋》："秦之野人，以小利之故，弟兄相狱，亲戚相忍。"意思是，秦国的乡野之人，因为一点点小利的缘故，兄弟之间互相打官司，亲人之间互相残杀。《诗·召南》:"谁谓女无家,何以速我狱?"毛传:"狱,讼也。"又如"狱诉",告状;"狱讼",诉讼;"狱犴",诉讼;"狱司",管理诉讼、牢狱的机构。

"文字狱"是我国历史上令人毛骨悚然、惊骇的事情。文字狱是指封建社会统治者迫害知识分子的一种冤狱。皇帝和他周围的人故意从作者的诗文中摘取字句,罗织成罪,严重者会因此引来杀身之祸,甚至所有家人和亲戚都受到牵连,遭满门抄斩乃至株连九族的重罪。

如南北朝时期的"国史之狱":北魏太平真君十一年(450)六月,北魏大臣崔浩因主持编纂的国史直书揭露了北魏统治者拓跋氏祖先的羞耻屈辱的历史,被魏太武帝下令族诛,同时株连被杀的还有崔浩姻亲范阳卢氏、太原郭氏和河东柳氏等北方大族,史称"国史之狱"。

再如北宋"乌台诗案":北宋大诗人,大词人苏轼就曾因为所作的诗中,被指"包藏祸心,诽谤谩骂",得罪当权者,被捕入狱将近五个月,罪名是包藏祸心、谤讪时政。主要的根据是《山村五绝》、《八月十五日看潮》、《和陈述古冬日牡丹》等几首诗。史称"乌台诗案"。

清朝时期的文字狱是空前绝后的,而且随着统治的稳固而加深,越是统治稳定的时期,文字狱就越是登峰造极,至乾隆时期,更是无以复加的强化,中国的传统文化也因此而扭曲变形。顺治帝兴文字狱7次,康熙帝兴文字狱12次,雍正帝兴文字狱17次,乾隆帝兴文字狱130多次。

清代统治者大兴文字狱,目的在于压制汉人的民族反抗意识,树立清朝统治的权威,加强中央专制集权,这种文化专制政策的结果,造成社会恐怖,从而禁锢了思想,摧残了人才,严重阻碍了我国社会的发展和进步。

刑(xíng)

【说文原文】

刑(户经切),到也。从刀,开声。

【说文译文】

刑,割颈砍头。字形采用"刀"作边旁,"开"作声旁。

【字形演变】

井　邢　形　刑

甲骨文 → 金文 → 小篆 → 楷体

【本字溯源】

"刑"是会意字，其金文字形右边是一把刑刀，左边是囚笼之形，会意为拘囚惩罚。"刑"的本义就是刑罚、惩罚、处罚治罪，即国家依据法律对罪犯实行制裁。

《韩非子·有度》："法不阿贵，绳不挠曲。法之所加，智者弗能辞，勇者弗敢争。刑过不避大臣，赏善不遗匹夫。"刑，惩罚。过，过错，罪过。匹夫，平民百姓。意思是，惩罚罪过不避让大臣，赏赐善行不遗忘百姓。惩罚有罪过的人，即使大臣也不能放过；赏赐做好事的人，即使平民百姓也不能漏掉。指惩罚和奖赏应一视同仁，不应因人的地位不同而区别对待。也指法律面前人人平等，没有地位高低之分。

又如清方苞《狱中杂记》："彼于刑者、缚者，非相仇也，期有得耳；果无有，终亦稍宽之，非仁术乎？"意思是，他们跟那些被惩罚、被捆绑的人，不是有什么仇恨，只不过希望得到一点财物而已；果真没有，最后也就宽容宽容他们，这难道不是一种善行吗？

再如《史记·陈涉世家》："当此时，诸郡县苦秦吏者，皆刑其长吏，杀之以应陈涉。"意思是，这时，各郡县受秦朝官吏压迫的人都纷纷起事，惩罚当地的长官，把他们杀死，来响应陈胜的号召。

【词意演变】

由刑法之义可以演变引申为法度。如《左传·召公六年》："严断刑法，以威其淫。"又如诸葛亮《出师表》："若有作奸犯科及为忠善者，宜付有司论其刑赏。"

《战国策·魏策》中有"刑白马以盟于洹水之上"的语句，其中的"刑"是杀的意思，"刑白马"就是"杀白马"的意思。如南朝丘迟《与陈伯之书》："刑马作誓。"又如《史记·项羽本纪》："夫秦王有虎狼之心，杀人如不能举，刑人如恐不胜，天下皆叛之。"

再如《史记》："膑至，庞涓恐其贤于己，疾之，则以法刑断其两足而黥之。"在古代汉语中有很多的特定称谓与"刑"字有关。如："刑牛"，指古时候盟誓时作牺牲用的牛;"刑马"指的是古时候结盟要杀马歃血,立誓为信;"刑牲",指古时候为了祭祀或盟约而杀牲畜。

我国古代神话传说中有一个著名人物叫"刑天"。《山海经·海外西经》载:"刑天至此与帝争神,帝断其首,葬之常羊之山;乃以乳为目,以脐为口,操干戚以舞。"干,盾牌;戚,大斧。意思是说,刑天为炎帝近臣,自炎帝败于阪泉,刑天一直伴随左右,居于南方。但刑天不甘心失败,他一人手执利斧和盾牌,直杀上中央天帝的宫门之前。黄帝亲自披褂出战,双方杀得天昏地暗。刑天终于不敌,被黄帝斩下了头颅。黄帝把它的头颅埋在常羊山里。没了头颅的刑天却突然再次站起,把胸前的两个乳头当作一双眼睛,把肚脐当作嘴巴,左手握盾,右手持斧,向着天空猛劈狠砍,战斗不止。

东晋诗人陶除陶渊读到此,深受感动,做诗感叹:"精卫衔微木,将以填沧海。刑天舞干戚,猛志故常在。同物既无虑,化去不复悔。徒设在昔心,良晨讵可待!"因此,"刑天",常常被后人称颂为不屈的英雄。

牢(láo)

【说文原文】

牢(鲁刀切),闲,养牛马圈也。从牛,冬省。取其四周闲也。

【说文译文】

牢,闲,养牛马的圈槽。字形采用"牛"和省略了两点的"冬"会意。用"冬"省作边旁,是取其四周封闭的意思。

【字形演变】

甲骨文 → 金文 → 小篆 → 楷体

【本字溯源】

"牢"是会意字。根据其甲骨文,里面是个"牛"字的形状,"牛"为哺乳动物,是一种普及的家畜,力气大,能耕田、拉车等,此处代指牲畜;外面像养牛的圈,泛指一般养牲畜的栏圈(juàn)。"牢"的本义就是关养牛马等牲畜的圈。

在远古造字时代，中原地区已经是农业社会，牛、羊、猪是主要的肉类来源，必须家养才能满足日常生活供应。然而要家养牲畜就必须圈养起来，防止他们自由乱跑或者跑掉，因此必须修建管牲口的圈。

《诗·大雅·公刘》："执豕于牢。"大意是：从猪圈里捕捉猪。《战国策·楚策》："亡羊而补牢，未为迟也。"大意是：丢了羊再修补好羊圈，还不算晚。《列子·仲尼》："长幼群聚，而为牢藉。"又如"牢栈"，指圈养牲畜的栅栏；"牢筴"，指猪圈；"牢藉"，指猪圈。

【词意演变】

古代多以牛、羊、猪等作为祭品，因此"牢"引申指古代祭祀或宴享时用的牲畜。古代祭祀牛、羊、豕各一个称为"太牢"，祭祀羊豕各一个称为"少牢"。如《礼记·王制》："天子社稷皆太牢，诸侯社稷皆少牢。"大意是：天子祭祀社稷都用得是太牢，诸侯祭祀社稷都用的是少牢。又如"牢羞"，指牛羊等祭祀牲品；"牢礼"，指用牛羊豕三牲宴请宾客之礼；"牢具"，牲牢之体。

"牢"由养牲畜的圈，可引申为关押犯人的"监狱"。司马迁《报任安书》："故士有画地为牢，势不可入。"又如"监牢"、"牢城"、"牢坑"等词语，也用得是此义项。

"牢"也当形容词使用，意为坚固、牢固。《韩非子·难一》："东夷之陶者器苦窳，舜往陶焉，期年而器牢。"意思是，东夷的陶工制出的陶器质量粗劣，舜到那里制陶，一年后，大家制出的陶器很牢固。唐代柳宗元《童区寄传》："愈束缚牢甚。"大意是：越束缚越牢固。又如"牢守"、"牢车"、"牢壮"、"牢坚"、"牢密"等词语，也用的是此义项。

成语"画地为牢"，指在地上画一个圈当做监狱。比喻只许在指定的范围内活动，不得逾越。据说，在古代社会里，人们都很自律，道德高尚，如果有人犯了错误，就在地上画个圈把他限制住以示惩罚，即使这样，哪怕他身边空无一人，他也决不会提前走出圈子半步。

汉司马迁《报任少卿书》："故有画地为牢，势不可入，削木为吏，议不可对，定计于鲜也。"《武王伐纣平话》："扛姬昌响画地为牢，刻木为吏；洽政恤民，图圄皆空。"《封神演义》第二十三回："文王曰：'武吉既打死王相，理当抵命。'随即就在南门画地为牢，竖木为吏，将武吉禁于此间。"后比喻将行动限定在某种范围内，不得逾越。

戈（gē）

【说文原文】

戈（古禾切），平头也。从弋，一横之。象形。凡戈之属皆从戈。

【说文译文】

戈，平头的戟类兵器。字形采用"弋"作边旁，"一"表示横击。字形像戈的形状。所有与弋相关的字，都采用"弋"作边旁。

【字形演变】

甲骨文 → 金文 → 小篆 → 楷体

【本字溯源】

"戈"是象形字。其甲骨文字形，像一种长柄兵器戈的形状。戈是一种非常古老的兵器，商朝至汉朝时使用广泛。"戈"的制作是受石器时代的石镰、骨镰或陶镰的启发。它是在一根长长的木棍上，绑着一把锋利的短刀，用来勾割、啄刺敌人。步行作战用的戈，戈口较短，马车作战用的戈，戈口很长。

"戈"的本意为一种长柄横刃的兵器。《荀子·议兵》："古之兵，戈矛弓矢而已矣。"意思是，古代的兵器，只不过是戈矛弓矢罢了。可以看出，在种类不多的古老兵器中，戈排在第一位。

"戈"我国古代的主要兵器。《说文》："戈，平头戟也。从弋、一，横之象形。"按，戈者，柲也，长六尺六寸，其刃横出，可勾可击，与矛专刺、殳专击者不同，亦与戟之兼刺与勾者异。《楚辞·屈原·国殇》："操吴戈兮被犀甲，车错毂兮短兵接。"

古时候，车战时用得长戈，柄长约现在的公制的三米，短的无法击杀敌人。步兵手拿的戈约长戈的一半左右，另一只手还要拿盾，戈、剑、弩、盾一起组成步兵的标准组合兵器。"戈"这种兵器一半用来横向击杀，因此有"横戈跃马"之说。明代著名抗倭将领戚继光有戎马生涯的著名诗句："一年三百六十日，多是横戈马上行。"

【词意演变】

"戈"后来泛指兵器。《三国演义》:"左右军士,皆全装贯带,持戈执戟而立。"《礼·檀弓下》:"能执干戈以卫社稷。"大意是:能拿着武器来保卫国家。又如"戈兵",指兵器,也指战争;"干戈",泛指武器,喻指战争。

"戈"由兵器引申为战争、战乱。《后汉书·公孙述传》:"偃武息戈,卑辞事汉。"大意是:停止武斗和战争,言辞谦逊地治理汉朝。"戈"当此意讲,常常与"干"连用。如谚语"化干戈为玉帛",比喻使战争转变为和平、友好。其中"干戈",兵器,借指战争或者争斗。

戈壁,在蒙古语中有沙漠、砾石荒漠、干旱的地方等意思。在中文里又称"瀚海沙漠"(瀚海又指贝加尔湖)、"戈壁滩"、"戈壁沙漠"。戈壁是世界上巨大的荒漠与半荒漠地区之一,绵亘在中亚浩瀚的大地,跨越蒙古和中国广袤的空间。戈壁多数地区不是沙漠而是裸岩。

"化干戈为玉帛"出自《淮南子·原道训》:从前夏部落的首领鲧建造了三仞(八尺为一仞)高的城池来保护国家守卫百姓,大家都想离开他,别的部落对夏虎视眈眈。后来禹当了首领,发现这一情况,就拆毁了城墙,填平了护城河,把财产分给大家,毁掉了兵器,用道德来教导人民。于是大家都各尽其职,别的部落也愿意来归附。禹在涂山开首领大会时,来进献玉帛珍宝的首领上万。

侵(qīn)

【说文原文】

侵(七林切),渐进也。从人又持帚,若埽之进。又,手也。

【说文译文】

侵,渐进。字形采用"人、又、帚"会意,像人手持扫帚,边扫边前移。又,表示手。

【字形演变】

甲骨文 → 金文 → 小篆 → 楷体

【本字溯源】

"侵"是会意字。其甲骨文字形的左边像两个上弯的牛角；右边的上部是一把扫帚，右下部是一只手，会意手拿着扫帚给牛扫土，牛头上的三个小点表示扫下来的尘土。其金文字形发生了较大变化，右上部是一个面朝右的人，左下部是一只手拿着扫帚，个那个人扫臀部扫腿，"帚"下的左右两点，表示扫下来的尘土，由此可见，金文是用"人"代替了"牛"，"侵"的本义就是打扫。

【词意演变】

不管做什么样的打扫，都需要一步一步的来，不能胡乱打扫，更不能次序颠倒，所以"侵"字引申为渐进。《说文》："侵，渐进也。"司马相如《上林赋》："侵淫促节。"注："渐进之貌。"又如"侵润"，逐渐发展；"侵寻"，渐进；"侵淫"，渐进的样子。

"侵"字由打扫、渐进之义引申为侵犯、进攻。《国语·晋语》："袭侵之事。"注："无钟鼓曰侵。"《公羊传·庄公十年》："觕者曰侵，精者曰伐。"《墨子·鲁问》："项子牛三侵鲁地。"宋代苏洵《权书·六国论》："侵之愈急。"又如"入侵"、"侵田"、"侵用"、"侵并"、"侵抄"等词语，也使用的是此义项。

"侵"由侵犯引申为侵蚀。如李百药《北齐书》："加以风雨稍侵，渐致亏坠。"《谷梁传·襄公二十四年》："五谷不升，谓之大侵。"此文中的"侵"字是由"侵吞"之义引申出的，当"荒年"解释。意思是，五谷长得不好，就称之为"大荒年"。

"侵"与"伐"、"袭"既有相同之处，又有所区别。三者相同之处是都有进攻的意思。《左传·庄公二十九年》："凡师有钟鼓曰伐，无曰侵，轻曰袭。"意思是，凡是军队敲锣、打鼓地去向敌国进攻叫做"伐"，军队不敲锣、不打鼓偷偷地向敌国进攻叫做"侵"，军队轻装进攻叫做"袭"。

伐（fá）

【说文原文】

伐（房越切），击也。从人持戈。一曰败也。

【说文译文】

伐，击杀。字形采用"人、戈"会意，像人手持戈。一种说法认为，"伐"是"毁坏"的意思。

【字形演变】

甲骨文 → 金文 → 小篆 → 楷体

【本字溯源】

"伐"是会意字。从人，从戈。其甲骨文字形，左边像一个站立人，右边是一把戈架在人的脖子上，会意用戈砍人的头。由此可见，"伐"的本义就是砍头、砍杀。奴隶社会里，奴隶连牛马都不如，奴隶主经常滥杀奴隶，甚至把奴隶的头砍下来，当做祭祀的供品，这种野蛮的做法，就叫"伐"。宋代苏辙《太白山祈雨词》："为酒醴，伐豚羔，舞长袖。"

【词意演变】

"伐"由本义引申为砍伐。《诗·魏风·伐檀》："坎坎伐檀兮。"意思是，砍伐檀树声坎坎啊！唐代魏征《谏太宗十思疏》："斯亦伐根以求木茂。"柳宗元《至小丘西小石潭记》："伐竹取道。"大意是，砍伐竹子开辟道路。白居易《卖炭翁》："伐薪烧炭南山中。"大意是，在南山中砍伐木材烧炭。其中的"伐"，义都为砍伐。又如"伐取"，砍伐取得；"伐炭"，伐木烧炭；"伐薪"，砍柴。

"伐"由砍伐本义引申为讨伐，进攻。《左传·庄公十年》："齐师伐我。"《左传·庄公二十九年》："凡师有钟鼓曰伐，无曰侵。"《史记·廉颇蔺相如列传》："其后秦伐赵。"《论语·季氏》："季氏将伐颛臾。"其中的"伐"，义都为讨伐。又如"伐叛"、"口诛笔伐"、"伐罪吊民"等词语，使用的也是此义项。

既然要兴师动众地讨伐，那么必然会有两种结果：胜或败。如果胜了，讨伐者就立下了大功。因此"伐"可引申出功劳、功业之义。如《史记·项羽本纪》："自矜功伐，奋其私智而不师古。"大意是，他自己凭借着功劳而骄矜，按照他个人的想法办事而不学习古人。《史记·魏公子列传》："北救赵而西却秦，此五霸之伐也。"意思是，北边援救赵国，西边打退秦军，这如同五霸的那样的功业啊！

建立了功业、有了功劳，凡夫俗子们难免要自我夸耀。故"伐"也表示自吹自擂，夸耀自己之义。《史记·淮阴侯列传》："不伐己功，不矜己能。"大意是，不自吹自擂自己的功劳，不夸耀自己的才能。

《史记·游侠列传》："既已存亡死生矣，而不矜其能，羞伐其德，盖亦有足多者焉。"意思是，已经经历生死存亡的考验了，却不自我夸耀本领，也不好意思夸耀自己功德，大概这也是很值得赞美的地方吧！又如"伐智"，夸耀自己的才智；"伐善"，夸耀自己的长处；"伐德"，自夸其德；"伐功矜能"，吹嘘自己的功劳和才能。

"伐"也可引申为打破、挫败。《孙子·谋攻》："故上兵伐谋，其次伐交，再次伐兵，其下攻城。攻城之法，为不得已。"大意是，上等的军事行动是用谋略挫败敌方的战略意图或战争行为，其次就是用外交战胜敌人用武力击败敌军，最下之策是攻打敌人的城池。攻城，是不得已而为之，是没有办法的办法。

军（jūn）

【说文原文】

军（举云切），圜围也。四千人为军。从车，从包省。军，兵车也。

【说文译文】

军，环形围绕。四千人成一军。字形采用"车"和省略了"巳"的"包"会意。"军"字里面的"车"，就是战车。

【字形演变】

𢧐 → 𨏖 → 軍 → 军
金文 → 金文 → 小篆 → 楷体

【本字溯源】

"军"是会意字。从车,从勹(bāo,包裹)。表示用车子打包围圈的意思。其金文字形的中间是"车",其外围像环绕在周围的军营,合起来就是有军营有战车,表示这是一个军队驻扎的地方。先秦时打仗主要靠车战,驻扎时,用战车围起来形成营垒,以防敌人袭击。"军"的本义就是扎营、驻扎(围成营垒)。《说文》:"军,圜围也。"《左传·僖公三十年》:"晋军函陵,秦军氾南。"意思是,晋国军队驻扎在函陵,

【词意演变】

"军"由本义可引申为指挥作战。如《左传·桓公五年》:"祝聃射中王肩,王亦能军。"《新唐书》:"建德不能军,以百余骑走饶阳。饶阳无备,因取之。"

"军"当名词使用,意为军队。《史记·项羽本纪》:"击破沛公军。"《三国志·诸葛亮传》:"亮身率诸军攻祁山。"清代徐珂《清稗类钞·战事类》:"英法联军。"清代徐珂《清稗类钞·战事类》:"敌军已近寨。"又如"军变"、"军律"、"军门"等词语,也使用的是此义项。

"军"表示军队的编制单位。古代以军为军队中最大的编制单位。春秋时各大国多设上、中、下三军,历代沿用其名,人数多少不一。《周礼·小司徒》:"五旅为师,五师为军。"《国语·齐语》:"万人为一军。"注:"齐制也。"《孙子·谋攻》:"全军为上。"又如"歼敌一个军"、"军主"、"军副(一军之副将)"。

"军"也表示兵种、军事组织的一个部分。如"海军"、"空军"、"陆军"、"青年军"等。"军"也表示士兵。如《史记·淮阴侯列传》:"军皆殊死战。"明初实行卫所制度,其士兵的正式名称为"军"。如"军众",士卒;"军牢",士兵,军卒;"军丁",兵卒、士兵。

唐于设兵戍守之地,设置"军"、"守捉"、"镇"、"戍"等。安史之乱后,内地也设"军"。如汴州设宣武军。"军"与"守捉"的将领称使;"镇"与"戍"的将领称镇将。"军"也表示阵地。如唐代高适《燕歌行》:"战士军前半死生,美人帐下犹歌舞。"

历史上曾经存在着一种势力"军阀",如著名的汉末群雄、北洋军阀、直系军阀、皖系军阀等。所谓军阀,是指军人以武力割据一方,以保有并扩张自己的权位,藐视国家秩序和法律。

军阀的定义比较广泛,第一种,由于现实上"胜者为王,败者为寇"的观念,

很多被消灭或势力不够而失败或被招安的政权或割据势力，很多都被视为军阀，如汉末群雄、明末的左良玉等。第二种，掌握一个政权的军队事务，如：日本帝国时期军部里的长州阀、皇道派、统制派等各种势力。第三种，指以武力割据一方的政权，主要是用在民初时的武力政权，像张作霖、段祺瑞等北洋军阀，又或像日本战国时期的大名。

兵（bīng）

【说文原文】

兵（补明切），械也。从廾持斤，并力之皃。𠈯，古文兵，从人廾干。𠊧，籀文。

【说文译文】

兵，军械。字形采用"廾、斤"会意，像双手持斧，使劲的样子。𠈯，这是古文写法的"兵"，字形采用"人、廾（双手）、干（武器）"三字会意。𠊧，这是籀文的"兵"。

【字形演变】

甲骨文 → 金文 → 小篆 → 楷体

【本字溯源】

"兵"是会意字，从廾，从斤。其甲骨文字形，可分为上下两部分，上部是一把斧头（斤），下部是两只手，正抓这把斧头，合起来的意思就是双手握着锋利的武器。"兵"的本义就是兵器，武器。

汉代贾谊《过秦论》："收天下之兵，聚之咸阳。"意思是，收集天下的兵器，聚集在咸阳。《诗·大雅·抑》："修尔车马，弓矢戎兵。"《荀子·议兵》："古之兵，戈、矛、弓、矢而已矣。"意思是，古代的兵器，只不过是戈矛弓矢罢了。《孟子·梁惠王上》："兵刃既接，弃甲曳兵而走。"《老子》："兵者，不祥之器。"意思是，兵器是不吉祥的器物。《史记·项羽本纪》："乃令骑皆下马步行，持短兵接战。"意思是，于是下令骑兵都下马步行，拿着短兵器接着作战。又如"兵不血刃"、"短兵相接"、"动刀兵"、"坚甲利兵"、"斩木为兵"。

【词意演变】

古时候，士兵作战都手持兵器，所以"兵"由"兵器"之义很容易引申指使用兵器的人，即士兵（士兵的群体，即整个军队）。《列子·虚实》："越人之兵虽多，亦奚益于胜败哉？"

军队由一个个士兵组成，故"兵"由士兵之义可引申指军队。《战国策·赵策四》："必以长安君为质，兵乃出。"意思是，一定要把长安君当作人质，才肯派出军队。

《韩非子·五蠹》："徐偃王处汉东，地方五百里，行仁义，割地而朝者三十有六国。荆文王恐其害己也，举兵伐徐，遂灭之。"意思是徐偃王住在汉水以东，土地有五百里见方，施行仁义的政治，向他献地朝贡的国家有三十六国。楚文王怕他危害到自己，率领军队攻打徐国，便灭掉了它。

《史记·廉颇蔺相如列传》："赵亦盛设兵待秦，秦不敢动。"意思是，赵国也准备了许多军队（兵马）防备秦国，秦国不敢妄动。汉代刘向《列女传》："赵兵果败。"意思是，赵国的军队果然战败了。

"兵"也可引申为士卒。《资治通鉴》："悉使羸兵负草填之，骑乃得过。"《资治通鉴》："瑜得精兵五万。"《资治通鉴》："又望八公山上草木，皆以为晋兵。"又如词语"当兵"、"草木皆兵"、"雄兵百万"、"兵来将敌水来土淹"，用得就是此义项。

古时候军队是国家的军事、武力，以备战争，故"兵"由军队引申为军事、武力、战争。《孙子兵法·计篇》："兵者，国之大事。"意思是，军事是国家的重大事情。《左传·隐公四年》："夫兵，犹火也。"大意是，战争，就像火患。又如："兵交"，交战；"兵端"，战争的发端；"兵纪"，军事要事；"兵冲"，军事要冲。

战争的胜负往往取决于战略，故"兵"由"战争"可引申为用兵策略、战略。《孙子·谋攻》："故士兵伐谋，其次伐交。"因此上等的军事行动是用谋略挫败敌方的战略意图或战争行为，其次就是用外交战胜敌人。《孙子·虚实》："故兵无常势，水无常形。"意思是，所以用兵策略没有一成不变的态势，正如流水没有固定的形状和去向。

"兵法"，指用兵作战的方法、策略。历史上兵法家的代表人物有春秋时孙武、司马穰苴，战国时孙膑、吴起、尉缭、赵奢、白起，汉初张良、韩信等。流传至今的兵法著作有《孙子兵法》、《孙膑兵法》、《吴子》、《六韬》、《尉缭子》等，这些著作中含有丰富的朴素唯物论和辩证法思想。

其中，孙武的《孙子兵法》的影响最大，它是我国古典军事文化遗产中的璀璨瑰宝，是我国优秀文化传统的重要组成部分。其内容博大精深，思想精邃富赡，逻辑缜密严谨。它大约成书于春秋末年，该书自问世以来，对我国古代军事学术的发展产生了巨大而深远的影响，被人们尊奉为"兵经"、"百世谈兵之祖"。历代兵学家、军事家无不从中汲取养料，用于指导战争实践和发展军事理论。

三国时的曹操第一个为《孙子兵法》作了注解，为后人研究运用《孙子兵法》打开了方便之门。《孙子兵法》不仅是中国的谋略宝库，在世界上也久负盛名。18世纪传入欧洲。现今已翻译成29种文字，在世界上广为流传。

宗（zōng）

【说文原文】

宗（作冬切），尊祖庙也。从宀从示。

【说文译文】

宗，尊祖祭祀的庙堂。字形采用"宀、示"会意。

【字形演变】

甲骨文 → 金文 → 小篆 → 楷体

【本字溯源】

"宗"是会意字。从宀，从示。示，表示神祇，宀，表示房屋。"示"和"宀"组合在一起，表示在室内对祖先进行祭祀。其甲骨文字形的外部是房舍，里面有祭台，表示这里是宗庙。"宗"的本义就是宗庙，祖庙。《说文》："宗，尊祖庙也。"《仪礼·士昏礼》："承我宗事。"继承我们宗庙的事情。

《诗·大雅·凫鹥》："既燕（宴）于宗。"意思是，已经宴饮在祖庙。《左传·昭公二十二年》："寡君闻君有不令之臣为君忧，无宁以为宗羞？"《孔子家语》："故筑为宫室，设为宗祧。"又如"宗稷"，宗庙社稷；"宗器"，宗庙祭器；"宗邑"，宗庙所在的城邑；"宗仪"，有关宗庙的典章礼仪；"宗彝"，宗庙祭祀所用的酒器；"宗守"，宗庙所在。

【词意演变】

"宗"也表示诸侯夏天朝见天子之礼。《周礼》："春见曰朝，夏见曰宗。"意思是，诸侯春天朝见天子称作"朝"，诸侯夏天朝见天子称作"宗"。

"宗"可引申为祖先（常指祖父辈以上的）。《左传·成公三年》："若不获命，而使嗣宗职。"注："嗣其祖宗之职位。"《盐铁论·结和》："故先祖基之，子孙成之。"又如"列祖列宗"、"宗祀"、"宗职"、"宗灵"等词语也使用的是此义项。

"宗"也引申为宗族、同族。《国语·晋语》："其宗灭于绛。"《史记·秦始皇本纪》："车裂以徇，灭其宗。"意思是，对嫪毐处以五马分尸的车裂之刑以示众，并灭了他的宗族。又如"宗党"、"宗支"、"宗氏"、"宗英"、"宗缘"等词语，也使用的是此义项。

同一"宗族"的人有着共同的祖宗，即有一个本源，故"宗"由宗族引申为主旨。《吕氏春秋》："以天为法，以德为行，以道为宗。""宗"还用作量词，用于事情等。如"一宗心事"。

"宗"也表示帝王的庙号。从汉代起，始帝称为太祖、高祖或世祖，以后的嗣君称为太宗、世宗等。唐代郑畋《马嵬坡》："玄宗回马杨妃死，云雨难忘日月新。"《史记·孝文帝本纪》："盖闻古者祖有功而宗有德。"《孔子家语·庙制解》："天下有王，分地建国设祖宗。"

"宗"用作动词，意为尊崇。《诗·大雅·公刘》："食之饮之，君之宗之。"杜甫《咏怀古迹》："诸葛大名垂宇宙，宗臣遗像肃清高。"此外，古时候，常常用到"宗师"一词。"宗师"，一般是指在思想或学术上受人尊崇而可奉为师表的人。如"一代宗师"。

此外，"宗师"是官名，此官汉置，晋沿之，属宗正卿，掌管宗室子弟的训导。如《汉书·平帝纪》："其为宗室自太上皇以来族亲，各以世氏，郡国置宗师以纠之，致教训焉。二千石选有德义者以为宗师。"

"宗人府"，官署名，是我国历史古代管理皇家宗室事务的机构。主要管理皇室宗族的谱牒、爵禄、赏罚、祭祀等项事务。分别职掌收发文件、管理宗室内部诸事、登记黄册、红册、圈禁罪犯及教育宗室子弟。掌管皇帝九族的宗族名册，按时撰写帝王族谱，记录宗室子女嫡庶、名字、封号、世袭爵位、生死时间、婚嫁、谥号安葬的事。凡是宗室陈述请求，替他们向皇帝报告，引进贤才能人，记录罪责过失之机构。

明清两代的皇室宗亲触犯国法，刑部衙门一般无权过问，有宗人府按皇室家法处置。宗人府一度成为连皇帝也要礼敬三分的超然机构。它既管人丁户籍，也管祭祀礼仪，还包揽教育后勤，俨然一个独立的小政府。然而，它的服务对象是特定的，那就是皇室家族。

需要注意一下宗人府与大理寺、刑部的区别。宗人府，主要负责皇族的户口，维系皇族血脉的纯正，管理皇族的事情，服务对象是皇室家族。大理寺，是审国家官员的司法机构，负责审理中央百官及京畿徒刑以上的案件。刑部，除掌司法政令外，还复核审理大理寺流刑以下及州县徒刑以上的案件。

鄙（bǐ）

【说文原文】

鄙（兵美切），五酇为鄙。从邑，啚声。

【说文译文】

鄙，五百家叫"鄙"。字形采用"邑"作边旁，采用"啚"作声旁。

【字形演变】

甲骨文 → 金文 → 小篆 → 楷体

【本字溯源】

"鄙"是形声字。从邑，啚（bǐ）声。"鄙"的本义是五百家（周代户口单位）。《周礼·遂人》："五家为邻，五邻为里，四里为酇，五酇为鄙，五鄙为县，五县为遂。"其中的"邻"、"里"、"酇（zàn）"、"鄙"、"县"、"遂"，就是周代的行政区划单位。《说文》："鄙，五酇为鄙。"《周礼·太宰》："以八卿治都鄙。"注："都之所居曰鄙。都鄙距国五百里，为王子弟公卿大夫采地。"《吕氏春秋》："命司徒，循行县鄙。"高诱注："鄙，五百家也。"

【词意演变】

"鄙"由本义引申为采邑、小邑。《周礼·职方》："辩其邦国都鄙。"注："邑曰鄙。"《礼记·月令》："四鄙入保。"注："界上邑。"又如"鄙野"（郊外偏远的地方）、"边鄙残破"。

"鄙"由采邑引申为边邑、边境。《左传·庄公二十六年》："群公子皆鄙。"注："边邑也。"《左传·庄公十九年》："冬，齐人、宋人、陈人伐我西鄙。"意思是，冬天，齐国、宋过、陈国攻打我国西部的边境。《左传·隐公元年》："既而大叔命西鄙、北鄙贰于己。"意思是，然后大叔命令西部边邑和北部边邑把自己当做贰国君。《盐铁论·本议》："匈奴背叛不臣，数为寇暴于边鄙。"意思是，匈奴背叛不臣服，数次为盗寇在边境暴动。清代彭端叔《为学一首示子侄》："蜀之鄙有二僧。"意思是，蜀国的边境上有两个和尚。又如"鄙县"，边鄙小县；"鄙邑"，边城；"鄙疆"，边境。

"鄙"当形容词使用，意为见识浅薄、行为低下。宋代司马光《训俭示康》："以为鄙吝。"《玉台新咏·古诗为焦仲卿妻作》："人贱物亦鄙。"《左传·庄公十年》："肉食者鄙，未能远谋。"又如：鄙朴（朴实粗俗）；鄙萎（丑陋而没有精神）。

见识浅薄的人往往粗俗、庸俗，故"鄙"由见识浅薄引申为粗俗、庸俗、质朴。《金史·斜卯爱实传》："性好作诗，词语鄙俚。"《韩非子·五蠹》："今之争斗，非鄙（粗俗，低下）也，财寡也。"又如"鄙俚"，乡土的、朴实的，也转为粗俗的意思；"鄙朴"，朴实粗陋）；"鄙秽"，粗俗恶劣。

"鄙"还被用作自称的谦词。《战国策·齐策一》："客曰：'鄙臣不敢以死为戏。'"意思是，门客说："我不敢把死当做儿戏。"张衡《东京赋》："鄙夫寡识。"大意是，我见识少。又如"鄙老"，老人自谦之词；"鄙事"，对自己所做琐事的谦词。

"鄙"当动词使用，意为轻视、看不起。《左传·宣公十四年》："过我而不假道，鄙我也。"意思是，经过我国却不想我国借道，这是轻视我国。宋代司马光《训俭示康》："孔子鄙其小器。"意思是，孔子轻视他器量狭小。如"鄙笑"，轻视而嘲笑；"鄙厌"，鄙视厌恶；"鄙慢"，轻视怠慢。

公（gōng）

【说文原文】

公（古红切），平分也。从八从厶。八犹背也。韩非曰：背厶为公。

【说文译文】

公，平均分配。字形采用"八、厶"会意。八，犹如各各相背。韩非子说，与私相背，就是公。

【字形演变】

甲骨文 → 金文 → 小篆 → 楷体

【本字溯源】

"公"是会意字，从八，从厶（sī，"私"的本字）。其甲骨文、金文、小篆、楷体字形，上面是"八"，表示相背，下面是"厶"，表示为"个人"。"八"与"厶"合起来表示"与私相背"，即"公正无私"的意思。"公"的本义就是公正、无私。

《韩非子·五蠹》：背厶谓之公，或说，分其厶以与人为公。《墨子·尚贤上》：举公义，辟私怨。《史记·屈原贾生列传》：屈平疾王听之不聪也，谗谄之蔽明也，邪曲之害公也，方正之不容也。又如"公素"，公正质朴；"公洁"，公正廉洁；"公诚"，公正诚实。

【词意演变】

公共的事物一般具有不隐蔽的特征，因此"公"又引申为公开、公然。汉代贾谊《论积贮疏》："残贼公行，莫之或止。"唐代杜甫《茅屋为秋风所破歌》："公然抱茅入竹去，唇焦口燥呼不得。"

由此又引申为"让大家知道、公布"如"公告、公审、公之于世、公之世人"。在引申为"公正合理"，如"公正、公道、公理、公平"。

"公"还是古时候的一种爵位名，是封建制度最高爵位，如"三公"，我国周代指"太师"、"太傅"、"太保"；西汉指"大司徒"、"大司马"、"大司空"。再如"公子、公主"。

"公",假借指雄性的,如"公羊、公牛、公鸡"。又假借旧时对男性的长者或老人的尊称。如"叔公、太公、张公、许孟公"。《史记·项羽本纪》:"公其怒,不敢献。公为我献之。"清代方苞《左忠毅公逸事》及试,吏呼名至史公,公瞿然注视。还假借为丈夫的父亲,如公公、公婆。《玉台新咏·古诗为焦仲卿妻作》便可白公姥,及时相遣归。还假借为长本人两辈的男性亲属。如:外公,舅公。

如今,女人多称呼自己的丈夫为"老公"。其实在我国民间,夫妻之间经常互称"老公"、"老婆",至今已有一千多年了。相传,唐朝时有一位名叫麦爱新的读书人,他考中功名后,觉得自己的妻子年老色衰,便产生了再纳新欢的想法。于是,写了一副上联放在案头:"荷败莲残,落叶归根成老藕。"恰巧,对联被他的妻子看到了。

妻子从联意中觉察到丈夫有了弃老纳新的念头,便提笔续写了下联:"禾黄稻熟,吹糠见米现新粮。"以"禾稻"对"荷莲",以"新粮"对"老藕",不仅对得十分工整贴切,新颖通俗,而且,"新粮"与"新娘"谐音,饶有风趣。麦爱新读了妻子的下联,被妻子的才思敏捷和拳拳爱心所打动,便放弃了弃旧纳新的念头。

妻子见丈夫回心转意,不忘旧情,乃挥笔写道:"老公十分公道。"麦爱新也挥笔续写了下联:"老婆一片婆心。"这个带有教育意义的故事很快流传开来,世代传为佳话,从此,汉语中就有了"老公"和"老婆"这两个词,民间也有了夫妻间互称"老公"和"老婆"的习俗。

法(fǎ)

【说文原文】

法(方乏切),刑也。平之如水,从水;廌,所以触不直者,去之,从去。法,今文省。

【说文译文】

法,(繁体字写作灋),刑法。量刑标准平得像水面一样,因此字形采用"水"作边旁;廌,是用来在疑犯中撞触不正直真犯的动物,判别出真犯后将其除灭,所以字形也采用"去"作边旁。"法",今天文字的写法省去"廌"。

【字形演变】

灋　灋　法　法

金文　→　大篆　→　小篆　→　楷体

【本字溯源】

"法"是会意字。从水从廌。其金文字形很复杂，左下方为"水"，右边是一个"廌"字。"水"，表示法律、法度公平如水；"廌（zhì）"，即解廌，神话传说中的一种神兽。据说，它能辨别曲直，在审理案件时，它能用角去触理曲的人。会意表示执法如水平，用角将理屈者驱逐。"法"的本义就是刑法、法律、法度。《史记·陈涉世家》："失期，法当斩。"《吕氏春秋·察今》："故治国无法则乱，守法而弗度则悖。"我们平常所说的"合法、犯法、法禁"等词语，也用得是此义项。

【词意演变】

"法"由本义引申为法令、规章、制度。汉贾谊《治安策》："汉法令非行也。"又如"法日"，指制度规定的日子。

规章、制度一般都有固定的模式，"法"由此义引申为方法、办法、途径、手段等。《孙子·九变》："凡用兵之法，全国为上。"宋代沈括《梦溪笔谈·活板》："其法，用胶泥刻字。"又如：用法；分类法；法套（办法）；法儿（法子；办法）

"法"当动词使用，表示效法。《孟子·公孙丑上》："则文王不足法与？"《韩非子·五蠹》："不期修古，不法常可。"唐代韩愈《答李翊书》："垂诸文而为后世法。"又如"法常可"，指效法通常的做法。常可，指旧制度。"法天"，指效法自然和天道。"法古"，指效法古代。

"法家"，是先秦诸子中对法律最为重视的一派。他们以在法律界及法理学方面做出了卓越贡献而闻名，并提出了一整套的理论和方法。这为后来建立的中央集权的秦朝制定各项政策提供了相当有效的理论依据，后来的汉朝继承了秦朝的集权体制以及法律体制，这就是我国古代封建社会的政治与法制主体。法家主要代表人物有李悝（kuī）、慎到、商鞅、申不害、李斯、韩非子等。

将（jiāng）

【说文原文】

将（即谅切），帅也。从寸，酱省声。

【说文译文】

将，军队最高统帅。字形采用"寸"作边旁，采用省略了"酉"的"酱"作声旁。

【字形演变】

金文 → 金文 → 小篆 → 楷体

【本字溯源】

"将"是形声字。从寸，酱省声。从"寸"，表示与手有关。"将"（jiàng）本义是将领、带兵的人。

【词意演变】

"将"由本义引申为扶持、扶助，《诗·大雅·桑柔》："天不我将。"意思是，上天不扶持我。《乐府诗集·木兰诗》："爷娘闻女来，出郭相扶将。"意思是，父母听说木兰回来了，互相搀扶着到外城（迎接）。《史记·田叔传》："为人将车。"意思是，帮助别人扶助车子。又如"将美"，助成好事；"将助"，扶助、支持。

"将"由扶持之义引申为携带、带领，如元结《贼退示官吏》："将家就鱼麦，归老江湖边。"《淮南子·人间训》："居数月，其马将胡骏马而归。"意思是，过了几个月，那匹马带领着胡人的俊马回来了。

"将"当副词使用，意为就要、将要，《孟子·告子下》："天将降大任。"意思是，上天将要降大任。《韩非子·喻老》："君之病在肌肤，不治将益深。"意思是，您的病已经到了肌肤，要是不治，将要更加厉害了。

"将"当介词使用，相当于"拿"、"取"，晋代干宝《搜神记》："将雌剑往。"以偶四十，拿着雌剑去。又如：将着（拿着；带着）；将天就地（谓以高就低）；将本求利（用本钱谋求利润）；将李代桃（喻代人受罪或彼此顶替）。还相当于"把"、"用"，清代袁枚《祭妹文》："将身后托汝。"意思是，把我身后的事情托付给你。又如"将革命进行到底",即把革命进行到底。

我们常常所说的"将心比心",作为成语指的是拿自己的心去衡量别人的心,形容做事应该替别人设想。"将心比心"出自《万善集》:"物我一体,将心比心。""将心比心"还是个古老的大理地方方言成语,大意是指在对待他人、了解他人的时候,要以自己的切身体验与感受去理解别人的感受和体验。它是大理人在别人处境艰难、遭受不公正待遇或偶有失误时,提倡抱有的心态和认知方法。

换言之,也是大理地区淳朴善良的老百姓以心理体验、人生经验为基础,且可以从现代心理学里得到证实的人生哲学。从另一个角度讲,这种宽大为怀、善解人意的生活态度,又可以看作是古老的儒家文化中"己所不欲,勿施于人"在大理百姓中的口头传承版本。

君(jūn)

【说文原文】

君(举云切),尊也。从尹,发号,故从口。𠱾,古文像君坐形。

【说文译文】

君,天下至尊。字形采用"尹"作边旁,表示管理万千事务;因为发号施令,所以同时采用"口"作边旁。𠱾,这是古文的"君"字,像君主端坐的样子。

【字形演变】

甲骨文 → 金文 → 小篆 → 楷体

【本字溯源】

"君"是会意字,从尹,从口。其甲骨文字形上部是一只手拿着笔,是"尹"字,表示治事;"尹"下部加"口"字,表示对官员发布命令。"尹"与"口"合起来的意思是,发号施令,治理国家。那么什么样的人才能对官员发号施令?只有一国之主的国王,这就是"君"。"君"的本义就是君主、国家的最高统治者。

【词意演变】

"君"也引申为古代大夫以上据有土地的各级统治者的通称,《荀子·礼论》:"君者,治辨之主也。"《诗·大雅·皇矣》:"克长克君。"《史记·廉颇蔺相如列传》:"二十余君。"《三国志·诸葛亮传》:"思得明君。"范仲淹《岳阳楼记》:"则忧其君。"又如"欺君罔上、明君、昏君、国君、君臣、君王、君位、君德。

"君"也引申为封建制度的一种尊号,尤指君主国家所封的称号或封号。《战国策·魏策》:"君以十五之地存。"又如"平原君、春申君、武安君、信陵君。"

"君"引申为人的尊称,相当于"您"。《韩非子·喻老》:"君有疾。"《韩非子·喻老》:"君之病在肌肤。"《韩非子·喻老》:"君之病在肠胃。"杜甫《江南逢李龟年》:"落花时节又逢君。"又如:诸君;李君;王君;祝君早安;请君光临;君子不羞当面(君子不以当面把话说清楚为羞)。

"君"引申为夫妇之间的尊称,杜甫《新婚别》:"君行虽不远,守边赴河阳。"李商隐《夜雨寄北》:"君问归期未有期。"又如"夫君","君姑,古时妻子称丈夫的母亲","君舅,古时妻子称丈夫的父亲"。

"花中四君子",是古人对梅、竹、兰、菊的雅称。四君子并非浪得虚名,确实各有它的特色。梅,迎寒而开,美丽绝俗,是坚韧不拔的人格的象征。竹,也经冬不凋,且自成美景,它刚直、谦逊,不亢不卑,潇洒处世,常被看作不同流俗的高雅之士的象征。兰,清雅素净,幽若动人,古人以"兰章"喻诗文之美,以"兰交"喻友谊之真。菊,它不仅清丽淡雅、芳香袭人,而且具有傲霜斗雪的特征;它艳于百花凋后,不与群芳争列,故历来被用来象征恬然自处、傲然不屈的高尚品格。

司(sī)

【说文原文】

司(息兹切),臣司事于外者。从反后。凡司之属皆从司。

【说文译文】

司,在外办事的官史。字形采用反写的"后"字。所有与司相关的字,都采用"司"作边旁。

【字形演变】

司　司　司　司

甲骨文 → 金文 → 小篆 → 楷体

【本字溯源】

"司"是指事字。甲骨文字形左下部是人的口，右边是一只手的形状，把手遮在口上，表示一个人用口发布命令，有统治、管理义。

【词意演变】

"司"的本义是"司令"，即发布命令。由此而引申为主管、掌管、职掌。《韩非子·三守》："至于守司囹圄，禁制刑罚，人臣擅之，此谓刑劫。"《韩非子·扬权》："夫物者有所宜，材者有所施，各处其宜，故上下无为。使鸡司夜，令狸执鼠，皆用其能，上乃无事。"意思是，事物有它适宜的用处，才能有它施展的地方，各得其所，所以上下无为而治。让公鸡掌夜报晓，让猫来捕捉老鼠，如果都像这样各展其才，君主就能够无为而治了。苏轼《教战守》："役民之司盗者，授之以击刺之术。"

"司"当名词使用，意为官吏，如诸葛亮《出师表》："若有作奸犯科及为忠善者，宜付有司论其刑赏，以昭陛下平明之理。"意思是，如有做坏事违犯法纪的，或尽忠心做善事的，应该一律交给负责的官吏（主管部门）判定他们受罚或受赏，以显示陛下公正严明的治理。

"有司"就是指官吏，古代设官分职，各有专司，故称。引申指官署。唐宋以后，尚书省各部所属有司。现称中央机关部以下一级的行政部门为司。唐代魏征《谏太宗十思疏》："何必劳神苦思，代百司之职役哉！"又如"文武之司、疆场之司、司吏"等。

古代"司"通"伺"，"侦察、观察"之义。《墨子·号令》："为人下者，常司上之，随而行。"大意是，作为下级要经常观察（体察）上级，上级须去哪儿，都要跟随一起去。《山海经·大荒西经》："以司日月之长短。"意思是，观察（视察）太阳和月亮升起落下时间的长短。《周礼·媒氏》："司男女之无夫家者。"此句的大意是，观察没有家室的男人女人。

古代有"司直"的古官名。西汉时设置。辅佐丞相检举不法之事，位于司隶校尉之上。东汉时改属司徒，帮助司徒督察各州郡所举上奏。

"司"是复姓的一部分，如"司马、司徒、司空"等复姓，其中复姓司马，有

[政治篇]

289

历史名人司马懿、司马昭、司马光等。其中妇孺皆知的"司马光砸缸"的故事，一直流传至今。"司马光砸缸"的故事是这样：有一次，司马光跟小伙伴们在后院里玩耍。院子里有一口大水缸，有个小孩爬到缸沿上玩，一不小心，掉到缸里。缸大水深，眼看那孩子快要没顶了。别的孩子们一见出了事，吓得边哭边喊，跑到外面向大人求救。

司马光却急中生智，从地上捡起一块大石头，使劲向水缸砸去，"砰！"水流了出来，被淹在水里的小孩也得救了。小小的司马光遇事沉着冷静，从小就是一副小大人模样。这件偶然的事件使小司马光出了名，东京和洛阳有人把这件事画成图画，广泛流传。还有"司马琴心"，指求爱之情。汉代卓文君爱好音乐，风流多情，司马相如以琴弹《凤求凰》曲挑动她，终致文君夜奔。

我们经常所说的成语"司空见惯"，形容经常看到的事物，不足为奇。其中"司空"为古代官名，是唐代一种官职的名称，相当于清代的尚书。成语"司空见惯"出自唐代刘禹锡的诗《赠李司空妓》。相传，刘禹锡的诗文都很出色的人，他中了进士后，便在京做监察御史。因为他的放荡不羁的性格，在京中受人排挤，被贬做苏州刺史。

就在苏州刺史的任内，当地有一个曾任过司空官职的人名叫李绅，因仰慕刘禹锡的闻名，邀请他饮酒，并请了几个歌妓来在席上作陪。在饮酒间，刘禹锡一时诗兴大发，便做了这样的一首诗："高髻云鬟宫样妆，春风一曲杜韦娘，司空见惯浑闲事，断尽苏州刺史肠。""司空见惯"这句成语，就是从刘禹锡这首诗中得来的。从刘禹锡的诗来看，整句成语是指李司空对这样的事情，已经见惯，不觉得奇怪了。

命（mìng）

【说文原文】

命（眉病切），使也。从口从令。

【说文译文】

命，使令。字形采用"口、令"会意。

【字形演变】

甲骨文 → 金文 → 小篆 → 楷体

【本字溯源】

"命"是会意。从口从令，会意用口发布命令。其金文字形上部是一个屋顶；下部有左右两部分，左边是一个"口"的形状，表示发布命令，右边是一个面朝左跪坐的人，这个人就是发出命令的人。"命"的本义就是指派、发号。

《诗·大雅·卷阿》："蔼蔼王多吉人，维君子命，媚于庶人。"意思是，周王身边贤士荟萃，听您命令不辞累，爱护人民行无亏。《列子·汤问》："命夸娥氏二子负二山。"意思是，天帝被愚公的诚心所感动，便命令大力神夸娥氏的两个儿子背走了两座大山。

《资治通鉴·赤壁之战》："今将军诚能命猛将统兵数万。"意思是，现在将军果真能派勇猛的大将统率几万军队。白居易《琵琶行序》："遂命酒，使快弹数曲。"意思是，我命令手下人摆酒，让她畅快地弹几支曲子。这是"命"的基本义项，一直使用到今天。我们常用的词语"命酒"、"命乐"、"命官"、"命事"、"命令"等，用得也是此义项。

【词意演变】

"命"取名、命名。唐代柳宗元《柳河东集》："今之命师者大类此。"意思是，现在自命名为师的人，大都和这情形相同。唐代白居易《琵琶行（并序）》："命曰琵琶行。"意思是，命名叫"琵琶行"。又如"命名"，给予名称，定名；"命姓"，赐姓；"命爵"，赐给爵位、官职。

"命"当名词使用，意为命令、政令、教令。《论语》："使于四方，不辱君命。"《孟子·离娄上》："既不能令，又不受命，是绝物也。"意思是，（齐景公说过）我既不能命令别人，又不愿听别人命令，这就同别人断绝了关系。诸葛亮《出师表》："受任于败军之，奉命于危难之间。"意思是，在兵败的时候接受重任，在危难关头接受命令。

柳宗元《捕蛇者说》："其始，太医以王命聚之，岁赋其二。"意思是，起初，太医奉皇帝的命令来征集这种蛇，每年征收两次。《左传·隐公十一年》："凡诸侯有命告则书。"《资治通鉴》："喜而从命。"清代方苞《狱中杂记》：

"每岁大决，勾者十四三，留者十六七，皆缚至西市待命。"意思是，每年秋天集中处决犯人时，勾着姓名立即执行的占判死罪囚犯的十分之三四，留着暂不执行的占十分之六七，都被捆绑到行刑的西市去等待命令。

"命"由命令引申出命运，天命。《史记·李将军列传》："岂吾相不当侯邪？且固命也？"意思是，难道是我（李广）的骨相不该封侯吗，还是命该如此呢？明代宗臣《报刘一丈书》："人生有命。"大意是，人生来就有天命。又如"好命"、"苦命"、"算命"等词语，也使用的是此义项。

"命"由命运引申出指性命，寿命。《史记·平原君虞卿列传》："命悬于遂。"《玉台新咏·古诗为焦仲卿妻作》："命如南山石，四体康且直。"意思是，希望母亲的寿命能向南山的巨石一样长，身体健康而且强壮。《聊斋志异·促织》："故天子一跬步，皆关民命，不可忽也。"意思是，所以皇帝的一举一动，都关系着老百姓的性命，不可掉以轻心啊！

清代方苞《狱中杂记》："彼不能以二人之命易其官。"意思是，他不可能为了这两人的生命而放弃自己的官职。又如"逃命"、"短命"、"命犯"等词语，使用的也是此义项。

令（lìng）

【说文原文】

令（力正切），发号也。从亼、卪。

【说文译文】

令，发号。字形采用"亼、卪"会意。

【字形演变】

甲骨文 → 金文 → 小篆 → 楷体

【本字溯源】

"令"是会意字。其甲骨文字形，上面是一个屋顶，下面是一个面朝左而跪着的人，像跪在那里听命。从亼从人，表示集聚众人，发布命令。"令"的本义就是发布命令。《孟子·离娄上》："既不能令，又不受命。"意思是，既不能命令别人，又不愿听别人命令。《论语·子路》："其身正，不令而行。"意思是，本身品行端正，就是不发命令，人民也会照着去做。陈寿《三国志》："今操已拥百万之众，挟天子以令诸侯。"意思是，如今曹操已经拥有百万军民，挟制着皇帝，用皇帝的名义对诸侯发号施令。

【词意演变】

"令"也表示使、让之义。如《史记》："又间令吴广之次所旁丛祠中，夜篝火。"《史记·项羽本纪》："令张良留谢。"意思是，让张良留下道谢。明代魏禧《大铁椎传》："令贼知也。"意思是，使盗贼知道。宋代沈括《梦溪笔谈·活板》："火烧令坚。"意思是，用火烧使它变坚硬。清代薛福成《观巴黎油画记》："令人目不忍睹。"又如"令人深思"、"令人恶心"、"令人神往"等词语，也使用的是此义项。

"令"当名词使用，意为命令、法令。《周礼·夏官·大司马》："犯令陵政则杜之。"《战国策·齐策》："令初下，群臣进谏，门庭若市。"命令刚刚下达，大臣们就都来进谏，朝廷里像市场一样热闹。《史记·屈原列传》："王使屈平为令，众莫不知。每一令出，平伐其功。"意思是，（上官大夫就谗毁屈原说）君王让屈原制定法令，大家没人不知道的，每出一道法令，屈原就炫耀自己的功劳。又如"政令"、"将令"、"传令"等词语，也使用的是此义项。

"令"也表示词调、曲调名，即"小令"，又称"令曲"，一般字少调短，如词中的《十六字令》，元曲中的《叨叨令》之类。张炎《词源·令曲》："词之难于令曲，如诗之难于绝句，不过十数句，一句一字闲不得。"

"令"也表示酒令，饮酒时做的可分输赢的游戏。如《红楼梦》："今日也行一个令才有意思。""令"也表示中国古代政府某部门或机构的长官。如"尚书令"、"大司农令"、"郎中令"。

"令"还表示县一级的行政长官。褚少孙《西门豹治邺》："魏文侯时，西门豹为邺令。"《史记·陈涉世家》："守令皆不在。"《聊斋志异·促织》："华阴令欲媚上官。"又如"令尹"，官名，春秋时楚国最高的军政长官，明清时称知县为令尹；"令长"，汉官名，即县令、县长。

"令"当形容词使用，意为美善。《世说新语·自新》："何忧令名不彰。"其中"令名不彰"，指好的名声不会显扬。《玉台新咏·古诗为焦仲卿妻作》："云有第三郎，窈窕世无双。年始十八九，便言多令才。"意思是，媒婆说，县令家有个三公子，人长得漂亮文雅，世上无双，年龄只有十八九岁，口才很好，又非常能干。又如"令辰"，美好的时辰；"令政"，善政、德政；"令望"，好的名望。

"令"当形容词使用，还表示尊称他人的亲属。如《玉台新咏·古诗为焦仲卿妻作》："不堪吏人妇，岂合令郎君？"意思是，她不能做府吏的妻子，怎么配得上县太爷的公子？又如"令阃"，称对方妻子的敬辞；"令嗣"，即令郎，称对方儿子的敬辞；"令母"，尊称他人的母亲；"令妹"，称自己的妹妹，后用作敬称对方的妹妹。

成语"三令五申"，意思是再三命令和告诫。令，命令。"三令五申"是我国古代军事纪律的简称，它最早出自《史记·孙子吴起列传》。所谓"三令"，一令观敌之谋，视道路之便，知生死之地；二令听金鼓，视旌旗，以齐其耳目；三令举斧，以宣其刑赏。所谓"五申"：一申赏罚，以一其心；二申视分合，以一其途；三申画战阵旌旗；四申夜战听火鼓；五申听令不恭，视之以斧。"三令"与"五申"的原意是教育将士应该在点阵中或军事行动中明确作战守则。如今，"三令五申"是再三地向下级命令告诫的含义。

需要注意的是，"三令五申"和"谆谆告诫"都有"劝告、告诫"之意。但三令五申一般是上级或长辈对下级或晚辈的命令、告诫；态度严肃；具有强制性；而"谆谆告诫"可以是平级平辈人之间的告诫；态度温和；不具有强制性。

皇（huáng）

【说文原文】

皇（胡光切），大也。从自。自，始也。始皇者，三皇，大君也。自，读若鼻，今俗以始生子为鼻子。

【说文译文】

皇，"大"的意思。字形采用"自、王"会意。"自"，起始的意思。远古始皇，就是燧人、伏羲、神农，他们是伟大的君王。"自"，读音像"鼻"，今天的风俗仍将最初生育的儿子称为"鼻子"。

【字形演变】

𝌀   𝌁   皇   皇
金文 → 金文 → 小篆 → 楷体

【本字溯源】

"皇"是象形字。其金文字形看上去像一盏灯的形状，上部是盛油的灯盘，灯盘上面三点是火焰，十分形象。灯盘下面是个土字形的灯柱，形态也很逼真。"皇"的本义就是光亮，引申泛指辉煌。《诗·小雅·采芑》："服其命服，朱芾斯皇。"意思是，奉命穿上大礼服，赤红色辉煌闪亮。

【词意演变】

"皇"又引申为盛美、庄严，进而引申指伟大、大。《诗经·大雅·皇矣》："皇矣上帝。"意思是，盛大啊上帝！又如："皇祜"，大福；"皇业"，大业；帝王的事业；"皇道"，大道。当"皇"字引申为"大"的意思之后，那么当"光亮"讲的"皇"就只好增加一个"火"字旁，写为"煌"，两个字有了明确的分工。

"皇"当名词使用，指天，如《诗·大雅·文王》："思皇多士。"传："天也。"《风俗通》："皇霸。皇者天也。"又如："皇命"，指天命；"皇门"，指天门。

"皇"也指天神，如《楚辞·九歌·东皇太一》："吉日兮辰良，穆将愉兮上皇。"又如：皇天上帝（天帝，上帝）；皇公（天帝）；皇穹（指天帝）；皇祇（天神与地神的并称）

"皇"更多的表示君主，天子，皇帝，如元代佚名《武王伐纣平话》："皇丈受天子之富贵。"意思是，皇帝的岳父享受着天子的富贵。又如："皇统"，历代帝王相传的世系；"皇丈"，皇帝的岳父；"皇极"，帝王治世的准则。

"皇"还表示对已去世的父母或祖父母的尊称，如："皇考"，对亡父的尊称；"皇姑"，对丈夫亡母的尊称；"皇祖"，远祖，称高祖以上的祖先；"皇舅"，女子称丈夫的亡父。

皇当动词使用，意为匡正，《释言》："皇，正也。"《诗·豳风·破斧》："四国是皇。"意思是，匡正管、蔡、商、奄这四个叛乱的诸侯国。《穆天子传》："皇我万民。"意思是，匡正我的众百姓。

我国古时候，有"三皇"一词，"三皇"的称谓仅是一种传说。在史料上的传述和在民间的传说多种多样，其中最为流行的当属《史记》中所载的李斯之说：即三皇为"天皇"、"地皇"、"泰皇"，和《古微书》中记载的三皇"伏羲"、"神农"、"黄帝"。其中的"泰皇"和"黄帝"又都是指古中原的王，这也是史书上所说的华夏民族是"炎黄子孙"的基本说法。

"皇帝"是古时最高统治者的称号。皇、帝原来分别为两个称号，不同时用于一人身上。首次将二者合并，作为国家最高统治者的称号则始于秦始皇。

公元前230年，秦王嬴政统一六国，天下初定，秦王政第一件急着想做的事，就是要重新给自己确定一个称号。他下令左右大臣们议帝号。经过一番商议，丞相李斯等人认为，秦王政"兴义兵，诛残贼，平定天下"，功绩"自上古以来未尝有，五帝所不及"。他们援引传统的尊称，说"古有天皇，有地皇，有泰皇，泰皇最贵"，建议秦王政采用"泰皇"头衔。

然而，嬴政自认为自己建立了空前未有的功德，甚至认为三皇五帝也比不上他，因此并不满意。他只采用一个"皇"字，而在其下加一"帝"字，创造出"皇帝"这个新头衔授予自己。从此以后，"皇帝"就成为中国国家最高统治者的称谓。

"皇帝"称谓的出现，不仅仅是简单的名号变更，还反映了一种新的统治观念的产生。在古代，"皇"有"大"的意思，人们对祖先神和其他一些神明，有时就称"皇"。"帝"是上古人们想象中的主宰万物的最高天神。

秦始皇将"皇"和"帝"两个字结合起来，第一，说明了他想表示其至高无上的地位和权威，是上天给予的，即"君权神授"；第二，反映了他觉得仅仅是做人间的统治者还不满足，还要当神。可见，"皇帝"的称号，乃是秦王政神化君权的一个产物。

帝（dì）

【说文原文】

帝（都计切），谛也。王天下之号也。从上朿声。帝，古文帝。古文诸上字皆从一，篆文皆从二。

【说文译文】

帝，最高称谓。又是君王统治天下的称号。帝，这是古文写法的"帝"。古文各个"上"都采用"一"作字根，而篆文都采用"二"作字根。

【字形演变】

朿　朿　帝　帝

甲骨文　→　金文　→　小篆　→　楷体

【本字溯源】

"帝"是象形字。其甲骨文字形像花蒂的全角。上面象花的子房，中间象花萼（花瓣外面的绿片）。下面下垂的象雌雄花蕊。"帝"的本义就是花蒂。

【词意演变】

后来"帝"的本义消失，由本义引申天帝，上帝；宗教或神话中称主宰万物的神；最高的天神；古人想象中宇宙万物的主宰。如《列子·汤问》："操蛇之神闻之，惧其不已也，告之于帝。"意思是，山神听说了这件事情，害怕愚公挖山不止，就向天帝禀报这件事。又如："帝乡"，传说中天帝居住的仙乡；"帝君"，古人对神的尊称。

"帝"由"天帝，上帝"之义引申为君主，皇帝，如《说文》："帝，王天下之号也。"《尔雅》："帝，君也。"《后汉书·张衡传》："安帝雅闻衡善求学。"《明史·海瑞传》："揣帝无杀瑞意。"意思是，揣测皇帝没有要杀海瑞的意思。清代梁启超《谭嗣同传》："于是益知西后与帝之不相容矣。"意思是，于是更加了解慈禧太后与光绪皇帝不兼容了。

"帝"当动词使用，意为称帝，为帝，如《后汉书》："陛下承大乱之极，受命而帝，兴明祖宗，出入四年，而灭檀乡，制五校，降铜马，破赤眉，诛邓奉之属，不为无功。"意思是，陛下（汉文帝）承大乱紧急的时候，禀受天命称帝，光宗耀祖，前后四年，攻灭檀乡，制服五校，降服铜马，攻破赤眉，诛杀邓奉等人，不算没有功绩。

汉代贾谊《过秦论》："天下已定，始皇之心，自以为关中之固，金城千里，子孙帝王万世之业也。"意思是，天下已经安定，始皇心里自以为倚仗这关中的险固地势、方圆千里的铜墙铁壁，就可以成就子孙万代的帝王基业。

"三皇五帝"是中国夏朝以前的"帝王"。不同史家对"三皇五帝"都有不同的定义。三皇有八说，五帝有六说。具体三皇是谁，五帝是谁，存在多种说法。基本上，无论是按照史书的记载，还是神话传说，都认为三皇所处的年代早于五帝的年代。五帝说法有六种，其中伏羲、炎帝、黄帝、少昊、颛顼这种说法最为流行，意指东西南北中五个方位的天神，东方太昊，南方炎帝，西方少昊，北方颛顼，中央黄帝。

臣（chén）

【说文原文】

臣（植邻切），牵也。事君也。象屈服之形。凡臣之属皆从臣。

【说文译文】

臣，被牵拉。表示侍奉君王。字形像一个人屈服之形。所有与臣相关的字，都采用"臣"作边旁。

【字形演变】

甲骨文 → 金文 → 小篆 → 楷体

【本字溯源】

"臣"是象形字，其甲骨文字形像一只竖立的眼睛，只有当人侧面低头时，眼睛才能竖立起来，字形正表示了俯首屈从之意。这是奴隶的形象，因为奴隶是不能抬头正面看主人的，只能歪起头来看，所以上古的奴隶（男奴）就叫"臣"。"臣"字的本义就是男性奴隶。

臣子在君主面前，也自称"臣"，比如他们在接受命令的时候，就会低头说"臣遵旨"。《国语·晋语》事君不贰是谓臣。《韩非子·五蠹》："虽臣虏之劳不苦于此矣"。又如"臣妾"，古时对奴隶的称谓。男曰臣，女曰妾。"臣宰"，本指奴隶。后亦以称辅佐帝王的臣佐。

【词意演变】

"臣"由本义引申为国君所统属的众民。如"臣庶"，臣民；"臣姓"，群臣百姓。"臣"由本义又引申为君主制时的官吏。南朝梁朝丘迟《与陈伯之书》："今功臣名将，雁行有序。"诸葛亮《出师表》："侍卫之臣不懈于内。"又如"臣门如市"，形容官宦门下钻营者极多，竟像集市一样热闹。也引申为君主制时的高级官员、大臣，诸葛亮《出师表》："侍中、尚书、长史、参军，此悉忠良死节之臣。"又如：忠臣；奸臣。

"臣"表示对一般人的自称，表示自谦。《史记·高祖本纪》："臣少好相人，相人多矣，无如季相。"意思是，我年轻的时候就喜欢给别人看相，看过的人多了，但是没有一个人有您这样大富大贵的福相。

  西周和春秋时期，男女奴隶称谓不同，男性奴隶称谓"臣"，女性奴隶称为"妾"。《尚书·费誓》："逾垣墙、窃马牛、诱臣妾，汝则有常刑。"后来，"臣妾"演变成古时候仕宦之女的谦称。如礼遇《玉搔头·谬献》："臣父接臣妾上人，在中途遇了乱兵。与这个乳娘，一起逃难。"

  "臣"当动词使用，表示役使、臣服之义，如"臣虏"，奴役，役使。《盐铁论·本议》："匈奴背叛不臣。"《战国策·秦策》："而欲以力臣天下之主。"又如：臣伏（听命于人或屈服为臣。同臣服）；臣事（以人臣之礼听命行事。相当于臣服）。又指为臣，作臣子。如：臣仕（为人臣而任官职）；臣臣（为臣者尽为臣之道）。

民（mín）

【说文原文】

民（弥邻切），众萌也。从古文之象。凡民之属皆从民。

【说文译文】

民，众氓。字形承袭古文的形象。所有与民相关的字，都采用"民"作边旁。

【字形演变】

甲骨文 → 金文 → 小篆 → 楷体

【本字溯源】

  "民"指事字。从古文之象。古文从母，取蕃育意。古代指黎民百姓，平民。与君、官对称。其甲骨文字形中的"民"字是由上下两部分组成的。上部是一只眼睛，下部是一把锥子的形状，表示用锥子刺瞎眼睛。金文字形和甲骨文类似，只是眼睛更加线条化了，而锥子更加接近实物形状。（"民"是"氓"的本字。古代"民"、"氓"通用)"民"的本义就是古代被刺目为奴者。本义后由"氓"代替。

上古时期，惨无人道的奴隶主迫害奴隶（尤其是战俘）的方士很残忍，那些企图反抗者，往往被活埋、刑杀。而那些即使免于死亡的，也往往被刺瞎一只眼睛，充当连牛马都不如的苦力。"民"的构形，从一个侧面反映了当时的社会现实。

【词意演变】

因为奴隶是被统治者，而古代庶民百姓也是被统治者，故"民"由本义引申为庶民百姓。

《谷梁传·成公元年》："古者有四民，有士民，有商民，有农民，有工民。"《论语·泰伯》："民可使由之，不可使知之。"《史记·项羽本纪》："吾入关，秋毫不敢有所近，籍吏民，封府库，而待将军。"《孟子·尽心下》："民为贵，社稷次之，君为轻。"这是民的基本义项，一直沿用到如今。如今所说的"民夫"、"民户"、"民居"、"民服"、"民宅"、"民情"、"民利"、"民命"、"民和"、"汉民"、"渔民"、"农民"、"民膏"、"民脂"、"民财"、"民纪"等词语中的"民"，使用的都是这个义项。

"民"也泛指人。《诗·小雅·何草不黄》："哀我征夫，独为匪民。"意思是，可悲我等出征者，不被当人如尘土。《淮南子》："食者民之本也，民者国之本也，国者君之本也。"意思是，食物是人的根本，人是国家的根本，国家是君主的根本。又如"民性"，人的天赋本性。"民智"，人的聪明才智。

"民"当形容词使用，表示民间的之义，方勺《方腊起义》："轻徭薄赋，以宽民力。"又如"民谣"，民间流传的歌谣。"民营"，民间经营。"民俗"，即民间风俗，指一个国家或民族中广大民众所创造、享用和传承的生活文化。"民语"，民间广泛流行的定型的言语。

宦（huàn）

【说文原文】

宦（胡惯切），仕也。从宀从臣。

【说文译文】

宦,做官。字形采用"宀、臣"会意。

【字形演变】

金文 → 大篆 → 小篆 → 楷体

【本字溯源】

"宦"是会意字,从宀(mián),从臣。从宀,表示与家庭房屋有关;从臣,"臣"本奴隶,合起来的意思是家室奴仆。"宦"的本义就是做奴隶主或帝王的奴仆。如《国语·越语》:"与范蠡入宦于吴。"注:"为臣隶也。"又如:"宦女",指在宫中服务的女奴。

【词意演变】

"宦"又本义可引申为"管家",进而引申为"做官",如王勃《送杜少府之任蜀州》:"与君离别意,同是宦游人。海内存知己,天涯若比邻。"意思是(我)与你都充满着离别愁意,因为我们都是远离家乡,外出做官的人。只要四海之中有了解自己的人,即使远在天涯海角也好似亲密近邻。又如:"宦况",为官的情况;"宦途",做官的经历。

"宦"当名词使用,意为官吏。如李密《陈情表》:"本图宦达,不矜名节。"《玉台新咏·古诗为焦仲卿妻作》:"媒人去数日,寻遣丞请还,说有兰家女,承籍有宦官。云有第五郎,娇逸未有婚。"意思是,县令的媒人走了几天后,不久太守派郡丞来求婚了。郡丞说你家有位叫兰芝的姑娘,出身于官吏(官宦)人家。说太守家有第五个公子,娇美俊逸,还没有结婚。

又如:"宦牒",记载官吏姓名爵禄的文书;"宦女",官家女婢。还表示太监,在内宫侍候女眷或被任为宫廷内侍的割去睾丸的男人,如《史记·李斯列传》:"夫高,故宦人也。"《文选·宦者传论》注:"宦者,养也。养阉人使看宫人,此是小臣。"又如:"宦竖",对宦官的鄙称;"宦人",太监。

我国封建社会,一直存在一个特殊的群体"宦官"。宦官,也称太监、公公、寺人、阉人、内官、内侍、中官、中涓、内竖、中贵人,是指古代宫廷中替皇室服务并阉割掉外生殖器的男性。宦官,是我国古代专供皇帝、君主及其家族役使的官员。宦官是负责宫廷杂事的奴仆,不得参与国家政务,但因与皇室朝夕相处,遂能博取信赖或有可乘之机,故在一些朝代中存在着宦官掌握国家政务大权的情况。

我国早期宦官不一定都是阉人，在东汉之后才完全使用阉人做宦官。清人唐甄在《潜书》中这样描绘太监："望之不似人身，相之不似人面，听之不似人声，察之不近人情。"

卒（zú）

【说文原文】

卒（臧没切），隶人给事者衣为卒。卒，衣有题识者。

【说文译文】

卒，隶役听差者穿的衣服上写着"卒"字。卒，是隶役衣服上标记其听差身份的符号。

【字形演变】

甲骨文 → 金文 → 小篆 → 楷体

【本字溯源】

"卒"是指事字。其甲骨文字形像一件衣服，这件衣服上又打上绳索缠绕的标志，有绳索缠绕标志的衣服是奴隶穿的。小篆字形，在"衣"上加一点标记，表示穿这种衣服的人。"卒"的本义就是古代供隶役穿的一种衣服。衣上着有标记，以区别于常人。《说文》："卒，隶人给事者为卒。卒，衣有题识者。"

【词意演变】

"卒"由本义引申为古代供驱遣从事一定劳役的奴隶。后用为低级差役的称呼，如《史记·河渠书》："悉发卒数万人穿漕渠，三岁而通。"又如"卒奴"，奴婢。

奴隶社会的时候，奴隶主常常驱使奴隶去打仗，所以又引申出"步兵"之义，如《吕氏春秋·简选》注："在车曰士，步曰卒。"《左传·隐公元年》："缮甲兵，具卒乘。"《荀子·议兵》："魏氏之武卒，不可以遇秦之锐士。""卒"后泛指士兵。《资治通鉴·唐纪》："每得降卒必亲引问之。""羸老之卒"、"守门卒。"又如"卒兵",士兵;"卒乘",士兵与战车;后泛指军队;"卒徒",兵众。

"卒"为春秋时地方一级居民单位名,同时也是一级军队编制名。《孙子·谋攻》:"全卒为上,破卒次之。"又如"卒长",古代军队百人为卒,其长官称卒长;"卒伍",五人为伍,百人为卒。卒伍也泛指军队、行伍。

"卒(zú)",当动词使用,意为终止、尽、完毕,《韩非子·解老》:"人始于生而卒于死。"《诗·豳风·七月》:"无衣无褐,何以卒岁?"又如"卒其事;卒时(尽时);卒读(尽读)。

"卒"古代指大夫死亡,后为死亡的通称,《后汉书·张衡传》:"永和四年卒。"《资治通鉴》:"初,鲁肃闻刘表卒。"《明史》:"居正已卒。"又如"暴卒"、"病卒"、"生卒年月"等。

"卒"当副词使用,读音cù,同"猝",意为仓促、急速,《汉书·食货志》:"行西逾陇卒。"注:"仓卒也。"《战国策·燕策》:"而卒惶急无以击轲,而乃以手共搏之。"又如:卒拔(仓猝攻取);卒迫(仓促紧迫)。

"卒"当副词使用,还可表示突然,贾谊《论积贮疏》:"卒然边境有急,数千百万之众,国胡以馈之?"又如:卒倒(突然晕倒);卒暴(突然);卒然(忽然,突然)。

役(yì)

【说文原文】

役(营只切),戍边也。从殳从彳。㣟,古文役从人。

【说文译文】

役,戍守边疆。字形采用"殳、彳"会意。㣟,这是古文写法的"役",采用"人"作边旁。

【字形演变】

彳殳　　殳　　彳殳　　役

甲骨文　→　大篆　→　小篆　→　楷体

【本字溯源】

"役"是会意字（古文作　）。甲骨文字形像人持殳（shū）击人。其甲骨文字形左边是一个面朝左站立的人，其背后是一只手抓着一个像榔头物件正在击打这个人，很明显，这是一个受役使的人。"役"的本义就是服役、服兵役、戍守边疆。

《诗·王风》："君子于役，如之何勿思。"意思是，君子远出服兵役，如何能不相思？郑玄笺："行役多危难，我诚思之。"《国语》："弃政而役，非其任也。"大意是，放弃官职而去戍守边疆，这是因为他胜任不了。又如"役夫"，服役的人；"役民"，服役的人。

【词意演变】

"役"由本义服役引申为役使、驱使。《书·大诰》："予造天役，遗大投艰于朕身。""役"当名词使用，意为劳役，《三国志》："兵久不辍，民困于役。"

"役"由劳役之义引申为"服劳役的人、仆人"。如《南史》："汝辈幼小，家贫无役，柴水之劳，何时可免？"又如《京本通俗小说》："虽留下几户穷民，只好奔走官差，那有空役等雇。"

"役"由戍守边疆引申出"战斗、战争"之义，如《左传》："秦穆公伐郑之役，考之"又如"台儿庄之役"。

"役"又可以泛指事情，如《左传》："为此役也，子若以君命赐之，其已。"杜预注：役，事也。

"役"还可当"差役"解释，如《聊斋志异·促织》："宰悦，免成役。又嘱学使俾入邑庠。"意思是，县官一高兴，就免了成名的差役，又嘱咐主考官，让成名中了秀才。

"淮海战役"，是解放战争时期我国人民解放军以华东、中原野战军在以徐州为中心，东起海州，西至商丘，北起临城（今山东枣庄市薛城），南达淮河的广大地区，对国民党军进行的第二个战略性进攻战役。淮海战役与辽沈战役、平津战役统称解放战争"三大战役"。淮海战役也是三大战役中解放军牺牲最重，歼敌数量最多，政治影响最大、战争样式最复杂的战役。

败（bài）

【说文原文】

败（薄迈切），毁也。从攴贝。败贼皆从贝，会意。䢺，籀文败从賏。

【说文译文】

败，毁坏。字形采用"攴、贝"会意。"败"、"贼"都采用"贝"作边旁会意。䢺，这是籀文的"败"，采用"賏"作边旁。

【字形演变】

甲骨文 → 金文 → 小篆 → 楷体

【本字溯源】

"败"是会意字。从贝，从攴（pū）。在现代汉字中，"攴"大多写成"攵"，只有极少数字保留着"攴"的写法。从"攴"的字多与打、敲、击等手的动作有关。其甲骨文的左边是个鼎的形状，右边是手持棍的形状，会意用棍子敲击使鼎毁坏的意思。其小篆字形左边简化左贝壳的形状，右边是手持棍的形状，会意用棍子敲击使贝壳毁坏的意思。"败"的本义就是毁坏。

《淮南子·说林》："若唇之与击，空柔相摩而不致败。"《韩非子》："法败则国乱。"发钥匙被毁坏，那么国家就会动乱。汉代贾谊《过秦论》："于是纵散约败。"意思是，于是合纵解散盟约毁坏。宋代司马光《训俭示康》："败家丧身。"意思是，毁坏家庭丧失性命。这是"败"的基本义项，一直沿用到今天。我们常常使用的词语"败名、败事、败家相、伤风败俗"等，用的也是此义项。

【词意演变】

食物放久了，就会腐烂，腐烂的食物肯定是变坏了，故"败"由本义毁坏引申为食物腐烂变味。《论语·乡党》："鱼馁而肉败，不食。"意思是，鱼肉腐烂了，就不能吃了。

"败"可表示破旧之义，如《聊斋志异·促织》："早出暮归，提竹筒丝笼，于败堵丛草处，探古发穴，靡计不施，迄无济。"意思是，就早出晚归，提着竹筒丝笼，在破墙脚下，荒草丛里，挖石头，掏大洞，各种办法都用尽了，一直没有找到蟋蟀。又如："败絮、败纸、败物、败敝"。"败"也可表示衰落、凋谢等义，如明李渔《闲情偶寄·种植部》："只有霜中败叶，零落难堪。"又如词语"败叶"、"枯枝败叶"、"花开败了"等。

"败"由本义毁坏引申泛指失败。《左传·成公二年》："齐师败矣。"意思是，齐国的军队失败了。《孙子兵法·形篇》："故善战者，立于不败之地。"意思是，所以擅长作战的人，总是使自己处于不失败的境地。宋代苏洵《六国论》："赵尝五战于秦，二败而三胜。"意思是，赵国曾经与秦国交战五次，两次失败三次获胜。汉代刘向《列女传》："赵兵果败，括死军覆。"《资治通鉴》："成败之机，在于今日！"《史记·项羽本纪》："宋义论武信君之军必败，居数日，军果败。"

"败北"一词，它的意为战败，后指竞赛中失败。古代称战败为"败北"。其中"北"是"背"的古文。《原文》中说："北。背也，二人相背。"由此，"北"引申为人体的部位——与胸相对的背部。古人说败北，意思是打不过转背而逃。秦汉以后，"败北"逐渐成为一个常用的双音节词。

例如《史记·项羽本纪》："吾起兵，至今八岁矣。身七十余战，所当者破，所击者服，未尝败北，遂霸有天下。"意思是，我带兵起义至今已经八年，亲历了七十多仗，我所抵挡的敌人都被打垮，我所攻击的敌人无不降服，从来没有战败过，因而能够称霸，占据天下。再后来，"败北"不仅指军事失败，而且引申为办各种事情的失利。而在现代汉语中，"败北"还被用来泛指在各种竞争、竞赛（如体育比赛、竞标、竞选等）中失败。

现代汉语中，有一词"败笔"，原指"绘画中不好的一部分"，后引申为某件事中做得不完美的部分，或泛指某个对象中不好的部分。叶圣陶《苏州园林》中有："一切都要为构成完美的图画而存在，决不容许有欠美伤美的败笔。"此文中"败笔"指园林中有损于"构成完美图画"的设计、布局"。

囚（qiú）

【说文原文】

囚（似由切），系也。从人在口中。

【说文译文】

囚，捆绑拘押。字形采用"人"作边旁，像人在框"口"中。

【字形演变】

甲骨文 → 金文 → 小篆 → 楷体

【本字溯源】

"囚"是会意字，从人在口（围）中。其甲骨文的字形看，像一个人被围起来的形状，会意表示把罪人或者俘虏关起来，使其失去了自由。"囚"的本义就是拘禁、囚禁。《韩非子·难四》："景公乃囚阳虎。"意思是，景公于是囚禁了阳虎。司马迁《报任安书》："韩非囚秦。"意思是，韩非被秦国拘禁。《司马迁·秦始皇本纪》："斯卒囚，就五刑。"意思是，宰相李斯最终被囚禁，受五刑。

【词意演变】

"囚"也可当名词使用，意为犯人、被逮捕或被捕入狱的人。《左传·僖公三十三年》："问秦囚。"意思是，审问秦国的犯人。清代方苞《狱中杂记》："禁卒居中央，牖其前以通明，屋极有窗以达气。旁四室则无之，而系囚常二百余。"意思是，看管犯人的狱卒住在正中那间。他在前面墙上开一个窗户照明，屋顶开一个天窗通气。两旁四间则没有窗户，但是关押的犯人常常多达二百多个。又如"囚伍"、"死囚"、"阶下囚"等词语，也用的是此义项。

"囚"由"被逮捕的人"引申为"被俘获的敌人"。如《左传》："明日复战，乃逸楚囚。"意思是，第二天再次交战，才放了楚国的被俘获的敌人。

俗话说"龙生九子，各有所好"。而在民间，很久就流传着龙生九子的说法，其实所谓龙生九子，并非龙恰好生九子。我国古代传统文化中，往往以九来表示极多，而且有至高无上的地位。九是个虚数，又是个贵数，所以用来描述龙子。

龙生九子"，老大叫"囚牛"，它平生爱好音乐，它常常蹲在琴头上欣赏弹拨弦拉的音乐，因此琴头上便刻上它的遗像。这个装饰现在一直沿用下来，一些贵重的胡琴头部至今仍刻有龙头的形象，称其为"龙头胡琴"。

宰（zǎi）

【说文原文】

宰（作亥切），皋（罪）人在屋下执事者。从宀从辛。辛，皋（罪）也。

【说文译文】

宰，有才能的罪人在屋下管理事务以赎罪。字形采用"宀、辛"会意。"辛"，表示有罪之人。

【字形演变】

甲骨文 → 金文 → 小篆 → 楷体

【本字溯源】

"宰"是会意字。其甲骨文字形是一个半包围结构，外围是一座房子的侧面图，里面是一把刑刀的象形。"宰"从宀（mián），从辛。"宀"表屋子，"辛"的本义是刑刀，后来指奴隶，罪人，两部分合起来，就表示出了"宰"的本义"在屋子里劳作的奴隶"（就是充当家奴的罪人）。其金文字形与甲骨文字形很相似。《说文》："宰，罪人在屋下执事者。"

【词意演变】

"宰"为古代官吏的通称。《周礼·目录》："宰者，官也。"《公羊传》："宰者何？官也。"《聊斋志异·促织》："宰严限追比。"翼日进宰。宰见其小。宰以卓异闻。又如"宰人"，指周代冢宰的属官，后泛指官员、掌管膳食之官；"宰夫"，指周代天官冢宰的属官。

"宰"为古官名，指辅佐国君执政的百官之长。如《谷梁传·僖公九年》：

"天子之宰，通于四海。"又如"宰士"，指宰相的属官；"宰臣"，指帝王的重臣、宰相；"宰府"，指宰相办公之所；"宰柄"，指宰相的权柄。

古代人们往往杀猪宰羊祭祀社稷，祈求来年的风调雨顺。于是杀猪宰羊在家庭祭祀中成为重要事情，必须由主管奴仆操持，所以"宰"被引申为屠宰者、厨工。《韩非子·难二》："凡为人臣者，犹炮宰和五味而进之君。"《史记·陈丞相世家》："平为宰，分肉食甚均。"

"宰"也用作动词使用，意为宰杀牲畜并割肉。李白《将进酒》："烹羊宰牛且为乐。"《唐书·邓处纳传》："宰肉不平而斗。"又如"宰夫"、"宰猪"、"宰鸡"、"杀猪宰羊"等词语，也使用的是此义项。

"宰"由宰杀牲畜并割肉引申为分割疆土、主宰。贾谊《过秦论》："因利乘便，宰割天下。"意思是，（秦人）凭借这有利的形势，分割天下的疆土。《汉书·陈平传》："使平得宰天下，亦如此肉矣！"大意是：假使我陈平能够主宰天下，也会像分这肉一样公平的。又如"宰世"，掌管、治理天下；"宰民"，掌治民众；"宰主"，主宰者。

宰牲节，也称古尔邦节，是我国回、维吾尔、哈萨克、乌孜别克、塔吉克、塔塔尔、柯尔克孜、撒拉、东乡、保安等少数民族共同的盛大节日。"古尔邦"在阿拉伯语中称作尔德·古尔邦，或称为尔德·阿祖哈。"尔德"是节日的意思。"古尔邦"和"阿祖哈"都含有"牺牲""献身"的意思，所以一般把这个节日叫"牺牲节"或"宰牲节"。

奴（nú）

【说文原文】

奴（乃都切），奴、婢，皆古之皋（罪）人也。《周礼》曰："其奴，男子入于皋（罪）隶，女子入于舂藁。"从女从又。㚢，古文奴从人。

【说文译文】

奴，奴、婢，都是古代的罪人。《周礼》上说，那些成为奴隶的，男的交给负责差役的官员，女的交给负责舂米炊煮和种菜采集的官员。字形采用"女、又"会意。㚢，这是古文写法的"奴"字，字形采用"人"作边旁。

【字形演变】

甲骨文 → 金文 → 小篆 → 楷体

【本字溯源】

"奴"是会意字。从女，从又。女指女奴，又（手型）指用手掠夺之。一说又（手型）指女奴从事劳动。其金文字形的左边是个"女"字，有下部是一只手，正朝着名女子抓过去，会意抓住了人。古时候，战争中抓来的战俘，都沦为奴隶（不仅是女的）。"奴"的本义就是奴隶、奴仆。

【词意演变】

《史记·季布栾布列传》："数岁，彭越去之巨野中为盗，而布为人所略卖，为奴于燕。"大意是：过了几年，彭越来到巨野做强盗，而栾布却被人强行劫持出卖，到燕地去做奴仆。韩愈《马说》："故虽有名马，只辱与奴隶人之手，骈死于槽枥之间，不以千里马称也。"大意是：所以即使有很名贵的马，也只能在仆役的手下受到屈辱，跟普通的马一起死在马厩里，不能获得千里马的称号。

清代方苞《左忠毅公逸事》："庸奴！此何地也，而汝来前！国家之事糜烂至此，老夫已矣，汝复轻身而昧大义，天下事谁可支拄者？不速去，无俟奸人构陷，吾今即扑杀汝！"意思是，没用的奴仆！这是什么地方？可你来到我这里！国家的事情，败坏到了不可收拾的地步，我已经完了，你又轻视自己不明大义，天下事谁能支持呢？还不赶快离开，不要等到坏人编造罪名来陷害你，我现在就打死你！"庸奴"意思是，无用的奴仆、不识大体的奴仆。

由于"奴"字表示地位低下，被看做罪人，所以后来被引申为凡是罪人，都称作"奴"。如《说文》："奴，奴婢皆古之罪人也。"又如《周礼·司厉》："其奴，男子入于罪隶，女子入于舂槁。"大意是，犯罪的，男的放到监狱服刑，女的要做舂槁，也是一种服刑方式。"罪隶"，指古时罪人家属之男性没入官府为奴者。

"奴"后多指男奴。如"奴厮儿"，小男仆；"奴辈"，奴仆之辈、奴才们；"奴颜"，奴才相。

"奴"表示对人的鄙称。如房玄龄《晋书》："要当生缚此奴。"又如"胡奴"、"狂奴"、"奴官"、"奴下"等词语。

"奴"也表示古代男女自称的谦词。如"奴哥"，对女人的昵称；"奴奴"，犹奴家。"奴"也表示贱称。如"田舍奴"。

"奴"也表示古时青年女子的自称，或称"奴家"。如施耐庵《水浒传》："奴家年青，如何敢受礼。"

我们把心甘情愿受人奴役的品性称为"奴性"、"奴才"，把卑躬屈膝奉承巴结的样子称为"奴颜屈膝"，把献媚讨好的样子称为"奴颜媚骨"。毛泽东在《新民主主义论》中说："鲁迅的骨头是最硬的，他没有丝毫的奴颜和媚骨。这是殖民地半殖民地人民最可宝贵的性格。"

文艺篇

与文学艺术相关的汉字,总共介绍了16个,其中包括:文、学、经、史、典、册、诗、歌、戏、曲、书、画、德、美、乐、舞。

文(wén)

【说文原文】

文(无分切),错画也。象交文。凡文之属皆从文。

【说文译文】

文,交错的笔画。象交叉的纹案。所有与文相关的字,都采用"文"作边旁。

【字形演变】

甲骨文 → 金文 → 小篆 → 楷体

【本字溯源】

"文"是象形字。其甲骨文字形像纹理纵横交错的形状。远古人在易于保存的岩壁或甲骨上刻画形象的线条、图案,以记录祭祀、战争、天象等重大历史事件。"文"的本义就是刻画在岩壁、甲骨上的象形字。如《说文》:"文,错画也。象交文。今字作纹。"

《后汉书·张衡传》:"阳嘉元年,复造候风地动仪。以精铜铸成,员径八尺,合盖隆起,形似酒尊,饰以篆文山龟鸟兽之形。"意思是,顺帝阳嘉元年,张衡又制造了候风地动仪。这个地动仪是用纯铜铸造的,直径有8尺,上下两部分相合盖住,中央凸起,样子像个大酒樽。外面用篆体文字和山、龟、鸟、兽的图案装饰。

王安石《游褒禅山记》:"距洞数百步,有碑仆道,其文漫灭,独其为文犹可识曰'花山'。"意思是,距离山洞一百多步,有一座石碑倒在路旁,上面的文字已被剥蚀、损坏近乎磨灭,只有从勉强能认得出的地方还可以辨识出"花山"的字样。又如"甲骨文","钟鼎文","金文"等。

【词意演变】

"文"由本义引申为花纹,纹理。如《诗经·小雅·六月》:"织文鸟章,白旆央央。"意思是,织有赤与白相间的凤鸟花纹,白色大旗明亮。明代刘基《诚意伯刘文成公文集》:"斑文小鱼。"意思是,花纹小鱼。又如"文斑"杂色的斑纹;"文绣",绣有彩色花纹的丝织品;刺花图案;"文织",有彩色花纹的丝织品;"文鳞",鱼鳞形花纹。

"文"由"花纹"引申为字、文字,如甲骨文就近于花纹。如明代魏学洢《核舟记》:"文曰'天启壬戌秋日'。"意思是,文字是"天启壬戌秋日。"值得注意的是,"文",在先秦时期就有文字的意思,"字",到了秦朝才有此意。分别讲,"文"指独体字;"字"指合体字。笼统地说,都泛指文字。

"文"由文字又可引申为文章(遣造的词句叫做"文,结构段落叫做"章")、文献。如《韩非子·五蠹》:"儒以文乱法,侠以武犯禁。"意思是,儒士们靠着文章扰乱法治,侠客总是用暴力触犯律例。司马迁《报任安书》:"恨私心有所不尽,鄙陋没世,而文采不表于后也。"意思是,我怨恨心中想做的事尚未完成,在耻辱中离开人世,我的文章著述便不能表明于后世。唐代韩愈《师说》:"好古文。"意思是,爱好古文。宋代欧阳修《醉翁亭记》:"醉能同其乐,醒能述以文者,太守也。"意思是,喝醉了能够和大家一起享受快乐,酒醒了能够用文章记述的人,是太守。《论语·述而》:"行有余力,则以学文。"意思是,亲身实践,有剩余的精力,就去学习文献。又如"文价",文章的声誉;"文会",旧时读书人为了准备应试,在一起写文章、互相观摩的集会;"文雄",擅长写文章的大作家;"文意",文章的旨趣;"文义",文章的义理;"文情",文章的词句和情思;"本文",所指的这篇文章;"作文",写文章、学习练习所写的文章;"文魁",文章魁首;"文价",文章的声价;"文什",文章与诗篇。

"文"指自然界的某些现象。如:"天文";"地文";"水文"等。

"文"与"武"相对,指非军事的:文治,文事,文职。如《史记·平原君虞卿列传》:"使文能取胜,则善矣。文不能取胜,则歃血于华屋之下,必得定从而还。"意思是,假使能通非武力的谈判取得成功,那就最好了。如果非武力的谈判不能取得成功，那么也要挟制楚王在大庭广众之下把盟约确定下来，一定要确定了合纵盟约才回国。唐代魏征《谏太宗十思疏》："文武并用，垂拱而治。"大意是，文臣武将都得到任用，国君垂衣拱手、不亲自处理政务，天下就能治理好。又如"文臣"，文职官吏；"文品"，文官的品阶；"文帅"，文职官员出任或兼领统帅；"文烈"，文治显赫；"文员"，文职吏员；"文阶"，文职官阶；"文道"，文治之道；"文业"，文事。

"文"当动词使用，表示在肌肤上刺画花纹或图案，即文身。如《礼记·王制》："被发文身。"大意是，披散头发肌肤上刺画花纹。注："谓其肌，以丹青涅之。"《庄子·逍遥游》："越人断发文身，无所用之。"意思是，越国人截短头发，身上刺花纹，无处用宋国人卖的帽子。又如"文笔匠"，在人身上刺花的艺人；"文身断发"，古代荆楚、南越一带的习俗，身刺花纹，截短头发，以为可避水中蛟龙的伤害，后常以指落后地区的民俗。

"文"当量词使用，用于旧时的铜钱。如："一文钱"。

"文"字是一个独立的汉字，同时也是汉字部首之一，是一个部首字，并且由"文"字组成的字，基本上都与花纹等义有关，如："斑、斌、彦、斐"等。以"文"作声符表音的字有"汶、纹、闵"等。

"文房四宝"是今人皆知的常识。"文房四宝"指中国独有的文书工具，即笔、墨、纸、砚。文房四宝之名，起源于南北朝时期。历史上，"文房四宝"所指之物屡有变化。在南唐时，"文房四宝"特指诸葛笔、徽州李廷圭墨、澄心堂纸，婺源（原属歙州府，现属于江西）龙尾砚。自宋朝以来，"文房四宝"则特指湖（今浙江湖州）笔、徽（徽州，今安徽歙县）墨、宣（今安徽泾县，古属宁国府，产纸以府治宣城为名）纸、端（今广东肇庆，古称端州）砚和歙（今安徽歙县）砚。

学（xué）

【说文原文】

学（辖觉切），觉悟也。从教，从冖。冖，尚蒙也，臼声。斅，篆文斅省。

【说文译文】

学（繁体字写作"學"），觉悟。字形采用"教、冖"会义。"冖"表示尚处于蒙昧状态。"臼"是声旁。斆，这是篆文斅的省略写法。

【字形演变】

甲骨文 → 金文 → 小篆 → 楷体

【本字溯源】

"学"，繁体字写作"學"，是会意字，其甲骨文字形像左右两只手结网的样子，其金文字形在甲骨文的基础上，下面增加了一个宝盖"冖"，表示房子；宝盖下面还增加一个"子"，表示孩子。组合起来，表示在房子里教孩子们学算术。"学"的本义就是学习。如《后汉书·列女传》："羊子大惭，乃捐金于野，而远寻师学。"意思是，羊子十分惭愧，于是把金子丢弃在野外，而后远行寻访老师求学去了。

《论语·学而》："学而时习之，不亦说乎？"意思是，学习并且时常地去实践所学，不也很快乐吗？《论语·为政》："学而不思则罔，思而不学则殆。"意思是，只学习却不思考，就会感到迷茫而无所适从，只是思考而不学习，就会疑惑而无所得。"清代刘开《问说》："学即继以问也。"意思是，"学习"之后（就）紧跟着"询问"。又如"学理论"；"学技术"；"好学"；"苦学"；"教学相长"；"学文"，学习人文学科或社会科学，学习文化知识；"学古"，学习研究古代典籍。

【词意演变】

模仿也是学习的一种途径，所以"学"可引申为"模仿"。如《红楼梦》："（巧姐儿）笑嘻嘻走到凤姐身边学舌。"又如"学嘴"，学舌；"调嘴学舌"；"学他爸爸走路的样子"；"学不上来"等。

学习的场所一般是学校，所以，"学"可引申为名词，指学校。历史上，学校曾称学庐、学教、学馆、学堂、学宫、学院、学屋、学园。如《孟子》："夏曰校，殷曰序，周曰庠，学则三代共之。"《礼记·王制》："小学在公宫南之左，大学在郊。"王安石《上皇帝万言书》："古者天子诸侯自国至于乡党皆有学。"韩愈《进学解》："国子先生晨入太学，招诸生立馆下。"其中的"学"，都为"学校"之义。

"学"由本义可引申为学问。如《后汉书·列女传》:"夫子积学。"意思是,(乐羊子的妻子说),丈夫积累学问。清代刘开《问说》:"学有未达,强以为知。"意思是,学问有未贯通不理解的地方,却强以为理解。清代张廷玉《明史》:"生平为学。"大意是,终身做学问。

清代彭端淑《为学一首示子侄》:"人之为学有难易乎?"意思是,人们做学问有困难和容易的区别吗?又如"学耻全牛",惭愧学问未到炉火纯青的地步;"学行",学问与品行;"才学",才能与学问;"绝学",失传的学问;"家学",祖传学问。

"学"指学科、某一门类系统的知识。如"文学"、"哲学"、"地理学"、"教育学"、"化学"等。

成语"邯郸学步",是指到邯郸去学走路的步法。后人用邯郸学步的意思和故事来比喻模仿别人不得法,反而把自己原有的本领忘掉了。邯郸,战国时赵国的都城;学步,学习走路、模仿行走的技能。语出《庄子·秋水》:燕国寿陵地方有一位少年,他听说邯郸人走路姿势那叫美,于是瞒着家人跑到遥远的邯郸学走路。结果邯郸人走路的姿势没学会,自己走路的姿势也忘了,只好爬着回去。

故事的寓意是,勤于向别人学习是应该肯定的,但是一定要从自己的实际出发,取人之长,补己之短。如果象燕国寿陵那样,盲目鄙薄自己,一味崇拜别人,生搬硬套,亦步亦趋,结果必然是人家的优点没学来,自己的长处却丢光了。

经(jīng)

【说文原文】

经(九丁切),织也。从糸,巠声。

【说文译文】

经,纺织。字形采用"糸"作边旁,采用"巠"作声旁。

【字形演变】

經 → 經 → 經 → 经
金文 → 大篆 → 小篆 → 楷体

【本字溯源】

"经"是形声字,从糸(mì),巠声。"经"(其古字为"巠",古代"巠"、"经"通用)的小篆字形左边是一个"糸",表示与线丝有关,右边是一个"巠"字,表示声符。"经"的本义就是织物的纵线,与"纬"相对。如《说文》:"经,织也。"按,从丝为经,衡丝为纬,凡织,经静而纬动。

刘勰《文心雕龙》中说:"故情者,文之经;辞者,理之纬。经正而后纬成,理定而后辞扬,此立文之本源也"。意思是,情感,好比文章的经线;言辞,好比文章内容中的纬线。经线正纬线才能成,文章的的内容定好了,言辞才得到畅达。这就是构成文章的本源。又如"经布",来回穿梭织布。

【词意演变】

"经"由本义引申为南北纵贯的道路或土地。如《大戴礼记·易本命》:"凡地东西为纬,南北为经。"大意是,凡是东西走向的土地称为纬,凡是南北纵贯的土地称为经。《考工记·匠人》:"国中九经九纬。"大意是,城内街道划分成九纵九横。又如"经途",南北向的道路;"经涂",南北向的道路。

历来被尊奉为典范的著作,称为"经",即"经典"。儒家常常说的"四书五经":四书是指《论语》、《孟子》、《大学》和《中庸》;五经是指《诗经》、《尚书》、《礼记》、《周易》和《春秋》,简称为"诗、书、礼、易、春秋";在之前,还有一本《乐经》,合称"诗、书、礼、乐、易、春秋",这六本书也被称做"六经",其中的《乐经》后来亡佚了,就只剩下了五经。

"四书五经"是南宋以后儒学的基本书目,儒生学子的必读之书。如《白虎通·五经》:"五经何谓?谓易、尚书、诗、礼、春秋也。"明代宋濂《送东阳马生序》:"尝趋百里外从乡之先达执经叩问。"意思是,我曾经赶往百里以外的地方,拿着经书(历来被尊奉为典范的著作)向同乡有道德学问的前辈请教。

清代袁枚《祭妹文》:"予幼从先生授经,汝差肩而坐,爱听古人节义事。"意思是,我从小跟着老师学习儒家的经书(历来被尊奉为典范的著作),你和我并肩而坐,爱听古人节义的事。又如"《道德经》";"《十三经》";"诵经";"引经注典";"博古通经"。

"经"也特指宗教典籍。如"《佛经》";"《圣经》";"《古兰经》"等。"经"指某一学科的专门著作。如"《山海经》";"《水经》";"《茶经》"等。

"经"由本义可引申为动词,意为"治理"。如清代梁启超《谭嗣同传》:"经世之条理。"又如"经邦",治国;"经国济民",治理国家,普济万民;

"经济之才"，治理济世的志向；"经济之才"，经邦济世；治理国家的才干；"经维之才"，治理国家的才能。

在古代书籍中，有"经济"一词，它的意思是"经世济民"。如《红楼梦》第三十二回："宝玉听了，大觉逆耳，便道：'姑娘请别的屋里坐坐罢，我这里仔细腌臜了你这样知经济的人！'"又表示"治国的才干"。刘鹗《老残游记》第三回："听说补残先生学问经济都出众得很。"

"经"当形容词使用，表示"正常，经常"之义。如："经入"，指常规赋税收入；"经用"，经常用度；"经惯"，老练，有经验；"经赋"，常规赋税。

在古文中，"经"通"径"，指小路、途径。如《荀子·劝学》："学之经莫速乎好其人，隆礼次之。"意思是，学习的途径没有比心悦诚服地受教于贤师更迅速有效的了，尊崇礼仪就比它差一等。《韩非子·解老》："邪心胜，则事经绝；事经绝，则祸难生。"意思是，邪心占上风，办事的途径（准则）就没有了；途径（准则）没有了，灾难就会发生。

史（shǐ）

【说文原文】

史（疏士切），记事者也。从又持中。中，正也。凡史之属皆从史。

【说文译文】

史，宫中负责记录重大事件的官员。字形采用"又"作边旁，像一手持"中"。中，表示记录的客观公正。所有与史相关的字，都采用"史"作边旁。

【字形演变】

甲骨文 → 金文 → 小篆 → 楷体

【本字溯源】

"史"是会意字。其甲骨文字形的上面像一个捕捉禽兽的长柄网，长柄下面是一只右手。组合起来表明，"史"的本义就是管理狩猎或记录猎获物的人。后来引申为记录国家大事的人,即史官。如《左转·昭公十二年》:"是良史也。"也就是说,这个人是古代的好史官。

【词意演变】

"史"是太史令的简称。如《后汉书·张衡传》:"自去史职,五载复还。"大意是,自己离开太史令职位,五年后又恢复原职。

史官从事的工作就是记载历史,所以"史"由"史官"可引申为"记载历史的书"。

如孙文《黄花冈七十二烈士事略序》:"如史载田横事,虽以史迁之善传游侠,亦不能为五百人立传,滋可痛已。"意思是,正像史书上记载的田横的事迹,即使凭司马迁善于传写游侠的手笔,也不能给田横所带领的五百人,都写下传记,这就越发使人悲痛啊。

明代顾炎武《复庵记》:"幼而读书,好《楚辞》;诸子经史多所涉猎。"意思是,范养民自幼读书,爱好《楚辞》;诸子百家的学说以及经书史书涉猎得也很多。又如"史鉴",历史书;"史文",历史文献;"史绩",历史功绩;"史录",历史的文字纪录。

"史"是我国古代图书四大类别之一,包括各类历史书籍。清朝乾隆年鉴编纂的《四库全书》,是中国古代最大的一部官修史书,也是中国古代最大的一部丛书,分经、史、子、集四部。我国的史书不仅内容丰富,类别也丰富。

大家最熟悉的史书《史记》是一本纪传体史书(通过记叙人物活动反映历史事件);《史记》也是通史(不间断地记叙自古及今的历史事件)。《左传》是编年体史书(以年代为线索编排的有关历史事件)。《战国策》是国别体史书(以国家为单位分别记叙的历史)。《汉书》是断代史(记录某一时期或某一朝代的历史)。而《三国志》则属纪传体、国别体、断代史。

"史"字后来转意为历史,这就是自然或社会以往发展的进程,对过去事实的记载,如"历史";"通史";"断代史";"近代史";"世界史";"文学史";"史诗";"史评";"史不绝书";"史部",古代图书分类的一大部类,包括各类历史著作;"史前",没有书面记录的远古。

"史"也是百家姓之一。据称其得姓始祖为尹佚。尹佚是见于史籍最早的史氏人物,古代文献多把他推为史氏始祖。西周初年,尹佚出任太史一职,为人严正,后人把他作为史官的楷模,并将史佚、姜太公、周公、召公并称为"西周四圣"。

历史上"史"姓,人才辈出,著名的有:春秋时卫国史官史鱼;汉宣帝舅公史恭,担任凉洲刺史,抚养、辅佐宣帝有功,赠杜陵侯;明末抗清名将史可法,担任明朝东阁大学士,兵部尚书。

典（diǎn）

【说文原文】

典（多殄切），五帝之书也。从册在丌上，尊阁之也。庄都说，典，大册也。

【说文译文】

典，三皇五帝赖以成功治国的书籍。字形采用"册、丌"作边旁，表示"册"在"丌"架上，尊敬地搁置重要册子。庄都（约为东汉人）说，典，就是大册。

【字形演变】

甲骨文 → 金文 → 小篆 → 楷体

【本字溯源】

"典"是会意字。其甲骨文字形，上面是用牛皮条或绳子把刻有文字的竹片、木片或甲骨片穿起来的形状，即成为一册书；下面是两只手，表示表示双手恭恭敬敬捧着书册。组合起来表明"典"的本义是指重要的文献、典籍，用今天的话来表达，是有文献价值的书籍。

如《左传·昭公十五年》："司晋之典籍。"大意是，职掌晋国的典籍。丘迟《与陈伯之书》："不远而复，先典攸高。"意思是，迷途不远而归来，更为古之典籍所褒扬。《后汉书·张衡传》："自书典所记，未之有也。"意思是，从古籍的记载中，还看不到曾有这样的仪器。

《尚书·多士》："唯殷先人，有典有册。"意思是，商的祖先，有书简有典籍。又如"字典"；"法典"；"佛典"；"药典"；"引经据典"；"典志"，记载政典的文籍；"典坟"，《三坟》和《五典》的省称，都是上古的典籍。

【词意演变】

"典"由本义可引申为"常道，准则"。如"典型"，常刑，常规；"常典"，常法；"典要"，不变的标准；"典式"，典范，法式。

"典"由本义又可引申为"典礼，仪节"。如"盛典"；"开国大典"；"庆典"，庆祝典礼；"典重涂山"，比喻典礼重要，规模宏大，相传涂山是夏禹娶涂山氏及会见诸侯的地方。

由于"典"所记载的都是古人的话语,后人引用就称之为"用典"。诗文等作品中引用的古代故事和有来历出处的词语,都属于用典。因此"典"就产生了"典故"的义项。如"语出何典";"典实",典故、史实;"典证",出典和依据。

"典"当动词使用,为主持、主管之义。如《尚书·尧典》:"帝曰:'夔!命汝典乐,教胄子,直而温,宽而栗,刚而无虐,简而无傲。'"意思是,舜帝说:"夔啊!我任命你主管乐官,教导年轻人,使他们正直温和,宽厚恭谨,刚强而不暴虐,简约而不傲慢。《三国志·吴仪传》:"专典机密。"大意是,专门主管机密。又如"典御",掌管统治;"典诠",主持选拔;"典守",主管、保管,看守。

"典"由"主管"之义可引申为"抵押",旧时一方把土地或房屋等押给另一方使用,换取一笔钱,不付利息,议定年限,到期还款,收回原物。如杜甫《曲江二首》:"朝回日日典春衣。"意思是,每天退朝归来,都要抵押衣服沽酒。《金史·百官志》:"民间质典,利息重者至五、七分。"大意是,明见抵押东西,利息高的达到五、七分。又如"典东西";"典地",典当田地;"典衣",典押衣服。

"典当"是指当户将其动产、财产权利作为当物质押或者将其房地产作为当物抵押给典当行,交付一定比例费用,取得当金,并在约定期限内支付当金利息、偿还当金、赎回当物的行为。典当业是人类最古老的行业之一,堪称现代金融业的鼻祖,是抵押银行的前身。我国也是世界上最早出现典当活动并形成典当业的国家之一。

经考证,我国的典当业初见于东西两汉,肇始于南朝佛寺长生库,入俗于唐五代市井,立行于南北宋朝,兴盛于明清两季,衰落于清末民初,取缔于二十世纪五十年代,而复兴于当代改革开放,经历了1600多年的历史沉浮。在发展的过程中,典当业出现典、当、质、按、押不同等级的划分。

最大的是典铺,资本较多,赎当期较长,利息较轻,接受不动产和动产抵押,对押款额不加限制;其次为当铺,只接受动产抵押,押款定有限额;再次为质铺(山西、安徽称质,广东、福建则称按);押店最小,赎当期最短,利息也最高。后来,商人为减轻负担,并摆脱典当行会业规的限制,后来新设典当多称质铺或押店,原有典当也有改称押店的,各类界限已难区分。

成语"数典忘祖",指谈论历来的制度、事迹时,把自己祖先的职守都忘了。比喻忘本。也比喻对于本国历史的无知。出自《左传·昭公十五年》载:周景王十八年(鲁昭公十五年,前527年),晋大夫籍谈出使周王室。宴席间,周景王问籍谈,晋何以无贡物,籍答道,晋从未受过王室的赏赐,何来贡物。周景王就列举王室赐晋器物的旧典来，并责问籍谈，身为晋国司典的后代，怎么能"数典而忘其祖"，也就是说列举古代的典制而忘了祖先的职掌呢？后来就用"数典忘祖"比喻忘掉自己本来的情况或事物的本源。

册（cè）

【说文原文】

册（楚革切），符命也。诸庚（侯）进受于王也。象其札一长一短，中有二编之形。凡册之属皆从册。

【说文译文】

册，记录了朝庭授权、分封信息的本子。受封诸候入朝受册于王。字形像册子中札片一长一短排列，中间有二根编绳的形状。所有与册相关的字，都采用"册"作边旁。

【字形演变】

甲骨文 → 金文 → 小篆 → 楷体

【本字溯源】

"册"是象形字，其甲骨文字形像是用皮绳串连起来的大量竹片或木片。其金文字形、小篆字与甲骨文字形相似。"册"的本义就是用竹片或木片串成的书简。古代文书用竹简。编简名为册，后凡簿籍均可称"册"。

如《说文》："册，符命也。诸侯进受于王者。象其札，一长一短，中有二编之形。古文又从竹。"《书·金滕》："公归，乃纳册于金滕之匮中。"意思是，周公回去，把书简放进金属束着的匣子中。又如"简册"；"名册"；"画册"；"纪念册"等。

【词意演变】

"简册"是我国古代用于书写的材料，多用竹或木制成。简是狭长竹木片，若干简编连起来就成为册。在植物纤维纸流行以前，简册是主要的书写材料。最晚在3000多年前的商代就已有简册了。简的宽度一般在0·5—1厘米左右，长度往往视用途而异。简册通常用丝绳或麻绳编连，以编两道或三道为最常见。一般先把简编成册，然后再书写。每册的简数不一，主要取决于书写的内容以及携带、阅读是否方便。

收藏简册时，以末简为轴卷成一卷，讲究的还在外面加书囊。简一般只写一行字。可以写几行字的宽木板称为方或牍。书信往往写在一尺长的木牍上，所以有尺牍之名。简牍的书写，用毛笔和墨。删改简上的文字要用书刀，因此古人常以刀、笔并提。周、秦、汉各代都是简、帛并用的，但帛的价值高，远不如简册使用得普遍。在魏晋时代，虽然私家已经越来越普遍地使用纸，官府文书仍多用简册。到了南北朝时代，简册才基本绝迹。

根据考古发现的材料，简册可分为简、牍、觚（供数面书写的多棱形木棍）、检（传递文书、信件时的木质封检）、楬（题写簿册和器物名称的宽短木牌）。内容十分广泛，包括官方的文书档案、私人信件、书籍抄件、历谱及专为随葬用的遣册等，有很高的史料价值，又是珍贵的书法艺术资料。已知出土时代最早的简，为湖北随州战国早期曾侯乙墓的竹简，最晚的是新疆罗布泊楼兰古城、民丰尼雅遗址和吐鲁番晋墓的晋简。

在古代，君王的诏书有的要写在竹木板上，向大臣公布，所以"册"特指皇帝的诏书。如韩愈《南海神庙碑》："祝册自京师至。"其中，"祝册"指帝王祭祀用的文书（诏书）。又如"册文"，古代帝王祭祀时告天地神祇的文书；"册书"，古时君王施于臣下的文书。有祝册、玉册、立册、封册、哀册、赠册、谥册、赠谥册、祭册、赐册、免册等十一种。

"册"当动词使用，为"册封，封爵"之义。如《新唐书·百官至》："册太子则授玺绶。"大意是，册封太子就传给他印玺。玺绶，古代印玺上所系的彩色丝带，后借指印玺。又如"册立"，古代帝王封立太子、皇后；"册正"，把妾扶为正室。

"册"当量词讲，指计算书本数量的单位。如清代梁启超《谭嗣同传》："且携所著书及诗文辞稿本数册。"又如"人手一册"；"这套书共印十万册"。

诗（shī）

【说文原文】

诗（书之切），志也。从言，寺声。䎭，古文诗省。

【说文译文】

诗，是心志的流露。字形采用"言"作边旁，"寺"作声旁。"訨"，这是古文是"诗"的省略写法。

【字形演变】

大篆 → 大篆 → 小篆 → 楷体

【本字溯源】

"诗"是形声字，其甲骨文字形和金文字形至今尚未发现，最早可见的是小篆字形，是形声字。其小篆字形，从言，寺声，既是声旁也是形旁，表示庙宇。言，表示说；寺，表示祝祷。两者组合，表明"诗"的本义是祭祀时赞颂神灵和先王。

【词意演变】

由于祭祀时赞颂神灵，需要有赞颂的内容，即一些言辞、诗句、歌词等，所以"诗"由本义可引申为诗歌，这是"诗"的常用义项。如《书·舜典》："诗言志，歌永言。"意思是，诗是表达思想感情的，歌是唱出来的语言。晋代陶渊明《归去来兮辞》："登东皋以舒啸，临清流而赋诗。"意思是，登上东边的高岗放声长啸，面对清清的流水吟诵诗歌。

又如"诗筒"，装诗稿的竹筒；"诗瓢"，放诗稿的瓢勺；"诗友"，以诗词唱和的朋友；"诗流"，诗的流别系统；"诗案"，因诗获罪的案件；"诗眼"，诗句中最为工巧传神的一个字；"诗传"，诗集；"诗狱"，因诗篇的内容为言官所检举而引发的文字狱。

"诗"有时候专指《诗经》。在古语中凡称"诗曰"、"诗云"都是指《诗经》。《论语·为政》："诗三百，一言以蔽之，曰：思无邪。"意思是，（孔子说）《诗经》三百篇，可以用一句话来概括它的精神，就是"思想纯正"。《孟子·梁惠王上》："诗云：'他人有心，予忖度之。'"意思是，《诗经》中说："别人内心有所想，我能思考揣度之。"

明代宋濂《送东阳马生序》："坐大厦之下而诵《诗》《书》，无奔走之劳矣。"意思是（现在学生们）坐在大厦之下诵读《诗经》、《尚书》之类的经书，没有奔走的劳苦了。又如"诗什"，《诗经》以十篇为一单位，编为一卷，因乃名为一什；"诗序"，《诗经》的序；"诗教"，《诗经》的教化功能；"诗传"，《诗经》的注解。

"诗"也用来指诗人。如"诗公",对诗人的尊称;"诗手",诗人;"诗侣",诗友;"诗宗",对诗人的敬称词;"诗翁",负有盛名而年岁已高的诗人;"诗圣",有极高成就的诗人。"诗"比喻美妙而富于生活情趣或能引发人强烈感情的事物。如"诗景",优美的景色;"大自然的一草一木都是诗"。

"诗"由"诗歌"可引申为动词,为"诵诗,作诗,赋诗歌颂"之义。如杨衒之《洛阳伽蓝记》:"能造者其必诗,敢往者无不赋。"大意是,能够(根据这个)造出句子的人,一定能诵诗;敢于去到那里的人,没有不能作诗。又如"诗功",作诗的功力;"诗酒",做诗与饮酒;"诗道",作诗的规律、主张和方法;"诗怀",做诗怀念。

诗歌是世界上最古老、最基本的文学形式,是一种阐述心灵的文学体裁,而诗人则需要掌握成熟的艺术技巧,并按照一定的音节、声调和韵律的要求,用凝练的语言、充沛的情感以及丰富的意象来高度集中地表现社会生活和人类精神世界。孔子认为,诗具有"兴"、"观"、"群"、"怨"四种作用。东晋陆机则认为:"诗缘情而绮靡"。

在我国古代,不合乐的称为诗,合乐的称为歌,后世将两者统称为诗歌。我国的诗歌发展经历了《诗经》、《楚辞》、汉赋、汉乐府诗、建安诗歌、魏晋南北朝民歌、唐诗、宋词、元曲、明清诗歌、现代诗的发展历程。其中唐诗的成就极高。

唐诗泛指创作于唐代的诗,是汉民族最珍贵的文化遗产,是汉文化宝库中的一颗明珠,同时也对周边民族和国家的文化发展产生了很大影响。唐代被视为历朝旧诗最丰富的朝代,因此有唐诗、宋词之说。唐代是我国古典诗歌发展的全盛时期

唐诗的形式是多种多样的。唐代的古体诗,主要有五言和七言两种。近体诗也有两种,一种叫做绝句,一种叫做律诗。绝句和律诗又各有五言和七言之不同。所以唐诗的基本形式基本上有这样六种:五言古体诗,七言古体诗,五言绝句,七言绝句,五言律诗,七言律诗。

歌(gē)

【说文原文】

歌(古俄切)。咏也。从欠哥声。謌,謌或从言。

【说文译文】

歌，咏唱。字形采用"欠"作边旁，"哥"作声旁。"謌"，有的"歌"采用"言"作边旁。

【字形演变】

甲骨文 → 金文 → 小篆 → 楷体

【本字溯源】

"歌"是会意字，其金文字形，由左右两部分组成：左边是 𧥛（言），表示倾诉；右边是"可"（"可"是"哥"的本字；"哥"是"歌"的本字），表示古代男女以吹笙唱歌方式求偶。左右两部分组合，表明"歌"的本义就是求偶男女对唱情歌。到了小篆阶段，左边是"哥"（"可"是"哥"的本字；"哥"是"歌"的本字），表示对唱情歌；右边是"欠"，表示吹奏。左右组合，表示伴随乐声而唱。

【词意演变】

"歌"由本义可引申为唱。《礼记》："歌于斯，哭于斯。"大意是，歌唱在这里，哭泣在这里。《韩非子·外储说左上》："昔者，舜鼓五弦，歌《南风》之诗而天下治。"意思是，从前舜弹奏着五弦琴，歌唱着《南风》诗，天下就太平了。《论语·微子》："楚狂接舆歌而过孔子曰：'凤兮凤兮！何德之衰？往者不可谏，来者犹可追。已而已而！今之从政者殆而！'"

意思是，楚国的狂人接舆歌唱着从孔子的车旁走过，他唱道："凤凰啊，凤凰啊，你的德运怎么这么衰弱呢？过去的已经无可挽回，未来的还来得及改正。算了吧，算了吧。今天的执政者危乎其危！"

《战国策·齐策》："乃歌夫'长铗归来'者也。"意思是，就是唱"长剑，咱们回去吧"的那个人。清代黄宗羲《柳敬亭传》："如优孟摇头而歌，而后可以得志。"意思是，要象春秋时楚国优孟那样以隐言和唱歌讽谏，而后才能达到目的。"又如"对歌"，一问一答地唱歌；"高歌"，放声歌唱；"歌吹"，歌唱，吹奏；"歌鼓"，歌唱并击鼓；"歌戏"，歌唱嬉戏。

"歌"又可引申为"歌颂，赞美"。《荀子·儒效》："故近者歌讴而乐之，远者竟竭蹶而趋之。"意思是，所以近处的人歌颂他而且热爱他，远处的人竭力奔走投奔他。扬雄《赵充国颂》："诗人歌功。"意思是，诗人颂扬他人的功德。又如"歌功",颂扬他人的功德;"歌思",歌颂思慕;"歌叹",歌颂赞叹。

"歌"又指(禽鸟)鸣叫。宋代欧阳修《丰乐亭游春三首》:"鸟歌花舞太守醉,明日酒醒春已归。"大意是,我就迷醉在了这一片的鸟语(鸟鸣)花飞的大好春光之中,待到第二天酒醒的时候才发现春天已经将要结束了。

"歌"又可引申为"作歌,作诗"。如《诗·陈风·墓门》:"夫也不良,歌以讯之。"意思是,这个人是不良之徒,作歌告诫他。唐代白居易《琵琶行(并序)》:"因为长句,歌以赠之,凡六百一十六言,命曰《琵琶行》。"意思是,因而作了这首长诗送给她,共计六百一十二字(实际上全诗是六百一十六字),叫做《琵琶行》。

"歌"也可当名词使用,为"歌曲,歌词"之义。如白居易《琵琶行》:"岂无山歌与村笛,呕哑嘲哳难为听。"意思是,时而也传来了山歌和牧笛的声音,但杂乱而繁碎,难以入耳不堪听。又如"校歌";"民歌";"国歌";"歌儿"等词语,也使用的是此义项。

"歌"是诗体的一种。如《长恨歌》;"歌行",古代乐府诗的一体;"歌诗",配有乐谱可以歌唱的乐府诗。

歌,是歌词在文艺学分类上的名称。入乐与否,是歌和诗的根本区别。早期,诗、歌与乐、舞是合为一体的。诗即歌词,在实际表演中总是配合音乐、舞蹈而歌唱,后来诗、歌、乐、舞各自发展,独立成体。以入乐与否,区分歌与诗,入乐为歌,不入乐为诗。诗从歌中分化而来,为语言艺术,而歌则是一种历史久远的音乐文学。《诗经》是入乐歌唱的,严格地说它是歌,正因为如此,《诗经》被学者称之为我国音乐文学成熟的标志。

戏(xì)

【说文原文】

戏(香义切),三军之偏也。一曰兵也。从戈,䖒声。

【说文译文】

戏,三军之中副设的特殊兵种。一种说法认为"戏"是兵器。字形采用"戈"作边旁,"䖒"作声旁。

【字形演变】

𢧑 　 𢧑 　 戲 　 戏

金文 → 金文 → 小篆 → 楷体

【本字溯源】

"戏"是会意字，其金文字形由三部分组成，其中上面由两部分组成：左边是一把戈，右边是虎头的形状，借代猛兽；下面是一面鼓的形状，鼓是一种打击乐器。三部分组合起来，表明"戏"的本义就是让死囚或奴隶手持戈戟，在鼓号声中与虎豹猛兽搏斗，即奴隶或死囚在宫中表演斗兽。

【词意演变】

"戏"的本义假借为"麾"，指军队中的帅旗。《史记·高帝纪》："兵罢戏。"正义："戏，大旗也。"《汉书·项籍传》："戏下骑从者八百余人。"注："戏，大将之旗。"

"戏"由本义引申指歌舞杂技等的表演。如宋代陆游《出游》："云烟古寺闻僧梵，灯火长桥见戏场。"其中"戏"指歌舞杂技等的表演。又如"散戏"；"猴戏"；"排戏"；"扮戏"；"配戏"，配合主角演戏；"戏场"，表演歌舞杂技的场子。

"戏"也可当动词使用，为"角斗，角力"之义。如《国语·晋语九》："少室周为赵简子之右，闻牛谈有力，请与之戏，弗胜，致右焉。"韦昭注："戏，角力也。"意思是，少室周担任赵简子的车右，听说牛谈力气很大，要求和他比试一番，没有获胜，便将车右的位置让给了牛谈。

"戏"指戏剧。如《老残游记》："那明湖居本是个大戏园子，戏台前有一百多张桌子。"又如"戏提调"，戏曲演出时负责安排戏码、分配演员、场面调度等事务的人；"戏面"，假面具；"戏头"，宋代戏曲演出中的主要角色之一；"京戏"；"黄梅戏"。

"戏"指游戏。《聊斋志异·促织》："宣德间，宫中尚促织之戏。"意思是，明朝宣德年间，皇室里盛行斗蟋蟀的游戏。

"戏"当动词讲，还有"游戏，戏耍"之义。如《水浒传》："吴用见了，便教军校迎敌戏战，他若追来，乘势便退。"唐代杜甫《江畔独步寻花》："留连戏蝶。"大意是，蝴蝶在花丛中戏耍舍不得离去。又如"戏适"，游戏消遣；"戏娱"，游戏娱乐。

"戏"当动词讲，还有"开玩笑，耍笑捉弄"之义。《论语·阳货》："子曰：'二三子！偃之言是也。前言戏之耳。'"意思是，孔子说："学生们，言偃的话是对的。我刚才说的话，只是开玩笑而已。"

《国语·晋语九》："智宣子卒，智襄子为政，与韩康子、魏桓子宴于蓝台。智伯戏康子而侮段规，智国闻之，谏曰："主不备，难必至亦！"意思是，智宣子死后，他的儿子智襄子执掌（晋国）政权。在讨伐卫国后，智襄子与韩康子、魏桓子三位在蓝台宴会。在宴席间智襄子戏弄韩康子还侮辱段规。智伯国听说后，劝谏说："主人若不防备的话，灾难必然临头。"

《史记·廉颇蔺相如列传》："今臣至，大王见臣列观，礼节甚倨，得璧，传之美人，以戏弄臣。臣观大王无意偿赵王城邑，故臣复取璧。"意思是，现在我来了，大王只在一般的宫殿上接见我，态度十分傲慢；得到了宝玉，把它传给美人看，用来戏弄我。我看大王没有诚意把城池交给赵王，所以我又把宝玉取回。又如"戏辱"，戏弄侮辱；"戏妇"，戏弄新娘；"戏说"，开玩笑。

"戏"还可以读为hū，见于古文，常见的词语有"於戏"，读音为wū hū，同"呜呼"，表示对不幸的事表示叹息、悲痛等。《史记·游侠列传第六十四》："谚曰：'人貌荣名，岂有既乎！'於戏，惜哉！"。"於戏"也指人丧命。如"於戏哀哉（呜呼哀哉）"。

"於戏"，当感叹词，可独立成句，表示赞美、称颂或感叹。可译为"啊"、"呀"、"唉呀"等。值得注意的是，"於戏"写成简体字时，仍为"於戏"，而不能写作"于戏"，在繁体字中，"于"和"於"是两个字，有一定区别。

曲（qū）

【说文原文】

曲（丘玉切），象器曲受物之形。或说曲，蚕薄也。凡曲之属皆从曲。

【说文译文】

曲，像器具凹曲以承载物品的形状。有的解释说，"曲"，是养蚕薄。所有与曲相关的字，都采用"曲"作边旁。

【字形演变】

甲骨文 → 金文 → 小篆 → 楷体

【本字溯源】

"曲"是象形字,其甲骨文字形,像一节竹子被揉折成了"L"形了,表明其本义与"揉折竹子"有关。其金文字形与甲骨文字形如出一辙。将竹子烧烤到发软,就可把竹子揉成不同的形状。其小篆字形,像一节竹子被揉折成了"U"形了。"曲"的本义就是将烧软的竹子折弯。本义只见于古文。如《广雅·释诂一》:"曲,折也。"意思是,曲,就是折弯。

"曲"由本义可引申为"折,变弯"之义。如《论语·述而》:"饭疏食饮水,曲肱而枕之,乐亦在其中矣。不义而富且贵,于我如浮云。"意思是,(孔子说)吃粗粮,喝白水,弯着胳膊当枕头,乐趣也就在这中间了。用不正当的手段得来的富贵,对于我来讲就像是天上的浮云一样。《后汉书·郑弘传》:"弘曲躬而自卑。"意思是,郑弘弯曲身体而自卑。又如"曲臂","曲折","曲肱而枕","前曲","弯曲"等词语,也使用的是此义项。

【词意演变】

"曲"当形容词使用,表示"弯的,不直的"。如《玉篇》:"曲,不直也。"《荀子》:"木直中绳,輮以为轮,其曲中规。虽有槁暴,不复挺者,輮使之然也。"大意是,一块木材直得合乎墨线,假如用火烤使它弯曲做成车轮,它的弯度就可以符合圆规。即使又晒干了,也不再挺直,这是由于人力加工使它变成这样。清代龚自珍《病梅馆记》:"以曲为美,直则无姿。意思是,有的人说梅以枝干弯曲算作美,直了就没有风姿。

又如"曲笔","曲柄","曲尺","曲率","曲面","曲线","曲折","曲直","曲别针","曲棍球","曲意逢迎","弯弯曲曲"等词语,也使用的是此义项。还可表示"邪僻,不正派"。如"曲心矫肚",心地阴险,一肚子虚情假意;"曲意",委曲己见以奉承他人;"曲就",委曲成全;"曲全"曲意保全。

"曲"也可当名词讲,表示使用节奏多变,抑扬起伏的音响,即曲调,歌曲。如《诗·秦风·小戎》:"乱我心曲。"意思是,使我心乱的曲调。三国魏阮瑀《筝赋》:"曲高和寡。"意思是,曲调高雅,能唱和的人很少。唐代白居易《琵琶行（并序）》："莫辞更坐弹一曲，为君翻作琵琶行。"意思是，请你不要推辞坐下来再弹一曲；我要为你创作一首新诗琵琶行。

"曲"还可以指"理屈，理亏"。《史记·廉颇蔺相如列传》："秦以诚求璧而赵不许，曲在赵。"意思是，倘若秦国真用十五座城池来换和氏璧而赵国却不答应，那么（在发动战争时）就是使赵国理亏了。又如"曲挠"，无罪而被枉屈；"曲论"，歪曲事实的议论；狡辩。

"曲"也可当副词讲，表示"弯弯地，错误地"。《后汉书·臧洪书》："南史不曲笔以求存。"大意是，《南史》的史官没有有意掩盖历史真相来谋求生存。曲笔，古时指史官不据事直书，有意掩盖真相的记载。又如"曲解"，"曲进"，"曲射炮"。

在《汉字简化方案》中"曲"合并了"麯"，指酒母，可使五谷酿酒。如"白曲"，"红曲"，"酒曲"。

成语"曲高和寡"，指乐曲的格调越难，能跟着唱的人就越少。原比喻知音难觅。现多用于比喻言行卓越不凡、艺术作品等高雅深奥，以至于很少有人能理解或接受。出自战国时期楚国宋玉《对楚王问》：战国末，宋玉为楚襄王文学侍臣，为人毁谤。楚襄王问宋玉："先生难道有行为不检点之处吗？何以旁人颇多议论呢？"

宋玉非常聪明，而且能言善辩，回答说："有人在国都唱歌，他先是唱《下里巴人》一类的通俗民谣，人们很熟悉，都城中应和者数千人；后来，他唱起《阳阿》、《薤露》等意境较深一些的曲子，都城中应和者数百人；后来，他开始唱《阳春》、《白雪》这类高深的曲子时，都城中应和者不过数十人；最后他唱起用商调、羽调和徵调谱成的曲子时，都城中应和者仅数人而已。可见，曲子越深，应和者就越少。"

书（shū）

【说文原文】

书（商鱼切），箸也。从聿，者声。

【说文译文】

书（繁体字写作"書"），把文字刻划或写画在竹简上。字形采用"聿"作边旁，采用"者"作声旁。

【字形演变】

甲骨文 → 金文 → 小篆 → 楷体

【本字溯源】

"书",繁体字写作"書",是会意字,其甲骨文字形由上下两部分组成,上面是一只手拿笔的形状,下面是方块"口",表示书写之物,如墨池或砚台。"书"的本义就是记载、书写、记录。如《墨子·尚贤》:"书之竹帛。"意思是,在竹帛上写字。《史记·陈涉世家》:"乃丹书帛曰:'陈胜王',置人所罾鱼腹中。"意思是,于是用丹砂在丝绸上写道:"陈胜王",放在别人用网捕获的鱼的肚子里面。

《史记·孙膑传》:"斫大树白而书之曰:庞涓死于此树下。"大意是,砍掉大树的树皮,在其白处写道:庞涓就要死在这棵树下。又如"书候",写信问候;"书孽",记载罪恶;"书记手",担任抄写文书等的书吏;"书文",撰文并书写;"书具",书写工具,文具;"书券",书写契约;"书命",书写诏书、命令;"书格",一种文具,书写时用以支臂,使腕压着纸,以防墨污;"书帖",书写简贴。

【词意演变】

"书"由本义又可引申为书写成的东西,指文字。如如李贺《感讽》:"怀中一方板,板上数行书。"其中"书",指文字。又如"书士",从事文字、文书工作的人员;"书轨",指国中所用文字与车轨;"书计",文字与筹算。"书"也指"说书",曲艺的一种。如"书寓";"听书"。

"书"可表示"书籍,装订成册的著作",这是"书"的常用义项。如《正字通》:"书,凡载籍谓之书。"《史记·韩非列传》:"申子、韩子皆著书。"大意是,申不害、韩非都撰述书籍。《论语·先进》:"何必读书,然后为学?"意思是,何必读书,才算学习?晋代陶渊明《归去来兮辞》:"悦亲戚之情话,乐琴书以消忧。"意思是,亲戚间说说知心话儿叫人心情欢悦,抚琴读书可藉以解闷消愁。

明代宋濂《送东阳马生序》:"余幼时即嗜学。家贫,无从致书以观,每假借于藏书之家。"意思是,我小时候就特别喜欢读书。家里贫穷,没有办法买书来读,常常向藏书的人家去借。清代袁枚《黄生借书说》:"黄生允修借书。随园主人授之书而告之曰。"意思是,年轻人黄允修来借书,我(袁枚的号为随园主人)

把书借给他，并告诉他说。

又如"史书"，历史书；"书客"，卖书籍、文具的商贩；"书香之族"，世代读书的家庭；"书香一脉"，知书达理的家风；"书剑"，书和剑，古代文人随身携带之物，后亦指文人生涯；"书笈"，小书箱；"书劫"，书籍的劫难；"书城"，书籍环列如城，言其多；"书脑"，书籍装订时打眼穿线的部分；"书阁"，收藏书籍的地方；"书录"，图书目录；"书囊"，盛书籍的袋子。

"书"也可表示"信件，信函"。如杜甫《春望》："烽火连三月，家书抵万金。"意思是，连绵的战火已经延续了半年多，家讯难得，一信抵得上万两黄金。"连三月"，从天宝十四载（755）十一月安史乱起到《春望》写作时，正好过了两个三月，所以说是"连三月"。杜甫《石壕吏》："一男附书至，二男新战死。"意思是，其中一个儿子刚刚捎来一封信，信中说，另外两个儿子已经牺牲了！

《资治通鉴》："诸人徒见操书言水步八十万而各恐慑，不复料其虚实，便开此议，甚无谓也。"意思是，众人只见曹操信件上说水军、步兵八十万而个个害怕，不再考虑它的真假，便发出投降的议论，是很没道理的。又如"书介"，传达书信的使人；"书尾"，书信、信函的末尾；"书呈"，亦作"书程"，给上司或长辈写的信，信函；"书尺"，尺牍，书信；"书素"，书信；"书筒"，古代盛书信的筒，亦指书信；"书缄"，书信。

"书"也可表示"奏章，文书、文件"。如《战国策·齐策》："上书谏寡人者，受中赏。"意思是，能够上奏章劝谏我的人，得中等奖赏。《乐府诗集·木兰诗》："军书十二卷，卷卷有爷名。"意思是，那么多卷征兵文书，每卷上都有父亲的名字。又如"证书"；"保证书"；"说明书"；"书可"，批阅公文，书字认可；"书府"，收藏文书图籍的府库；"书办"，管办文书的属吏。

"书"也可表示"书法"。欧阳修《学书费纸》："学书费纸，犹胜饮酒费钱。"大意是，学习书法浪费纸张，还胜过喝酒浪费金钱。又如"楷书"；"隶书"；"书判"，判别书法与文章的优劣；"书圣"，指造诣最高的书法家；"书意"，书法的神髓；"书格"，书法的风格。

"书"为《尚书》的简称。清代刘开《问说》："《书》不云乎？'好问则裕。'"意思是，《尚书》不是说吗？"喜爱问（的人，学问知识）就丰富。"宋代欧阳修《新五代史·伶官传·序》："《书》曰：'满招损，谦得益。'"意思是，《尚书》说："自满的人会招来损害，谦虚的人会受到益处。"

"书"是文体名，先秦时"书"为书信的总名，臣下向国君进言陈词，亲朋之间来往的信件，都称为"书"。如《乐毅报燕惠王书》"、"《谏逐客书》"、"《报刘一丈书》"、"《与朱元思书》"、"《与妻书》"等。

画（huà）

【说文原文】

画（胡麦切），界也。象田四界。聿，所以画之。凡画之属皆从画。畨，古文画省。劃，亦古文画。

【说文译文】

画（繁体字写作"畫"），用笔划定边界线。字形像田畴四边的界线。聿，表示用以画界的笔。所有与画相关的字，都采用"画"作边旁。畨，这是古文写法的"畫"字，字形省略了横笔。劃，这也是古文写法的"畫"字。

【字形演变】

甲骨文 → 金文 → 小篆 → 楷体

【本字溯源】

"画"是会意字，其甲骨文字形的上部是右手拿着一支笔的形状，下面的两条曲线表示描画的图形。其金文字形，上面是"聿"（yù），象以手执笔的样子，是"笔"的本字；下面象画出的田界。整个字形，象人持笔画田界之形。"画"的本义就是用笔描画地图，显示地界，即划分、划分界线。

如《左传·襄公四年》："茫茫禹迹，画为九州。"意思是，大禹当年走过的辽阔大地，共划分为九个州。又如"画野分疆"，划分疆域而治；"画土分贡"，中国古代实行分封制，天子划分封地给诸侯，诸侯定期向天子朝贡；"画地"，在地上画界线；"画界"，划定疆界。

【词意演变】

"画"由本义引申为"绘画，作画"。如清代全祖望《梅花岭记》："为蛇画足。"大意是，给蛇绘画脚。蔡元培《图画》："善画者多工书。"大意是，擅长绘画的人大多善于书法。又如"画学"，绘画的学问；"画壁"，在墙壁上作画；"画革"，在皮革上书写。

"画"又引申为"签署，签押"。如"画押"，在公文、契约或供词上签名或画记号，表示认可，俗称"画押"；"画可"，帝王在奏章上批可字，表示允准可行;"画卯",旧时官署规定卯时开时办公,史胥差役按时赴官署签到。

"画"又引申为比画。如"指手画脚";"画符",道士用咒语画成符箓;"指天画地"。

"画"又引申为"谋划,策划"。《说文》:"画,计也,策也。"《商君书·更法》:"孝公平画。"大意是,秦孝公同大臣谋划国事。《资治通鉴》:"助画方略。"大意是,辅佐策划方法与谋略。又如"画策",计划,筹划;"画制",筹画制度;"画计",谋画。

"画",又引申为"横划过去"。如唐代白居易《琵琶行(并序)》:"曲终收拨当心画,四弦一声如裂帛。"意思是,曲子弹完了,收回拨子从弦索中间划过,四根弦发出同一个声音,好象撕裂绸帛。

"画"当名词使用,指成品画。如清代薛福成《观巴黎油画记》:"然者此画果真邪,幻邪?"意思是,这样说来,这油画果然是真的呢,还是幻想的呢?蔡元培《图画》:"中国之画。"又如"画本",泛指画册;"画卷",裱后带轴的长幅图画。

"画"又可通"化",为教化之义。如"画外",即化外,指政令教化所不及之地。

在古代,弹琴、弈棋、书法、绘画是文人骚客修身所必须掌握的技能,所以合称"琴棋书画"。据考证,绘画可能产生于文字发明之前,也可能与书法同时出现(古人说"书画同源")。文献中最早提到的专业画家是帝舜的妹妹"嫘(huǒ)首"。因此,"嫘首"也被尊为画学宗师,称为"画嫘"。

德(dé)

【说文原文】

德(多则切),升也。从彳,(德的右边)声。

【说文译文】

德,境界因善行而升华。字形采用"彳"作边旁,"(德的右边)"作声旁。

【字形演变】

甲骨文 → 金文 → 小篆 → 楷体

【本字溯源】

"德"是会意字，其甲骨文字形由左右两部分组成，左边是"彳"，它在古文字中是表示行动的符号，右部是一只眼睛，上眼线上有一条垂直线，表示目光直射的意思。所以这个字的意思是：行动要正，而且"目不斜视"，这就是"德"。其金文字形的会意就更加全面了，在眼睛"目"下面又加了"心"，这就是说：目正、心正才算有"德"。从彳，从直，会意视正、行直。金文字形中另加意符"心"，突出心底正直之意。

"德"的本义就是遵守规范的好品行。如《荀子·非十二子》："不知则问，不能则学，虽能必让，然后为德。"大意是，不懂就问，不会就学，虽然有才能却一定很谦逊，这样才会成为有好品德的人。

【词意演变】

"德"由本义可引申为道德、品行，这是德的常用义项。如《篇海类编》："德，德行。"《孟子·梁惠王上》："德何如可以王矣？"意思是，道德怎么样就可以统一天下了呢？《三国志·诸葛亮传》："孤不度德量力，欲信大义于天下。"意思是，我没有估量自己的品行（德行）、衡量自己的力量，却想要在天下伸张大义。

《荀子·王制》："王者之论：无德不贵，无能不官，无功不赏，无罪不罚。"意思是，奉行王道的君主对臣民的审察处理：没有品行的不让他显贵，没有才能的不让他当官，没有功劳的不给奖赏，没有罪过的不加处罚。"

又如"德望"，品德与名誉；"德薄"，德行浅薄；"德器"，德行器量；"德被四方"，品德高尚，满布天下；"德薄望浅"，谦词，指品德低下，名望轻微；"德门"，能恪遵礼教道德的人家；"德誉"，道德声誉；"德馨"，道德芳馨；"德艺"，道德与才艺；"德操"，道德操行。

"德"又进一步引申为"恩惠，恩德"。如《战国策·秦策》："是不敢倍德畔施。"注："恩也。"大意是，此不敢背叛恩惠。《史记·项羽本纪》："愿伯具言臣之不敢倍德也。"意思是，希望兄长（项伯）把我的心意详细转告，臣决不敢背叛项王的恩德啊！又如"德施"，恩惠，恩泽；"德惠"，德泽恩惠。

"德"又进一步引申为"仁爱，善行"。如"德意"，善意；"德政"，良好的政治措施或政绩；"德法"，儒家谓合乎仁德的礼法；"德厚"，仁厚。

"德"又可引申为心意。如《诗经·卫风·氓》："士也罔极，二三其德。"其中"罔极"，指没有准则，也就是变化无常。"罔"，无。"德"，心意。这句话的意思是，你这人变化无常，三心二意。又如"同心同德"，指思想统一，心意一致。

在古文中，"德"通"得"，为动词，指取得、获得。如《老子·四十九章》："善者吾善之，不善者吾亦善之，德善。信者吾信之，不信者吾亦信之，德信。"大意是，善良的人，我以善良对待他；不善良的人，我也以善良对待他。这样天下人都获得善良的品德了。诚信的人，我以诚信对待他；不诚信的人，我也以诚信对待他，这样天下人的都获得诚信的品德了。《墨子·节用上》："是故用财不费，民德不劳，其兴利多矣！"大意是，所以使用财物不浪费，民众能（获得）不劳苦，他兴起的利益就多了。

成语"以德报怨"，指用恩惠回报与别人的仇恨。出自《论语·宪问》："或曰：'以德报怨何如？'子曰：'何以报德？以直报怨，以德报德。'"关于"以德报怨"有一个有趣的故事：梁国有一位叫宋就的大夫，曾经做过一个边境县的县令，这个县和楚国相邻界。梁国的边境兵营和楚国的边境兵营都种瓜，各有各的方法。梁国戍边的人勤劳努力，经常浇灌他们的瓜田，所以瓜长得很好；楚国士兵因为懒惰很少去浇灌他们的瓜，所以瓜长得不好。

楚国士兵心里嫉恨梁国士兵瓜种得比自己好，于是夜晚偷偷去破坏他们的瓜，所以梁国的瓜总有枯死的。梁国士兵发现了这件事，于是请求县尉，也想偷偷前去报复破坏楚营的瓜田。县尉拿这件事向宋就请示，宋就说："唉！这怎么行呢？结下了仇怨，是惹祸的根苗呀。人家使坏你也跟着使坏，怎么心胸狭小得这样厉害！要让我教给你办法，一定在每晚都派人过去，偷偷地为楚国兵营在夜里好好地浇灌他们的瓜园，不要让他们知道。"于是梁国士兵就在每天夜间偷偷地去浇灌楚兵的瓜园。

楚国士兵早晨去瓜园巡视，就发现都已经浇过水了，瓜也一天比一天长得好了。楚国士兵感到奇怪，就仔细查看，才知道是梁国士兵干的。楚国县令听说这件事很高兴，于是详细地把这件事报告给楚王，楚王听了之后，又忧愁又惭愧，把这事当成自己的心病。于是告诉主管官吏说："调查一下那些到人家瓜田里破坏的人，他们还有其他罪过吗？这是梁国人在暗中责备我们呀。"于是拿出丰厚的礼物，向宋就表示歉意，并请求与梁王结交。

楚王时常称赞梁王，认为他能守信用。所以梁楚两国的友好关系，是从宋就开始的。古语说:"把失败的情况转向成功,把灾祸转变成幸福。"《老子》说:"用恩惠来回报别人的仇怨。"就是说的这类事情呀。别人已经做错了事,哪里值得效仿呢!

美(měi)

【说文原文】

美(无鄙切),甘也。从羊,从大。羊在六畜主给膳也。美与善同意。

【说文译文】

美,甘,爽口。字形采用"羊、大"会义。羊在六畜之中是提供肉食的主力。"美"与"善"同义。

【字形演变】

甲骨文 → 金文 → 小篆 → 楷体

【本字溯源】

"美"是会意字,其甲骨文字形由上下两部分组成,上部像一只正面羊头的样子:最上面是一对向下弯曲的羊角,下面两点是羊的眼睛,即一只羊的形状,羊表示吉祥;下部像"大"字,表示人。上下部组合,表明"美"的本义就是古代修养深厚的高人所表现的安祥、和平。

【词意演变】

在造字时代的古人眼里,安祥、宁静的人最"美",所以"美"由本义引申为形貌好看、漂亮。如《诗·鄘风·桑中》:"云谁之思?美孟姜也。"意思是,思念的人又是谁呢?美丽动人是孟姜。《战国策·齐策》:"我孰与城北徐公美?"意思是,我(邹忌)与城北徐公相比,哪一个形貌好看?"龚自珍《病梅馆记》:"梅以曲为美,直则无姿。"意思是,(有人说)梅以枝干弯曲为漂亮,笔直了就没有风姿。又如"美姬",美丽的女子;"美色",姣美的姿色;"美劭",俊美,秀美。

"美"由"形貌好看"可引申为美好。如《荀子·王霸》："上一而王，下一而亡，故其法治，其佐贤，其民愿，其俗美，而四者齐，夫是之谓上一。"意思是，全属于上一种情况的，就能称王天下；全属于下一种情况的，就会灭亡。那国家的法令制度能使社会安定，它的辅佐大臣贤能，它的人民朴实善良，它的习俗美好，这四者齐备，那就叫做全属于上一种情况。

晋陶渊明《桃花源记》："芳草鲜美，落英缤纷。"意思是，花和草鲜嫩美丽，地上的落花繁多。唐代韩愈《杂说》："才美不外现。"大意是，才能美好不能表现在外。又如"美姿"，美好的姿容；"美除"，好差事，好官职；"美文"，优美的文辞；"美禄"，美好的赏赐；"美才"，出色的才学；杰出的人才；"美中不足"，虽好但还有不足之处；"美玉无瑕"，比喻完美无缺。

因为"和平"是人们所赞美、称赞的事，所以"美"可引申为动词，为"称美，赞美"之义。如《庄子·齐物论》："毛嫱丽姬，人之所美也。"其中"美"的意思是"称赞"。又如"美刺"，称美与讽恶，多用于诗文；"美咏"，赞美咏叹。

"美"又可表示"认为…美，使事物变美，变好"之义。如《战国策·齐策》："吾妻之美我者，私我也。"意思是，我的妻子认为我美的原因，是偏爱我。《齐民要术·耕田》："凡美田之法，绿豆为上，小豆、胡麻次之。"大意是，凡是使田地变好的办法，（种植）绿豆为上，小豆、胡麻次之。又如"美田"，使田地肥沃；"美政"，使政治美善；"美俗"，使风俗淳美。

"美"还可表示"得意，高兴"，主要用在方言中。如"瞧他这美劲儿"；"美滋滋"。

成语"黄粱美梦"指煮一锅小米饭的时间，做了一场好梦。比喻虚幻的梦想。黄粱，指小米。需要注意的是，"黄"应该读音为huáng，不能读作"huāng"；"粱"，不能写作"梁"，"粱"字下面是"米"而不是"木"。

成语"黄粱美梦"出自唐代沈既济《枕中记》：有一位年轻人卢生，旅经邯郸，住在一家客店里。道人吕洞宾也住在这家客店里，卢生同吕翁谈话之间，连连怨叹自己贫困的境况。吕翁便从行李中取出一个枕头来，对卢生说："你枕着这个枕头睡，就可以获得荣华富贵。"这时，店主人正在煮饭（黄色的小米饭），离开饭时间尚早。卢生就枕着这个枕头躺下，不一会儿就睡过去了，在梦中梦享尽了荣华富贵。最后，卢生一梦醒来，发现小米饭还没煮熟。后来用"黄粱美梦"，比喻虚幻的梦想。

"三十六计"里面有一条妇孺皆知的计策，它就是"美人计"，语出《六韬·文伐》："养其乱臣以迷之，进美女淫声以惑之。"意思是，对于用军事行动难以征服的敌方，要使用"糖衣炮弹"，先从思想意志上打败敌方的将帅，使其内部丧失战斗力,然后再行攻取。

春秋战国时代是战争频繁的年代,"美人计"的运用也很频繁。春秋时吴越之战,勾践先败于夫差。吴王夫差罚勾践夫妇在吴王宫里服劳役,借以羞辱他。越王勾践在吴王夫差面前卑躬屈膝,百般逢迎,骗取了夫差的信任,终于放他回到越国。后来越国趁火打劫,终于消灭了吴国,逼得夫差拔剑自刎。

那所趁之"火"是怎样烧起来的呢?原来勾践成功地使用了"美人计"。勾践被释回越国之后,卧薪尝胆,不忘雪耻。吴国强大,靠武力,越国不能取胜。越大夫文种向他献上一计:"高飞之鸟,死于美食,深泉之鱼,死于芳饵"。要想复国雪耻,应投其所好,衰其斗志,这样,可置夫差于死地。于是勾践挑选了两名绝代佳人:西施、郑旦,送给夫差,并年年向吴王进献珍奇珠宝。

夫差认为勾践已被他臣服,所以一点也不加怀疑。夫差整日与美人饮酒作乐,连大臣伍子胥的劝谏也完全听不进去。后来,吴国进攻齐国,勾践还出兵帮助吴王伐齐,借以表示忠心,麻痹夫差。吴国打胜之后,勾践还亲自到吴国祝贺。夫差贪恋女色,一天比一天厉害,根本不想过问政事。伍子胥力谏无效,反被逼自尽。勾践看在眼里,喜在心中。

公元前482年,吴国大旱,勾践乘夫差北上会盟之时,突出奇兵伐吴,吴国终于被越所灭,夫差也只能一死了之。美人计的核心是,"将智者,伐其情"。常言道,英雄难过美人关,这是针对那些意志薄弱、贪恋美色的头领者而言的。

乐(yuè)

【说文原文】

乐(玉角切),五声八音总名。丝象鼓鞞。木,虡也。

【说文译文】

乐(繁体字写作"樂"),五声八音的总称。丝,像鼓鞞的样子。木,表示鼓鞞的支架。

【字形演变】

𝖄　樂　樂　乐

甲骨文　→　金文　→　小篆　→　楷体

【本字溯源】

"乐"，繁体字写作"樂"，是象形字，其甲骨文字形上部像两束丝线，表示丝弦；下部是一个木桩、木架的形状，表示琴枕。其甲骨文字形像木枕上系着丝弦的琴具。到了小篆阶段，加了个"白（说唱）"字，强调弹琴伴奏歌唱。从而表明"乐"的本义就是"和着演奏歌唱"。

【词意演变】

"乐"由本义可引申为音乐。《礼记·世本》："伶伦作乐。"意思是，伶伦创造音乐。《吕氏春秋·慎行论》："以乐传教。"意思是，通过音乐传布政教。《汉书·李广苏建传》："久之，单于使陵至海上，为武置酒设乐。"意思是，时间一久，单于派遣李陵去北海，为苏武安排了酒宴和音乐（歌舞）。宋代苏轼《石钟山记》："有窾坎镗鞳之声，与向噌吰者相应，如乐作焉。"意思是，发出窾坎镗鞳的声音，跟先前噌吰的声音互相应和，好象音乐演奏起来一样。

又如"《乐》之五声"，指古时音乐分宫、商、角、徵、羽五音；"《乐记》"，《礼记》中的篇名，简述了音乐起源及作用，是我国最早的音乐论著之一；"乐官"，古代管理音乐的官员或官署；"乐节"，音乐的节奏与节拍；"乐德"，指古代音乐教育中的中、和等六种品德；"乐仪"有音乐相配合的礼仪。

演奏音乐离不开乐器，所以"乐"又可引申为乐器。如《诗·小雅·宾之初筵》："籥（yuè）舞笙鼓，乐既和奏，烝衎烈祖，以洽白礼。"意思是，持籥欢舞笙鼓奏，乐器和谐声调柔。进献乐舞娱祖宗，礼数周到情意厚。又如"乐悬"，指钟、磬之类悬挂的打击乐器；"乐品"，乐器；"乐歌"，有乐器伴奏的唱歌。

乐器需要专门的人操作，所以"乐"又可引申为"乐工，精于音乐的人"。《诗·小雅·楚茨》："乐具入奏，以绥后禄。"意思是，乐工移后堂演奏曲调，大伙享用祭后的酒肴。《论语》："齐人归女乐，季桓子受之，三日不朝，孔子行。"意思是，齐国人赠送了一些女乐工（歌女）给鲁国，季桓子接受了，三天不上朝。孔子于是离开了。又如"乐人"，能歌善舞的艺人；"乐女"，古代女乐工。

"乐"也当动词使用，为"奏乐"之义。如"乐钟"，能发出音乐声响的自鸣钟；"乐手"，演奏音乐的人；"乐生"，奏乐歌舞的人员；"乐童"，奏乐的童子。

"乐"还可以读lè音，当动词讲，表示"喜悦，愉快"。如《论语·学而》："有朋自远方来，不亦乐乎。"意思是，有志同道合的朋友从远方来，不是也很喜悦吗？晋代陶渊明《桃花源记》："黄发垂髫并怡然自乐。"意思是，老人和小孩都悠闲愉快，自得其乐。

欧阳修《醉翁亭记》："树林阴翳，鸣声上下，游人去而禽鸟乐也。"意思是，这时树林里浓荫遮蔽，鸟儿到处鸣叫，游人离开后禽鸟愉快了。唐代柳宗元《至小丘西小石潭记》："佁（yǐ）然不动；俶（chù）尔远逝，往来翕（xī）忽，似与游者相乐。"意思是，鱼儿呆呆地一动不动，忽然向远处游去，来来往往，轻快敏捷的样子，好像和游玩的人互相取乐。

柳宗元《捕蛇者说》："盖一岁之犯死者二焉；其余，则熙熙而乐。岂若吾乡邻之旦旦有是哉！"意思是，这样，一年里头冒生命危险只有两次，其余时间便温和欢乐的样子而愉快。哪像我的乡邻们天天有这种危险呢！又如"乐嬉嬉"，喜悦貌；"乐志"，愉悦心志；"乐心"，心里快乐；"乐利"，快乐与利益；"乐郊"，乐土；"乐处"，快乐的所在·

"乐（lè）"当动词讲，又可表示"安乐"。如《诗·魏风·硕鼠》："三岁贯女，莫我肯顾。逝将去女，适彼乐土。"意思是，多年辛苦养活你，我的生活你不顾。发誓从此离开你，到那安乐的地方。又如"乐欣"安乐欢欣；"乐居"，安乐的住所；"乐国"，安乐的地方。

"乐（lè）"当动词讲，又可表示"乐于，安于"。如《资治通鉴》："英雄乐业。"大意是，英雄乐于本业。洪亮吉《治平篇》："人未有不乐为治平之民者也。"意思是，人没有不乐于（愿意）当安定社会的老百姓的。明代刘基《诚意伯刘文成公文集》："亦乐生焉。"大意是，也乐于生活在那里。又如"乐助"，乐意助成；"乐用"，乐于用命；"乐育"，乐于教育、培养人才；"乐业"，乐于本业；"乐成"，乐于成全、

"乐（lè）"当动词讲，又可表示"笑"。如"乐得合不上嘴"；"乐眼"，犹笑眼；"乐哈哈"，形容喜笑的样子。

"乐（lè）"当名词讲，旧指"声色"。即歌舞和女色。如《国语》："今吴王淫于乐而忘其百姓。"大意是，如今吴王放纵于歌舞和女色却舍弃了百姓。

"乐（lè）"当名词讲，也指乐趣。如宋代范仲淹《岳阳楼记》："此乐何极。"意思是，这种乐趣哪有穷尽呢!宋代欧阳修《醉翁亭记》："山水之乐，得之心而寓之酒也。"意思是，欣赏山水的乐趣，领会在心里，寄托在喝酒上。

舞（wǔ）

【说文原文】

舞（文抚切），乐也。用足相背，从舛，无声。𦏰，古文舞从羽亡。

【说文译文】

舞，快乐地活动手足。"舛"用两足相背的形象，表示众人一起踢踏跳跃。字形采用"舛"作边旁，采用"無"作声旁。𦏰，这是古文写法的"舞"字，字形采用"羽、亡"会义，表示头戴羽饰，祭祀舞蹈，悼念亡灵。

【字形演变】

甲骨文 → 金文 → 小篆 → 楷体

【本字溯源】

"舞"是会义字，（"無"是"舞"的本字。古代"無"、"舞"通用）。其甲骨文像一个人两手挥动着花枝，金文字形"手"形模糊，同时加"辵"，表示手舞足蹈。表明"舞"的本义就是手舞足蹈，即舞蹈。如"舞旋"，旋转的舞蹈；"舞判"，装扮钟馗、判官等形象的舞蹈；"歌舞"，唱歌和舞蹈的合称；"舞咏"，舞蹈歌咏；"舞天"，古代东方部族祭天之舞；"芭蕾舞"；"集体舞"。

【词意演变】

"舞"当动词使用，表示"跳舞"。如《史记·项羽本纪》："今者项庄拔剑舞，其意常在沛公也。"意思是，现在项庄拔剑起舞，他的用意常常在沛公身上。"唐代杜甫《江畔独步寻花》："留连戏蝶时时舞，自在娇莺恰恰啼。"意思是，嬉戏彩蝶在花间恋恋不舍不停地飞舞，自在娇媚的黄莺发出恰恰的啼叫声。

又如"舞马"，令马按节拍舞蹈；"舞钟馗"，扮作钟馗舞蹈；"舞跃"，拜舞欢跃；"舞鸡"，鸡鸣起舞；"舞裀"，供舞蹈用的地毯；"舞判"，扮作判官或钟馗舞蹈；"舞抃"，飞舞跃跃。

"舞"由"跳舞"可引申为"摇动"。如"手舞双刀"。"舞"由"跳舞"可引申为"玩弄"。如《史记·张汤列传》："舞智以御人。"意思是，玩弄智巧来制驭他人。又如"舞旋"，玩弄，折腾；"舞手"，耍弄手段；"舞文弄法"，玩弄文字，曲解法律；"舞文巧诋"，玩弄文字，诋毁构陷；"舞弄文墨"，舞文弄墨，玩弄法律条文，曲解其意。

"舞"由"跳舞"可引申为"鼓舞，振奋"。如柳宗元《敌戒》："敌存而惧，敌去而舞，废备自盈，祗益为愈。"意思是，敌人存在而知道戒惧，敌人不存在就振奋（得意忘形）；放弃戒备而骄傲自满，恰恰足以酿成日后的祸患。

"舞"也可引申为"弄，抚弄"。如《儒林外史》："众邻居一齐上前，替他抹胸口，插背心，舞了半日，渐渐喘息过来，眼睛明亮，不疯了。"

成语"龙飞凤舞"，原形容山势的蜿蜒雄壮，后也形容书法笔势有力，灵活舒展。出自汉·张衡《东京赋》："我世祖龙飞白水，凤翔参墟。""龙飞凤舞"也是古代吉祥图案。苏轼《表忠观碑》："天目之山，苕水出焉，龙飞凤舞，萃于临安。"民间都用"龙飞凤舞"作为喜庆的装饰纹样。

成语"闻鸡起舞"，原意为听到鸡叫就起来舞剑，后比喻有志报国的人及时奋起。出自《晋书·祖逖传》：东晋时期，祖逖和幼时的好友刘琨一志担任司州主簿，每次和好友刘琨谈论时局，总是慷慨激昂，满怀义愤，为了报效国家，他们在半夜一听到鸡鸣，就披衣起床，拔剑练武，刻苦锻炼。后来，祖逖被封为镇西将军，实现了他报效国家的愿望；刘琨做了征北中郎将，兼管并、冀、幽三州的军事，也充分发挥了他的文才武略。